索·恩 人物档案馆

015

一个孜孜不倦、充满矛盾和创造伟大思想的人生

Ein Leben zwischen den Epochen

Author: Jürgen Kaube
Title: Max Weber : Ein Leben zwischen den Epochen
©2014 Rowohlt Berlin Verlag GmbH, Berlin, Germany.
Chinese language edition arranged through HERCULES Business&Culture GmbH, Germany.
The translation of this work was financed by the Goethe-Institut China
本书获得歌德学院（中国）全额翻译资助

译 歌德学院(中国)
翻译资助计划

# 人物档案馆丛书序

斑驳的旧物埋藏着祖先的英勇事迹，典礼仪式上演的英雄故事传颂着古老的荣光。从司马迁的《史记》、普鲁塔克的名人合传到莎士比亚的历史剧，乃至今天风靡世界的传记电影和历史同人小说创作——我们不断切换视角、变换笔触，力图真切地理解当事者的生活时代，想象其秉性和际遇，勾勒更丰满的人物形象。无限还原的愿望与同样无限的想象力激烈碰撞，传记的魅力正蕴藏在真实性与艺术性的无穷张力之中。

今天我们仍然喜欢描写和阅读伟人的故事，一方面是因为他们的存在和行为对社会发展起了关键作用，塑造着历史潮流，其人生值得在"作为艺术作品的传记"中延续下去并承载教化的功能；另一方面，人们的思想、情感、需求很大程度是相通的，传记从一些重要人物的人生际遇中折射普遍的人性，有让读者感同身受的能力。置身新时代，今人和故人面对着同样的问题：如何决定自己的命运，如何改变世界。过去与现在的鸿沟被不变的人之本性和深厚的思想传统跨越，这使历史可与当下类比。

索·恩人物档案馆丛书和已推出的历史图书馆丛书一道坚持深度阅读的理念，收录由权威研究者撰写的重要政治人物、思想家、艺术家传记。他们有的是叱咤风云的军事领袖、外交强人、科学奇才，有的则是悲情的君主，或与时代格格不入的哲学家……无论如何，他们都是各自领域的翘楚，不仅对所生活的社会，而且对后世及世界其他地方也造成了深远持久的影响。因而，关于他们的优秀的传记作品应当包含丰富而扎实的跨学科研究成果，帮助我们认识传主性格、功过的多面性和复杂性，客观地理解个体映射的时代特征，以及一个人在其社会背景下的生活和行为逻辑，理解人与社会结构是如何相互联系的。同时，这些作品当以前沿研究为基础，向读者介绍最新发现的档案、书信、日记等一手资料，且尤应善于审视不同阶段世人对传主的认识和评价，评述以往各种版本传记之优劣。这样的传记作品既能呈现过往时代的风貌，又见证着我们时代的认知和审美旨趣。人物档案馆丛书愿与读者共读人物传记，在历史书写中思考人类命运和当下现实。

社会科学文献出版社

索·恩编辑部

# 索·恩 人物档案馆已出版书目

1 美国的尤利西斯：尤利西斯·S.格兰特的故事
2 德意志理想主义的诞生：席勒传
3 伊藤博文：近代日本奠基人
4 陀思妥耶夫斯基传
5 肖邦：生平与时代
6 叔本华及哲学的狂野年代
7 叛逆爱国者：罗伯特·李的生平与传奇
8 马基雅维利：他的生活与时代
9 帝国与革命：埃德蒙·伯克的政治生涯
10 阿尔贝特·施韦泽：1875—1965
11 维多利亚女王：帝国女统治者的秘密传记
12 梅特涅：帝国与世界
13 俾斯麦：欧洲风暴
14 蛮族之王：狄奥多里克与罗马帝国的黄昏

# 目 录

导　言　马克斯·韦伯为何值得我们关注？ / 001

第一章　广大市民阶层的一员 / 009
第二章　童年和少年 / 018
第三章　柏林、自由主义和学术文化 / 038
第四章　在印第安人、极端基督徒和大兵中间 / 057
第五章　无限贸易公司和罗马地产交易市场 / 073
第六章　失意的港湾和激情的浪潮 / 081
第七章　农业工人、股票投机商和"缺乏政治意识的小市民" / 094
第八章　"世界上神经最紧张的人" / 112
第九章　由禁欲主义走向世界主宰 / 131
第十章　易洛魁人的国家、腓特烈·威廉四世的裁缝和歌德情书的客观性 / 142
第十一章　既心灵相通又观点不同的人 / 158
第十二章　有志者，成英雄 / 175
第十三章　越过大西洋的社会旅行家 / 190
第十四章　绅士、罗特医生和种族问题 / 210
第十五章　世界级村庄和它的社交精神生活 / 225
第十六章　阿尔弗雷德、卡夫卡与国家机器 / 245
第十七章　满世界都在谈论性爱问题 / 264
第十八章　艾尔泽与生活乱七八糟的人 / 273

第十九章　音乐女神社会学、米娜和音高的差别　/　286

第二十章　一个情绪容易激动的人？　/　297

第二十一章　统治的时代、维恩－斯特凡修道院和作为军队组织的社会民主党　/　310

第二十二章　俄国、社会主义和有组织的社会　/　327

第二十三章　价值之神　/　338

第二十四章　因为什么而死与为了什么而死　/　352

第二十五章　世界观的大卖场　/　365

第二十六章　思想意识的大剧场　/　380

第二十七章　迟到的青年时代和血腥的假面舞会　/　397

第二十八章　终结　/　418


经典人物是如何产生的？　/　429


注　释　/　443

参考文献　/　472

人名索引　/　489

图片来源　/　496

# 导 言
# 马克斯·韦伯为何值得我们关注？

伊曼努尔·康德曾说，人是"两个世界的公民"。康德这句话的意思是指，我们人是自由自在的，同时也是身不由己的。在一个世界中，我们可以随心所欲地行动；在另一个世界中，我们的行为则受到各种因素的制约，诸如：不同的社会条件、各种欲望和自然的秉性等。不过，"两个世界的公民"也可以从历史维度来理解。比方说，在人们作为青少年的那个世界，未来似乎是属于"市民阶层"的，而在人们作为成年人走进的那个世界，"市民阶层"所面临的是他们误认为的自我毁灭。倘若有人认为"市民阶层"是历史上的伟大事物，那么，他就不可避免地要用强大或懦弱来描述它。一个人在一个自许为民族国家且自认为属于基督教文化的社会中长大，20年后，这个民族国家被毫不留情的社会力量冲击，而所谓的基督教文化也沦为模糊的记忆残影，那么这个人可能会感到自己是"两个世界的公民"。再举个相对私密的例子：某人结婚时身处这样的环境——婚姻并不意味着新家庭的创立，而是既有家族关系的延续。如今我们称之为"包办婚姻"。夫妻的忠诚相守乃是天经地义；若是有人公然违反这一原则，那么她就会像艾菲·布利斯特①和爱

---

① 艾菲·布利斯特（Effi Briest）是德国作家特奥多尔·冯塔纳（Theodor Fontane，1819~1898）的同名小说中因婚外情而命运坎坷的年轻女主人翁。

玛·包法利①一样有要求载入文学史册的权利。于是，若干年后，这位在如此状况下结婚成家的人不仅走进了一个出轨行为随时可能发生以及某些人甚至将充分享受性爱的需求上升到宣言和纲领高度的世界，而且走进了一个将自己的婚姻继续维持下去或是使之破裂的世界。

身为法学家、历史学家和社会学家的马克斯·韦伯就是这样一个"两个世界的公民"。他生活在1864年至1920年间，是他那代人中知识最为渊博的学者，而且是新教教徒、普鲁士大资产阶级精英中的翘楚。在他生命结束的时候，他所生活的那个世界已经发生了沧桑巨变。而且，他还给后世留下了数量巨大的著作文献，特别是他未完成的手稿、数十篇科学论文、未发表的文章、公开的讲演以及写作计划等。很多人认为，他是德国社会学这门学科的缔造者之一。但是，他在与他人共同创建了德国社会学学会之后，自己很快又退了出来。在许多人看来，"理性""价值无涉""祛魅化的世界"等词语与他博古通今的科学研究紧密地联系在一起。在别人眼里，他是一个狂热的民族主义者和声名显赫的政治思想家。他希望在民主制度的顶端出现一个有超凡魅力的领袖人物，并且默默地企盼着在现代社会的夜晚"古老神明的复归"。这两种描述都符合韦伯本人的情况。他生活在民族国家和它的危机的时代，与此同时，他还生活在历史主义的学者群体、各种美学先锋派思潮、工业初创时代和政治极端主义的世界里。

马克斯·韦伯生于1864年。这一年，路德维希二世（Ludwig II）登基成为巴伐利亚国王；雅克·奥芬巴赫②在巴黎

---

① 爱玛·包法利（Emma Bovary）是法国作家古斯塔夫·福楼拜（Gustave Flaubert, 1821~1880）的长篇小说《包法利夫人》中的女主角。这部小说刚发表时，因内容和描写敏感而被指责为淫秽之作。

② 雅克·奥芬巴赫（Jacques Offenbach, 1819~1880），德籍法国作曲家，法国轻歌剧的奠基人和重要代表。

上演了他的轻歌剧《美丽的海伦》(Schöne Helena);在卡尔·马克思的领导下,第一国际在伦敦成立;美国的南北战争鏖战正酣,联盟国一方成功地进行了军事史上的第一次潜艇攻击;"消耗战"一词首度出现;儒勒·凡尔纳①发表了他的《地心历险记》(Reise zum Mittelpunkt der Erde);教宗庇护九世在他的《忧虑之至》(Quanta Cura)通谕中对宗教自由和政教分离加以挞伐,并以《谬论要录》(Syllabus Errorum)作为补充附件,将言论自由、泛神论、社会主义和共产主义、自由主义和冷漠无情皆称为无端的谬论邪说;在日本,正在推行的明治维新想要重新恢复昔日的天皇制度,结束武士阶级的统治,并最终使日本西方化。

1920年,马克斯·韦伯去世。这一年,《凡尔赛和约》开始生效;一个月后,国家社会主义德国工人党(NSDAP)在慕尼黑的王宫啤酒馆成立;在所谓的卡普政变②中,民族主义保守派势力企图推翻柏林的帝国政府;罗伯特·维恩③的《卡里加里博士的小屋》(Das Kabinett des Dr. Caligari)在影院上映;第一部由安德烈·布勒东④和菲利普·苏波⑤创作的超现实主义作品《磁场》(Die magnetischen Felder)在巴黎出版发行;

---

① 儒勒·凡尔纳(Jules Verne, 1828~1905),法国小说家、剧作家和诗人,现代科幻小说的开创者之一。

② 卡普政变(Kapp-Putsch)全称为卡普-吕特维兹政变(Kapp-Lüttwitz-Putsch),是一场企图推翻魏玛共和国的政变,导火索是德国魏玛政府签署的《凡尔赛和约》。为首者是民族主义者沃尔夫冈·卡普(Wolfgang Kapp)和国防军司令瓦尔特·冯·吕特维兹(Walther von Lüttwitz),政变未遂。

③ 罗伯特·维恩(Robert Wiene, 1873~1938),德国无声电影的重要导演,以执导表现主义的电影闻名,纳粹上台后,流亡他国。

④ 安德烈·布勒东(André Breton, 1896~1966),法国诗人和作家,超现实主义最重要的理论家,《超现实主义宣言》是其代表作。

⑤ 菲利普·苏波(Philippe Soupault, 1897~1990),法国诗人和作家。

最早的几家私人电台开始广播;弗朗西斯·斯科特·菲茨杰拉德①完成了他的第一部小说;西格蒙德·弗洛伊德发表了他的关于性欲和性压抑的论文《超越快乐原则》(Jenseits des Lustprinzips);第四届奥林匹克运动会在比利时的安特卫普举行;皮特·蒙德里安②首次采用他终生未放弃的几何形体派风格作画;葛丽泰·嘉宝③刚刚涉足电影界;列宁发表了《赶上和超越资本主义》(Den Kapitalismus einholen und überholen)的演讲。

上述这些并非刻意列出的与马克斯·韦伯生平年代相关的事件,形象地展示了韦伯所生活时代的特点。这个时代无可争议的特点是:世界还是一个完整的世界。其中所发生的一切,我们今天不仅将其称为"全球化",而且还错误地认为,这些都是全新的事物。工业资本主义正经历它发展的高峰期,电报、没有风帆的蒸汽轮船和电的使用等技术发明扩展了人们的空间和时间概念。很快,地图上只剩下南极和北极两个"空白点"。影响巨大的意识形态——自然主义、自由主义、社会主义和共产主义正在形成,技术的乌托邦思想纷纷登场,同时代的人亲身经历了美利坚合众国和苏维埃政权的兴起。与群众民主、划分为不同学科的科学研究以及教会的世俗化一道,资本主义表现为一种改变世界面貌的翻天覆地的力量。与此同时,各种五花八门的社会实验方法和文人墨客的所谓"项目方略"也试图另辟蹊径,与这个世界决裂。一些未知其名、分散的力量推动着社会变迁,从而在许多人那里唤起了采用暴力手段重

---

① 弗朗西斯·斯科特·菲茨杰拉德(Francis Scott Fitzgerald, 1896~1940),美国小说家,《尘世乐园》是其首部小说。

② 皮特·蒙德里安(Piet Mondrian, 1872~1944),荷兰画家,非具象绘画的创始人之一,对后代的建筑和设计影响很大,自称"新造型主义",又称"几何形体派"。

③ 葛丽泰·嘉宝(Greta Garbo, 1905~1990),瑞典电影女演员,奥斯卡终身成就奖得主,原名葛丽泰·洛维萨·古斯塔夫松(Greta Luvisa Gustafsson),主演过电影《茶花女》和《安娜·卡列尼娜》等。

新驾驭历史的欲望。

在马克斯·韦伯出生和去世的这段时间里，德国——韦伯对德国社会做了大量的深入思考——对这些具有世界历史意义的变化起到了特殊的作用。韦伯出生之时，大约3700万人生活在这块若干年后名曰德意志帝国的土地上，其中三分之二居住在人口低于2000人的村镇里，居住在10万人以下城市中的老百姓甚至不到200万人。当他去世之时，尽管在世界大战中遭受了人口损失，又有大量人口死于西班牙流感，东部和西部的大片领土割让给了波兰和法国，德国人口却增加到了6200万。其中，有1500多万人生活在大城市，仅有三分之一生活在人口低于2000人的村镇中。1864年，若以美元计算，德国全国的工业产值是4.92亿美元（英国为11.2亿美元），到了韦伯的名著《新教伦理和资本主义精神》(*Die protestantische Ethik und der Geist des Kapilalismus*) 发表的1905年，德国工业产值达到24.8亿美元（英国为28.5亿美元）。通过比较即可发现，这些年中德国的发展何其迅速，并且后来居上，成了一马当先的工业革命国家。在韦伯出生之年，普鲁士20岁至24岁的年轻人上大学的比例是0.5%，在他去世之年，这个数字上涨了4倍：1864年的大学生人数约为7000人，韦伯入学时，人数不到18000人，当他去世时，人数已达63000人。

除此之外，在1864年至1920年间，德国经历了一系列重大的政治和法律变革。自由主义议员占多数的普鲁士议会从1859年起同国王的内阁发生了一场关于普鲁士宪法的冲突，双方中的哪一方拥有预算权和对军队的拨款权乃是争议的焦点。1862年在这场危机期间被任命为普鲁士首相的奥托·冯·俾斯麦自此再未放权；虽然普鲁士在法理上是一个君主立宪制政体，但是，不少人都将俾斯麦看成那个年代真正的掌权者。在他的领导下，"北德意志邦联"于1867年建立，在巴登、巴伐利亚、黑森和符腾堡邦国加盟之后，德意志帝国于1871年宣告成立。1900年，《民法典》（Das bürgerliche Gesetzbuch）颁布生效。1918年11月德意志帝国土崩瓦解之后，德国部分地区宣布成立苏维埃共和国，而柏林成立了议会民主制政府。第二年，国民议会的议员们在安静悠闲的小城魏玛通过了新宪法。

对于弄懂这个沧桑巨变的时代，马克斯·韦伯的生平和著述有着解惑释疑的启发性意义，因为他几乎对所有这些事件和变化过程都做过分析研究。正如他参与过对德国工业化问题的探讨一样，他也参加过对俾斯麦所推行政策后果的论辩。韦伯就德国的世界大国地位进行过广泛思考，并且从新教主义立场出发，积极致力于对"社会问题"的探究。他认真思考了股票交易所是仅利于金融投机还是对现代货币经济亦有作用的问题，投身于普鲁士国家和天主教会之间的"文化斗争"之中（最后站到了新教主义一边）。对外，他要求德国奉行一种帝国主义的策略；对内，他则要求实行自由主义的政治。他不仅对社会主义的兴起表达自己的看法，而且也对俄国革命、"情爱主义运动"、争取妇女权利的斗争、人种理论和大众媒体等发表自己的见解。

在同时代的学者中，马克斯·韦伯不同于他人的特殊之处在于，他自己——我们必须这样说——以无比巨大的热忱和旺盛的精力对他所生活的那个社会进行分析阐述。他在成长过程中经历了多种文化的洗礼。他出生在一个民族自由主义气氛浓厚的家庭，大学期间在各种学生社团里磨炼自己。他不但是一个咄咄逼人的沙文主义者，而且对"典型的德国东西"既爱又恨。他以一种无与伦比的工作干劲一头扎进对各种资料的研究当中，撰写调查报告的工作量之大，超出人们的想象。他与那个时代的每一个重要的政治和学术运动及其代表人物均有接触。由于性欲问题的折磨和劳累过度，他患上了所有类型的"神经疾病"［这种"神经疾病"属于1900年前后的"时代诊断"（Zeitdiagnose）的一部分］。而且，作为一名康复病人，他变成一个长年累月在欧洲各地休养并且远涉重洋赴美国云游的旅行者。虽然他对"文学家"不屑一顾，但很早就开始关注那个时代的文坛先锋派，并与我行我素的文学艺术流派有着各种交集。第一次世界大战结束后，他像许多人一样成了魏玛共和国未来的希望。他不仅参与了魏玛共和国宪法的讨论，而且还参加了巴黎《凡尔赛和约》的谈判。

韦伯是他那个时代名闻遐迩的德国社会学家，同时也是一个生前只出版过两本著作和他的博士论文及教授资格论文的作者。他的主要著作《经济与社会》（*Wirtschaft und Gesellschaft*）在他去世后才印刷出版（因此有人怀疑他并没有将此书列为主要的著作计划）。几乎他谈论过的所有事物，都受到人们的赞赏或质疑：他的著作《新教伦理和资本主义精神》自问世以来在学者中引发的争论从未间断过。就勤奋工作、治学风格和爱做脚注而言，马克斯·韦伯是一个典型的德国学者，并且是一个"愤怒的公民"——对他的同时代人一贯充满怒火，喜欢争论，态度专横。

讲述马克斯·韦伯的生平和思想是一件非常值得去做的事情，这不仅因为他起伏跌宕、非同寻常的人生经历，更因为韦伯对那些依然缠绕着我们的问题做出的回答。"在摩登时代，特别是在当前的最新时代中，似乎有一种紧张和期待的感觉以及一种无以摆脱的急迫感贯穿其间，像是有一件最重要的事情即将发生一般。"[1] 这是韦伯的同事格奥尔格·齐美尔① 于1900年——他和韦伯所处时代的过渡期——所写的一句话。其时，很多人认为，19世纪最后三分之一世纪的现状无法再继续维

---

① 格奥尔格·齐美尔（Georg Simmel, 1858~1918），德国哲学家和社会学家，主要著作有《货币哲学》和《社会学》，是形式社会学的开创者。

持下去了。回首观之，这种感觉不仅表现为一种沉闷压抑和可以理解的敏锐，而且表现为一种即将变为现实的预言：等待着齐美尔及其同时代人的，是两次世界大战和世界的两次毁灭。"英雄的摩登时代"——海因茨·迪特·基特施泰纳①语——出现在人们的面前。值此之时，知识分子和政治家都认为，一百多年来，世界历史偏离了人间正道，误入歧途。于是，他们摩拳擦掌，意欲通过英勇的抗争将其彻底改变。这正是齐美尔所述及的人们这一感觉的非同寻常之处：当一个持续变革和不断更新的时代结束之时，许多人产生的不是要去弄懂这个陌生时代的渴望，而是一种期待——某种可以揭示所有这些变革意义的重大事件还未发生。

对此，马克斯·韦伯在评论威廉二世国王的政策时，对这种同样的感觉做了另外一番描述："人们的感觉像是坐在一列高速行驶的火车里，对前方道岔的选择正确与否，心存疑虑，忐忑不安。"² 谁若是坐在这样一列火车里，那么对他来说，前方道岔的选择和懂得择路而行的重要性就成了首要任务。面对无法理解的历史进程，许多人意志消沉，心灰意冷。而正是在这个时代，韦伯不随波逐流，始终力图不放弃自己的思考：如何对社会生活进行描述，而不受某种意识形态或是轻率的时代诊断结论的左右？我们今天已经无法再去重复韦伯对他所经历的时代危机做的那些回答。但是，倘若通过一部学术性的人物传记能够就一些关于韦伯的著述及其生平的问题，亦即关于生活中的问题以及对社会进行描述的问题获得某些启发性的东西，那么，这部传记就算达到了它的目的。

---

① 海因茨·迪特·基特施泰纳（Heinz Dieter Kittsteiner, 1942~2008），德国作家、历史学家和哲学家。

# 第一章
# 广大市民阶层的一员

> 市民阶层指的是国家之中所有根据其出身
> 既不属于贵族阶层也不属于农民阶层的居民。
> 
> 1794 年《普鲁士国家普通法典》

　　一个人究竟是个什么样的人,这个问题不妨先听一听其本人的自述:"我是广大市民阶层的一员,感觉自己是他们中的一分子,所接受的也是关于他们的观念和理想的教育。"[1] 1895 年,31 岁的马克斯·韦伯在弗赖堡大学受聘担任国民经济学教授。在走马上任的首次讲座中,他向在场的听众做了这样一番自我介绍。这是一个既独特又值得注意的说法。所谓值得注意,并不是因为当年对一个姓名中显然没有代表贵族地位和身份的"冯"①字的人来说,特意强调一下自己既非工人也非农民出身纯属多此一举。韦伯并不将自己归入单数意义上的"市民阶层",如同马克思主义者将其与无产阶级区分开,或社会史学家将其与贵族和农民区分开那样。他刻意使用复数,暗示存在多种市民阶层,而且不仅它们与其他阶级之间的差异具有重要意义,它们彼此之间的差异也同样重要。但是,韦伯本人又

---

① 1918 年第一次世界大战结束之前,德国贵族的姓名中均有一个代表贵族地位和身份的"von"(中文译作"冯")。一战之后,德国法律规定,可以继续沿用家族名字中的"von",但不代表其贵族身份和地位。

觉得自己隶属于作为整体的、复数意义上的市民阶层；他并没有将自己看作某个市民阶层的成员，而是看成其整体的成员，就好像韦伯笼统地说"我是德国南部城市的居民"一样。

马克斯·韦伯的确是广大市民阶层中的一员，这点从其家族经济的角度来看就是如此：由于母亲所继承遗产的关系，韦伯家境殷实，生活富足。韦伯在 1910 年回顾他的青少年时代时曾经这样说过："按照当时的概念，家里的财产是很丰厚的，加上父亲 12000 马克的薪水，每年全家的收入大约是 34000 马克的样子。"² 韦伯母亲继承的财产的根基在于纺织业——这个工业革命中的领军行业——所带来的跨欧贸易与工业利润。这份遗产的利息就近乎一名高级官员年薪的两倍。1800 年前后，法国革命导致了大量资本被转移到英国并和英国的技术进步相结合，从而推动了工业生产的车轮更快地向前运转。马克斯·韦伯的外曾祖父、出生于法兰克福的科内留斯·查理·苏谢（Cornelius Charles Souchay）审时度势，鸿运当头，成了当时集生产、销售和金融投资于一身的最成功企业之一的大老板。在大陆封锁，即拿破仑·波拿巴（Napoleon Bonaparte）于 1806 年至 1814 年针对大不列颠实行的经济封锁期间，他涉足走私生意，并以投机商的身份从当时欧洲的各种战事中赚取了大量钱财。信奉胡格诺宗教义的苏谢家族是当时横跨英德两国最富有的贸易巨贾之一，他们编织起了一张遍布欧洲多个国家的庞大家族网络，其触角不仅延伸到英国、比利时和荷兰，而且延伸到了加拿大、南非和印度尼西亚。³ 马克斯·韦伯的外祖母凭借所继承的巨额遗产，一夜之间成了百万富婆。

韦伯父亲的祖上是比勒菲尔德（Bielefeld）人，家族世代在那里做亚麻生意，并且是当地的名门望族。与苏谢家族有所不同，韦伯家族的生活更显得衣食无忧、悠闲自得一些；家里做生意赚钱主要是为了维持与地位相当的生活而已。据传，韦伯的祖父从未在11点之前到过商号上班，[4]而且，他的情况似乎也不是个例外。普鲁士商务大臣克里斯蒂安·彼得·威廉·博伊特（Christian Peter Wilhelm Beuth）曾经在1842年给当地企业家领袖的信中写道："就比勒菲尔德而言，我此前曾经多次跟您说起过，那里的大老爷们都是躺在月桂枝和钱袋上高枕无忧的商人，而不是开店办厂的企业家。"[5] 马克斯·韦伯后来的夫人玛丽安妮是这个家族另一支旁系的亲戚，这支旁系搬到了比邻的利珀（Lippe）公国，原因是，她在西班牙受教育的祖父卡尔·大卫·韦伯（Carl David Weber）借此可以逃避在普鲁士当兵服役的法律规定。[6] 卡尔·大卫也涉足纺织业，赚取的财产之多，足以让他的儿女和孙子辈几代人吃穿不愁，生活富足。缘此，马克斯和玛丽安妮·韦伯两人均有其祖辈的遗产可供用度，而且，即使韦伯在1899年35岁时就因健康和心理原因放弃了教职，此后仅靠吃利息度日，他们两人也从未落到捉襟见肘的地步。

除此之外，马克斯·韦伯家族也是做官从政的市民阶层成员：他的外祖父格奥尔格·法伦斯坦（Georg Fallenstein）参加过普鲁士军队抗击拿破仑的吕佐夫志愿军团，后来成了德国未成功的1848年资产阶级革命代表人物圈子中的重要成员。德国的"体操之父"弗里德里希·雅恩（Friedrich Jahn）和1837年抗议普鲁士国王取消汉诺威宪法的"哥廷根七君子"之一、史学家和日耳曼学家格奥尔格·戈特弗里德·格维努斯（Georg Gottfried Gervinus），均与法伦斯坦过从甚密。韦伯的父亲是德国最早的职业政治家之一，曾以民族自由党代表身份入选普鲁士议会和帝国议会。很久以后，马克斯·韦伯本人也同样以民族自由主义者弗里德里希·瑙曼（Friedrich Naumann）创建的德国民主党成员身份参加过帝国议会的竞选。从受教育情况来看，马克斯·韦伯是法学科班出身，曾经打算涉足律师行业并一度做过不来梅商会的法律顾问。但是，由于对历史和社会科学的兴趣，他后来步入了高等学府的大门。

于是，马克斯·韦伯所属的市民阶层就多了第三个阶层——学者阶层。将此阶层与其他两个阶层加以区别有着十分重要的意义。因为，韦伯出生的那个社会被三场所谓"资产阶级的"、完全不同的革命打上了深深的烙印：为争取民主宪法国家而斗争的政治革命——这场革命首先在美国和法国找到了它最明确的表达形式；工业革命——这场革命从英国开始，其象征是蒸汽机、快速印刷机以及完全机械化的纺织机；最后是教育革命——这场革命带来了全民义务教育的结果，通过中等学校的毕业考试才能获得上大学的资格，同时，各种不同的学术门类也应运而生。[7] 尤其是在第三场革命中，德国独占鳌头，处于一马当先的地位。在1850~1920年半个多世纪的时间里，许多科学标准及大学教育的标准都由德国制定，而且，不仅自然科学和工程学如此，人文科学也不例外。想当初，不论是美国人还是法国人，都纷纷前往柏林、波恩、莱比锡或海德堡，目的是了解一所从事科学研究的大学的实际情况。在马克斯·韦伯成长的年代，学者可以获得很高的声誉。他本人也不单是一位研究者，更是一种市民阶层文化的代表。凭借与史书典籍、外出旅行、古代文化、高级中学、阅读报纸、路德宗的基督教和民族国家的密切关系，这种市民文化形成了自己不同于其他阶层文化的鲜明特点。

然而，对于市民阶层来说，这三场革命均具有19世纪下半叶有目共睹的一种矛盾性质。对于一个受法国革命攻打巴士底监狱和废除封建帝制影响的社会来说，革命的行动留给人们的印象或许是：在现代国家中，贵族和市民阶层——亦即"第一阶层"和"第三阶层"——似乎仅仅互换了位置，市民阶层接替统治阶层，并以市民阶层的意识形态进行统治。对于这样的意识形态，人们尤其能从工业革命中，亦即从市民阶层对于贸易和生产的兴趣中，或者从对于发展私有财产的兴趣中观察发现之。除此之外，教育也被认为是一种专属于市民阶层的服务于个人自我完善的思想体系。"教育小说"这种于1800年前后出现、在欧洲的叙事体文学类型中占主要地位长达90多年的文学体裁，用它的故事情节的固定模式对这一思想进行了形象化的表述：小说中，非英雄式的年轻主人翁没有沿袭其家族传统，而是置身于一种唤起他内心对幸福无限憧憬且充满诱惑的工业化时代环境之中。但是，当理想与现实发生冲突之时，他才逐渐认识到，这当中的幻象何其之多。这种叙事的市民阶层特质不仅体现在"追求个人幸福"的权利主张——如同美国宪法将这种追求与生命、自由并列为三大不可剥夺的个人权利；更体现在"教育"所承诺的解决方案中：它在幸福与自由、稳定与流动、自主与社会化、婚姻与爱情、现实主义与浪漫主义的冲突中，试图通过内在化矛盾、妥协与克己来实现调和。[8]

然而，仔细观之即可发现，近代史上三次革命真正具有变革意义的内涵，是它们没有将社会上占统治地位的各种思想观念、权力地位和文化形式的承载者阶层进行简单的替换，新的统治阶级也不是简单地入主社会的上流阶层，而是整座大厦的结构发生了改变。19世纪末，随着社会主义政党的崛起和其他大规模群众运动的爆发，民主制度与资产阶级的必然关联性被彻底打破。与此同时，大型股份公司财产的功能化、职员和官僚机构的出现和逐步形成的福利国家等均显示，现代的市场和货币经济不能简单地被描述为"资产阶级"施展拳脚的舞台。最后，"教育"这一理念也被认为不是市民阶层的独有专利，其重要性被马克斯·韦伯后来称作的所谓"专家文化"化解削弱：这个"专门家"取代了西方传统意义上的人文通才，这个通才本身当然也只是一个特殊类型罢了。市民阶层文化——歌剧和博物馆、所谓经典的古希腊罗马时代和以之为圭臬的一整套规范原则等，都失去了约束作用。19世纪中期以后，以先锋派为表现形式的艺术完全摆脱了对市民阶层温良友好的态度，许多艺术家认为非市民阶层的特性在美学上更能取悦人心、更趣味横生或更富有冒险精神。1914年之后的文学主题不再是教育，而是战争：战争改变了每一个人的处境。但是，即使在一战之前，在约瑟夫·康拉德①的小说（故事发生在海轮上）、罗伯特·穆齐尔②1906年写的《学生特尔莱斯的困惑》(*Törooleß*)（对主人翁来说，青少年时期不是挣脱羁绊放飞自我，而是一种身心的痛苦折磨）、弗朗茨·卡夫卡（Franz Kafka）的长篇小说《美国》(*Amerika*)（1911年至1914年），或是詹姆斯·乔伊斯（James Joyce）的《一个青年艺术家的画像》(*Porträt des Künstlers als junger Mann*)（1904年至1914年）中，国家机器的作用在小说主人翁的生平故事中是如此突兀，以至于他们不再是一个普通市民，而是小说故事中带有某种深刻心灵创伤的政府机构职员。

对于马克斯·韦伯认为自己是其中一员的广大市民阶层来说，这里无形中就出现了一种自相矛盾的情况：随着自身的快速崛起和事业的成功，这个阶层不仅被迫要对具有群体认同感的自身地位的不断下降，而且也要对自己"文化"地位的逐渐式微进行反思和采取应对之策。与历经数百年、家族网络主宰着所有社会领域的贵族阶级迥然不同，市民阶层的社会阶层分

---

① 约瑟夫·康拉德（Joseph Conrad，1857~1924），波兰裔英国小说家，被誉为现代主义的先驱，一生共写作过13部长篇小说。

② 罗伯特·穆齐尔（Robert Musil，1880~1942），奥地利作家，主要代表作是《一个没有个性的人》。

布情况是：从商的生意人，行业成员（医生、律师、教师、牧师），文人学者，以及工程技术人员。

　　因而，韦伯的身份是市民阶层中的一分子，因为从家庭财产、政治地位、文化知识、教育程度和生活品位的任何一个角度来说，他都属于那个时代的精英人群。1895年前后，当韦伯成家立业的时候，"市民阶层"在德国还是一个特殊概念，不能与"国家公民"或"城市居民"混为一谈。这个概念的含义与一百年前有所不同，那时，即便是普通的手工业者也统统被算作城市市民阶层。[9]如今，他们都变成了"小市民"，并且，与韦伯生活的那个年代的职员一样，他们不是被作为一个群体来看待的市民阶层的成员。在韦伯成长的年代，有教养的和有财产的市民不足当时人口的百分之五。但是，尽管数量不多，而且这些市民群体始终在城市里生活，他们却不是同质化的群体，因为家境富足并不以教育程度为前提，而且也不一定带来良好的教育。反之亦然，良好的教育并不必然带来丰厚的财富，而且也并非必然带来城市中的政治地位。

　　因此，马克斯·韦伯身上的这些市民阶层的东西是他的出身和职业生涯的一个典型特征。他成长在商人、大学教授、议会议员和高级官员组成的亲朋好友环境中，并且在被普鲁士统一不久的德国政治和学术中心度过了他的童年和少年时期。在本文开头提到的、向听课学生介绍自己的第一次讲座中，他谈及了很多方面的问题。讲课期间，他不仅对强大的民族国家表示认同，而且还批评自己出身于其中的市民阶层到那时为止没有为建设和增强这个强大的民族国家做出应有的贡献。他生前发表的最重要的论著讨论的主题是：什么样的"精神"产生了市民阶层社会，哪一种理性的起源可以归功于市民社会，市民社会所倡导的自由将遇到什么样的危险？正因为如此，马克斯·韦伯的著作可以被解读为对市民阶层生活方式和政治概念的一种贡献。

然而，关于他的职业生涯和人生履历需要补充一句的是，在所有这些涉及市民阶层的问题上，韦伯不得不将自己的一生看成是失败的，或更准确地说，看成是低于自己期望值的一生。在他的生命快要走到尽头的时候，他的情人艾尔泽·雅菲①问他，有没有见过人死亡的情形。他回答说没有。雅菲回忆道："没见过死亡，没见过女人生产，没见过战争，没见过权力，就好像命运在他和现实之间放了一块窗帘一样，那么，这或许就是他的'命运之星'？他喃喃地说道，是的，恐怕是这样的。"[10] 韦伯结婚成家但没有生育后代，从未用手中的武器为自己的国家冲锋陷阵出生入死，也从未踏入仕途从政为官。他的情人似乎还可以再补充一句话，来增加对他一生的评判的分量：韦伯承袭的家产和新娘带来的嫁妆，没有因为他而越滚越大。

没有成书问世、没有养育后代、没有参加过战争、没有财产、没有影响：一个作家、一个学者或是一个艺术家在临终之时或是离世不久看似一事无成这种情况并非罕见。罕见的是，此人是从一个衣食无忧、财产殷实家庭的高点和前途无量的人生起点，走向了他的理想和抱负一无所成的零点。作为广大的市民阶层一员的马克斯·韦伯经历了56年的短暂人生，在这一生中，绝大部分曾经给这个阶层打上深深烙印的那些事物在社会变革的压力之下分崩离析，之后又在战争的硝烟烈火之中灰飞烟灭。然而，非常罕见的情况是，这种"地位的下降"与从事一项涉猎面甚广、论题无比重要和百科全书式的学术工作密切相关。有鉴于此，人们可以说，这个人与曾经给他优越地

---

① 艾尔泽·雅菲（Else Jaffé，1874~1973），出嫁前的娘家姓叫艾尔泽·冯·里希特霍芬（Else von Richthofen），有贵族血统（男爵家族），德国第一位女社会学家。

位的事物距离越远，他所取得的成就越大。不过，最为罕见的却是，这项不仅散见于他在世之时已发表的文论中，而且还见诸数量巨大的未完成著作中的事业，从其在德国近乎被遗忘的那一刻起，它的价值和意义就已经开始逐年上升，并产生深远的影响。韦伯以思想史上最奇特的方式成了人文科学继卡尔·马克思之后最著名的，以及继路德（Martin Luther）和歌德之后被研究得最多的一位德国知识分子。

# 第二章

# 童年和少年
## ——一部家庭小说

许多父母教育子女只是为了他们自己。

让·保罗*

1878年12月底，14岁的马克斯·韦伯从柏林的夏洛滕堡的住所写信给他的表哥弗里茨·鲍姆加滕①，告诉他自己刚刚得到了哪些圣诞节的礼物："首先是一部英文的莎士比亚作品，但是我暂时还看不了，我的英文还不行，因为我们三个月前才开始上英文课。不过我想，等到了复活节的时候，我已经学了很多英文知识，就可以多少看懂这本书了。另外，还有三本库尔提斯②的《希腊史》(*Geschichte der Griechen*)，这是我梦寐以求的，我对他特别感兴趣。他的书我已经看过不少，对他高雅的语言和优美的叙事风格佩服得五体投地。礼物中还有一本《西塞罗和他的友人》(*Cicero und seine Freunde*)，这是布瓦西耶③法文版的德文译本。这本书到现在我还没怎么看，但我相信，它会引起我的很大兴趣。"[1]除了这些书，韦

---

\* 让·保罗（Jean Paul，1763~1825），德国作家和诗人，德国浪漫主义文学先驱。

① 弗里茨·鲍姆加滕（Fritz Baumgarten，1856~1913），德国语文学者。

② 恩斯特·库尔提斯（Ernst Curtius，1814~1896），德国考古学家和古代史学家。

③ 伽斯东·布瓦西耶（Gaston Boissier，1823~1908），法国古代史学家和古典语言学家。

伯还得到了一本艺术史的画册和两本沃尔特·司各特①的小说——《魔符》(Der Talisman)和《昆丁·达沃德》(Quentin Durward)。此外，他还告诉表哥，他刚读完史学家和语言学家维克多·黑恩（Victor Hehn）写的一本"很难懂的"书《农作物和家畜——从亚洲向希腊和意大利以及欧洲其他地区的过渡》(Kulturpflanzen und Haustiere in ihrem Übergang aus Asien nach Griechenland und Italien sowie das übrige Europa)，与此同时，他平常还看些拉丁文作家写的书，比如李维（Livius）的《罗马史》，"以及诸如此类，等等"。

"以及诸如此类，等等"——根据版本的不同，这次单是作为圣诞礼物收到的这些书就有近4000页，还要加上500多页的《自然文明史》(Kulturgeschichte der Natur)和李维的《罗马史》。真是一位阅读量很大的少年啊！就在同一年，韦伯还写道："我可能是一个对书籍，尤其是对至理名言和逻辑推论特别敏感的人。"2 即便是在这位当时正在大学读古典语言学和考古学的表哥面前，他对于跟好学上进无关的礼物只字未提，或者说，即使人们可以把他信中所写的学完半年英文课就能够简单阅读莎士比亚的说法看成在比他大8岁的表哥面前说的一句大话，我们仍然可以从其中看出，韦伯在他父母以及周围的人眼里是怎样的一位少年。11岁那年，他就得到了一本本杰明·富兰克林（Benjamin Franklin）的自传作为礼物。12岁时，他就阅读了马基雅维利的《君主论》，"看了一眼"马丁·路德的著作，并且，如同他在写给母亲的信中所说的那样，他钻研了中世纪君王家族的谱系，并问他的两位祖母对土耳其战争有什么看法。3 14岁时，他绘制了一张1360年的德国地图。15岁，他把沃尔特·司各特的《爱丁堡监狱》

---

① 沃尔特·司各特（Walter Scott, 1771~1832），英国诗人和小说家。

[英文名为《米德罗西恩的监狱》(The Heart of Midlothian)]称作他读过的最扣人心弦的小说之一。而这时,他的同学则更热衷于阅读"时髦的通俗小说"和轰动一时的奇闻轶事,"我想读的却是关于罗马帝国初期贵族们的故事"。4

事实上,这位风华少年的阅读不仅涉猎甚广,而且他很早就开始做读书笔记,这些笔记已经远远超出了针对作为"老少咸宜的教育课本"5 的荷马史诗的经典评注范围。阅读《伊利亚特》时,他在笔记中写道:这部史诗缺少扣人心弦的紧张感,对每一个要出现的灾难场景,读者心里早就有了思想准备。在少年韦伯眼中,这个特点并非美中不足,而是正因为如此,人们可以更容易暂时停下手中的阅读;此外,史诗本来就不用写得那么"富于紧张感",说到底,它的用途就是尽可能对诗中的英雄进行美化歌颂。韦伯很早就在阅读时留心观察自己。在这种观察过程中,这个被他的表哥要求写信讲述自己所偏爱的作家的 14 岁少年不仅提及并评论了沃尔特·司各特和维克多·冯·舍费尔①的作品,而且还提到并评论了希罗多德、李维和西塞罗的著作。他在信中谈了自己对西塞罗的看法,表哥说他的观点都是从其他地方看来的,但他并不认可表哥的批评:如果说他的观点和特奥多尔·蒙森②的评论是一样的,那是因为,读西塞罗的演说都会产生同样的看法。

少年马克斯·韦伯在信中提到的这批书单能很好地说明,他在家里受到的是一种什么样的教育:他学习古希腊罗马文化,阅读历史小说、历史著作等。这是工业革命时代的柏林,历史主义不仅创造了建筑学上的时代杰作,而且树立起了知识

---

① 维克多·冯·舍费尔(Victor von Scheffel, 1826~1886),德国诗人和小说家。
② 特奥多尔·蒙森(Theodor Mommsen, 1817~1903),德国法学家和历史学家,他对罗马法和债务法的研究对德国民法典有重大影响。

界的不朽丰碑。这时,人们对历史表现出了越来越浓厚的兴趣。除了特奥多尔·蒙森和海因里希·冯·特赖奇克①的史学著作,少年马克斯·韦伯喜爱阅读的书籍中还包括有"勃兰登堡的沃尔特·司各特"(特奥多尔·冯塔纳语)之称的维利巴尔德·亚历克西斯②写的带有浓厚勃兰登堡-普鲁士色彩的爱国主义小说,以及古斯塔夫·弗赖塔格③的《德意志历史图集》(*Bilder aus der deutschen Vergangenheit*)等。后来中学毕业时,学校在毕业证书上给了韦伯一个知识广博的评语,可惜的是,这些并不是他在学校课堂上获得的知识。[6]

现在让我们再回到1878年圣诞节韦伯作为圣诞礼物所得到的那些书籍,因为这批书很能说明问题。举例来说,韦伯心仪已久的《希腊史》的作者恩斯特·库尔提斯当时在柏林是首屈一指的古希腊语言学家。在韦伯出生的那年,他做了一场影响深远的关于古希腊艺术史的讲座。[7]作为普鲁士储君的腓特烈·威廉王太子,即后来"99日皇帝"腓特烈三世(Friedrich III)的帝师,他于1875年至1881年领导了希腊奥林匹亚的考古发掘工作,担任过普鲁士科学院语言-历史学部院士和柏林大学考古学教授,以及——如同他1868年的聘书中所写的那样——"雄辩学教授"。库尔提斯是柏林大学最后一位获此殊荣的学者。在每年的大学校庆典礼上,上台演讲的都是一位所谓"古希腊罗马学"的专家(自1849年起不再用拉丁语而改用德语),这绝非偶然。当时,古代科学被认为是为1871年德意志帝国实现统一作出贡献的一种力量:据说,

---

① 海因里希·冯·特赖奇克(Heinrich von Treitschke,1834~1896),德国历史学家。
② 维利巴尔德·亚历克西斯(Willibald Alexis,1798~1871),德国作家,现实主义历史小说奠基人。
③ 古斯塔夫·弗赖塔格(Gustav Freytag,1816~1895),德国作家。

当库尔提斯于1869年将他的《希腊史》呈献给俾斯麦时（数年之后这本书成了韦伯的礼物），这位日后的帝国宰相回复道，该书阐述了一个民族的发展历程，这个民族尽管拥有才智天赋，但由于未能统一而陷入外族的统治之下，因此，该书能够为德意志民族的统一贡献一份力量。

当年，以古论今是司空见惯之事。当王室和议会之间爆发的围绕普鲁士宪法的冲突达到白热化时，库尔提斯于1862年做了一个以"古代的友情"为题、当年最有分量的演讲。其中，他对达成天下共识和人们相互信任的精神进行了大力颂扬。共识和信任在古希腊将"不同的元素为了有机体的目的"[8] 紧密地联结在一起。当教宗庇护九世在马克斯·韦伯出生的1864年发出《忧虑之至》的通谕，要求国家臣服于教会，并罗列出一系列现代异端邪说时，库尔提斯的演讲论述的主题则是曾经使古希腊人免遭神权统治的自由精神。

值此之时，古典式的教育标准似乎仍在发挥作用，威廉二世国王（Wilhelm II）1890年说的那句没有文化涵养的话此时尚未说出："凡是上过中学并了解学校情况的人都知道，学校到底缺了什么。那里缺少的首先是民族文化的基础。我们必须把德意志的东西作为中学教育的基础；我们应当培养有民族精神的德意志青年，而不是年轻的希腊人和罗马人。"[9] 在马克斯·韦伯成长的教育环境中，此二者之间——古典式教育和民族性的东西之间——还没有形成矛盾对立。在老百姓面前把古希腊罗马文化描述成一种陌生、古朴和遥不可及的文化的时代尚未到来。如同弗里德里希·尼采（Friedrich Nietzsche）于1872年在他的论著《悲剧的诞生》中对古希腊文化与19世纪的市民阶层世界之间的差别所做的阐述一样，虽然马克斯·韦伯父亲的大学同学、同是哥廷根大学生社团成员的教会史学家弗朗茨·奥韦尔贝克（Franz Overbeck）早在1873年于他的《我们今天神学的基督教特征》一书中就已经对古希腊罗马文化晚期的早期基督教与当前的基督教之间几乎同样巨大的差别进行了论述，但是，这两位学者的评论直到十年和二十年后才开始产生巨大影响。不过，对于年轻的马克斯·韦伯来说。他的政治与历史判断力，正是在对当代政治与古代文明的双向审视中逐渐成型的。

然而，其后真正吸引韦伯对历史研究的兴趣的与其说是希腊的雅典，毋宁说是意大利的罗马，并且，正如劳伦斯·斯卡夫①所说的那样，"激起韦伯对历史的想象力的不是当前的民族国家"[10]，而是古代的罗马。或许我们可以更进一步地说，在韦伯看来，罗马很早就成了近代社会特征的历史背景。就在前文提到的收到圣诞节礼物三周之后，韦伯给表哥写信说，他在阅读第一本关于西塞罗的友人的书，他觉得作者引言中的关于古代和现代人书信往来的议论"很奇怪"，因为伽斯东·布瓦西耶在引言中预言："人们很快将会只通过电报来互相通信了。"[11]

于1869年被译成德文出版的布瓦西耶这本书也使人们对那种借助于古希腊研究而得到锻炼的比较文化眼光有所了解。"那个时代的政治家要比现在的政客有更多的动笔写信的需求。"[12] 就这位法国古代史学家和法兰西科学院终身院士的这一观点而言，马克斯·韦伯在自己父亲身上找到了一个活生生的实例。布瓦西耶认为，如今政治家手中有了各种各样的报纸，从而无须再借助写信相互交流情况，甚至私人书信的数量也会不断减少，因为信件投递很慢，所以在书信上花费很多精力已无必要。"现在人们随心所欲，想写就写，因

---

① 劳伦斯·斯卡夫（Lawrence Scaff），美国当代研究韦伯的著名专家，著有《马克斯·韦伯在美国》（2011年）。

而搜集资料就成了无用之功[……];人们不再像从前那样要做许多案头工作,从而'无须再去清理自己的故纸堆',备忘工作也不值得花力气去做了[……]。""毫无疑问"——此处即是让韦伯感到颇为奇怪的一段话——"电报会在不久的将来取代邮政,到那时,我们将只通过这种滴滴答答作响的机器进行消息的传递。这是一个物质化和行色匆匆的社会图景,它所采用的方式是试图把需要讲述的事情减少到最低限度以下。"[13]

韦伯之所以会收到这本书作为礼物,原因或许是他的表哥弗里茨·鲍姆加滕的一句评语。那年圣诞节的三个月前,马克斯·韦伯曾向表哥抱怨过西塞罗。"在我迄今为止读过的写西塞罗的书中,我见到的都是溢美之词。但我真的不知道,这些溢美之词有何根据。"韦伯对这个古罗马时期的律师和执政官的政治态度颇感兴趣,在他看来,西塞罗面对阴谋家喀提林的第一次控告演讲"其实就是一首泣诉和幽怨的悲歌",因为西塞罗敦请喀提林离开罗马城,反而使得他对自己的阴谋更加铁了心。"西塞罗不能把他扣在城里干掉吗?他阴谋叛变是路人皆知的,没有人对他表示怀疑,是他自己透露出来的。不消说,西塞罗这个人摇摆不定、意志薄弱、缺少魄力,而且没有寻机而动的能力。"布瓦西耶的书让韦伯感到自己的想法是对的。不过,西塞罗的才华在书中还被描写成了一个人自身的虚荣心在作祟。此人为了哗众取宠,不仅经常将自己变成了自己所讲述故事的观众,而且为了绘声绘色地讲故事,他耳根发软,任由自己听从所有事物的影响和摆布,因而成了一个能力平平的政治家。韦伯认为政治家应当具备当机立断和明察秋毫的能力,这一点我们在他本人的政治活动中还会经常看到。眼下,他首先通过博览群书来锻炼自己坚定不移的行动力。1879年8月,他在给表哥的信中写道,他已经下定决心,要把西塞罗的十四篇斥菲利普演说（Philippische Reden）①读一遍，以便找到"一种特定假设句型的范例"。¹⁴ 由此可见，少年时期的马克斯·韦伯一定是个让他的拉丁文老师感动骄傲的少年才俊，或者更准确地说，一定是个令他的拉丁文老师深感后生可畏的得意门生。

现在让我们来看一下这个14岁的少年在1878年冬天阅读的最后一本，或许也是最重要的一本书——维克多·黑恩撰写的关于农作物和家禽在欧洲迁徙的著作。该书于1870年出版，并在几年的时间里很快不断再版。韦伯非常喜欢这本书，此书是让他终生对人类文明的农业基础感兴趣的启蒙之作。他的教授资格论文就是以古代农业史为题，并且，他后来凭借一篇研究德国易北河东部农业工人生活问题的论文获得了教授职位；当他于1904年在美国应邀做一场学术报告时，他选择了德国和美国的农业状况作为论题；1909年，他还写过一篇《古代农业状况》（Agrarverhältnisse im Altertum）的长文。

维克多·黑恩的著作成书于1855年至1864年，当时他在圣彼得堡担任皇家图书馆馆长。韦伯在书中读到了一个论点，即大自然是人类文明的产物。黑恩是早期的生态学家和景物历史学家。他的历史主义观点表现在这样一个立论之中：历史并不是由自然常数和人类学规律所决定的，反之，呈现在我们面前的大自然是历史的产物。"大自然赋予了纬度、地质构造和地理位置——其余的一切都是人类文化的杰作：开垦、播种、引进、根除、规划与改良。"黑恩对文化悲观主义提出了有力驳斥——这种论调总认为过去的一切都更为强健：土壤更

---

① 这是西塞罗于公元前44年所做的一系列演说，名称典故出自古希腊演说家狄摩西尼（Demosthenes，前384~前322）斥责马其顿国王菲利普二世（Philipp II，前382~前336）对雅典的侵略行径的著名演说。

肥沃、自然更丰饶，必须恢复其被破坏的秩序。"对于这样的悲观情绪和幻想，我们现在有了反驳的理由，这在古代时期是不曾有过的，即统计学的数字和自然科学的计算结果。"但是，黑恩同时严肃地指出，大自然的历史给欧洲人的启示是：由于动植物的利用率遭到最大限度地榨取，在这样的生态环境下，人们谋求进步的幻想是有限的。"城市所消费的一切均取自农村，而农村却完全不能或很少从中受益。"

这是一个人们对现代社会发展所带来的各种问题已经觉悟，以及各种不受人类左右的外部条件逐渐进入人们视野的时代："英国将来也不会长出小麦了，就如同它的煤矿和铁矿储量被开采一空一样；虽然墨西哥的土地仍然肥沃，但不产粮食的那一天也将会到来；这种情况还将波及南北两半球的所有国家。凡是人类因为对大自然的利用而加速发展的东西，最终也必定会通过自然植物生命的途径显现出其后果，哪怕在此期间地球上从未有过人类的存在。还要补充的一点是，那时，地球上的山脉都将被水和风以及气候的自然之力夷为平地，始终发出光和热的太阳——我们知道没有任何东西可以替代太阳失去的光和热——将死去变冷，地球和人类也将随之不复存在。值得庆幸的是，我们无法计算出发生这一切的准确时间，因而不得不束手无策地等待，看看在我们的终结链条中，是否有一段是毫无根据的虚构，从而全部的预言推测变成了一种欺人之谈和疑心病式的妄想。"[15]在此书就其现实主义风格和自我怀疑态度而言令人叹为观止的导论之后，黑恩就古代的农业知识展开了逐一的分析探讨，这些知识涉及养马、种植葡萄、葱类、无花果、荞麦以及制作黄油、蜂蜜和啤酒等。此外，他的探讨还涉及：猫和花卉在人类文明史上的意义、果树种植法、芥末何时收获等话题。直到今天，这本著作依然魅力不减，它当年向14岁的少年韦伯展现了如何通过历史学和语言学的研究来认识日常生活中的事物，以及在活生生的事物中包含着多少历史。反之亦然：如同国家兴衰的历史一样，至少制作亚麻和种植水稻的历史也同样是一种历史。

少年韦伯在黑恩的书中读到的东西，还有古罗马文明走向灭亡的论述。黑恩写道，古罗马的根本错误之一在于国家和社会非经济性的结构体制，"以及与此相关的人们务实和技术观念的缺乏"。这个贪得无厌、穷兵黩武的国家吃光用光了辛苦劳作所得到的一切；关税壁垒、政府租金和商业禁令阻碍了货物交流和财富积累；利息和分工的概念无人问津，到处弥漫着"对实际的自然知识的轻视和漠然"。我们甚至可以说：在黑恩看来，古罗马人只知道攻城略地强取豪夺，而不知道在思想观念和科学技术上有所成就。他们的国家仅在法律与战争领域具备实力，而这两个领域——面对同样漠视自然认知的"新基督教精神之气息"——早已丧失了其根基与支撑力。[16]

诸如此类的论断让少年马克斯·韦伯甚感兴趣：在数量很少的、这几年他自己所做的生活记录中，我们似乎自始至终看到的是一个具有非同寻常的务实精神并不折不扣地在做"脚踏实地"思考的人。他的空余时间绝大部分都被用来阅读难懂的学术文献，他把阅读这些文献看成对自己学习能力的一种检验："但我主要读的是特赖奇克撰写的关于19世纪德意志历史的精彩书籍［……］，不过，这本书有些地方很难懂，要花力气才能理解里面讲的关联关系。"[17] 他把自己认为重要的内容摘录下来，并与其他人交流读书的感想心得。在已出版的韦伯青少年时代的书信中（玛丽安妮·韦伯挑选了其中的17封于1933年公开发表），韦伯无法与成年人交流的那些事情则未被提及。

缘此，人们很自然地得出这样一个印象：韦伯早在少年时代就被周围的人当作一个年轻人，或者更准确地说，被当成一个已经不那么年轻的人来对待，而且，他自己也有同样的感觉。"我感觉，我很少向其他人讲述自己内心的情感，这是我的天性使然，我常常要克服很大的心理障碍才能这样做。我通常都是一个人独自享受心中的喜悦，但是，我的情感并不会因此而减少。相反，我只是觉得很难在外人面前表达自己的感情。我自己脑子里想的东西通常也不愿跟外人讲，这样一来就有被认为是不动脑筋的危险。出于这样的原因，我不是一个喜欢凑热闹的人，而且自己心里也痛楚地知道，我不善于与人攀谈交流。"[18] 这些话也都是出自一个14岁少年之口，他只不过是错误地感觉到自己有被别人误认为"不动脑筋"的危险。因为那些真被视为"缺乏思考"的孩子，即使在当时，也没人会送他们关于西塞罗的书作为礼物。正因为如此，韦伯到了15岁还不会游泳，虽然夏天的时候也天天下河洗澡。他母亲在1880年曾经说过，马克斯越变越像个未来的大学生了，他新近又练起了击剑，这是非常好的一件事，因为他通常讨厌任何其他的"身体锻炼"方式。[19] 他学习钢琴，也常跟邻居家的男孩们一起演奏。但是，他在一篇记述堆雪人的书信中是这样结尾的："除此之外，这里就没有什么特别的事情了，无非就是吃饭、醒着和睡觉。"[20] 半年以后他又写道："一天就是睡觉、吃饭、喝水、干活，时间就像黄油一样在指缝中滑了过去。"倘若某一天实在感到无事可做，他就去背诵《瓦恩比勒先生的关税表》(Herrn von Varnbühlers Zolltarif)。[21] 卡尔·冯·瓦恩比勒(Karl von Varnbühler)是德意志帝国党的帝国议会议员，因此也是马克斯·韦伯父亲在议会中的同人。一年前，他向俾斯麦呈递了一份关于关税和税制改革的备忘录。对于一个15岁的少年来说，这绝非一份他这个年龄段的人的典型读物，虽然这可能只是在韦伯亲戚中流传的一个笑话而已。由此，人们应当把少年时代的马克斯·韦伯想象成一个小男孩,这个男孩很早就不苟言笑、勤奋好学,而且,在那些俯视他的长辈们面前,他准备用他的知识和判断力来赢得他们的赞许和认可。

马克斯·韦伯于1864年4月21日出生在埃尔福特（Erfurt）。他的父亲——他沿用了父亲的名字——不仅背弃了祖上的纺织行业,而且也离开了祖辈居住的东威斯特伐利亚地区（Ostwestfalen）。父亲是家中最小的儿子,所以,按照旧时的习俗有上大学的自由。他学了法律,并于24岁那年在柏林遇到了他的妻子海伦妮·法伦斯坦（Helene Fallenstein）。当马克斯·韦伯在埃尔福特出生时,他父亲是当地一名专职的市议员。在上完大学并在普鲁士温和保守的文化部长莫里茨·冯·贝特曼-霍尔维格（Moritz von Bethmann-Hollweg）管辖的机关报《普鲁士周报》（*Das Preußische Wochenblatt*）担任过短时间的编辑后,他开始了行政管理的生涯。他先是于1861年在柏林市政府干了一阵子无报酬的工作,次年去了埃尔福特,1869年又回到了即将成为帝国首都的柏林。在那里,他进入了他所说的"世界上最大的地方政府之一"的柏林市政府,[22] 成了一名公务员;从1868年起,他在普鲁士议会担任议员,之后又从1872年起在帝国议会担任议员。当时,政府行政管理的分工还很粗放:韦伯的父亲除了在建设部门负责土木工程外,还在贫民局工作过,监督过财政事务,以及临时出任过城市的"照明事务"部门的领导,该部门负责这个大都市所有的煤气灯。

老马克斯·韦伯属于具有民族自由主义思想的市民阶层的精英人群,他们在君主制下代表着民主的力量,并且为迅速扩大的行政机关输送人员,而俾斯麦执政时期的君主只是个皇帝而已。1872年,老韦伯在他当时的选区科堡（Coburg）做了一场竞选演说。当中,他谈到了自己的个人背景,说他在年轻的时候就认为"政治相当于一种职业"。此外,他还解释了为什么他更喜欢在埃尔福特市政府里工作,而不是去大学做一名教书匠。"在我看来,在我们面临着解决非常现实和严肃的任务的今天,教授们已经不是优先被召唤来从事政治的人了,情况已不像早年,那时主要是以传播和实践政治思想为重点。我认为,一个有着固定作用范围的实际工作,才是我想要从事的职业的更好基础。"[23]

"政治相当于一种职业":很明显,老韦伯的这句话与他儿子最著名的演讲之一——1919年的《以政治为业》(*Politik als Beruf*)有着惊人的相似之处。然而,"相当于"这个细微的差别表明,五十年前,想靠政治来维持生计,而不是在有保障的生活的基础上来从事政治,还不是一件理所当然的事,而且他宣布的这个观点是有条件限定的。1866年,韦伯的姨父赫尔曼·鲍姆加藤(Hermann Baumgarten)从同样的看法中——"政治是一个跟法律和医学一样的职业,而且是一个男人所能投身其中的最崇高和最困难的职业"[24]——得出结论,认为实际上只有贵族才有时间去从事这份职业。但是,那些年根本没有足够的贵族来完成一个国际大都市的政治管理所开始面临的任务。

韦伯成长的家庭环境受到父亲的多重公务活动很深的影响:一方面,由于议会、行政管理和外出竞选的原因,他常常不在家;另一方面,他保持着有利于政治目的的许多社交活动,比如邀请议员、官员、志同道合的友人到家里做客等。最早,他们在柏林的滕珀尔霍夫(Tempelhof)租人家的房子住。后来,他们于1872年在夏洛滕堡的莱布尼兹大街19号买了一栋房子。这栋房子今天坐落在柏林的"老西区",但在当时且直到1920年,这个地方还不属于柏林市区。"我还没有去过柏林，也没有到过夏洛滕堡以外的地方。"[25] 韦伯在他一封青年时代写的信中这样说。家里人都把这栋房子叫作"海伦妮别墅"，它的花园面积足有 2500 平方米。孩子们在那里差不多就跟在乡下一样玩耍成长，玛丽安妮·韦伯这样回忆道。[26] 马克斯·韦伯的姨妈伊达·鲍姆加藤第一次来这里的时候，见到的是"一座小型的骑士城堡"，有四层楼，包括两个小塔楼，八个房间，"对客人、丈夫和孩子们来说很迷人 [……]，但对带着年岁很小的孩子的家庭主妇来说却非常不方便"。[27]——这不仅是因为那些楼梯——她正忍受着丈夫缺席的痛苦、繁重却又不愿假手他人的家务、勉强应付丈夫社交圈子的女主人的角色，以及她为孩子们（尤其是马克斯）持续不断的忧心忡忡。

海伦妮·韦伯（娘家姓法伦斯坦）的一生充满了操心和忧虑，而且还被笼罩在若干个阴影之下。当她于 1860 年 9 月遇到未来丈夫时，她只有 16 岁，并且很快就和他订了婚。这在当时是很不寻常的一件事，因为在我们所探讨的市民阶层的上层中，这种决定通常是要经过仔细商量和认真准备的，尤其是当涉及如此年轻的两个人之间的订婚事宜的时候。在这样的阶层里，婚姻从来不只是两个人的结合——它始终意味着两份财产的结合、两项继承权的合并，或者可以说，是两个高端社会关系网络节点的联结。这样的事情不能简单地由一时感情的偶然因素来决定。虽然纯粹出于爱情的婚姻的说法那时已经广泛流行，但是，这也只是一种说法而已，亦即它规定，当事人要先谈恋爱，然后按照规矩并在商量妥当之后，再与合适的对象结婚。

不过，海伦妮的父亲格奥尔格·法伦斯坦已经不可能来充当未来女婿合适与否的资格审核人了，他已经在 1853 年去世。只有她的母亲、代表着财富和广泛的精英关系网的埃米莉·法伦斯坦（Emilie Fallenstein）（娘家姓苏谢）还健在。父亲的地位则被他的朋友和传记作者格奥尔格·格维努斯以非正式的方式所取代。[28] 在法伦斯坦去世的那一年，这位历史学家因为一本民主主义思想的出版物《19 世纪史概论》（*Einleitung in die Geschichte des neunzehnten Jahrhunderts*）在不长的一段时间内被以卖国罪判了刑。虽然这个判决没有生效，并被上级法院撤销，但还是让他失去了海德堡大学的教学资格。作为一个私人学者，他继续从事他的历史学研究，并把赫尔曼·鲍姆加藤也拉了进来。缘此，鲍姆加藤在法伦斯坦家认识了他后来的妻子伊达，也就是海伦妮年长自己七岁的姐姐。格维努斯给法伦斯坦的女儿伊达、亨利埃特和海伦妮讲授文学、古代语言、音乐和地理课。其间，55 岁的格维努斯对未成年的海伦妮有猥亵的举动，家里人渐渐知道了这件事。最后有没有强奸的行为，一直没有弄清。但是，作为胁迫的证据，我们只需引用格维努斯在法伦斯坦家被禁足后，海伦妮于 1861 年 1 月写给伊达的一封信就足以说明问题："他没有像喜欢一个孩子那样喜欢我，而是把我当成了情人，并对我提出了越界的要求，这是一个情人不能对他所爱的人提出的要求，我过去不是，现在也不是他的妻子。[……] 我有时对我自己感到厌恶，常常想，不如跳进内卡河里算了，总比这样下去要好。[……] 然后他总是说，如果我在精神方面达到了他那样的程度，他就不会干涉我跟另外一个男人的事情。"[29]

因此，海伦妮很快就与老马克斯·韦伯订婚，或许也是出于摆脱这种巨大的心灵创伤以及离开事发地的需要。留在她心灵深处的，是对性问题始终挥之不去的反感。至少，儿子持有这样的看法。"格维努斯是妈妈非常崇拜的老师，著名的历史学家。妈妈和他有过一段可怕的经历，他在突如其来的贪婪中想占有她。这件事决定了妈妈后来对性爱生活的全部感受。"

马克斯·韦伯于1910年写信给弟弟阿图尔，在向他解释过去的家庭矛盾时这样说。[30]不过，海伦妮·韦伯自己也谈到了这件事："我来自一个身体只应该作为灵魂的载体而享有权利的时代。哦，特别是在婚姻中，我常常这样祈求，哦，要是我，要是'它'能摆脱它，或者能知道如何控制它就好了。这或许也是来自母亲特别强大的遗传因素，以及来自父母双方宗教上属于清教徒血统的特别强大的遗传因素吧。"[31]两封信传达出的信息都表明（这点我们后面在韦伯自己的痛楚中也将看到），即使是最为私密的个人经历的细节，也在家庭内部进行过广泛的讨论。比如性，它完全不是禁忌，而是一个用常规语言方式来议论的经常性话题。

然而，在某些时候，这样做非但没有减轻当事人的心理压力，反而增加了她的精神负担。有些形式上的东西必须要保全，比如，格维努斯没有被告发，或者完全没有受到大家的鄙视。但在私下，大家通过写信来交流关于所发生事情的情况。母亲年轻时所遭遇的这件事被传来传去，甚至也传到了孩子们那里。作为保全面子的方式，受到性问题刺激的她立刻逃进了婚姻中。关于婚姻是什么事，她肯定是知道的，而现在又知道了，婚姻是会对她提出性要求的。但是，不这样的话，她又该如何是好呢？特别是对妇女而言，19世纪下半叶，生活就像个陷阱。从1864年至1880年，海伦妮·韦伯几乎每两年就生一个孩子。尽管如此，她把这个陷阱解释为一种责任，一种自我牺牲的要求。同时，她也从自己做出的牺牲中得出一种期望，即期待别人会认同一种世界观，根据这种世界观，这样的牺牲会得到道德的回报。但是，当马克斯·韦伯的父亲享受着职业对他的要求，并且，即使在家里，他也只提出那些得到社会完全认同的期望——其乐融融的家庭、善于交际的妻子、家族的传宗接代等的时候，而母亲却不得不在某种程度上私下里坚持自己的愿望。对她来说，超越私人范畴的事物，是以牺牲为核心的宗教。于是，这就解释了她在教育子女过程中的那种道德观念。对于一个操持整个家庭、拉扯很多孩子的非常年轻的女子来说，恪守伦常是不言而喻之事。

马克斯·韦伯是八个孩子中的老大，被看成家族的继承人，后来还经常担负起为弟弟妹妹说话的角色。他的两个妹妹早夭，安娜在1866年一生下来就死了，海伦妮在1877年4岁时死亡；妹妹海伦妮夭折的时候，韦伯13岁，他已经完全懂事，而且有清晰的记忆。他的姨妈伊达是母亲最信任的人，在他出生的那一年，她失去了两个孩子，其中包括她的第一个女儿。这个小女孩在马克斯出生前不到三周就被夺去了生命，年仅1岁。在伊达的八个孩子中，只有四个孩子的年龄超过7岁。这种情况在当时并不少见。海伦妮·法伦斯坦的舅舅爱德华·苏谢（Eduard Souchay）与妻子生育了九个孩子，失去了其中的六个。[32]海伦妮自己生产时得了产褥热，马克斯被交给奶妈喂养。奶妈是一个木匠的老婆，刚生过孩子。两岁的时候，他得了脑膜炎，当时无药可治，人们甚至连病原体本身都还不知道是什么。据母亲说，这个病在他身上留下了紧张焦虑的后遗症。这也是他后来长期患病的开端。与此同时，马克斯从童年开始一直到成年，都得到了母亲无微不至的关怀。她曾经在信中说："任何轻松的享受都没有了，但我也得到了最大的快乐，就是想通过抛开其他的一切来尽一个母亲的职责。"[33]

海伦妮和她的姐姐伊达是伴随着盎格鲁-撒克逊神学家威廉·埃勒里·钱宁（William Ellery Channing）和西奥多·帕克（Theodore Parker）撰写的宗教宣传册子长大的，母亲埃米莉和她们一起阅读这些小册子。这两位作者反对19世纪上半叶美国社会中严格的加尔文主义,因为加尔文主义将上帝宣扬为一种十足的恐惧和惩罚的力量。但是,钱宁解释说,人可以通过自己的灵魂来认识神,这就证明,灵魂与神之间必定有某种相似性:"崇高而令人敬仰的神的观念就是我们自己的精神存在的观念,经过净化而广大无边。在我们自己身上就有神性元素的存在,因此,神与人之间保持的不是单纯隐喻式的相似性,而是父母与子女之间的相似性和亲属之间的相似性。"[34]

在这些读物中,姐妹俩后来找到了接受她们孩子死亡事实的力量。尽管当时儿童在出生或在幼年时死亡的可能性始终存在,但它还是更多地被认为是一种命运的打击,对此,人们用练就的宗教仪式或者斯多葛主义咬牙挺住的精神来做出反应。这种态度或许与这样一个事实不无关联:虽然各个领域都取得了有目共睹的进步,但婴儿死亡率在19世纪却变化甚少;在德国,婴儿死亡率在1850年至1875年间甚至有所上升,而在英国(英国的婴儿死亡率无论怎样要低得多),从1840年至1900年实际保持不变。1850年,英国首相威廉·格莱斯顿(William Gladstone)的4岁女儿因脑膜炎夭折。对此,他在日记中写道:"眼睁睁看着这个从未'有过任何类似亚当罪孽'的小生命在为我们的家族付出受罚的代价,这是一种何等沉重的考验啊。"这里,人们几乎能够感觉到,宗教的解释已经到了瓦解的边缘。人们在19世纪中叶似乎看到了一个分水岭,在此之后,对儿童死亡的形而上学的反抗开始显出端倪——比如在贝德里希·斯美塔纳①的《G小调钢琴三重奏》作品15号中。从1854年到1856年,斯美塔纳的四个孩子有三个在2

---

① 贝德里希·斯美塔纳(Bedřich Smetana,1824~1884),捷克作曲家、钢琴家和指挥家,著名作品有交响诗套曲《我的祖国》等。

岁和 4 岁时夭折。"实用神学"与家庭经历之间正在出现裂痕，对此，来自英国圣公会最著名的神职人员家庭之一的比克斯特斯（Bickersteth）家族的一位母亲所做的区分很有代表性。她于 1854 年在刚出生的男婴夭折后写道："在那些让我想起我的孩子的事情上，我有时根本不敢相信自己。我可以想念我在天堂的孩子，但不能想念我失去的宝贝；这让我太渴望重新获得这样的快乐源泉了。"35

海伦妮和伊达两姐妹的宗教信仰（从而也是韦伯家族的宗教信仰）还起到了减轻这种难以忍受的情感冲突的作用。有时，这种作用也被完全公开地表达出来。当她的第二个孩子刚刚在痛苦中死去的时候，伊达·鲍姆加藤写信给马克斯·韦伯的母亲说："这场可怕的生死争夺对我两个可怜的孩子也是有目的的，这个目的就是教育和培养他们过上更高尚的灵魂生活。这是我到现在为止战胜周围世界的希望。"36 她觉得，这个信念对她来说无比重要。海伦妮·韦伯也承受着同样的沉重压力，尤其是她的生活将在未来很长一段时间内被笼罩在对活着的孩子们的疾病的忧虑之中。没有任何迹象表明，她的丈夫在这件事上给过她很大的安慰。

相反，作为长子的马克斯似乎很早就被赋予了这个角色。由于智力早熟，他很快就被当成了小大人。他很早就从大人的情感关爱中走了出来，现在仅仅是一个"道德方面的问题儿童"。母亲希望他能接受自己和姨妈的宗教－社会生活观念，不要像他父亲一样。海伦妮习惯于在早餐前唱赞美诗，周日去教堂，读《圣经》，但最重要的是谈论宗教和读宗教书籍。37 在她的丈夫和他的政界朋友眼里，这份热情和投入没有一点用处。"在我们家，恰恰是对'宗教－社会改革的事情'的兴趣无疑遇到了特殊的困难。"马克斯·韦伯后来在给他新娘的信中这样写道。他说，老一辈人的自由思想始终伴随着狭隘的不宽容，对每一个牧师，人们都怀疑"他至少内心里是个伪君子"。[38] 韦伯的母亲以一种超乎寻常的坚韧执着实践了这种观点。马克斯·韦伯后来回忆时创造了一个独特的词，用以表达他母亲那种匆忙焦虑与对痛苦的持续忍耐所带给他的影响："无慰之感"（ungetrostheit）。[39]

＃ 第三章
# 柏林、自由主义和学术文化

> 大都市之所以具有吸引人的魅力,其中的一个
> 原因在于,由于它的激发作用,每个人在这里
> 都可以找到使他最根本的天性得以自由施展及
> 充分发挥的那种道德环境。
>
> 罗伯特·艾兹拉·帕克*

1914年4月,马克斯·韦伯在一封庆贺母亲70岁生日的信中,以回忆往事的笔触,提到了他当年"成长于其中的柏林氛围",这种氛围给他带来了"诸多问题以及后来发生的那些令人心情沉重的事情,特别是在早年的友人弗里德里希·艾格尔斯(Friedrich Eggers)、朱利安·施密特(Julian Schmidt)、弗里德里希·卡普(Friedrich Kapp)相继离世,以及霍布莱希特(Hobrecht)夫妇步入暮年之后"。韦伯在这里提到的几个人,皆是家族朋友圈子中的民族自由主义人士:律师出生的弗里德里希·卡普作为政治记者参加了1848年的革命运动,之后远涉重洋去了美国,1870年由于大赦再度返回德国,先是成了柏林市议会议员,后又当上了帝国议会议员;[1] 特奥多尔·冯塔纳的朋友、文化历史学家弗里德里希·

---

\* 罗伯特·艾兹拉·帕克(Robert Ezra Park,1864~1944),美国城市社会学家,对美国社会学影响最深远的人物之一。

艾格尔斯最后在普鲁士文化部主管美术事务；文学史家施密特与古斯塔夫·弗莱塔克一道，共同倡导和支持现实主义文学。"因为，市民阶层这代被埋没和遗忘的人（其生平从未得到记述）具有让人们了解和认识的价值，他们给家里所带来的思想构成了与大都市氛围那种让人感到格格不入的东西完全相反的对立面，而且，这种思想最后也对孩子们，或者说至少是对男孩子与父母的关系产生了很大影响，倘若孩子们——我们大家都经过这个阶段——尚处在内心躁动、易受外界影响以及有沉默寡言倾向的青少年阶段的话。"²

就大都市氛围那种让人感到格格不入的事物而言，韦伯成长的地方处于这个大城市的外围地区，可以说到处是绿色的草地和茂密的森林，家里房子的后面就是一个大花园。韦伯父母的房子坐落在柏林城西，阿尔弗雷德·柯尔①将此地称为"一个优雅别致的小城"，"这里住的都是些有本事、有地位和有家产的人，他们的自我感觉要比他们的本事、地位和家产还要高出好多倍"。³ 不过，这已经是马克斯·韦伯离开父母家很久以后的事了，他本人并不是这种具有自我优越感的人群的典型。在柏林后来的城区中，夏洛滕堡在韦伯青少年时期是发展得最快的一个城区。韦伯7岁时，那里的居民才2万人，但是，之后眼见着这里的城区越变越大：到了他21岁那年，这里已经有4.2万人。1893年，当韦伯离开父母家时，夏洛滕堡的人口已经超过12万。1914年，它成了德意志帝国排名第11位的大城市。

城市不断扩大的原因，与其说是人口出生率的显著增加，毋宁说是乡村人口的大量涌入，特别是勃兰登堡、东普鲁士和

---

① 阿尔弗雷德·柯尔（Alfred Kerr，1867~1948），犹太血统的德国戏剧评论家和散文家，绰号"文化教宗"。

西普鲁士以及西里西亚地区农村人口的纷至沓来。在韦伯的青少年时期，城市的新生儿数量下降到了新增人口的一半以下。韦伯经历了此地从一个小城市发展成一个大都市的演变过程，其间，城区不仅在不断高档化，面貌也在不断发生翻天覆地的变化。海因里希·齐勒①当年也住在夏洛滕堡，他用手中的相机记录了这些沧桑巨变。这是一个大兴土木、普通居民住房在柏林雨后春笋般出现的时代。维尔纳·黑格曼②在韦伯去世前几年，即柏林实行第一次人口普查的1911年，曾经在文章中提到了一些"每个有暖气的房子都住着4到13口人不等的公寓"。黑格曼将城市的发展形容为一场战斗，在这场战斗中，人们试图"不失时机地对这个时代的可能性和必然性予以充分的塑造，并且与大多数民众身上顽固的惰性进行抗争。这种顽固的惰性不仅体现在控制着人们日常生活的利益政治、官僚主义和个人急功近利等各种势力方面，还体现在文化程度不高的移民对卫生健康和文化生活的不在乎，以及体现在所谓的有教养阶层身上的、必须予以更为强烈谴责的文化无欲无求方面"。[4]市议会一半的席位都归拥有房产的议员，而拥有房产者还不到柏林人口的百分之一。

  在韦伯眼中，在父母家出入的这一代自由主义学者构成了与大都市环境那些让人感到陌生的事物的相反方面，这点颇能说明问题。一方面，它告诉我们，韦伯在他的青少年时期是如何完全依赖于父母。韦伯始终没有保持长久友谊的中学时代的朋友，他一生当中只有一个非常要好的友人。倘若青少年不单单指的是某个特定的年龄，亦即某个特定融入

---

① 海因里希·齐勒（Heinrich Zille，1858~1929），德国画家和摄影家。
② 维尔纳·黑格曼（Werner Hegemann，1881~1936），德国著名城市规划师和建筑评论家。

社会的阶段的话，那么，韦伯的这个阶段是非同寻常的。因为，一则由于父亲经常不在家，韦伯亲身经历了职业和家庭分离的情况，这种情况不仅被认为是市民阶层教育的一种典型状况，而且其带来的后果是，出了学校，青少年就再也没有家庭成员以外的榜样了。再则，在韦伯父母家出入的友人都是1848年至1871年间（他们试图参与资产阶级革命和建立德意志民族国家）与父亲年龄相仿的同辈人物。与此同时，若要将这些身上带有市民阶层气息的同辈人物（他们自己给自己的定义亦如此）看成成功的或是失败的一辈人，对于韦伯来说并非那么简单。例如从职业的角度来看，韦伯父亲虽然参与到了城市的发展规划当中，但是，人们能否将其身份所属的市民阶层看成这一规模巨大的城市扩展过程的赢家，这未必是件非常确定之事。尽管市民阶层拥有殷实的家产、政治选举权以及在政府部门和大学执教的职位，但这个阶层缺乏胜利者的自我认同。因为，通过俾斯麦的几次怒气冲冲的言论来看，当时柏林的确被一个自由主义的"进步外环"所包围。受过教育的市民阶层对这座大都市没有任何认同感。与之不同，吕贝克（Lübeck）是一个有精神生活的城市，路途遥远的魏玛、雅典或巴塞尔就像学术人文的闪烁星座一样。受人仰慕的精神思想中心是哥廷根、耶拿（Jena）、海德堡和图宾根（Tübingen）等地方城市。假如柏林是由市内游乐园附近的博物馆、王家图书馆、科学院、弗里德里希-威廉大学①以及周边的森林公园组成的话，那么柏林便可算作这样一个充满精神生活的城市，而不是一个正在变化中的德国的芝加哥。针对柏林当时的氛围，特奥多尔·冯塔纳在1884年曾这样写道："我觉得规律性的东西是，大城市让

---

① 即柏林大学，1810年创立，1949年重新命名为柏林洪堡大学。

人变得节奏飞快,行色匆匆,精明强干,但它也让人变得平庸低俗,而且剥夺了每一个无可回避地生活在其中的人的更强的创造力。[……]大城市没有时间沉下心来思考问题,更为糟糕的是,它也没有时间去获得幸福。它最大的本领只是去'追逐幸福',这种追名逐利狗苟蝇营与灾难和不幸毫无二致。"5

缘此,我们几乎可以说,不单是韦伯母亲和她的为社会问题操心的福音教信仰体现了人们内心深处的怀疑态度,而且在韦伯父母家出入的文人学者也体现了这种怀疑态度,亦即,对于这个阶层的人来说,"现代化过程"是一件让人喜忧参半之事。无论怎样,在马克斯·韦伯成长的那个时代,市民阶层虽然上升到了肩负社区政治和学术文化重任的地位,但与此同时,他们依然生活在怀疑和隔膜之中。此时,主要体现在市民阶层身上的、荟萃在帝国之都中的科学之风已经获得了世界级的声誉;柏林是经济发展的中心城市;市政府大规模的基本建设项目接连推出。1867年至1871年间,柏林的环线轻轨建成完工,随后,一条贯穿全城的铁路网开工兴建。1884年,柏林第一座发电厂揭牌成立。1888年,第一条用电照明的马路出现。从1895年起,马车从市区街道上逐渐消失,出现了有轨电车。市民阶层得到了许多物质上与他们的地位相对应的回报。

现在的问题是,在所有这些翻天覆地的变化中,市民阶层是否重新找到了自己?他们是否如卡尔·马克思所说的那样,是一个"自成一体的阶级"?城市的手工业者与大学教授、大企业员工与专职公务员、专职公务员与医生或律师之间到底有什么共同之处?或者说,除了并不构成共同的文化这一事实之外,人们是否能将他们皆称作"中产阶级"?在此期间,贵族阶级正在不断失去他们的作用,工人阶级的上层本身也在不断转化为资产阶级，市民阶层与其他"阶层"的界限在同样程度上也变得越来越模糊不清。⁶取而代之者，是在市民阶层内部显现出来的巨大差异。一系列新的市民群体不断形成，他们眼见着自己受到现代社会发展浪潮的不断冲击。

不言而喻，青少年时期的马克斯·韦伯在中学和大学目睹了眼前发生的一切。特别是中学和大学，亦即在学校受教育的过程，是许多市民阶层群体所共有的人生起点。目光犀利、韦伯很早就开始钻研其著作的历史学家之一的海因里希·冯·特赖奇克在1859年写道："中产阶级是市民阶层群体的总和，他们皆具有较高的受教育程度，涉足经商和投身实业，这些工作赋予他们从事精神追求，特别是从事政治活动的闲暇和意义。"他认为，中产阶级寻求和平安宁，这是他们实现文化利益和经济利益的前提。中产阶级反对阶层之间泾渭分明的界线，心甘情愿地臣服于政治贵族阶层（倘若贵族阶层不排斥异己的话），面对舆论的强势常常不随声附和人云亦云，不拘泥于某个特定的意识形态，甚至对自由主义观念亦是如此。但是："仅就教育本身而言，很难将中产阶级理解为一个整体。"⁷因为，教育在其本质特性上不仅具有普遍化的趋向，而且也有使市民阶层对自身阶层中的差异敏感化的趋向。在这个问题上，雅各布·布克哈特①早就发出其著名的感叹："我的天呐，耳朵里整天听到的都是教育长教育短，教育快被捧上了天咯！"不唯如此，他还是对这个"通用图章"的威力冷嘲热讽的最早的几个批评者之一：嘲笑教育机构让老百姓变成了"受过教育的市侩"，毕业后从课堂踏入了现代社会。这些"受过教育的市侩"根本无法懂得，教育——用莱因哈特·科塞勒克（Reinhart Koselleck）⁸的话来说就是有别于职业培训和傲慢自负——是

---

① 雅各布·布克哈特（Jacob Burckhardt, 1818~1897），瑞士文化历史学家。

一个付出辛劳获取知识的问题，而非一个用各种文凭来装点门面的噱头。"过去，每个人就像一头立足自身、勤奋努力的驴子，两耳不闻窗外事一心只读圣贤书；如今，大家都自以为饱读诗书满腹经纶，人人都在编造一种'世界观'，并向周围的人吹嘘贩卖。没有人潜心学问，谨言慎行者更是凤毛麟角，承认他人进步者绝无仅有。"⁹ 三十年之后，恰好是韦伯的青少年时期，弗里德里希·尼采将在他不仅针对高级中学，而且针对在通俗的图书和报刊影响下所形成的大众群体的抨击中，以及在针对将"教育"和"知识"混为一谈的批判言论中，接续了这些思想的火花。¹⁰

倘若贵族阶级的身份意味着责任义务，那么，韦伯所处的生活环境或许可以自许，教育也同样使人具有责任义务。¹¹ 海因里希·冯·特赖奇克所说的"我们这帮搞知识教育的古老贵族"并非只是一种比喻，因为事实上，当时的文人学者所形成的一种社会网络，在许多方面已经与贵族阶级的社会网络十分相似。¹² 多年之后的 1917 年，马克斯·韦伯宣称，大学理所当然地是为少数人开设的一种精神贵族机构。贵族阶级与受教育的市民阶层不仅并存，形同姊妹，而且皆有自己的行为准则。于是，这些共同的特征在受教育的市民阶层中滋生了一种感觉——他们在精神上是与政治贵族平起平坐的对应面，亦即教育赋予人以责任和义务感。但是，教育究竟赋予人怎样的责任义务？这里说的教育究竟是一种什么样的教育？1879 年，应用技术学院在柏林创建；1887 年，帝国技术物理学院揭牌成立。这些新出现的教育机构与传统的学校理念大相径庭。早在 1897 年，乌尔里希·冯·维拉莫维茨 - 默伦多夫①曾想把弗里德里希 - 威廉大学门前的物理学家赫尔曼·冯·

---

① 乌尔里希·冯·维拉莫维茨 - 默伦多夫（Ulrich von Wilamowitz-Moellendorff, 1848~1931），德国古典语言学家。

赫尔姆霍兹（Hermann von Helmholtz）的塑像移除，因为他认为，对于自然科学来说，自己给自己戴上一顶君临天下的桂冠有欠妥当。[13]这是一种无奈之举。如今，将传统教育标榜为高贵身份象征的情况已经逐渐失去了昔日高歌猛进的势头。

在他为数不多、专事描写市民阶层人物生活的小说之一《燕妮·特莱贝尔夫人》（*Frau Jenny Treibel*）（1892年出版）中，特奥多尔·冯塔纳为读者展现的恰恰是19世纪80年代柏林的社会场景。小说中，有教养和家财万贯的市民阶层人物皆在与对手的较量中败下阵来。小说叙述的环境一个是中学教师的生活环境，另一个是颜料工厂老板的生活环境。故事中，具有强烈阶层意识的商业顾问夫人嫁给了有钱人，攀上了高枝，因此她不能容忍别人复制她的上升路径：她绞尽脑汁，极力阻止自己的儿子与家族多年的友人、中学教师维利巴尔德·施密特的女儿成亲。两个年轻人的父亲——一个业余时间对政治颇感兴趣，另一个活得像个书呆子和清教徒——对此一言不发，袖手旁观。在冯塔纳讽刺犀利的笔下，一方面，经商做实业的市民阶层不仅充满着往上爬的欲望，而且处处表现出邯郸学步模仿贵族做派的嘴脸；另一方面，颇有"古希腊七贤"（Sieben Weisen Griechenlands）遗风的那种文人墨客式半幽默半伤感的情绪也跃然纸上：几位教书匠平日恪尽职守，兢兢业业，到了周末聚集在一起，饮酒贪杯。酒酣耳热之时，他们对社会上发生的种种变化特别是社会阶层的各种变化大发议论。退休校长弗里德里希·迪斯特尔坎普感叹道，人们如今眼见着"绝对道德命令日渐式微"。昔日在课堂上讲希腊诗人贺拉斯的诗歌时，学生聚精会神，台下鸦雀无声。那时，教师还是个相当不错的职业。施密特则不以为然。他不仅主张"如果不当教师，我就去当社会民主党人"，而且认为，只相信传统的东西已经没有任何意义,"传统的地位已经被实际知识和技能的现实力量所取代"。在向上爬思想严重的工厂老板太太那里不受待见的施密特的女儿,最后嫁给了她的表哥——一个拿到奖学金跟着施里曼①前往迈锡尼(Mykenä)参加考古发掘的年轻学者。人们试图在获取古代文明的知识中寻找教育和实际知识的实践力量的统一。这便是发生在当时科学界的真实情景。

其时,在奥古斯塔皇后高级中学念书的马克斯·韦伯也同样对古代史情有独钟。13岁那一年,他就"罗马帝制时期。民族大迁徙时代。[……]公元337年至955年。[……]根据许多史料的研究"写了一篇文章,另外又就"浅谈德意志历史沿革,以皇帝和教宗的地位为重点"写了另一篇文章,篇幅共为60页。[14]在他看来,古代历史恰好是与大都市氛围和年轻人内心躁动截然相反的事物。同样是在这个年龄,韦伯于1872年目睹了他第二个妹妹的夭折。韦伯平日阅读的重点不是文学作品,而是古代政治史。很显然,韦伯在青少年时期并未表现出对小说和诗歌以及音乐和哲学的过高热情。15岁那年,他在信中写道,莪相②的诗句给他留下了深刻的印象:"你身后是暮色沉沉一样的死亡 / 就好似月亮那黑暗无光的一半 / 随之而来的是越来越多的亮光。"此外,韦伯在信中还针对希腊、意大利和北欧的各种死亡观念表达了自己的看法。[15]

根据我们现在所了解的情况,韦伯的读书范围都是父母亲完全不必操心的阅读书单,而且,他也从未给过他们为自己

---

① 海因里希·施里曼(Heinrich Schliemann,1822~1890),德国商人和业余考古学家。后弃商从事考古发掘,取得重大发现。
② 莪相(Ossian)是凯尔特神话中古爱尔兰著名的英雄人物,传说他是一位优秀诗人。后人证明,实际上这些诗都出自苏格兰诗人詹姆斯·麦克菲森(James Macphercon,1736~1796)之手。

的行为感到担忧的理由。在公开发表的韦伯青少年时期的书信中,根本找不到任何青春期危机,或者说,企图与父母公然对抗的蛛丝马迹。倘若说母亲将他看作一个道德观上让人放心不下的孩子,那么,这不是因为她在儿子身上发现了什么让她不满意的东西,而是因为韦伯渐渐地在脱离她的影响。韦伯从小就不善于表达自己的宗教情感,这是他青少年时期唯一有悖其父母意愿的地方。

韦伯的过人之处,首先是立志学习掌握历史上关于各种权力形态的知识,并且锲而不舍地潜心于这门学问的研究。14 岁时,他就阅读了威廉·德鲁曼(Wilhelm Drumann)撰写的《罗马史:从共和走向帝制》(*Geschichte Roms in seinem Übergang von der republikanischen zur monarchischen Verfassung*)——一部有详细评注的、讲述罗马叱咤风云人物家族的著作。这部著作很早就让韦伯见识了在书中做脚注的方法和技巧:刚到第 9 页,德鲁曼就已经做了 100 个脚注,所以,他从第 9 页起又重新编号,也许是为了避免读者到最后要读 5 万个脚注的缘故。因此,马克斯·韦伯很早甚至是过早地接触到了 19 世纪学术界的情况,并且一头扎进了这个没有给他的想象力插上翅膀(德鲁曼的著作很难让人产生想象力),而是让他获取知识和深入思考历史环境的领域。借用海因里希·冯·特赖奇克对这个时代的特征所做的描述就是:"人的思想和情感一样,都是来去匆匆,转瞬即逝,因大都市生活的工作压力变得浮躁不安的那部分人群以一种贪婪的好奇心从一种印象追逐到另一种印象。最后,从一大堆知识中产生出了一种新的盲目信仰,这种盲目信仰并没有比出于迷信的恐惧心理跟着别人重复不明就里的咒语和卦象的野蛮人的盲目信仰高明多少。"[16] 19 世纪最后三十年德国的市民阶层如此这般醉心于古代历史,其原因尤其在于,研究历史是研究一种已经固定不变的事物,尽管存在种种争议,但人们却可以说

"彼时，事即如此"，相反，置身于当下的人们却不能说"现时，事即如此"。

然则，就韦伯四十年后以对其时代影响深远人物的身份回忆起这一代"沉沦、被遗忘和没有人为其撰写历史的市民阶层"来说，上述情况与他们究竟有何干系呢？针对1848年时的革命家、返回统一后的德国仅数月仍始终对政治津津乐道的弗里德里希·卡普，韦伯于1884年在他去世后写道："他每周来父母家做客时，都会用年轻时代的语言和时常粗俗的俚语，让所有那些在座的老先生们又回到了他们的学生时代。"[17]事实上，当这辈人不得不说起自己的身世时，他们至少也同样会回首往事、环视身边和展望未来的事物。他们经历了1848年前伟大的资产阶级时代，如今生活在伟大的资产阶级创业时代，但是，二者之间却有着迥然不同的差别。

这个时代转变最重要的文献，同时也是年轻的马克斯·韦伯始终难以忘怀的阅读感受之一，是他的姨夫赫尔曼·鲍姆加滕（Hermann Baumgarten）的一本关于德国自由主义的自我批判著作。[18]韦伯在1884年至1893年间，给他写了书信集中最为有趣和篇幅最长的信件。通过鲍姆加滕关于德国时局和历史的思考，韦伯逐渐形成了自己对时政和历史问题的看法，正如他通过海因里希·冯·特赖奇克的著作训练自己的思考能力一样。姨夫常常来旁听他的历史讨论课，外甥则经常关心他长辈的辩论和著述。他们共同探讨当时普鲁士的时局和历史问题。鲍姆加滕现身说法，将德国民族自由主义的痛苦历程以文字的形式表达出来。这种痛苦历程也同时涉及知识阶层的迷惘与失落。在韦伯眼里，这种令人印象深刻的博学多识从一开始就是市民阶层文化的代表形式。

因参与政治，大学时代的鲍姆加滕曾一度被学校开除。作为旁观者，他参加了1848年的资产阶级革命，之后在持温和自由主义立场的《德意志帝国日报》(*Deutsche Reichszeitung*)做过编辑。他把那段时间看成自己的"理智极端主义"时期。1851年后,受戈特弗里德·格维努斯的影响,他从教师和记者改行当了历史学家。鲍姆加滕关于自由主义自我批判的著作发表于1866年底,此时,俾斯麦与普鲁士议会关于国内权力问题的争夺已经尘埃落定,并且通过对奥地利战争的胜利,为普鲁士解决了中欧的霸主地位问题。柏林议会不停地谴责普鲁士政府的违法行为,后者对之置若罔闻。由于害怕爆发冲突,议会的反抗举动遭到否决,仅以抗议形式继续谴责。一方面反对之,另一方面却继续合作共事,这似乎成了自由主义立场的核心内容。"如果一个大国选民的大多数人几次三番地宣布一个政权违宪和有损国体,却又对这种立场不能产生作用无能为力,那么,比之放弃与这样的政权达成一项可怜的协议,这种无效的立场将给公众道德带来更加严重的损害",[19]愤懑的鲍姆加滕在书中用批判的语言这样写道。

经过与丹麦和奥地利的战争后,普鲁士在其所兼并的领土上建立了北德意志邦联。民族自由主义市民阶层的目标——德意志民族国家的建立已经唾手可得。但是,这一目标实现的前提是:以普鲁士为统领,并且以牺牲市民阶层的完全参政为代价。在这样的条件下,一个真正意义上的宪法国家几无可能出现。首先是统一,然后是法制,最后也许才是自由:1871年实现了统一;1900年作为法制象征的民法典颁布;直到1918年之前,民主制至少在普鲁士得到了实现,但是不包含三级选举制在内。"随着帝国的建立,政治上的自由已经实现。"[20]虽然马克斯·韦伯于1895年这样写道,但在这点上他还将在很大程度上改变自己的看法。民族自由主义派人士普遍认为,只有经过统一才能实现自由。民主党人在这个问题上则抱有更多的怀疑态度。路德维希·普福①曾假借古罗马政治家加图（Cato）的话这样说过：Ceterum censeo esse Borussiam delendam，即："我认为，必须把普鲁士消灭掉。"因此，他们中的多数人纷纷脱离了自由主义的民族联盟。留在联盟中且能言善辩的喉舌人物指责这些变节分子，说他们身上表现了"小邦分立主义的破产"（特奥多尔·蒙森语）。这句本来针对自由主义少数派立场的骂人话，后来甚至给威廉·布施②带来了创作一则讽刺幽默的漫画故事的灵感。

赞同德国统一同时也意味着赞同经济发展的地域范围，以及赞同建立"民族经济"和国内市场。因此，显而易见，统一、法制和自由三者不仅均要付出代价方能得以实现，而且自由概念本身所包含的内容也十分广泛。经商办实业市民的自由与拥有良好教育市民的自由并非总是同一种自由。[21]随着封建领主土地所有制的废除，这两种自由均同时产生。然而，有别于农业工人，市民阶层早已不再受他人的"统治"，因而他们并不将此视为一种意义重大的进步。充其量，他们是在两种情况下摇摆不定而已：一是对德意志民族政治权术家俾斯麦的钦佩，二是认为自己的切身利益受到越来越多的限制。面对这种新情况，鲍姆加滕剖析道："一个日渐富裕起来的民族是不会起来闹革命的。"[22]或者换言之，读过书的市民阶层不想把他们的利益局限在政治权益之中。原因是，取消关税后的国内市场、1872年至1880年的管理体制改革（此项改革使地方行政管理摆脱了特权贵族阶层的干涉，并将其置于法院系统的控制之下）、通过中小学和大学进行的文化上的"立国"等——所有这一切均同样为不同阶层的市民群体带来了好处和利益。但与此同时，人们依

---

① 路德维希·普福（Ludwig Pfau，1821~1894），德国诗人和革命家。

② 威廉·布施（Wilhelm Busch，1832~1908），德国画家和诗人。

然一如既往地认为，政治特别是参与政治是社会地位得到承认的核心所在。因此，在社会安定以及经济繁荣和科学发展的情况下，市民阶层自己给自己背上了良心不安的包袱。

鲍姆加滕写的书正中时弊。他将自由派的窘境归结为德国的特殊之路，即德国人在宗教改革时期最后一次作为一个民族参与了此次运动，而没有像英国人、荷兰人、瑞士人、丹麦人和瑞典人那样，在建立宗教新秩序的同时，也建立了一个政治新秩序。"只有我们德国人只关心自己灵魂的救赎。"鲍姆加滕在书中这样写道。而且，后来还安上了各种审美加哲学文化的理想。为了这种文化的繁荣，德国付出了远离政治、对之不闻不问的高昂代价。比如，威廉·冯·洪堡① 就曾极力主张限制参与政治，将之称为万不得已而为之的事务，对政治时局表现出事不关己高高挂起的态度。鲍姆加滕认为，德国人已经在一种"完全充满着私人利益，以及在热衷于小家庭、做生意、搞研究、吟诗作赋和进教堂做礼拜的活动中"将生活安排得有滋有味。由于普鲁士崛起成为一个大国，尤其是在1866年，德国才走进了"世界生活"之中。[23] 在鲍姆加滕看来，德国人对政治的漠然和被动，其根源在他们社会阶层状况的社会学之中：贵族的天职是从政，然而，所有现代国家均建立在经济和科技的知识界人士以及市民的劳动之上，这就决定了市民阶层也同样具有对政治的影响。然则，与其他职业一样，政治也是一项职业；若要真正做好这项职业，人们不可能通过第二条教育之路，或是在经营企业的同时，在业余时间从事之。此外，鲍姆加滕还认为，由市民阶层所产生的处世为人方式对从事政治并无可取之处：纯粹的务实态度、个人主义、不受制于人的

---

① 威廉·冯·洪堡（Wilhelm von Humboldt, 1767~1835），德意志普鲁士大学者和作家，柏林洪堡大学创始人。

追求、技术性的思维等。因之,德国人是他眼中最标准的市民群体,因为:"上帝创造市民是为了劳作,而非统治人,政治家的根本任务才是进行统治。"24

在这番话中,马克斯·韦伯首次找到了他终其一生要研究的课题。这是一个复杂而矛盾的课题,因为显而易见,荷兰、瑞士和美国的市民阶层完全有可能代表自己的国家并"进行统治"。但对于德国的自由派来说,除了与社会分层相关的原因外,他们的窘境还有着文化和民族方面的特殊原因。因为,在鲍姆加滕剖析的字里行间,他眼前看见的始终是自己父亲的影子,即他认为,当涉及"为自己的选区建设一条公路或是一座火车站"时,市民阶层在地方层面上无疑是具备从政参政能力的。但是,在国家层面上他们却一事无成。鲍姆加滕进一步认为,在这个问题上,仅仅"遵守法律或行政命令的条文"是不够的,因为统治始终是"外交式的"、间接的和代表性的。市民可以成为市政委员、名流绅士团体成员或者政府部门官员,但他们却不具备统领这样一个部门的能力。25

持此观点者并非只有鲍姆加滕一人。同年,弗里德里希·恩格斯在致卡尔·马克思的信中谈到俾斯麦与资产阶级的关系时这样写道:"我越来越清楚地看到,资产阶级没有自己直接进行统治的能力,因此,在没有一种像英国这样的寡头政治为了得到优厚报酬而替资产阶级管理国家和社会的地方,波拿巴式的半专政就成了正常的形式;这种专政维护资产阶级的巨大的物质利益,甚至达到违反资产阶级的意志的程度,但是,它不让资产阶级亲自参加统治。另一方面,这种专政本身又不得不违反自己的意志去承认资产阶级的这些物质利益。因此,我们现在看到,俾斯麦先生接受了民族联盟的纲领。"① 不过,是

---

① 中文译文引自《马克思恩格斯文集》第十卷,北京,人民出版社,2009年,第236页。

君主派人物俾斯麦容纳了温和的和自由主义的资产阶级,抑或是后者容纳了俾斯麦,这是一个见仁见智的问题。无论如何,将自由主义面对后来的帝国宰相时的失败理解为后者对前者的胜利的鲍姆加滕(自由主义愿意这样来解释),在分析他所知晓的19世纪欧洲自由主义政治唯一的成功案例意大利民族国家的建立时得出的结论是,那里的"许多人"也同样俯首帖耳地臣服于一位贵族人物,即意大利第一位首相卡米洛·奔索·加富尔伯爵(Camillo Benso Graf von Cavour)。时代的民主特征让热衷于民族国家的贵族人士变得愈发不可或缺了。[26]

因此,鲍姆加滕指出,德国人的不幸在于,他们的贵族阶层对国家民族没有认同感,而是热衷于小邦割据和君主制加官僚的专制极权:"然而,这种贵族式的假主权与所有重大的民族发展趋势形成了一种不可调和的矛盾,这个矛盾渐渐给我们的贵族阶级打上了一种与人民为敌的烙印。"唯有德国的贵族们才满脑子都是反对人民自治和拥护一种自上而下的官僚主义政府的思想。当市民阶层于1848年看到自己的机会来临之时,自由主义者才发现,他们迄今为止仅仅是因为共同反对专制极权才抱团联合在一起,而他们之间单个群体的愿望和诉求却相去甚远。这时,德意志人民长期以来政治上的被动保守最终使他们自食其果,其原因,一方面是他们不假思索地乐于接受各种极端的乌托邦思想,另一方面是在冲突消散之后,他们"要与贵族阶层的各种陋习较量一番"。[27]

正因为如此,在人们的印象中,市民阶层以一种一知半解的业余态度来从事政治活动,他们的政治在统治阶级那里遇到了普遍的反对,这些反对他们的政治对手又给了文人学者阶层步入政坛的机会。例如在《普鲁士年鉴》(*Preußische Jahrbücher*)中,先是海因里希·冯·特赖奇克,后来历史学家汉斯·德尔布吕克（Hans Delbrück）与他一道，为专家学者提供了一个可以表达观点的论坛。此外，从1872年起，经济学者和政治学者都聚集在"社会政治学会"的麾下，以便在德国统一之后就"社会问题"为政府提供治国之策。"作为宪法要素的科学界"[28]似乎拿出了一个解决市民阶层尴尬地位的办法，即由文化教育所带来的建立在政治学、法学和历史学知识基础上并且经过务实主义训练的一股力量。真正的资产阶级革命将在科学界发生，市民阶层对国家的贡献似乎体现在政策委员会、政府官员培养、政党职业化、公共舆论的主导地位以及民众教育之中。"我们的事业必定取得最终的胜利，正如在人类进化过程中，高级情感总是战胜低级情感，知性和科学总是战胜激情和私利一样！"古斯塔夫·施莫勒①于1897年在"社会政治学会"演讲时曾喊出这样的口号。但是，针对文人学者的这种幻想，鲍姆加滕也同样予以驳斥，这就触及了马克斯·韦伯终其一生所研究的另一个重要论题："从本质而言，科学成就的前提不是政治行动，而是与之不同的精神工作。""在理论中成长起来的人民群众在面临需要他们投身到自认为低贱可悲的实际生活中"时，往往事不关己高高挂起，惯于将此责任一推了之。[29]

借此，作为"市民阶层成员"的马克斯·韦伯早年耳闻目睹的德国知识分子的种种境况被轮廓清晰地勾勒出来。人们可以看到，市民阶层对其政治影响的基础缺乏明确的认识，他们一方面在官僚体制中，另一方面在教育和科学中找寻这种基础，但是，对于这种基础在何种程度上是一种权力要素，而不只是为君主制度提供的一种服务，他们并不能说出所以然来。这里，读书的市民阶层和从商的市民阶层之间政治上的利益矛

---

① 古斯塔夫·施莫勒（Gustav Schmoller，1838~1917），德国经济学家。

盾明朗化——尤其当历史政治学者面临"人文学科中的现实主义究竟意味着什么"这一根本性问题时。对此,鲍姆加滕于1866年做了归纳总结并发出呼吁,自由主义不能再安于在野党的地位了:"自由主义必须要有执政能力。"[30] 此种类型的论争很早就引起了少年马克斯·韦伯的注意,并且反映在他对古代政治、德国历史和普鲁士政府现状的研究之中。当他15岁通读了特赖奇克的《19世纪德意志史》之后,他在18岁时就一直关注他的姨父赫尔曼·鲍姆加滕与特赖奇克关于这本书第二卷的争论。因此,我们可以毫不夸张地说,马克斯·韦伯是在德国市民阶层思想意识的冲突和对立中成长起来的。

最后,应该予以强调的一个论点是:必须结合韦伯成长的社会环境来看待鲍姆加滕对自由主义和德国人的批评。就实质而言,市民阶层是否具有执政能力的问题也触及当时人们对男性公民的认识问题。鲍姆加滕认为,道德观的政治实践造成了"诸侯割据的可怜状况,这种可怜的状况只为一家之长的父亲带来了行动的自由,但扼杀了男子汉和公民[……]。它将国家中构成男人气概的骨髓抽吸一空"。针对德国小邦分治的特殊道路,鲍姆加滕接着写道:"一个男人若要在国家中有所作为,他首先必须要有一个国家;但是,由于普鲁士的不作为,自由主义者见到自己被束缚在一块块的德意志土地之上,这一块块的土地并不是真正的国家。"针对1848年革命之后的年代,鲍姆加滕进一步写道:"我们又倒退到了老婆孩子热炕头的小家生活中,一年到头没完没了地读书写书,整日陷于其他各种各样的营生和事务中。对于每个胸存浩然之气的男人来说,真是可悲可叹的时代啊。"他认为,男人不应当只是针砭时弊空谈议论,因为:"宇宙天地从来不靠牢骚怪话,而是靠男人的行动得以万古长存。"[31]

毋庸置疑,上述观点不只是一种豪言壮语,从字里行间,我们还可以看出一种简单明了的社会现实，即市民阶层的女性没有参加工作的机会。但是，引文的含义并未到此结束。根据鲍姆加滕的观点和表述，政治绝非仅关乎权力和集体制定的、有约束力的决定。政治归根到底还关乎人的荣誉，以及关乎一个必须展现出人生成就的社会阶层是否应该崭露头角或是落后于人的问题。这段激情满怀地强调男人要有所作为的论点将始终伴随着马克斯·韦伯的政治生涯。

# 第四章
# 在印第安人、极端基督徒和大兵中间
## ——韦伯的大学时代

> 除了学生自觉勤奋学习之外,德国大学
> 不要求任何其他的勤奋好学精神。
>
> 海因里希·冯·西贝尔*

1882年11月,入校第二个学期的海德堡大学法律系学生马克斯·韦伯(学号273)在给母亲的信中这样写道:"前不久我去上R.-M.老先生的课,听了一堂——如同学们所述——就他而言算是相当安静的讲座课。他迟了半个小时才慢慢走进教室——后面要提到的课堂喊叫声先暂时不说。他走上讲台便大声咳嗽并说道:'诸位!大家看到了啊,我病了,咳嗽。'——哦!哦!下面发出一片嘘声。——'很好啊!神父都该拍手叫好了。这家伙活该生病,这条狗,无神论者,活该啊你!'——有人使劲儿拍巴掌,呸!其他各种喊叫声此起彼伏。——'我说诸位,你们就起哄吧,今天的课接着上次继续讲啊!'——'是接着喝吧!太好了!'我身边的一个喝啤酒的老手高声喊道。'诸位!你们刚才趁机朝我喊太好了是不是——我也朝你们喊一嗓子太好了!真是太好了!'——'诸位,你们不是想笑话我吗?那我就给你们说两句政治吧,我心里装的是咱祖国和俾斯麦,我相信,你们大家也都是爱国的吧!'话音刚落,人转

---

\* 海因里希·冯·西贝尔(Heinrich von Sybel, 1817~1895),德国历史学家。

身就离开了教室。课上了十分钟就结束了。这样的事情非但没有增加学生对老师的尊重,反倒助长了学生中的流氓风气。他们渐渐养成习惯,与来听课的一群暴民(大约有250个听课学生)一起嘲弄一个老头。"[1]

在这种市井酒肆般的场景中,马克斯·韦伯半年多来在海德堡大学的生活的许多重要方面都集中表现了出来。首先,学校的教授和讲师都是有一把年纪的男人,韦伯也重点强调了这点。他当时18岁,选修的讲座和研讨课的主讲人几乎都是老一辈的教书匠,这些人在他出生之前或是童年时期就已经写作出版了他们的主要著作。哲学家库诺·菲舍尔(Kuno Fischer)48岁,韦伯说他"有点浮于表面,喜欢卖弄噱头和多余的'老掉牙的笑话'"。搞罗马法的恩斯特·伊曼纽尔·贝克尔(Ernst Immanuel Bekker)55岁,韦伯把他说成是"一个温良和善、爱搞笑的老小伙和疑心病患者,若能跟他一起喝酒一定是件爽快无比的事情"。卡尔·科尼斯①61岁,起初,韦伯觉得他的课无聊乏味。但是,在一个18岁的学生眼里,有谁不是上了年纪的人呢:文首提到的"R.-M.老先生"是自由职业讲师库诺·玛利亚·亚历山大·冯·赖希林 - 梅尔德格男爵②,当时才46岁,韦伯听的是他开设的"叔本华哲学的阐发和批判,重点讨论其当代意义"的讲座课。[2]

韦伯在记述R.-M.教授讲座课上奇怪现象的信中提到"酒鬼"和"继续喝!"的叫喊声,从而引出了贯穿在他大学生活描述中的第二个重要内容。"一个大学生,居然不喝酒?哪有的事!"据传,当德国首批女博士生之一的希尔德加德·维格

---

① 卡尔·科尼斯(Karl Knies,1821~1898),德国国民经济学教授。
② 库诺·玛利亚·亚历山大·冯·赖希林 - 梅尔德格男爵(Cuno Maria Alexander Freiherr von Reichlin-Meldegg,1836~1894),德国哲学讲师。

沙伊德（Hildegard Wegscheider）在19世纪90年代申请旁听生资格时，时任柏林大学哲学系主任的海因里希·冯·特赖奇克这样回答她。在韦伯从海德堡写给家里的讲述从柏林坐火车到上学城市的第一封信里，他就向家人表示歉意，"由于一路上无法避免的不停喝酒而处在一种神志恍惚的状态中"，因此无法详细记述路途中所发生的事情。紧接着，他提到了啤酒的质量——"味儿太淡不好喝，当然也不会对身体有什么影响。"酒馆营业时间最晚至午夜12点——"真是不错的一项禁令，完全还可以规定得更早一点。"还有无数青年会和学生社团，有阿拉曼人的、雷纳尼亚人的、弗兰肯人的、汪达尔人的，等等，它们都试图拉拢这个入校新生加入他们的组织。韦伯对弗兰肯学生社团较有好感，因为他们每周只搞两次正式的饮酒聚会。但是，他叙述的这些都是用来安慰自己父母的。到后来，他在信中也毫不掩饰地说起他过人的酒量，以及他对"学生社团男子汉教育"的醉心和热衷，其中的方法之一就是要喝酒。随后不久，他又加入了父亲也曾经是其成员的阿拉曼学生社团，而且每天都去练习击剑。练剑可以使他在上完库诺·菲舍尔的讲座课后让脑子放松一下（课上的内容有时明白有时自相矛盾）。当他第一个假期回到在柏林的家时，母亲不由分说地在他肿胀和疤痕累累的脸上扇了一记耳光。[3] 韦伯在1885年夏把自己说成一个"看起来跟尼禄①和图密善②有点像的带兵打仗的将领"。[4]

在当时，求学也是一种男子气概的考验，一种身份的过渡仪式，其意义体现在科学精神与民族自我认同的统一之上。但凡在知识水平和社会地位方面还不具备"决斗资格的"大学

---

① 尼禄（Nero，37~68），罗马帝国第五位皇帝，公元54年至68年在位。
② 图密善（Domitian，51~96），罗马帝国第十一位皇帝，公元81年至96年在位。

生，都在想办法在其他方面给自己搞出些事情来。法学家奥托·冯·吉尔克（Otto von Gierke）在1897年曾经说过这样的话："我们的大学都是男子大学"，女子若是要普遍上大学的话，需要有自己专门的女子大学，不然的话，原来的大学"不仅不再是男人精神力量的高等学府，而且也不再是帮助我们的民族争取精神上优先地位的顽强斗士了"。[5]恰恰是在19世纪末，德国大学中出现了一股不折不扣的"击剑热"，各种击剑团体广受欢迎，练剑者趋之若鹜。这一现象产生的另一个原因是大学生的数量明显增多。根据韦伯的记录，注册入学的学生人数"今年特别多，这里有900到1000人"。韦伯此处指的是所有在校学生的人数；1882年夏，海德堡大学学籍册上登记的新生人数为478人，[6]20年前仅有235人。由于大学传授知识的主要目标并不关心学生的教养问题，所以，大学的青年会就承担起了离家生活的精英人群的社会化任务。与此同时，由于入会需要缴纳会费，青年会还根据新会员的家庭出身进行分类。原因是，随着入校人数的增加，来自中产阶层高级官员家庭的学生越来越多。韦伯入学那年学籍册上记载的"父亲或母亲的社会阶层"，一如既往地有很多"参事"的公子：教会高级参事、商会法院参事、商务参事、政务参事、枢密参事等。同样数量众多的还有诸如"年金收入者"、"企业家"或"资产所有人"等称谓：工厂厂主、啤酒厂厂主、土地庄园所有人等，不一而足。除此之外，注册登记的还有来自面包师、农业经营者、肉店老板、木工师傅、教师和物业管理人员家庭的男生。贵族阶层占比不到百分之五，海外留学生的数量明显超过了百分之十，他们中的大部分来自美国、瑞士和俄国。[7]

大学生社团通过奢华讲究的生活方式（韦伯不得不数度向父母解释他花销大的原因），以及借助诸如比喝酒、斗剑和公开场合下寻衅滋事等所谓"爷们"的程式规范，来突出其成员惊世骇俗非比寻常的身份地位。大学毕业数年后，韦伯有一次在他所参加的大学生社团的庆祝活动上发言时讲道：某些团体在招募会员时会特别强调，他们可以通过其成员中"枢密参事和位高权重的后台"帮助青年学生未来仕途一帆风顺，事业有所成就，云云。韦伯自己说，"这就是他不加入那种社团的原因"，而且他希望，大学生社团能够用一堵不可逾越的墙与"埋头读书的书蛀虫"针锋相对。他之所以这样说，是为了强调大学生社团组织的象征作用，即与成年人的社会环境截然不同。[8]

具有异曲同工之妙者，是四年前曾经周游欧洲各国的马克·吐温（Mark Twain）对海德堡大学生活的一番描写：学生似乎不受任何约束，可以自由决定他现在想看书上课还是吃喝玩乐。在德国的高级中学里，年纪轻轻的学生九年时间里被迫像奴隶一样死啃书本，所以毕业时他所受到的是一种内容广泛的基础教育，不仅能够阅读拉丁文和希腊文，而且还会说这两种语言。外国留学生进德国大学，"是为了在普通教育之外再镀一层金；但是，德国学生已经有了这层金，他进大学读一门学科，是为了百尺竿头更进一步。[……] 因此，德国学生只去听与他所选专业相同的课程，剩下的时间就是泡酒馆喝啤酒。[……] 他已经在中学期间吃够了苦头，现在大学无拘无束的自由生活正是他所需要的"，并且——马克·吐温接着写道——是他未来在迈入仕途和职业生涯新一轮受奴役时期之前应该充分享受之事。[9]

就大学而言，这样一种教育自由意味着，学校既没有学生的必修课，也不检查学生的出勤率。有传闻说，在一所德国大学曾经有某个学生团体，他们甚至禁止其成员进课堂听讲座。除此之外，一个美国学生还曾经就他在柏林的生活经历留下这样的文字记录：学校里有各种各样的俱乐部，"从哲学到国际象棋,从犹太传教组织到登山活动,应有尽有"。经济学家古斯塔夫·施莫勒曾于1893年8月引起过一场轩然大波:在某次讲座结束时,他只对来听讲座的,而且不是为了拿成绩单来听最后一堂课的学生明确表示感谢。[10]

正当许多学生将社团交友活动视为其大学生活的主要内容时,[11] 韦伯却给自己安排了同样内容广泛且不同寻常的学习计划。以他第一学期的课程安排为例:星期二、星期三、星期四和星期五早上从7点到8点是哲学教授库诺·菲舍尔的"逻辑学、形而上学和科学理论"。8点到9点之间,韦伯去练习击剑。每天9点到10点(星期六也上课),他去听恩斯特·伊曼努尔·贝克尔的"罗马法律制度"讲座,紧接着从10点到11点又去听他的"罗马法律史"课。从12点到下午1点,他每周4次去听历史教授伯恩哈德·艾德曼斯多夫(Berhard Erdmannsdörfer)讲授的"大革命时代史(1789年至1815年)"。上午要听的课加起来共计20个小时。马克·吐温的记述写道,海德堡大学的讲座一个紧接着一个,所以,那些不去酒馆消磨时光的学生始终东奔西跑马不停蹄,教室一会儿坐满学生一会儿又空无一人,讲课的教授们("R.-M.暂且除外")都非常准时地开始上课,常常是在从教室门口走到讲台的过程中,就已经开讲。

学期开始时,韦伯还选修了其他一些讲座课,例如卡尔·科尼斯讲授的"国民经济学",但似乎很快就没了兴趣。下午2点之前,他常和同学玩一会儿纸牌,然后检查课堂笔记。下午的时间通常是阅读并不怎么感兴趣的弗里德里希·施莱尔马赫①撰写的《宗教讲演录》,晚上与表兄奥托·鲍姆加滕一起

---

① 弗里德里希·施莱尔马赫(Friedrich Schleiermacher, 1768~1834),德国神学家和哲学家。

看哲学家赫尔曼·洛策（Hermann Lotze）写的《微观世界》（*Mikrokosmos*），韦伯把洛策的体系形容为"一堆破烂货"。[12] 在所有这些学术著作中，韦伯可以读到他所处时代学者所做的各种尝试，即研究信仰和知识、神学和科技、宗教和启蒙的理性主义之间的对立关系。那些年，人们生活在一种被称为"基督教文化"的社会环境中，马丁·路德新教已经成了普鲁士统治阶层的自我意识中一个不可动摇的组成部分。即使在否定基督教的地方（比如从达尔文以及后来从尼采的著述中汲取精神营养的活力论思潮等），马丁·路德新教思想也是各种争论交锋的关联点。早年，韦伯不愿意对这类事物明确表示自己的观点。然则，韦伯后来被人们广为引用的一句话——他在"宗教方面没有什么感觉"，往往是断章取义，只是这句话的前半部分罢了。整句话的出处是："我虽然在宗教上没有什么感觉，并且既没有需要也没有能力在我内心当中构筑什么有宗教性质的心灵'建筑'，反正我就是做不了这件事，或者说，我拒绝这样做。但是，仔细审视自己的话，我既非反对宗教，也非执迷于宗教。"紧接着他又说道："我在这方面也感觉自己像一个残疾人，一个缺胳膊少腿的残疾人，这个人的内心命运就在于，不得不老老实实承认这种情况，并且——为了不陷入浪漫的自欺欺人之中——自己甘于这种状态。但是，[……]我觉得自己也不是一个有朝一日能够长出新枝的木头疙瘩，摇身一变，成了一棵完整的大树。"[13]

韦伯对付这种状态的办法，并不是远离宗教，而是专注于宗教可加以研究的内涵。总之，在此前的一百年中，人们关于语言学、人类学和历史学的知识积累越来越丰富，因而无须借助对宗教持否定态度的力量，就能够对宗教提出追根溯源的严肃问题。以耶稣生平研究为例，人们已经对《新约》的四福音书进行过缜密梳理：各种来源及出处之间的矛盾，有无证据证明它们确实建立在目击者的讲述之上,各种主题动机是否以完全相同的形式出现在更古老的文本之中,因而使人们有理由推测,这些主题动机并非出自某个真正的历史事件而是文学创作。韦伯早就对这类研究工作颇感兴趣。三年后,当他的弟弟阿尔弗雷德兴致勃勃地谈到大卫·弗里德里希·施特劳斯①的《耶稣生平研究》(*Das Leben Jesu*)一书时,韦伯在回信中就这位作者的观点和这本书表达了自己的看法。在这本1835年出版的引起轩然大波的著作中,施特劳斯并没有将耶稣的神迹和其他各种"神力"贬斥为蹩脚的魔术或虚幻的假象,而是将其解释为一个"无意创作出来的传说",其内容涉及关于上帝的人性的思想。在他的第二本书《旧信仰和新信仰》(*Der alte und der neue Glaube*)中,施特劳斯将基督教完全抛在一旁。他认为,所有宗教的起源皆可以最终归结为人对于宇宙世界的依赖之情,况且,这一点完全可以从自然科学的角度加以解释。马克斯·韦伯批评阿尔弗雷德将原始基督教的经验称作"神话"——这显然是一个概念误区。这里,人们不禁要对一个21岁的年轻人对事物的明确区分感到惊讶。韦伯在给弟弟的信中写道,神话是以往很长时间和一个民族文学想象的产物,"但是,早期的基督徒们有更为重要的事情去做,而不是与依靠想象完成的宗教自然观的艺术化打交道"。这里,不是某个宗教思想创作出了一个可以讲述的故事,而是有目共睹的人类经验在经过很长时间之后被转化成了宗教思想——用马克斯·韦伯后来的话说就是将之"理性化了"。《新约》中记述的事情并不是文学创作:"相反,那完全是人类生活的文字记录,由故事转换而来。"人们不能将这种由大多数情况下离乡背井、生活在最恶

---

① 大卫·弗里德里希·施特劳斯(David Friedrich Strauss,1808~1874),德国自由主义新教神学家。

劣环境之中、由来自不同国家的早期基督徒讲述的故事，与诸如古希腊人那样世世代代有着固定家园和高度智慧的民族所讲述的故事相提并论。其情形，"就好像我们不仅要把一个借助统计数据描写劳动阶级的贫困生活和酗酒后果，以及针对他们的这种状况发表仁慈的（也可能是充满敌意的）或讽刺的见解的报纸编辑，拿来与一个眼下正为苦难的日子愁眉不展的人进行比较，而且还要把他拿来与这位苦难人士脑中的种种想法和幻想比较一番一样"。[14]

这里，透过上述观点和认识，我们不仅看到了一位宗教社会学家，而且也必定看到了一位19世纪宗教历史学著作的阅读者。这位阅读者同样不赞成为了哲学争论而牺牲对事物从历史的角度进行区分的做法。韦伯指出，若当代的保姆相信墨水中藏着魔鬼，路德向魔鬼掷墨水瓶，或古人审判所谓女巫——这些虽都属迷信，但其社会意涵却各不相同。

诚然，就其自身的宗教背景而言，这种类型的历史化方法也同样意味着，人们对事物的理解越透彻，这些事物的开端和起源就越陌生。因为，写文章的报纸编辑虽然由于所属阶级的不同与他所描写报道的对象有很大差别，但是，他们二者皆是同一个社会群体的成员，而这种情况不适用于宗教历史学家和他所研究的课题。马克斯·韦伯很早就面对和思考的一个事实是：借助科学的方法并不能使我们重新获得那种直接的宗教信仰。关于对这个问题的看法，阿尔伯特·施韦泽[①]的论述独树一帜，切中要害。他于1906年在围绕《新约》以及对由大卫·弗里德里希·施特劳斯发起的关于《新约》的论战的语言历史学论述中写道："耶稣生平研究的情况颇让人感到奇怪，

---

[①] 阿尔伯特·施韦泽（Albert Schweitzer, 1875~1965），德裔法国哲学家、神学家和医学家。

它面向实际生活，想要找到一个历史上的耶稣，并且认为，可以将他（像他现在这样）作为一个老师和救世主放到我们的时代当中。学者解开了数百年以来将其绑在宗教教义巨石上的桎梏，并且，他们不仅为生命和活力又重新回到这个人物形象之中感到高兴，而且也为看到这个历史人物朝着自己走来激动不已。但是，这个人并没有停下脚步，而是与我们的时代擦肩而过，又重新回到了他自己的时代当中。"[15] 历史研究究竟应该如何为现代社会传递信息，人们是否能从中获得超出以往时代知识积累的更多知识，这个问题将始终伴随马克斯·韦伯，并且从历史学导向了社会学。

当年，仔细钻研过苏黎世神学家阿洛伊斯·埃曼努尔·比德曼（Aloys Emannuel Biedermann）的《基督教教义》（他试图用黑格尔逻辑学阐述基督教学说）或是奥托·普弗莱德勒①的《保罗主义》（一部论述保罗创立基督教观点的500页著作）的法律系出身的学者，其人数屈指可数。后来有学者推测，马克斯·韦伯是在19世纪90年代后期健康状况出现问题之后，才找到了他著书立说最重要的论题。这种说法有一定道理，因为，最终导向韦伯式社会学的路途相当漫长，而且在很长一段时间内，他没有找到一种恰当的形式，甚至连一个能够用以展现自己学术工作的具体论证主题都未找到。韦伯并不是一个一开始就像学术大师一样早就对自己未来的研究领域了如指掌的神童。但是，从大学的开始阶段起，他特殊的学习兴趣就逐渐轮廓分明地显露了出来，那就是——古希腊罗马文化、宗教史和世界通史。

韦伯平日上学多出的业余时间是在学生社团（头两个学期之后他就不再继续向父母写信汇报了）或是受邀在教授们家

---

① 奥托·普弗莱德勒（Otto Pfleiderer，1839~1908），德国基督教新教神学家。

里度过的。就他而言,这样做既算是到教授家做客,同时也是到亲戚家串门。比方说,他的姨夫阿道夫·豪斯拉特(Adolf Hausrath)就在海德堡大学担任《新约》和教会史教授。豪斯拉特和家眷住在法伦斯坦家族的那栋别墅里,后来,不仅韦伯搬进了这栋房子,而且韦伯的博士生导师列文·戈尔德施密特(Levin Goldschmidt)也住了进来。豪斯拉特有宗教自由和反犹思想,只要在家里看到这个年轻学生,就喜欢与他高谈阔论。除此之外,他还以乔治·泰勒教授的笔名写过历史小说,因此,他肯定是一个韦伯当年喜欢与之谈古论今的同时代人。鲍姆加滕一家住在斯特拉斯堡,韦伯去那里过周末的时候,家里的气氛明显要比法伦斯坦别墅严肃得多。在赫尔曼姨夫那里,全家人一起阅读的是《哈姆雷特》,而在豪斯拉特那里是"随你们的便"。[16]

马克斯·韦伯虽然每天照例马不停蹄地去听各种课程和讲座,但他的家信中却见不到对上大学本身特别兴奋的迹象。他自己觉得心满意足,仅此而已。去上罗马法律史课,他觉得课上讲的都是教条式的逻辑概念,缺少他感兴趣的历史内容。历史教授艾德曼斯多夫对他来说又过于慷慨激昂,尽管韦伯是三个把他的课从头到尾坚持听完的学生之一。他对库诺·菲舍尔的叔本华批判课颇为欣赏,但菲舍尔的为人又太像演戏,华而不实。相比之下,贝克尔的罗马法律体系课给了他"一种能学点实实在在东西的感觉"。我们切莫忘记,韦伯当年虽然只有18岁,但毫不夸张地讲,他的判断力已经在以往阅读学术著作的过程中得到了锻炼,具备了对事物的鉴别能力。[17]

总体而言,比之大学课堂,与鲍姆加滕的谈话交流和课堂之外的各类书籍让他学到了更多的东西。到了第四学期,由于要去服兵役(从1883年10月开始,在斯特拉斯堡),韦伯休学一年。关于这段时间所受的心灵之累和皮肉之苦,韦伯有诸多精彩有趣的记述，简单说来就是：他过的是"一匹马那样的在马厩里和被人骑着受训的日子"，七小时的行军，肿胀的脚踝，夜里在军械库值更，腱鞘炎，没完没了的射击训练，出操，上司故意挑刺找麻烦，体重下降，尤其是——韦伯对这点抱怨最多——脑子麻木不仁，毫无思考的能力，以及由于"几百万次地重复许多纯粹的机械动作白白耗掉了时间"。我们不应忘记，韦伯很小的时候就宁可背诵关税表，也不愿意无所事事地坐着发呆。后来，他把这种近乎自我折磨式的反复琢磨各种事物的方法——"最后往往得不到什么结果"——称作无条件的科学认知的基础。

韦伯在家信中提到的"脑子麻木不仁"一词，相当准确地描述了他当兵时的那段生活，而且令人玩味的是，这个词刚被创造出来没有多久。韦伯在信中以一种无可奈何的苦笑来描写军营中那些诸如新兵入伍操练等的荒诞场面。一个刚入伍不到一年的新兵被呵斥为"圣洁的耗子肉排"："瞧你这枪背的，怎么跟大象尾巴一样在屁股后面甩来甩去。"在韦伯眼里，这名被中士、军士长和二等兵虐待的士兵一副低眉顺眼俯首帖耳的样子，"似乎在这样的窘境中他脑子里还想着《圣经》里那句神的预言——恶人虽毁其肉身，却不能毁其灵魂"。[18]韦伯在信中把这些经历告诉母亲，而在母亲的词汇表里，虔敬服从的概念却有着重要的地位。他之所以向她提到并用这样的语言讲述这些事情，是有意而为之，因为同样是在这封信里，他第一次既策略又明确地与海伦妮·韦伯和她的妹妹伊达·鲍姆加滕所恪守的宗教信条保持距离。大学期间，他逐渐摆脱了这两个女人向他灌输的人生观：一种带有自然宗教特征的、从强调献身精神的基督教立场出发对任何人生做出的无条件的价值判断，这种人生观在道德层面上比"世俗的"生活更为高尚。1883年初，韦伯的表兄奥托·鲍姆加滕与比他大八岁的表姐艾米莉·法伦斯坦结婚成家。艾米莉有未卜先知的天赋，笃信唯灵论，而且怀有超凡脱俗的宗教热情。韦伯把他在鲍姆加滕家女眷身上以及在他表哥身上看到的东西，称作一种"极端的基督教信仰"——"因为，这种狂热的世界观，我无法将之称为基督教的东西。"他已做好了为祖国和学术研究苦心励志的准备，但不想从道德和良心的角度去这样做，如果导致这种狂热举动的原因仅仅是思想观念上的"模糊认识"的话。[19]

这里，还必须提到的是马克斯·韦伯上学期间读过的另一本书。正当他把当兵服役称作一种"像钟表一样的"生活，并认为几乎没有时间用来看书学习的时候，他从赫尔曼·鲍姆加滕那里得到了一本名为《柏林社会面面观》（*La Société de Berlin*）的书，并对之留下了深刻印象。这本书写的是关于普鲁士和德意志帝国宫廷政治生态众生相的讽刺故事，一年前连载于巴黎出版的《新观察》（*La Nouvelle Revue*）杂志上。这本杂志的出版人是对俾斯麦恨之入骨的朱丽叶·亚当（Juliette Adam），整个巴黎的文人墨客都是她的文化沙龙的常客。故事的讲述者是凯瑟琳·拉齐维尔（Catherine Radziwill）公主，"她既美丽动人又优雅文静，但是，就像她的许多同乡一样，她也同样矫揉造作、傲慢自负、卖弄风情，工于心计甚于真心待人"——在以保罗·瓦西里伯爵（Comte Paul Vasili）为笔名出版的书里她这样描写自己。"她不喜欢任何人，别人也不喜欢她"，所以，完全有理由把她看成一个"不起眼的人物"。因此，像她自己解释的那样，当时没有人怀疑到她，其作者身份直到1918年《沙皇的自白》（*Confessions of the Czarina*）一书出版才真相大白，就不足为奇了。[20]

此人原本是一个波兰伯爵的千金小姐，1858年生于圣彼得堡,17岁时嫁给了波兰和普鲁士侯爵威廉·拉齐维尔(Wilhelm Radziwill),在勃兰登堡门附近的公馆里经营着一个柏林上流社会的交际场所。这便是这本书叙事的视角。粗略读来,在纯属杜撰、写给一名外交官的信札中(这些信是为他赴柏林履新做准备),讲述的都是围在德皇和俾斯麦身边转悠的王公贵族和黎民百姓的荒诞不经之事,其中用意恶毒的描写和评论随处可见:"两个宫廷贵妇中的一个,即阿德尔海德·霍克伯爵夫人是个驼背,而且非但没有贵族通常所有的高雅素质,反倒是沾染了他们身上的恶习。"除此之外,关于萨甘公爵的文字是这样写的:"想当年,他在女人那里如鱼得水频频得手,到现在为止他还是剧院的常客;说到底,他是一个见人就熟又风流倜傥的自私自利者,总是与他的交谈者的见解不谋而合。"在给父母的信里,韦伯尤其针对书中这样的段落表达了自己的看法。他认为,这本书被报章媒体不公正地贬斥为哗众取宠之作,但是,撇开恶语中伤之处不谈,此书还包含了"一大堆针对柏林有头有脸的人物,即上自德皇和皇子,下至威廉·布施等的有趣评论,这些评论有相当一部分言之有理,令人惊叹不已"。一个月后,他在信中再次谈到这本书时说,此书"在许多方面都十分出色,其风格不瘟不火,很难让人相信是出自一个法国人之手"。倘若书中把皇后写得既矫揉造作又阴险狡诈,那么,它正好表达了"我们虽然自己心里这样想但只能关起门来说的心里话"。韦伯对作者观察能力的怀疑只体现在对威廉皇子,即日后的德皇威廉二世的评价上。拉齐维尔将他描述成一个新的腓特烈大帝,并认为,将来他或许会成为德国一流的有作为的人物。21

这本书对韦伯尤其具有吸引力的地方,是他向自己的父亲仅仅约略提到的那些文字段落,这些段落肯定不受老韦伯的喜欢,但与小韦伯自己的政治观点和稍后形成的许多观念性的东西不谋而合。比如,他将俾斯麦看成一个玩世不恭和狐疑猜忌的政客:凡是不符合自己利益的东西,他都统统予以摧毁;他不仅目中无人,因而总是立刻抓住别人的弱点,自己却不受任何观点主张的约束,而且善于见风使舵随机应变。韦伯在信中写道,俾斯麦既是统治国家的帝王,又是处理政务的朝臣,此处暗指的是"le roi règne, mais ne gouverne pas"(君王统而不治)一语,即君主立宪政体中君王的权力受到限制的情况。因此,拉齐维尔认为,德国将为这个宰相和"世界上最无能的议会"付出代价。民族自由党曾经一度离权力如此之近,几乎触手可及,但"不幸的是,触及和掌握之间有着天壤之别",各种政党都在做着自己的社会政治之梦,德国人却只愿意接受政治的梦想;这里,人们像少年维特①那样追求着自己的理想,却并不为人民着想,亦即心系那些辛勤工作的劳苦大众。"德国人普遍很少关心跟政治有关联的事情,他为自己国家的成就感到自豪,但他所引以为豪的,是印第安人那种因为猎取大量人的带发头皮而兴奋不已的残忍方式。[……]德国人心中唯一的愿望,是能够看到他至高无上的地位得以建立并得到保障。除此之外,其他任何事物都唤不起他的热情,引不起他的兴趣,也不能让他转移对柴米油盐等日常琐事的注意力。"22

后来,所有这一切均在韦伯的著述中得到了思考和阐述。大约三十年之后,韦伯所选择的表述方式同这位波兰公主几乎毫无二致:"总体而言,人们强烈地趋向于从内心让自己去适应所取得的成就,或是去适应很有希望取得成就的那些事物,并且,不单是在他们实现自己最后理想的手段或是程度方面,而且也在放弃这些理想本身方面,这是不言而喻的事情。在德国,人们觉得对这种情形可以用'务实之道'来称呼。"这里,

---

① 这里指的是德国大文豪歌德的小说《少年维特之烦恼》中的主人翁。

拉齐维尔的观察点中了韦伯的神经。韦伯在大学时期形成了对德国资产阶级政治处境的敏锐洞察：这个阶层似乎从1848年和1862年的两次革命中汲取了经验教训，即对政治理想敬而远之才是人生在世之上策。韦伯批评道，自由主义者放弃了自己的理想，委身于一个名曰俾斯麦的教派之中，这个教派的目的是一种"如同教义一样的狂热的个人崇拜"，直至对权力的盲目顶礼膜拜。除此之外，他们把自己限制在经济和社会事务上，并为之争得你死我活。韦伯不仅越来越多地注重对自身阶层政治利益的探索研究，而且也注重对新教的、自由主义的、城市的、从事经济活动的和受过教育的市民阶层是否以及用什么样的方式在现代社会中安身立命问题的分析探讨。在他看来，为了一个以其他方式无法实现的目标，把务实之道当作一种策略性的手段，似乎是势在必行的做法。然而，他在德国社会所观察到的，却是人们基于眼前既得利益原则对目标进行策略性选择的做法。[23]

# 第五章
# 无限贸易公司和罗马地产交易市场
## ——一位初露才华的学者

> 一个不懂拉丁文的人,就像
> 在大雾天置身美景之地一样。
>
> 亚瑟·叔本华

1885/86年冬季学期,即马克斯·韦伯上大学的第七个学期,由于要准备国家考试,他转学到了哥廷根大学。在那里,他遇到了一桩非同寻常之事:"在通常的约见时间,我去了教授家。年轻的女佣未做通报,就直接让我去他的房间。我敲了一下门,当我走进房间的时候,从桌上和地上到处都是的古版书、新版书、草稿纸和废纸团的后面,走出一个身披似黄非黄颜色睡袍、衣衫简陋、瘦高个子的人,一脸惊诧的样子看着我。尽管情形十分尴尬,我差点笑出声来。我报上姓名,向他解释了此次登门拜访和唐突闯进房间的原因。"这位教授(他是位正教授)一边扣好睡袍的扣子(之前没扣),一边走进隔壁的房间(他的衣服放在里面),然后又"衣衫不整地"走了出来,并将访客介绍给他的太太,"于是,我又非常唐突地撞见了完全未梳妆打扮的教授太太"。[1] 这两人便是:乌尔里希·维拉莫维茨-默伦多夫和他的夫人。

维拉莫维茨出生于波美拉尼亚(Pommern)① 一个农庄主

---

① 波美拉尼亚是一个历史地名,位于德国和波兰北部,历史上曾经是普鲁士王国的一部分,后并入德意志帝国,1945年后,该地一分为二,分别属于东德和波兰。

家庭，是古典语言学界名气越来越大的青年才俊。1872年，他24岁时就名噪一时，原因是，他因为《悲剧的诞生》一书向比自己年长4岁的作者弗里德里希·尼采教授叫板。眼下，他正试图借道哥廷根向他的专业领域的中心——柏林大学发展，这也是他的岳父特奥多尔·蒙森的意思。蒙森夫人曾向马克斯·韦伯建议，要拜访一下这两个学者，这样，他在人文科学界就能提升自己的名气。韦伯听从了"此人必须拜访"的指点。但是，拜访名家并不意味着这个年轻人的前途已经一片光明。诚然，与那些出身并不优越、父辈是天主教徒或犹太教徒而非土地庄园所有者、大学教授或高级官员的普通家庭子弟相比，这样的举荐能带来诸多的好处。缘此，这次与古典语言学名师的贸然相见（维拉莫维茨每周两堂讲座课和两堂讨论课，负担很重）[2]，在某种程度上可以说是人文学科贵族家庭成员之间的一次拜访。因为，韦伯在上学期间与维拉莫维茨和蒙森并不是师生关系。不过，作为民族自由派学者式政治家的蒙森，倒是在他父亲家中常有走动。尽管如此，这位古代史学家在韦伯博士论文答辩时曾经讲过一番后来经常被人引用的话，他说，他对韦伯论文中的观点虽然不能全都赞同，但是，当他"行将就木时，我不会对其他人，而是要对我十分看好的马克斯·韦伯说：'吾儿，接过我的长矛吧，我的手已经拿不动它了'。"[3]不过，在韦伯博士论文所涉及的课题中，蒙森并没有什么武器可以留给他人。马克斯·韦伯取得博士学位的论文，内容是关于中世纪的商法。因此，蒙森的话必须翻译成："他是我们的同人。"

无巧不成书，韦伯的论文题目同样也是因为家庭熟人的原因得以确定下来的。起初，韦伯父亲的大学同学、中世纪城市法专家、法学史教授斐迪南·佛伦斯多夫（Ferdinand Frensdorff）曾表示，愿意带他这个博士生，被韦伯婉言谢绝，理由是，他更想研究罗马法而不想碰德国法，因为他的脑子无法一心二用。其时，韦伯恰好对当时法律政策方面十分重要的"德国法"（以佛伦斯多夫为代表，主要以中世纪的资料来源为基础）和"罗马法"之间的区分颇感兴趣。在1900年《民法典》生效之前，德国法律制度的基础乃是一套完全不同的规范标准，亦即一部分是来自经过整理修订的罗马法律文化体系，另一部分则是来自"日耳曼血统"的法律规定。其中，罗马法不仅更具有系统性，而且也较少带有"公共的"性质：罗马法更多的是以个人的法律地位为导向，而德国法侧重于公共财产问题以及合作合同关系。罗马法是历史法学派的核心，他们认为，为私人之间的交往关系制定法律没有必要，不仅传统的体系和概念已经完全够用，而且必要时还可以采用所谓的"律法汇编"，即罗马律法理念的四卷本汇纂，它于公元533年由查士丁尼（Justitian）皇帝下令编撰，之后一直起着某种法典的作用。在罗马法中，在法律事务中担当主角的始终是律师，而非"君王统治者"。反之，在德国法中，法律的来源五花八门，出处很多，诸如部族法、国王法令、《萨克森法典》、采邑领地法、城市法等，不一而足。这些五花八门的法令迫使人们不得不对这些规范标准的社会和统治背景进行深入探究，以便弄清它们的确切含义。典型的"罗马法学者"的法律观念来自人们在处理不同意见时所使用的、有着良好实用经验的法律概念，典型的"日耳曼法学者"关心的则是法律赖以产生的共同体问题。[4]

按照韦伯本人的说法，他对自己将来是否要当学问家一事心里并不十分清楚。在通过教授资格考核之后，他曾经说，"我并不是一个真正做学问的人［……］"，[5]并且对研究现行法律兴趣不大。1886年在策勒市（Celle）通过首次国家考试之后，他在柏林任实习律师的四年时间里给自己选择了一个两种资料来源兼而有之的、历史方面的研究课题：中世纪繁盛期无限商贸公司的产生。论文的导师是柏林的商法教授列文·戈尔德施密特，他在海德堡大学做自由职业讲师期间也曾经在法伦斯坦别墅里住过大约九年时间。戈尔德施密特将自己撰写的《普通商法史》(*Universalgeschichte des Handelsrechts*)的第一卷题献给特奥多尔·蒙森，这样，说到底他们都是同一个圈子里的人。戈氏不仅是商法研究的代表人物，而且是现代商法研究的创始人，并且有意把关于这个领域的法学研究变成我们如今所称的工商管理学的一个分支。对于马克斯·韦伯究竟如何从一个法律学者和法学史家变成了一位经济学家这个问题，这一点有着十分重要的意义。相对于其他法学领域，戈尔德施密特突出强调了商法的实践性特点，亦即，凡是从事商法研究的人都被要求具有诸如船舶、通信或是海洋方面的基本常识。他尤其强调研究人员的灵活性，这种灵活性使他相比国家的立法能够更快地适应商务往来中的各种需求变化，并且将地域性的观点置于次要地位。除此之外，"在占主导地位因素的影响下，诸如主要按照经济上训练有素和眼界最开阔的社会阶层人士的利益"，亦即按照大企业家、做跨国生意的商人、船东和银行家的利益，商法得到了进一步的发展。[6]

然而，商法在罗马法中并不存在。按照戈尔德施密特的观点，世界贸易早期的历史形态虽然来自罗马，比如原材料、奴隶和大规模生产的陶器等，但是，应当为商业贸易制定特殊规则的思想却与当时法学上的抽象精神格格不入。[7]因此，直到19世纪人们还一直在问，商法的起源究竟在哪里。韦伯借助一个特定的商业形式对这个问题展开了研究——无限贸易公司。在无限贸易公司中，股东不仅以他们的出资，而且也以他们全部的私人财产为公司的债务进行担保，因此也为公司授权人以公司名义进行的每一笔交易承担责任。这是一种对参股人来说风险很大的公司形式，韦伯认为，这种形式起源于中世纪的意大利北部地区。商人们当时是怎样进行合作的，特别是那些从事海上贸易的商人？因为，与陆地贸易相比，海上贸易尤其容易导致破产。再者，"公司资产"的形式是如何形成的呢，倘若人们不再仅仅关注股东个人的资产的话？韦伯认为，公司资产的出现是由于"日耳曼人"把家庭式的商品群体概念扩展成了非亲属式的生产和贸易单位，这种非亲属式的生产和贸易单位在1400年前后导致了一种法律原则的出现，即：凡是隶属于公司的人，都必须为其业务承担责任。无限贸易公司不是一种参与关系，在这种关系中，生意的赢利和损失被区分开来（生意运作通过资本注入得以实现），因而，它是一种由个人组成的共同体。[8]

韦伯的导师不是很欣赏他写的论文，因此只给了他一个"良好"，而不是"优秀"。韦伯自己在信中写道，他这次是勉勉强强涉险过关。[9]然而，倘若我们了解韦伯后来的人生经历，我们就可以在这篇论文中发现这位国民经济学家和经济社会学家的兴趣所在。因为，韦伯的论证是一篇对成立资本主义形式的公司的历史条件的分析之作。这种公司形式由共同的住所和共同的作坊发展而来。它的法律形式产生自获得商业信用的努力，亦即为破产倒闭采取预防措施并为之承担责任：公司资产本身与股东的个人资产区分开来，股东的责任被限制在其合伙人与公司运作相关的行为上。于是，这就使非亲属人员作为股东参与到共同担责原则中成了可能。同时，由于公司的经营所得不算是股东的劳动成果，而是归属于公司的共同财产，由此，"资本的概念就应运而生"——韦伯在他最后几场讲座的一份备课笔记中这样简明扼要地写道。[10]

一俟于1889年夏完成了论文答辩的流程之后，韦伯很快便知道自己要准备的教授资格考核的题目应该是什么：罗马的农业状况。他拜柏林大学的统计学家和国民经济学家奥古斯特·迈岑（August Meitzen）为师，一年半后于1891年写出了一篇以《罗马农业史对公法和私法的意义》（Römische Agrargeschichte in ihrer Bedeutung für Staats-und Privatrecht）为题的论文。这篇论文条分缕析、论证翔实，只有对土地法、丈量学和税法进行过深入研究的人方可胜任，而非出自写流水账的作者之手。正如他平生经常做的那样，韦伯借助一个迄今为止仅有少数人曾经涉猎的论题，对自己的学术能力和工作耐力进行了一番检验。这篇论文的题目要求作者博览群书，他深厚的专业知识功底也终于得以体现。这里，韦伯讨论的不是泛泛而论的大众化课题，更不是他心之所系的学术专题，所以，在他的书信中（公开发表的那些），韦伯几乎没有提到过自己手头的学术工作。就苦心励志致力学问而言，韦伯这时显得特别少言寡语。他埋头钻研各种文献资料，直到论文发表，几乎从未与他的同时代人进行过任何讨论交流。倘若说这种"心无旁骛"的意志或许是伏案工作的人文和社会科学精英们的一种普遍特征的话，那么，韦伯就为这种特征打上了一个非常深刻的烙印。

　　1886/87年冬季学期，韦伯在柏林又去听学校开设的各种罗马法讲座，其中的一堂是由特奥多尔·蒙森讲授的大课。不过，他对农业历史的兴趣似乎也是因他随部队驻扎在波兹南地区①期间由外出活动时的见闻所引起的，当地的一位官员让他注意到了居民点政策和农村变化的问题。此外，奥古斯特·迈岑本人也是一位研究普鲁士农业状况以及日耳曼和斯拉夫居民点历史的专家。虽然早在1887年秋韦伯就曾经在信中提到，他

---

① 波兹南（Posen，波兰语写作Poznan）现在是波兰中西部的一座城市，历史上曾经一度属于普鲁士。

"时常到年轻的国民经济学者组成的学会中（当然他们大多数人对英国的曼彻斯特都特别反感）"去看看，[11]但是，他迄今为止了如指掌的资本主义却是古罗马时期的资本主义。

初看起来，韦伯的这篇论文似乎是要从土地登记和税务部门的视角来写一部罗马的经济发展史。文中，他探讨研究的问题是，当罗马帝国的海上霸权开始转向侵占殖民地时，这种情况对耕地的分配和征税产生了怎样的影响。同时，他还针对土地获取的法律更替、土地登记和土地质量的范畴、土地类型与税种的关系、农耕社团的产生、他们与贵族放贷人之间的斗争、土地的抵押能力、拥有许多奴隶的地主经济向小佃农经济的转变等问题进行了探讨。其间，韦伯逐渐倾向把整个罗马描绘成围绕土地管理而进行的一场博弈。他的论证穷根问底、深入细致，最后得出的结论是，共和时代的罗马后来变成了一个"世界的地产交易市场"，在这个交易市场上，原先的公共财产逐步转化成了私人财产。[12]很长一段时间里，韦伯始终没有放弃对这种古代资本主义和比较农业史课题的研究，因为他一直在思考一个问题：为什么古罗马时代没有产生现代的经济关系，现代社会如何使农业逐步走向工业化？

对于当时的学术界来说，韦伯于1891年10月在柏林提交的这篇论文（韦伯自己说，这是1890年末通过第二次国家考试后，"终于完成了可能是地球上最后的一次考试"）不啻是横空出世，让人刮目相看。不仅评论家为他渊博深厚的实际知识所折服，而且自此之后的每一个读者莫不如是。除此之外，人们发现，文章中不仅有大量未经考证的假设，而且韦伯还缺乏对发展沿革和编年史的关注兴趣。这些情况均缘于韦伯撰写这篇论文的惊人速度：他常常是在作为预备役军人参加军事训练的休息时间提笔写作。[13]这种时断时续的写作，以及他对类型学和用新造的词语进行阐发论述的兴趣远远大于对先后顺序和过渡时期的叙述方式的兴趣，自始至终是韦伯学术工作的一个重要特点。

从人生履历来看，他在柏林检察院和地方法院工作的这段时间，将他牢牢限制在"法理学犯罪领域"令人厌烦透顶的见习文员办公室里，而且还有一种无所事事的感觉。他厌倦了无聊的等待，想投身到实际工作中去。为了获取一个职位，他把教授资格考核论文写得庞杂冗长，这倒并不是因为他对写鸿篇巨制的厚书情有独钟。相对于学术研究，他更倾向于大学教书的职业："做学问对我来说与充实闲暇时间之间的关系过于紧密了些。"1892 年起，他在柏林大学授课："练习课 16 人，私人授课 3 人！听课的学生。"但是，想到自己现在从不拿工资的法院编外文员要变成不拿固定工资的自由职业讲师，他心里依然觉得难以接受。这年，马克斯·韦伯 27 岁，还住在父母家里，只是心理上觉得自己是个成年人罢了。在一封谈到威廉二世皇帝的信中，他写过这样一句话："人们觉得自己好像坐在一列飞速奔驰的火车上，铁路已经装上了新的道岔。"[14] 但是，他本人还始终是人子、晚辈，处在伺机而出的状态之中。在他看来，私人生活的一切都过于慢慢悠悠，而社会生活的一切又来得速度太快。

# 第六章
# 失意的港湾和激情的浪潮
## ——马克斯·韦伯结婚成家

人不是为结婚而结婚。

丽塔·本尼特*

在 1894 年 6 月 3 日和 10 日《福斯报》①的周日副刊上，马克斯·韦伯读到了一篇柏林大学哲学教授格奥尔格·齐美尔撰写的文章。齐美尔在文中探讨的问题是，在人类社会发展史上，为什么男人和女人之间的持久关系似乎只将一种形态完全排除在外：我们所见到的不是一夫一妻制，就是一妻多夫或一夫多妻制；某些社会中，存在必须遵守的超出部族界限的族外婚，而在其他社会中，严格规定的则是族内婚；新郎迎娶新娘需要付出代价，有时新郎家里也会得到一笔陪嫁；几乎每一种婚姻都有其历史的对立形式。但是，几乎在任何地方，人们都对近亲结婚持拒斥的态度。[1]

那么，人们对近亲结婚几乎普遍存在的害怕心理的根源究竟在哪里呢？齐美尔认为，人们对这种婚姻给后代带来不良影响的担忧并不是其原因所在，并且，人们也不应当将这种生物

---

\* 丽塔·本尼特（Rita Bennett）是美国作家杰夫·林赛（Jeff Lindsay）创作的描写连环杀手故事的德克斯特（Dexter）系列丛书中的一个人物。

① 《福斯报》（Vossische Zeitung）是一份在柏林出版的代表自由主义市民阶层观点的著名报纸，因其所有人克里斯蒂安·弗里德里希·福斯（Christian Friedrich Voss）而得名。

学的观点看作数千年来对近亲结婚严格管理的动机。他写道，人们至多可以这样想象一下：在人类进化过程中，那些出于某种偶然原因禁止近亲结婚的族群会有更好的生存机会，而且他们最终会用一种抵制的态度来看待生活中被抵制和摒弃的东西。尽管如此，在齐美尔看来，这种解释也是"极有漏洞的"。

相对于生物学的解释，齐美尔认为社会学的解释更具有说服力。他说，同一个居住群体成员之间的婚姻禁令有助于维护社会的秩序，因为这个禁令从一开始就让共同紧密生活在一起的人之间"不可能发生"性骚扰，并且杜绝了两性之间显而易见的各种诱惑："这里，人们的基本想法在于，倘若任何社会秩序皆不应遭到破坏，并且在所有道德和法律关系中不应出现重大的混乱状况的话，那么，共同紧密生活在一起的人中间的道德规范就必须保持下去。"齐美尔进一步补充道，对于生活在现代社会中的人来说，婚姻也始终"不是结婚者个人单纯的私事，而是一种双方家庭因为地位的提升或下降皆甚为关心的事情"。因此，在齐美尔眼中，限制近亲结婚乃是一种适用于"私生活中"关系亲近的人的社会禁令，即：性爱和情爱欲望所面对的事物，是一个人身边的社会环境。与流行的观点不同，人们对自身家庭成员的性欲望并没有因为懵懂童年时的两小无猜而受到阻遏。"亲密无间的共同生活并不总是令人麻木，反而常能勾起内心情愫。若非如此，人类的古老经验就无法得到解释：洞房花烛夜的一对陌生人，往往在日后的朝夕相处中产生了爱情。同理，若非如此，在某些年龄段初次与异性深入接触也不会如此危险。"因此，齐美尔认为，不允许近亲结婚的禁令从根本来说是一种指令，它要求人们必须主动去寻找异性伴侣，而不只是简单地在亲属圈子里打转。

就在这篇文章发表之前大约不到一年，马克斯·韦伯于1893年9月20日与来自比勒菲尔德的远房侄女玛丽安妮·施尼特格尔（Marianne Schnitger）结婚成家。正如韦伯家族习以为常的情况那样，这种形式的近亲结婚在19世纪欧洲市民阶层上层也非常普遍。娶自己表姐为妻的达尔文①即是一例。从艾米莉·勃朗特（Emily Brontë）的《呼啸山庄》到特奥多尔·冯塔纳的《燕妮·特赖贝尔夫人》——这部小说在韦伯结婚前一年出版，并在韦伯家中被朗读——表亲联姻始终是文学作品中的常见主题。

追求浪漫爱情的理想在19世纪至少在市民阶层中已开始蔚然成风。这种观念与出于纯粹经济利益的近亲结婚截然不同，市民阶层普遍倾向于建立在爱情基础上的婚姻。从根本上来说，市民阶层的成员此时已经不需要刻意体现自己的身份地位，因而可以追求不影响家族生活的内心情感。³ 正是在这个意义上，他们发现并接受了这些"理想"。他们的职业生涯往往与其父母的职业道路不尽相同，常常不是在富足稳定的条件下组建家庭，而是自己重起炉灶从头开始。因而，市民阶层的婚嫁者越来越多地憧憬婚前的两情相悦和柔情蜜意，并且不仅作为社会意义上的人，而且作为个体意义上的人也要相互般配。"婚姻是一个以性行为为基础的两个人的完美结合，其本身就是目的"，约翰·戈特利普·费希特②早在1796年就说过这样一番话（玛丽安妮·韦伯的第一篇学术论文将以费希特为题）。⁴ 不过，费希特又说，婚姻也可以没有性行为作为基础，这并不影响其自身的目的。另外，女人在任何情况下都只愿意承认爱情，对性行为却讳莫如深："女人在成为男人满足欲望的手段之时，她就放弃了自己的个性；她通过出于爱情满

---

① 查尔斯·达尔文（Charles Darwin，1809~1882），英国生物学家、博物学家，进化论的奠基人。

② 约翰·戈特利普·费希特（Johann Gottlieb Fichte，1762~1814），德国哲学家，古典主义哲学代表人物之一。

足自己男人欲望的方式，重新获得了自己的个性和她的全部尊严。"⁵ 因此，将一个女子违背其意愿嫁与他人，或是为了习俗而结婚成家是完全不可能的。婚姻和爱情本是同一事物。

可惜，这样的观念充其量只是一种美好的愿望而已。韦伯的婚姻告诉我们，倘若历史上两种习俗相互重叠，亦即作为市民阶层规范标准的、以爱情为基础的婚姻已经普遍流行，但婚姻还始终不被看作建立一个新的家庭，而是被看作现有家庭的延续，那么，人们上述的种种期待将会导致怎样的窘迫情形出现呢？并且，就韦伯本人的这桩婚姻而言，倘若家庭的延续并非出于诸如家族现有的公司、土地财产或政治地位等物质原因，那么，这种窘迫的情形还将进一步加剧。而且，更有甚者，当这个男人完全没有表现出要为自己寻找一个女人的愿望的时候，这种窘迫的情形将变得更为严重。发生在韦伯身上的这桩婚姻，是一个几近而立之年的男人所表演的一出戏剧，他不仅没有表现出要寻找一个有爱情基础的婚姻的任何迹象，而且其行为举止也显得与贵族绅士毫无二致。所不同者，仅在于他并不热衷于出行打猎、治理国家或是闹出各种桃色绯闻，而是一股脑儿地埋头于自己的学术工作罢了。因此，到最后，为他终身大事操碎了心的是他的姨妈和母亲。然而，这项计划却因为家族亲属中一个爱慕他的女子而被打乱。他娶此女为妻，并不是因为他追求她，而是因为他认识她，她也愿意跟他一起生活，这就足矣，他所要求的条件均得到了充分满足。1884年，美国有一本关于爱情的大部头著作问世，书中写着这样一句话："自由选择并非总意味着爱情。"⁶

毋庸赘言，让我们回到韦伯婚事的正题上来。玛丽安妮·施尼特格尔1870年出生在厄灵豪森（Oerlinghausen）。马克斯·韦伯的父亲是她的祖父卡尔·大卫·韦伯（Carl David Weber）的兄长，因此，马克斯·韦伯就是她的隔辈叔叔。当玛丽安妮还不满 3 岁时，母亲在生她小妹时因难产去世。她的父亲是一个生性多疑、胆小怕事、脾气古怪的医生，很少关心这个女儿。"我成了一个快乐的街头孩子，无人疼无人爱，患有严重的百日咳，动不动就生病，哮喘不停发作。"她在回忆录中这样记述道。[7] 她的教育由祖母和姑妈来管，有钱的祖父是经济后盾。她先在莱姆戈（Lemgo）女子中学上学，后转到了汉诺威的一所寄宿学校。在那里，她"从一个无拘无束天性活泼的女孩变成了一个沉思默想和拼命读书的人"，[8] 而且，她的学习劲头被人说成是想出人头地，这给她造成了很大的心理阴影。她读过的书是卡尔·毕希纳①写的《力和物质》(*Kraft und Stoff*)、恩斯特·海克尔②的《宇宙之谜》(*Welträtsel*) 和尤利乌斯·朗贝③的《教育家伦勃朗》(*Rembrandt als Erzieher*) 等。这些都是那时非常流行的常识类书籍，内容涉及的是唯物主义和唯心主义、乐观主义和悲观主义、工业生产和生活变革之间的矛盾冲突。[9] 与她的同时代人一样，玛丽安妮也陷入了一种普遍的困扰之中：这个时代虽然为他们提供了各种各样的生活前景，但并没有规定当事者在日常生活中必须真正以这些生活前景为目标。回到莱姆戈后，她笔下的生活又变成了另外一番情形："我的闺蜜们几乎都没有嫁人，岁月从她们身边流过，她们两手空空一无所得。当时工作的机会很少，除了当老师和护士，小城市里几乎没有其他职业可选。除非迫不得已，大家都留在了父母身边当乖乖女，下午的时候坐在窗台边做女红。只有个别

---

① 卡尔·毕希纳（Friedrich Karl Christian Ludwig Büchner, 1824~1899），德国医生、自然科学家和哲学家。
② 恩斯特·海克尔（Ernst Haeckel, 1834~1919），德国医生、生物学家和博物学家。
③ 尤利乌斯·朗贝（Julius Langbehn, 1851~1907），德国艺术史学家。

人鼓起勇气到外面的世界看一看闯一闯。"¹⁰ 玛丽安妮已经失去了父母的依靠，因为祖父腰缠万贯，她才无须急于外出去找工作，但结婚的希望也同样十分渺茫。整天就是窝在家里搞清洁卫生，种花养草，练习钢琴，照看小孩，东拉西扯，读读小说——芳龄二十的玛丽安妮·施尼特格尔"无聊得简直快要生病"。¹¹

于是乎，"到外面的世界去看看"就成了最后的出路。1891年春，玛丽安妮在柏林的亲戚老马克斯·韦伯和海伦妮·韦伯邀请这个侄孙女来帝国首都小住六个星期。此前她所缺少的一切，突然之间都来到了眼前：像母亲一样关心照顾她的海伦妮，人丁兴旺、忙忙碌碌、充满生机的一大家子人，市民阶层的书卷气氛，家族成员的谈话交流，以及到剧院去看戏等。尤其是，那里有一个早已进入结婚年龄的大男孩，但究竟会有什么样的结果，还未可知。因为，家里人刚开始的说法只是："见习文员马克斯带她参加了她生平的第一次舞会，他像叔叔那样体贴照顾着她。"¹² 几年前，23岁的马克斯·韦伯曾经被他的一个表姐说成是家里的"一个讨人喜欢的'大女儿'"，亦即一个耽误了结婚成家最好时光的人。¹³ 相反，马克斯的弟弟阿尔弗雷德看起来倒像是个更天性快乐、不那么稳重踏实，更热情奔放且更浮于表面的人。不管怎样，马克斯·韦伯当时就是这样形容他这个弟弟的。¹⁴

至于后来为什么不是阿尔弗雷德打动了玛丽安妮的芳心，答案其实很简单：她渴望融入自己向往的世界，而非在其中冒险。在她眼中，马克斯是位"充满力量的男性"——一个身材魁梧、头颅上布满剑伤疤痕的巨人，却依然举止优雅，散发着"骑士般的温雅"。¹⁵ 他身上令她特别着迷的，是他的妹妹克拉拉称作"点拨教诲他人的才华"¹⁶ 的东西。在一个教育即意味着要面对现实主义和道德激情、"解放运动"和传统生活模式之间矛盾冲突的时代,一个年轻学者对问题的全面解答,以及他"身上具有的充满自信的特质"[17],似乎弥补了他身上缺乏的对异性的魅力。

一年后,韦伯通过了教授资格论文考核。时年28岁的他由于取得了受聘担任教授的资格,因而在经济上逐渐具备了结婚成家的条件。正在此时,玛丽安妮于1892年4月第二次来到柏林,这次来访标志着韦伯人生旅程的重要转折。从1887年春去斯特拉斯堡当兵开始,韦伯便与他的表妹艾米·鲍姆加滕(Emmy Baumgarten)保持着一种近乎私订终身的关系。但是,他是否真的打算娶她为妻(据说他曾经许诺过她,或者至少与她的关系很密切),始终没有定论。韦伯已经有五年时间没有见到她了。两个人恋爱或者仅仅是一种长久的好感关系的文字记录一点都没有,因此,很想看到两人喜结良缘的双方母亲对此也是颇有怨言。同样的情况也发生在玛丽安妮身上。1892年夏天,他对她表示"女性太聪明对他来说并不是婚姻的障碍"。这句话听起来既带有施舍般的优越感,也传递了某种信息——而他也很可能正是这样有意为之。不过,玛丽安妮的日记中也记录了他说过的一些冷冰冰的话。有一次两人在花园聊天,韦伯对她说,为了满足自己的自然目的,人需要幸福的感觉。[18]然而,他并没有大献殷勤追求过她。

无论如何,作为韦伯家族在道德问题上一言九鼎的海伦妮对玛丽安妮有着另外的打算。跟韦伯同龄且是前文提到的唯一铁杆好友保罗·格尔(Paul Göhre)对玛丽安妮情有独钟。格尔是那个时代福音教派的一个年轻的社会政治家,而且不久前刚崭露头角:他假扮成工人,连续三个月每天到开姆尼茨机器厂工作11个小时,在工人中传播基督教。他最终发现,人们必须首先改善自己的生活处境,然后才愿意聆听神的福音。他写的调查报告是一份篇幅很长、至今仍有阅读价值的关于德国工人阶级及其生活和工作环境，以及他们的政治、道德和宗教观念的科学文献。这份报告在福音派教会中引起了激烈的讨论。格尔认为，工人阶级的问题并不是"单纯的温饱和工资问题，同时也是教育和宗教的问题"。工人们之所以对德国社会民主党心存好感，是因为该党用一种"完全无望的声音"对他们的生活处境做出了反应，并且对现世的价值、内容和目的提出了质疑。有组织的工人运动之所以成功，其原因就在于官方教会"毁灭了传统的基督教"。因此，应当阻止"社会民主党变成一个完全的反基督教组织"。[19]

憨厚正直的格尔很招海伦妮·韦伯的喜欢，她本来正打算用投身慈善工作的态度来改变玛丽安妮对文艺的偏好。只有"克己为人"，才能从中"得到满足"。[20] 1893 年 1 月 11 日，她试图强迫玛丽安妮做一个答应格尔的决定，从而导致两人之间发生了不可置信的一幕，这幕情景不仅完全可以与冯塔纳、易卜生①和斯特林堡②的婚姻故事文学，而且也完全可以与英格玛·伯格曼③充满戏剧冲突的电影故事相提并论。[21]

格尔本人没有向玛丽安妮表露过自己的爱意。当海伦妮向叫到身边来的玛丽安妮讲明她的意图的时候，他正在夏洛滕堡韦伯家楼上的一间屋子里等待消息。玛丽安妮一下方寸大乱，并惊慌地拒绝了求婚的请求。随即，姑妈开始责备她：你怎么可以这样呢，难道你对格尔的爱情视而不见吗？她回答道，姑妈怎么可以这样，你是知道的……。但是，姑妈并不知道什

---

① 亨利克·易卜生（Henrik Ibsen,1828~1906），挪威戏剧家，欧洲近代戏剧创始人，主要作品有《群鬼》《人民公敌》等。
② 奥古斯特·斯特林堡（August Strindberg，1849~1912），瑞典作家，瑞典现代文学奠基人，主要作品有《红房间》等。
③ 英格玛·伯格曼（Ingmar Bergman，1918~2007），瑞典导演、编剧和制作人，主要作品有《安娜的情欲》《芬妮与亚历山大》等。

么。玛丽安妮表明了自己对马克斯的爱情。海伦妮大吃一惊,非常生气。她说,玛丽安妮知道马克斯"跟艾米的事情"。但是,在玛丽安妮看来,马克斯跟艾米的事情已经结束了:在韦伯寄来的有关1892年秋那次去斯特拉斯堡走亲戚的信中,她没有发现他与表妹继续保持关系的任何迹象。海伦妮·韦伯指责她动不动就跑到柏林来。还有,这个表示主动的微小举动对家中的女主人来说太过分了。她当着这个受害者的面,一边对她进行指责,一边大声祈祷。之后,她转身离开,去告诉格尔,他的求婚被拒绝了。过了一会儿,她又回来带玛丽安妮回房间睡觉。[22] 玛丽安妮从床上爬起来,海伦妮要求她给格尔写信,并想方设法阻止她立即与马克斯见面:"他不能知道这件事呀,孩子。"海伦妮态度明确。[23] 事情发生时,马克斯显然不在家里。为了证明这点,海伦妮给玛丽安妮看了他空无一人的房间。然后,她又去了格尔那里。当天晚上,她还去了几个熟悉的人家里。从那里,为了维护对事情的解释权,她给厄灵豪森的玛丽安妮家写信。不久,从厄灵豪森寄来了责怪玛丽安妮的信。在此期间,海伦妮继续试图说服玛丽安妮——"我们现在想让你在这里长期住下来。"

费希特曾说:"男人可以自由寻找女人,女人则不可以。"[24] 现在呢,不是男人追求女人,因为他不在家,而是女人追求男人。但是,她只能被动地这样做,因为她要同时反抗别人已经替她安排好的事情。两个当事人都不知道爱情为何物,他们只是年纪不小了而已。如今,他们突然手足无措地要面对这样一种情况:要么结婚,要么做一个承诺。但是,两个可能要结婚的人之前并没有彼此商量过这件事情。

大约一周之后,即1893年1月17日,马克斯·韦伯还是不在家。这天,玛丽安妮被叫到夏洛滕堡的宅邸中,海伦妮将一封儿子的信递给她。这封信的内容,她事先已经读过。"玛丽安妮：如果你情绪稳定的话，"韦伯的信开头这样写道，"读一下这封信吧，因为我要跟你讲的，可能是你还没有做好准备要听的事情。你觉得——我这样想——我们两人之间的事情已经结束了，而且，我会把你打发到一个寂静、冷清、失意以及数年前我自己在那里抛锚停泊的港湾。可事情并非如此。"然而，这段开头过后，又过了几个段落，直到这封订婚书的结尾仍然还是无法完全看出，除了失落之外，韦伯究竟还给了他的新娘其他什么东西。接着他又往下写道，他无须对人说，他绝不敢"如同一件礼物一样"向"一个女孩"伸出自己的手，并且，"倘若神迫使我做出无条件奉献的话"，他才会要求一个女孩伸出手并接受她的爱。在这个爱情宣言（如果这算是一个宣言的话）的前面，被人为地增加了一条道德准则和自我责任，其中，说话的对象看起来就像一个被这条准则用在自己身上的女孩子的楷模。随后，他又继续写道：玛丽安妮不了解他，她应该去问一下他的母亲——她知道，他是如何费了很大气力，试图控制好自己天性中那些原始的激情。除此之外，他在信中还告诉玛丽安妮，如果格尔"在感觉自己没有放弃什么的情况下"能够看到他与她牵手，那么，这时他才可以说出"爱情"两字。对艾米·鲍姆加滕也同样如此——"我也同样不能接受她冷冰冰的放弃和失落；如果要我为另一个人活着，那么我就不能对她无动于衷，因此，我必须能够正视她，并且看到，假如我从另一个人那里接受了生活的幸福[……]，她的心是否也一同欢快地跳动着。"[25]

换言之，韦伯做出自己爱情宣言的条件是，别人是否能向他保证，他的举动不会导致不幸事情的发生。后来，他在向艾米·鲍姆加滕做解释时说，他猜测格尔和玛丽安妮之间有私情，并且，在"灾难"发生之后，他才意识到了自己的感情。[26]但是，这场感情转折的结果被作为一种期待加在了潜在的新娘身上,"因为,假使你跟我在一起,那么,你身上的负担就不仅是你自己的负担,而且还有我的负担,你还不习惯走这样的路。因此,要考验的是我们两个人。"他不会保护她——此话出自一个还未曾让自己受人驱使做出柔情蜜意姿态的人之口。这个迄今为止完全被动行事的人把决定权推给了这个女子,似乎他早就做了自己该做的事情,即:点明了他们的结合将面临的种种困难。毫无疑问,在这些困难中,没有一件是她必须算在自己头上的。可是,韦伯以这样的态度来谈这件事,似乎可以从中推导出对玛丽安妮的种种要求:"我的高尚的战友,跟我一起走出悄无声息的失意港湾吧,驶向辽阔的大海,那里,人在灵魂的搏斗中成长,尘世的东西从他们身上掉落。但是,你要注意:水手的头脑和心中必须明白,他的脚下是波涛汹涌的大海。在我们心中,对那些模糊不清和神秘莫测的心灵情绪,我们不能想入非非,委身逢迎。因为,如果你的情感冲上头来,你必须将它驯服,这样,你就能够用清醒的理智控制住你自己。"

除了战友、灵魂的搏斗、头脑和心里明白、驯服、清醒的理智等词语之外,对于自己心中浪潮如涌的感情,他不仅闭口不谈,而且还把新娘推给了自己的母亲。过后,他还以玩笑的口吻写道,玛丽安妮原本要嫁的不是他,而是海伦妮,而且还立即把这件事告诉了婆婆。[27]至于玛丽安妮自己的激情和感受,韦伯不允许她有不明确的情感表达。尽管如此,玛丽安妮在订婚书里兴奋地看到的首先是:走向婚姻的突破。她把这点说成是别人送给她的"一件礼物"。但是,这并不是一件个人化的礼物。在韦伯的信里,玛丽安妮这个个体根本没有出现。对于究竟喜欢她的什么,韦伯只字未提。倘若有人想从这封信里找出关于她的只言片语,那将一无所获。

即便是对不常在家的老马克斯·韦伯来说,这封信也实在是过于冷冰冰了。在与父亲谈话之后,马克斯·韦伯随即写道:"在我父亲眼里,新郎和他的性格应该是跟我身上所表现的东西不一样的。"[28] 甚至一贯有着奉献精神、马上就要让玛丽安妮开始对生活进行准备(要安排得"尽可能对他人有用和有帮助"[29])、做母亲的海伦妮·韦伯也在日记中写道,当她看见他们两人在一起的时候(他在埋头读书,她坐在一旁,将工人工资的调查问卷整理成表格),好像并没有感觉他们结婚的日子已经临近。[30] "因为,如果你的情感冲上头来,你必须将它驯服"——这句话的意思,就是让你去做些抄录誊写工作的吗?无论如何,作为那场感情浪潮的后果,马克斯·韦伯显然丝毫没有改变他的生活的任何习惯。他虽然在信中写到了这场感情的浪潮,但似乎像是他从书本中读到的一样。

"男人看见女人都想爱,女人爱的是她的男人。"尼可拉斯·卢曼①对浪漫爱情的古老性别差异模式做了这样一番概括。[31] 显而易见,就韦伯的案例而言,这个浪漫爱情的概念只适用于第二种情况。至于见到女人都爱,从他的言论当中并不能得出这样的结论,甚至结论恰好相反:"我的孩子,走进我的心里吧——你是第一个让我能够和允许对爱情完全感到高兴的人。"韦伯于1893年3月在给他未来的妻子的信中这样写道。他不断地用"孩子"一词称呼她,以强调与妻子的年龄差距(尽管他仅年长6岁),同时,他又把自己形容为"老小伙子"和一个"年纪已经不小的新郎"。[32] 此外,由于他们的爱情关系,马克斯和玛丽安妮在今后的生活中也没有同韦伯家族脱离关系。多年之后,他的母亲还一直是他,而且尤其是她,以及所有跟他们两人有关的事情的见

---

① 尼可拉斯·卢曼(Niklas Luhmann,1927~1998),德国当代最重要的社会学家之一,他的主要贡献是发展了社会系统论。

证人。

在与格尔交谈并且收到了来自斯特拉斯堡的让人长舒一口气的消息之后(斯特拉斯堡亲戚家的来信说,他们对表兄妹的恋爱关系也不再抱有希望),剩下要做的事就是正式订婚了。两人于1893年的圣灵降临节正式订婚,订婚后要做的就是再缔结一份结婚协议。在韦伯借助他给未婚妻的信带来的情感转折之后,接下来的就是法律关系上的转折。玛丽安妮既有对爱情的追求又有丰厚的嫁妆,而他却是二者皆无。让韦伯心里不痛快的是,老一辈的长者,即玛丽安妮的祖父和韦伯的父亲(在比勒菲尔德老家出生的两个亲兄弟),把这桩婚事基本上都包办了。正如当年老马克斯·韦伯结婚时一样,玛丽安妮结婚财产的所有权全部归在了丈夫的名下。1893年9月20日,马克斯和玛丽安妮正式成婚。

# 第七章
# 农业工人、股票投机商和"缺乏政治意识的小市民"

> 教授先生,您是位文雅的帝国主义者!
> 您幻想着一种和平的世界霸权。可是,
> 您一定知道世界霸权是怎么夺取的。
>
> 蓓尔塔·拉斯克*

早在1891年1月,马克斯·韦伯就已经急不可耐,想要彻底走出这种半成年、半依赖父母的不稳定状态。"我承认,虽然做学问这份职业对我来说很适合,但是,我只有克服这种想法,才能意识到,这份职业就是从等待中的、没有报酬的实习律师和见习文员变成一个同样是等米下锅、没有固定报酬的大学自由职业讲师罢了。"¹ 学术界犹如候车室。韦伯想象中的一份职业,是能够允许他在业余时间里从事研究工作。但是,为此所做的若干努力,例如尝试应聘汉莎城市不来梅的法律顾问一职等,如石沉大海,杳无音信。而在学术研究工作中(他把这些研究与获取学校任教资格的工作结合起来),韦伯却实现了"对谋求一份实实在在工作的极度渴望"。² 如果说迄今为止他所做的研究都是些很深僻的课题的话,诸如古代历史、古代的土地丈量问题或是中世纪的贸易公司等,那么,现在他

---

\* 蓓尔塔·拉斯克(Berta Lask,1878~1967),出生在波兰的德国女诗人、剧作家和记者。

第七章 农业工人、股票投机商和"缺乏政治意识的小市民" / 095

就将注意力转到了当前的问题，特别是转到了后来被他称为"我们现代生活中与命运联系最紧密的力量"³之上——对资本主义的研究。

倘若我们今天谈论19世纪的资本主义，谈论大工业化和1870年前后的创业时代，那么，我们很自然地就会联想到鲁尔区、曼彻斯特、芝加哥、柏林、伦敦，以及工厂、铁路、银行和股票交易所等。早在1848年，卡尔·马克思和弗里德里希·恩格斯就在《共产党宣言》中以城乡关系为例，对现代资本主义（其时他们还没有这样称呼之）的特征做了这样的描述："资产阶级使农村屈服于城市的统治。它创立了巨大的城市，使城市人口比农村人口大大地增加起来，因而使很大一部分居民脱离了农村生活的愚昧状态。正像它使农村从属于城市一样，它使未开化或半开化的国家从属于文明的国家，使农民的民族从属于资产阶级的民族，使东方从属于西方。"⁴ 工厂主、贸易公司、港口城市和大都市成了资本主义发展的主要代表。

然而，韦伯起初却是从另外一个角度，即从农业的视角，来看待他后来终其一生都在研究的问题——资本主义和现代社会的理性化过程。他不仅通过对古罗马时期农业状况的研究为这项工作做了铺垫，而且，一个简单的想法也使他的思路豁然开朗，即：如同借助新生事物一样，人们至少同样可以通过传统事物的改变很好地洞察社会所发生的变化。从研究工作一开始，马克斯·韦伯就在探索一个将历史和社会学二者联系在一起的问题：对一个社会当前状况的探究，是否最好能从它正在失去的历史印记入手？或者换言之，谁若是想成为时代转折的见证人，不妨让自己的一只脚站在门槛的这一边，另一只脚站在门槛的另一边。因此，在韦伯看来，对工业化过程进行研究的最佳地点在农村。

事实上，在1871年还有三分之二的德国人生活在不到

2000 人的村庄里；倘若把最多至 5000 人的小市镇计算在内，那么，德国的农村居住人口就占到了总人口的四分之三。我们来看一个比较数字：德国今天的农村人口大约占总人口的百分之十五，他们中的很少一部分人（大约占所有从业人口的百分之四）是农民。1914 年，德国还有 700 万农业工人，1871 年为 850 万，如今只剩下 60 万人还在务农。[5]

农村居民在总人口中的比例下降对当时的人来说就已经成了一种社会变化的重要标志。到 1875 年，这个比例下降到了百分之六十一，1885 年仅为百分之五十六。19 世纪 90 年代，当韦伯开始研究德国的农业状况时，比例首次降到了百分之五十以下，相当于自 1871 年以来，农村人口比例每年减少大约百分之一。特别是在德意志帝国易北河以东地区，这种农村人口减少的情况尤为明显。在 1880 年至 1900 年间，大约 200 万人离开了那片土地迁徙到了其他地方。[6] 当农庄主越来越多地试图通过使用波兰的季节工来弥补因此而产生的劳力不足时，许多人发出警告，要小心东部省区被逐步斯拉夫化。小麦价格的下跌更是雪上加霜：1882 年至 1889 年，小麦价格下降了四分之一。[7] 有鉴于此，俾斯麦的继任者列奥·冯·卡普里维①——前任宰相于 1890 年辞职——完全取消了对进口农业产品的保护关税，目的是促进德国工业产品的出口机会。此举引起了农业部门院外集团人士（他们主要在东部地区有很强的势力）对柏林的强烈不满。他们警告不要单方面考虑出口经济的利益，因而得到了某些国会议员的支持。他们认为，将生产和消费相分离使本国经济依赖于外国，人口的增长迫使人们需要以农业作为基础，只重视产品出口导致了低工资和"压低了本

---

① 列奥·冯·卡普里维（Leo von Caprivi, 1831~1899），继俾斯麦之后，从 1890 年至 1894 年任德意志帝国宰相。

国人民的消费力"。⁸ 这种情况带来的潜在危险是，社会民主主义和社会主义思想对民众的吸引力越来越大。

在这样的背景下，"社会政治学会"（一个由专注于政治和经济问题的学者和从业人员组成的联合会）于1890年在德国3000多个庄园主中就"德国农业工人状况"问题搞了一次问卷调查。通过这种方式，人们想摸清人口流失现象严重地区的实际情况究竟如何。作为调查报告的参与者之一，韦伯要对650份从易北河东部地区返回的问卷进行审阅评估，但是，关于问卷本身的设计，他本人并未参与。28岁的韦伯究竟是为何参与其中，以及，有鉴于他是国内殖民化观点的信奉者，其父又是普鲁士议会相关委员会的成员，他是否有政治方面的用意和企图，这个问题一直存有争议。⁹ 早在1888年，当韦伯在服兵役期间随部队从斯特拉斯堡调防到波兹南的时候，他就因对移民政策问题的研究崭露头角。当地的一位政府官员曾经带他去看过"用国家资金购买的庄园"，在这些庄园里，人们要建立起"德国农民的村庄"。¹⁰ 1892年，韦伯提交了他于这年2月着手的关于东部地区农业工人问题的评估结果报告，并且，在以后的数篇文章中他还经常不断地引述这次调查得到的结果。通过这项工作（今天只有专家们才能胜任），韦伯奠定了自己的声誉。报告使他一举成名。

在韦伯看来，易北河东部地区农业（他在报告中称"我们东部的人"）的特点是劳动人民身上那种"沉重的、强制性的、持续一生的紧张压力感"。¹¹ 如果说黑森、符腾堡和莱茵兰地区打短工的农民觉得自己与普通的自由农民没有什么区别，干的活儿也一样，因为他们可以随心所欲不受约束，那么，在普鲁士普遍存在的是"该死的责任和义务"的感觉。除此之外，如同威斯特伐利亚和下萨克森地区一样，东部地区的财产制度导致的结果是，即便是最优秀的农业工人也绝无可能通过自己的劳动或积蓄改变地位，成为身份自主的农民。因此，大量的家庭从那里迁徙到其他地方，或者如同韦伯所记述的那样，干脆"漂洋过海"移民美国，原因就在于，这是他们摆脱家乡观念的最佳途径。

倘若中等庄园主和小庄园主是德国西部典型的土地所有者，他们农忙时可以利用村庄居民作为劳动力（这些村庄居民本身要么是身份自由的农民，要么至少拥有房产和土地），那么，大型庄园、贫瘠的土地和使用短工就是东部地区的典型特征。古老的劳务关系形式，诸如所有家庭成员皆受人雇用等情况，如今变得愈发少见。与此同时，所谓包工头的数量也在不断减少。他们受地主的雇用，自己招募按劳取酬的工人，所以，他们既是打工仔又是别人的老板。在这些古老的合同形式中，都有关于收入分成的规定。抑或，要么将土地和牲畜作为支付工钱的方式，要么将一年的酬劳事先约定，脱粒后的部分谷物以及粮食中的"实物贴补"也是合同的组成部分。这种已经制度化的责任和权益、家庭生活和经济活动、从属地位和独立身份的混合形式，随着农业的工业化都逐渐退出了历史舞台。

取而代之的是有特定期限的、纯粹的工资合同。在这种合同中，韦伯发现了两个特点：其一，它促使工人将自己的工资与其他行业，尤其是城市里的工资和物价进行比较；其二，它完全没有让他们产生"农村企业阶层荣誉感的想法"，[12] 其原因在于，由于是季节性的工作，他们与这家企业没有长期的固定关系，他们既不分享农庄主的经济利益，也不指望自己将来成为有田有地的农民。

韦伯认为，脱粒机的使用和甜菜的引种是这种劳务关系变化的原因所在。由于国际竞争和粮食价格下跌，自19世纪中期以来广泛使用的脱粒机将秋季和早春之间的谷物脱粒周期缩短为收割之后的几周时间。与此同时,鼓励农业工人多劳多得的付酬方式——部分脱粒后的谷物被取消。就甜菜而言,它只能在肥沃的土地生长,而且产量很高,但是,不能在同一块土地的下一个生长期内继续种植,因此,种植甜菜需要流动的农业工人,他们的劳动报酬只能用工钱的形式支付。缘此,韦伯认为,这种新的块茎植物带来了农业无产阶级:"在经过一系列的变革之后,宗法制的组织形式演变成了资本主义的组织形式。"他在易北河东部地区的庄园主调查报告中做了这样的总结评估。

这里,对韦伯来说至关重要的一点是,上述演变并非仅仅出于单纯的经济原因。由政治头脑多于经济头脑的宗法家长转变为企业家的普鲁士容克地主们的经济利益是显而易见的。大庄园主们使用外国季节工人作为劳力,不是因为他们的工资更低,而是因为这份工资可以更明确地计算为单项的福利支出。面对这些季节工人,庄园主不承担其他任何义务,也无须在冬天给他们以照顾。他不是他们的"主人",而只是他们的上司。除此之外,韦伯还认为,"地位不稳的外国人有一种更明显的听命于人的特点",[13] 因为一旦出现违抗不从的行为,他们马上可以被送回原籍。

然而,农业工人的决定却明显没有完全受到经济动机的影响。虽然他们作为"固定工"在经济上总体而言较为有利,但是,作为短工他们拿到手的工钱却是现金。因此,他们宁可在异国他乡和没有长期工保证的情况下住在兵营一般的房子里,也不愿意留在家乡生活在安稳的、依赖于地主的关系中:"于是,从吃细粮和牛奶的人群中产生了一种以土豆为生的无产阶级。"[14] 这种打短工的生活更加清贫辛苦,但是,从事这项工作的人却有一种更加独立和自由的感觉。[15] 韦伯继续分析道,这种自由常常是一种"巨大的错觉",因为,事实上这只是以一种不自由替代另一种不自由罢了。但是，正如人们不能只吃面包过日子一样，农业工人也不能仅以一种职业为生。

因此，向自由的工资劳动的转变——这常常意味着移居异国他乡——并不是简单地建立在强迫的基础上（那样就会使"自由的"工资劳动失去了意义），而是建立在决定的基础上，而决定又不仅仅是基于养家糊口的考虑。"一切等级的和固定的东西都烟消云散了，一切神圣的东西都被亵渎了。人们终于不得不用冷静的眼光来看他们的生活地位、他们的相互关系。"①16 马克思和恩格斯在《共产党宣言》中这样写道。韦伯虽然毫不减损其冷静客观的分析态度，但在此处却提出了明确的反驳。因为在他看来，"被亵渎的"劳动有其自身的内在逻辑，而且，假如说向这种劳动的转变是建立在巨大的错觉之上，那么，这种错觉的作用的确是巨大的。在韦伯眼里，农业工人不仅是一个阶级的代表，而且可能也是一个自信的阶层的成员。

不久之后，马克斯·韦伯对这一论点用另一个事例做了一次反向论证。他试图证明，恰恰是可以看作纯粹资本主义形式的一种活动，即商品和股票投机交易，也同样是以社会阶层为条件的。韦伯于1894年将他的思想用简单的《交易所》（Die Börse）作为题名予以发表。17 他以非同寻常的速度很快熟悉了这个命题。1893年11月，他被聘为柏林大学商法和德国法副教授。他的论文导师列文·戈尔德施密特突然脑中风，所以，大家要把韦伯留在柏林（弗赖堡大学也请他过去任教），接替病倒的戈尔德施密特。18 1894年初，韦伯在他的商法教

---

① 中文译文引自《马克思恩格斯文集》第二卷，北京，人民出版社，2009年，第34页。

学实践中首次接触到了交易所问题。1894年夏(韦伯于4月接受了弗赖堡大学国民经济学和公共财政学的教授职位),他就已经开始动笔撰写第一批关于这个主题的论文。如同以往一样,这些论文又是他废寝忘食拼命工作的结果:韦伯阅读和评估了大约5000页由"交易所调查组"(一个由帝国宰相设立的委员会)记录整理的调查结果报告。之后,他不仅对交易所交易的所有细节了如指掌,而且成了这个领域最重要的专家之一,并受政府邀请就制定交易所法献计献策。[19]

与对农业工人问题不同,韦伯对期货和股票交易问题的分析研究似乎完全没有事先的铺垫和准备。在做实习律师期间,他虽然曾经听过有"讲坛社会主义者"之称的货币和银行专家阿道夫·瓦格纳(Adolph Wagner)的讲座(人们把在讲台上要求国家实行更多社会政策的教授们称为"讲坛社会主义者"),但是,瓦格纳在他1901年发表的《社会经济学》(*Sozialökonomik*)讲课手稿里(韦伯可能去听的就是这门课),仅仅是一带而过地提到了交易所的问题。[20]韦伯真正的导师戈尔德施密特才是对交易所法进行过深入研究的学者:早在1859年,戈氏就针对著名的卢卡-皮斯托亚股份公司(Lucca-Pistoja-Aktiengesellschaft)①案例发表过自己的见解。此案涉及的是意大利托斯卡纳地区两座城市之间的一条铁路线,法兰克福的一家银行为了融资发行了股票,但没有在融资说明书中提及,托斯卡纳政府为这批股票所做的担保有着非常严苛的条件。于是,针对银行在向其客户进行信息知会方面负有哪些义务的问题,发生了一场激烈的争论。戈尔德施密特代表的是一种自由主义立场:谁若是从第三方获取或直接从

---

① 卢卡(Lucca)和皮斯托亚(Pistoja)是意大利托斯卡纳(Toskana)地区的两座城市。

银行购买股票，转手出卖获利，然后再重新购回这些股票，那么，他就不能出于向发行股票的银行提出赔偿要求的目的，针对原有股票说明书中的不明确信息进行指控。[21] 简言之：谁若是涉足投机交易，那么，他就不能因为投资亏本而说自己受骗上当。韦伯下功夫研究的也完全是类似的问题。虽然他涉猎广泛的交易所研究论文是一种解释性的、无须具备专门知识的"交易所入门读物"，但是，这本读物为大众普及知识的意图——消除人们对交易所交易活动的成见，却是与他的另一项努力完全分不开的，即：借助一个看似纯粹的经济案例，说明这种活动是以非经济的条件为基础的。

韦伯这里所针对的问题，是人们把交易所看成赌场和彩票公司的指控。虽然他同样主张用法律的形式来阻止股票商人对普通民众的盘剥，但是他同时指出，人们要谨言慎行，"不要总是把哭闹得最凶的孩子当成最厉害的批评家"，[22] 因为这些人当中，一样有人从他们所攻击的事物中得到好处。这里，韦伯所指的是前文提到的那些庄园主们。在他眼中，这些人不仅是农业生产逐步工业化的主要代表人物，而且在1890年之后还大声疾呼，要求对商品交易所进行管控。商品交易所于19世纪下半叶才从大型的货物批发市场发展而来，这里，某种特定的交易货物转变成了抽象的、标准化的和"可代理的"货物：从一批特定的、通过抽样可检查其质量的黑麦变成了一笔最低交易量的、用标准方式可进行质量验证的黑麦（柏林当时以50吨为最低交易量）："优质、饱满、干燥、无异味、712克相当于一公升。"[23] 若是这批虚构商品出现与实际的黑麦品质不符的情况，那么，最终进行实际货物交换的双方就要重新谈判。交易所本身只注重可预期的平均价格。

由于期货生意（用尚未生产出来的商品进行买卖）越来越重要，这就进一步增加了在商品交易所进行交易的货物的虚构性质。1848年在美国设立的原料交易所——著名的"芝加哥期货交易所"见证了自1865年以来按标准流程成交的期货生意。[24]这种货物交易不仅从经济和法律上提出了一种挑战,而且对许多人来说也是一种道德考验。托马斯·曼(Thomas Mann)在《布登勃洛克一家》中对这种生意情况做了精彩的描述。小说中,布氏的商号为一个因嗜赌而负债累累的梅克伦堡容克地主提供了一笔粮食收成的预付款,即:布登勃洛克公司用一半的价格向他买下了"还长在地里"未收割的庄稼。[25]尽管这意味着高利盘剥,托马斯·布登勃洛克还是同意了这笔生意,因为他觉得自己缺少生意人的那种强硬,而且必须优先考虑现代做生意的方式,而不是固有的对投机活动的畏惧。可是,他的赌注却因为一场突如其来的冰雹颗粒无收,化为乌有。从经济的角度来说,布登勃洛克用大量的预付款在生产商手中买下的是数量风险,而在期货市场上进行交易的却只是价格风险,也就是说,无法交货的风险始终留在承诺交货的人那里。

当马克斯·韦伯撰写他的交易所论文的时候,这种以交易所成交价格将收割前的庄稼出卖的生意方式已经十分普遍。这无形中助长了人们的一种观点,即交易所决定了生产者口袋里面的钱。"务农者"认为,交易所对粮食价格的下跌同样负有部分责任,因为它允许人们对下跌的粮食价格进行投机交易,并且迅速拉平本国市场和国际市场的价格差异。除此之外,在整个19世纪还发生过一场法律学方面的争论,其焦点是,"价差生意"——只涉及人们充分利用其价格差异的那类生意——究竟是一种可以强制执行的商业合同,抑或只是一种导致"名誉债务"的赌注。[26]这个问题之所以重要,首先是因为在德国的交易所里,不单是拥有特别许可的商人在从事交易活动:若是交易所的商人组成了一个自己内部的团体组织,那么,他们相互之间所做的承诺是否确实"经得起法庭的考验"就不那么重要了。因为，如果不遵守诺言，他就会被踢出这个组织——这个威胁足以保证他们信守诺言。而一旦参与交易所活动的人数众多，且有彼此不相识的人混迹其中，这时，由于缺乏其他的制裁手段，法律问题就变得甚为重要。

韦伯认为，现代的经济活动就是在为他人进行经济生产。生产的数量有意识地多于生产者本人的需求，由此便产生了商品贸易。市场，不仅是专门以此为业的人——商人把这种多余的产品拿去贩卖的场所；而且，它还是节省时间的场所，因为人们可以期待在那里找到自己所需要的物品；再者，它也是可以货比三家的场所，因而是一个汇集信息的地方。如今，交易所就是这样的市场。在那里进行交易的商品，既未摆放在现场，也非必须已经生产出来。而且，它们被用来交易的目的，不是满足买方的需求，而是被用来转手再卖出去，诸如：外汇、票据、政府债券、原料、公司股票等，不一而足。韦伯称之为"证券化的物品权"[27]，并将其存在的原因归结为现代经济活动中的交织关系。在这种经济关系中，每个人都欠着对方一些东西，因为他从对方那里得到了一些东西，没有它，他自己就无法进行生产。因此，倘若企业家认为，产品、利润、工厂等均是属于他自己的财产，这是一种合乎人性的想法。但是，若是没有整个社会群体，从事经济活动对他来说就无从谈起。

如今，交易所不仅是一个向生产者提供信息、告诉他们产品价值的地方，而且买家和卖家的竞争也在交易所里进行。没有交易所，从事农业生产的人就无法知道，如果他向销售商报价，销售商的利润空间究竟是多少。在英国和美国，为这种信息服务的交易活动是在有资格进入交易所的人组成的俱乐部中进行的。这里，"交易所就是有钱人公开的垄断组织"[28]。在法国，它是国家授权许可的交易活动；在汉堡，它是可以自由进出的贸易场所；在柏林，它又是财产区别悬殊、有经营许可证的经纪人涉足的地方。虽然伦敦交易所徽章上的座右铭"Dictum meum pactum"（一言为定）是1923年才镌刻上去的，但是，这句话却很好地表达了韦伯指出的经济活动的非经济基础的特点。首先，"要看交易者是什么样的人"。[29]其次，资产数量的多寡还不是不信任的原因。最后，作为信任和自律基础的个人名誉只能从同行的圈子里产生。因此，交易所的门槛限制使人们有了对生意人的态度和表现进行控制的可能。

早在1890年，韦伯就已经发现自己"这段时间慢慢成了大约三分之二的国民经济学者"。[30]过后不久，他就成了一个名副其实的经济学家。曾经的法律史和商法学者在不到两年的时间里摇身一变，成了国民经济学家，而且从他的学术头衔来讲，他一生始终拥有这样一种身份。在1897年担任第二个教职的海德堡，他成了国民经济学和公共财政学教授；在分别于1917年和1919年任教的维也纳和慕尼黑，他受聘的也是国民经济学教授一职；在慕尼黑还要加上社会学和经济史两门学科。

那么，韦伯究竟是怎样和国民经济学结下不解之缘的呢？这纯粹事出偶然。当他于1894年2月在写给同行古斯塔夫·施莫勒教授的信中提到正在埋头于交易所问题研究时，这项工作他已经开始有些时日了。三个月之前，他在给施氏的信中还提到完全不同的未来研究计划，即进一步扩展对中世纪商业的研究工作。[31]在此期间，他已将交易所报告的统计材料予以公开发表。正如农业工人调查和后来经常做的那样，韦伯这样做也是对外界的建议，即外部的委托和询问做出的反应。在研究工作开始的时候，他并没有所谓的"终身课题"或是让他自己搜集材料寻找答案的研究项目，而是在已有的、未经整理的海量资料中证明自己的学识和工作能力（这方面他完全是历史考据学派的门徒)。他是在研究的过程中遇到了让他无法脱手的课题,而不是反之,即所从事的都是心里想做的事情。

另外,社会形势的发展又迫使韦伯参与到为国家政治出谋划策的活动中去。他想有所作为,在"社会政治学会"和"新教及社会事务会议"这两个组织中积极地为市民阶层的社会改革奔走呼号。他与自己的友人保罗·格尔一道,为后一个组织搞了第二次农业工人问卷调查。这次调查的对象不单是庄园主,还有乡村的教士,目的是摸清受雇人员的实际情况。缘此,交易所改革对于具有民族主义思想的、不想只局限于教书做学问的韦伯来说,不过是他的第二个工作领域而已。在19世纪的最后三十年,经济以及经济发展所带来的社会政治结果开始逐渐成为政治实践的主要内容。与此相适应,由于在单纯的经济利益面前国家具有维护更高的看问题视角的职责,所以,将国家和作为"需求体系"(黑格尔语)的市民阶层社会区分开来的陈旧方法正在逐渐失去其说服力。"工人问题"和"社会问题"、社会保障制度的构建以及《民法典》的起草(1900年批准生效)等问题,把韦伯的政治抱负引向了对现实经济问题的研究上来。

归根到底,韦伯也是出于自身职业生涯的原因而未能最终从事当前问题和经济状况的研究。因为,不仅是他在柏林大学的副教授职位,而且来自弗赖堡大学的任教邀请——两件事情均让他左右为难,根本无法将截至当时所撰写发表的文论同这两个教职结合起来。在当时,专事政治、法律和经济教学与研究的学科之间的界限还不是那样泾渭分明。阿道夫·瓦格纳就曾经在他1894年出版的《政治经济学基础》(*Grundlegung der politischen Ökonomie*)一书中,除了私有财产、资本、劳动和土地问题外,还探讨了婚姻法和移民问题。[32] 国民经济学家威廉·罗舍尔(Wilhelm Roscher)于1862年写道,"法律学和经济学探讨的几乎是同样的问题",³³ 只不过看问题的角度不尽相同而已：一边是"人类交换的需求"，另一边是"对吵架的反感"。再则，在罗舍尔眼里，经济与法律的关系就如同化学和医学的关系一样。³⁴ 他的国民经济学著述不仅包含了关于大城市地理位置、工厂生产基地的研究内容，而且还包含了针对英国学者关于农民、政府官员住房和商业法观点的论述。其中，方法论上首先涉及的是将统计数据和社会学结论融合到历史学的叙述之中的方法；其次涉及的是一种观察并找到事物规律的商品生产和消费的实践知识："就啤酒和烧酒的生产基地而言，二者的区别首先在于，前者喜欢在城市进行生产，后者喜欢在农村进行生产。"这样，借助烧酒更适于仓储和运输的特性的说明，对二者的解释就迎刃而解。³⁵

其时，虽然一种以数学为基础的"政治经济学"（一种道德算术和社会物理学）在19世纪已经从英国、奥地利和法国逐渐传到德国，但是，在大学可以学到的、自成一家的经济理论并不存在。"哥白尼在解释宇宙星球共存时能够做到的事情，我相信在解释地球上人类共存方面也能做到。"³⁶ 长期未引起人们重视的、"边际效用学派"的第一位经济学家赫尔曼·海因里希·戈森（Hermann Heinrich Gossen）在19世纪中期就曾力图创立一门关于交换和价格形成的数学理论。他认为，经济行为，特别是交换和生产的最佳结果，来自人的所谓追求享乐型幸福感的本性和经济的技术前提条件。

十年之后，三位学者分别独立提出了他们相同意义上的、严格的和超越历史学派的经济学理论：英国逻辑学家威廉·斯坦利·杰文斯（William Stanley Jevons）[《政治经济学理论》（*The Theory of Political Economy*），1871年]，奥地利法学家和政治学家卡尔·门格尔（Carl Menger）[《国民经济学原理》（*Grundsätze der Volkswirtschaftslehre*），1871

年],法国数学家、一无所成的工程师和经济学教授里昂·瓦尔拉斯(Léon Walras)[《纯经济或社会财富要素》(*Éléments d'économie pure ou théorie de la richesse sociale*),1874年]。但是,即便是对写出划时代教科书——《经济学原理》(*Principles of Economics*)的英国人阿尔弗雷德·马歇尔(Alfred Marshall)来说,直到1903年他才在剑桥大学获得了这个专业的第一个教授职位。他的同人弗朗西斯·Y.埃奇沃思(Francis Y. Edgeworth)稍早时在牛津大学任教。牛津大学于1825年就设立了政治经济学课程,1891年首次由一位"新古典主义"学派的代表人讲授此课。此人于十年前曾用别具一格的《数学心理学》的书名出版了他的主要著作并在书中写道:"将数学应用于人的心灵世界是基于一种假设「……」,即快乐是能量的一种伴随情况。"[37] 相关的那一章被冠名为"Hedonimetrie",德语的意思是"快乐分析"。由此可见,自然科学——关于能量转换和守恒的词语在这里成了经济的模式,经济变成了仅仅是徒有其名的政治经济学。经济科学研究的对象是参与者的各种活动,他们中的每一个人都在追求最大限度的个人利益。

这种类型的国民经济事实上是一种国际经济。它将个人和组织(商号、官僚机构、合作社)的经济行为看作人们试图将有限的财物尽可能高效地使用的一种活动,目的是尽可能多而不是尽可能少地满足自己的愿望。理智的参与者带着自己的期望,对各种货物进行比较(苹果与苹果,苹果与梨子),心里打着算盘做着各种各样的计划,为了今后而放弃眼下(以节省的方式),或是为了眼下而放弃今后(通过消费),亦即根据他对收益和消费机会的评估而定。为此,他来到市场上,或是进行交换或是参加劳动,目的是获得用于交换的商品。

对马克斯·韦伯来说,这种对经济问题的抽象分析不是他所采取的方法。在他看来，经济活动与法律、政治以及他后来称为"生活方式"的事物紧密相关。例如，他的老师列文·戈尔德施密特曾将商业法与商品学、商业计算、商业地理合称为"对商业运作非常重要的"、因而将其视为"广义商学"[38]知识的一部分。按照今天的说法，商业法被看成企业管理学的一个组成部分。若是人们提出究竟什么是商业法最重要来源的问题，才能看出这种归纳方式的要点所在，因为，戈尔德施密特对此给出了一个完全似是而非的回答：他要求人们将农民、手工业者、建筑师和工厂主与用粮食做倒买倒卖生意的商人甚至是银行家进行一番比较，从中可以看出，前者最突出的是他们从事实际劳动的一面，而商人身上最突出的则是法律的一面。换言之：对商人来说，法律就是决定一切的技术，"因为每一次重要的商业行为同时也是一次法律行为"。

缘此，对戈尔德施密特来说（对马克斯·韦伯来说也是如此），国家的立法者只是用法律文本的形式把在商人中间已经行之有效的，以及基于实践的观点已经得到推行的东西确定了下来。韦伯并不关心资本主义或是一项以它的需求为目标的政策是否可以带来符合"交易平衡"原则的更多经济效用（在这种"交易平衡"中不会再有人为了使自己多获益而去损害别人）。不仅如此，韦伯所关心的也不是一个国家自己的富裕程度和自由市场经济所带来的物质供应的提高问题。"一个强大的交易所既不可能是'道德文明'的俱乐部，大银行的资本也不是什么'福利机构'，就像火枪和大炮不是福利机构一样。对于一个追求现世目标的经济政策来说，大银行的资本只能是一样东西——经济斗争的实力手段。"[39]

1895年5月13日，即韦伯在弗赖堡大学任教的第二学期，他的"民族国家和国民经济政策"讲座课开讲。课上，他对自己的农业工人及交易所的研究报告做了提纲挈领的总结。

他说，许多人把国民经济政策看作"对使世界获得幸福的方法的一种思考"，国民经济学把商品生产问题，以及商品分配和"社会公正"问题交替放在首要的地位。但是，一俟从单纯的经济分析过渡到经济政策，这时，韦伯要求用一种民族经济替代世界经济。民族经济必然牵涉国民素质问题，国民素质需要通过特定的社会环境"培养起来"。眼下，各种经济学的观点虽然层出不穷，但他认为，人们并没有认识到它们的真正意义。因为，当波兰的农业工人在德国的领土上获得土地，原因是这样做也符合走下坡路的容克地主阶级的利益（不如此，他们在世界市场上就不能继续生存），这时，人们究竟应该怎么办？对于这个问题，占主导地位的学说未能给他提供一个满意的答复。在信奉这类学说的人眼中，经济是调和利益冲突或实现国家正义理想的领域。但是，在韦伯看来，它只是政治的另外一种形式，或许是在世界经济的环境下必须推行的、最重要的政治形式，即：斗争、排挤、扩大占有权、通过增长传播某种民族文化等。

那么，我们究竟应当如何来理解这些甚为极端的观点呢？韦伯逐一进行了总结：从易北河东部的容克地主身上可以看到，古老的、贵族式的统治形式已经日薄西山，资本主义使地主阶级变成了实业家。他们还在欺骗性地给人们造成旧日的印象，以便作为重要的民族行业获得国家的补贴。因此，政治的衡量标准不再是陈旧的社会结构，而是经济竞争，并且，当竞争结果与民族利益发生矛盾冲突时，更应以竞争为衡量标准。对韦伯来说，德国的窘迫状态应归咎于市民阶层。作为资本主义发展的天然代表，市民阶层还没有成熟到足以承担政治统治重任的程度。那么，这种不成熟又表现在何处呢？——表现在他们不关心政治、纯粹重商主义和对权力不感兴趣的态度之中。市民阶层害怕人民群众和社会民主制度，忧心忡忡地希望俾斯麦的继任者能够化解这种危险,并且对封建状态满怀热望。正因为如此,韦伯在他的那次演讲中将自己称为"广大市民阶层的一员",因为德国的市民阶层的自我否定使他感到愤怒,这个阶层在经济上占据优越地位,却不愿从中得出任何政治上的结论,而是宁愿安静地靠利息过日子。

# 第八章
# "世界上神经最紧张的人"
## ——马克斯·韦伯的情感纠葛和精神崩溃

> 孩子们,我有一个用来写戏的精彩想法:
> 青年男子,爱上他的母亲,杀死了父亲,
> 娶母为妻。发现此非其母,于是自杀。
>
> 费伦茨·莫尔纳*

"不是未来人的自我感觉怎么样,而是他们将会是一种什么样的人——这才是我们所要对之进行思考的问题,这个问题已经超出了我们这辈人的生命界限。"[1] 这里,用我们今天的话来说,马克斯·韦伯看问题的着重点是一个社会心理学的论题,亦即,就各种不同的人群而言,哪些因素造就了他们的现状?在这个问题上韦伯所使用的语言,一如既往地还是诸如"人的品质"这样的词语,似乎这里涉及的不是人,而是像小麦一样的物品。此外,他还使用过"培养起来"一词,并对不同民族的"文明水平"进行评价。但未过多久,他又放弃了这种做法。究其原因,或许是他逐渐意识到这种做法并不十分恰当,亦即,一方面对自己民族模棱两可的特性表示不满,另一方面却又宣称本民族的"品质"优于其他民族。与此同时,他还逐渐抛弃了自己以往在历史学研究中所使用的观点。例如,

---

\* 费伦茨·莫尔纳(Ferenc Molnár,德文名为 Franz Molnár,1878~1952),匈牙利作家和戏剧家。

他曾经认为,"将历史追溯得越远,你就会觉得,中国人和他们的文化(就我们所认为的重要特点而言)跟我们这里所见到的事物就愈发相似",而且,我们时常用"人种品质"来称呼他们的东西,是在一个很晚的发展过程中才慢慢形成的。[2] 最后,韦伯在研究易北河东部农业工人的状况时逐步认识到,倘若要对具有典型意义的社会行为做出解释,种族的起源问题肯定不是这方面的核心要素。比方说,当韦伯于1905年因为采矿业将工人变成了"粗野的人",从而对其独具特色的组织形式("使人堕落和削弱了人的品质"[3])予以猛烈抨击时,我们就可以清楚地发现,他的观点已经与人类学渐行渐远。

由此,韦伯早期所奉行的心理学拉马克主义[①]——一个民族在文化史上所形成的特性将作为其成员的人种特征继续传承下去——已经完全退居次要地位。更准确地说:韦伯现在转而有了另外一种看法,即,就特定地方的理性形式而言,他"倾向于从个人和主观的角度对生物遗传因素的意义给予高度评价"。[4] 但是,他目前尚未看到用以对之进行可靠定义的方法和途径。1904年,他撰文写道:"大家希望从因果关系的角度把文化过程归结为'人种'原因的做法,只是反映了我们的无知而已,这种类似于过去把原因归结于'环境'或是更早些时候归因于'时间因素'的做法,已经逐渐被方法论上训练有素的研究工作所克服。"[5]

然则,这几乎不可能是由社会学家来解决的课题。于是,韦伯逐渐提出了一个取而代之的问题。这个问题不是涉及人处在什么样的状况中,而是涉及他们有哪种典型的行为方式。并

---

① 拉马克主义(Lamarckismus),也称拉马克学说,由法国生物学家拉马克(Jean Baptiste de Lamarck, 1744~1829)首先提出,其基础是"获得性遗传"和"用则进,不用则退"的思想。他认为,这既是生物产生变异的原因,又是适应环境的过程。

且，他还以"个人魅力"为例，来说明人的本质乃是建立在特殊行为基础之上的：具有个人魅力的人的行为是什么？尤其是，那些在具有个人魅力的人身上发现这些特殊魅力的人自己有哪些行为？由此，所有那些与教育和遗传的话题相关的观点和说法便不言自明，悄然退场，与此同时，心理学或人类学也完成了向社会学的过渡。在这样的情况下，韦伯对他越发专注研究的问题采用了一个专门的术语——"生活方式"。

然而，在他结婚不久以及在他的学术地位上升和社会名望越来越高的那些年里，马克斯·韦伯自己采用的究竟是一种什么样的生活方式呢？人们应当怎样从"性格学"的角度（"借用一个时髦的词语"[6]）来描述他自己呢？要回答这个问题，我们不妨先问一个相反的问题：哪些东西不属于他的生活方式？在他撰写的《世界宗教的经济伦理》（*Wirtschaftsethik der Weltreligion*）一文中，韦伯描述了一种文人雅士型的和实用主义的处世之道，这种处世之道——孔夫子的儒家学说，与他自己的人生态度截然不同。他将这一学说与另一种他高度赞赏的世界观——清教主义做了一番对比。[7]就韦伯而言，儒家学说在各个方面都与他本人截然不同：儒家放弃了所有自然科学的知识，因而，它得以生活在一个积极的魔力所形成的"魔法花园"中。在这个"花园"中，到处存在着气场、针灸穴位以及受风水影响的、可用于工艺和医术的良好自然特性。对于儒家信徒来说，内心的浮躁不安是不存在的，悲观厌世就等于虚度光阴，顺应自然让人不会误入歧途。个人不仅应当中庸平和，而且要做一个"温良恭俭内外兼修的正人君子"，亦即，他既非有一技之长的专门家，也非执迷不悟的狂热之徒。儒家信徒所追求的不是灵魂的解脱，而是身心的健康。对上不敬对他来说就是罪孽。他遵循的是一种"肯定现世和逆来顺受的道德观"。那么，这种道德观又体现在何处呢？韦伯所强调的是以下几个特点：他们"没有那种如今欧洲人身上所具有的、特定意义上的、显而易见的'敏感神经'，而是具有巨大的忍耐之心，温良友善一团和气，对传统的恪守不渝，对单调乏味的工作处之泰然，不知疲倦的劳作能力，对陌生刺激漫不经心的反应（在文人士大夫中尤为如此）"。

这些特点与韦伯一生所具有的性格特征恰好相反：神经质，缺乏耐心，控制不住自己的情绪，极度易受刺激（在知识分子中尤为常见），时常埋头于单调无味的工作，时常又对之表示极度厌倦，与其说能够驾驭连续不断的工作，毋宁说是以工作为借口逃避眼前的现实。那么，青年时代的马克斯·韦伯的生活究竟是什么样的呢？关于他1885/86年在哥廷根大学的最后一个学期有这样的记述："他继续遵守紧张有序的工作原则，根据时钟来安排自己的生活，把一天要做的各种事情分成严格的时段，晚上在他的陋室里美美地享用一磅剁碎的生牛肉和四个煎鸡蛋，用这种方法来'省吃俭用'。每天的最后一个小时跟别人一起玩纸牌。"[8] 1894年3月，他从部队驻扎的波兹南地区写信告诉妻子，那里的人"在喝酒的事情上都佩服我的酒量，说这是我唯一有分量的特点"。[9] 只有在波兹南的时候，人们才没有看到他拼命埋头工作。把韦伯与他的性行为之间的关系作为其传记核心内容的约阿希姆·拉德考① 对这位学人放浪形骸的行为做过详尽的考证记述。这年秋天，韦伯在给玛丽安妮的信中写道："在盼望已久的情况终于出现，以及在经历了数年极其讨厌的痛苦折磨，我终于得到内心的平衡之后，我一直在担心自己会不会患上最严重的抑郁症。好在它没有发生，但是，我感觉有可能发生，因为我一直在不停地工作，没

---

① 约阿希姆·拉德考（Joachim Radkau，1943年生于德国），德国比勒菲尔德大学历史学教授，韦伯研究专家。

有让神经系统和大脑得到休息。所以,除了对工作有天然的需求之外,我是很不情愿让一个能够真实感觉到的休息时间在工作当中出现的。"[10] 不过,韦伯的妻子玛丽安妮于1895年2月从弗赖堡给她婆婆的信中也这样写道:"马克斯自然比我更觉得无所事事,说他一气之下干掉了至少四十个黄油面包和大约二十杯啤酒,最后人就像一条饱餐之后的南美巨蟒一样。"即便如此还未罢手,他又吞下了六个柏林大煎饼。[11] "临了,韦伯跟人打赌说,他的体重有两百磅,若是少了几磅,他就必须喝掉几杯啤酒。大家起哄让他去称体重,结果输了,不得不喝酒认罚。"[12] 不过,多加的几杯啤酒对他来说根本不是问题。最后,他一个人走路回家,其他人都是坐车。在弗赖堡,韦伯的酒量也"同样像他别的本事一样让人瞠目结舌"。玛丽安妮·韦伯自己也是既惊讶又担心。一方面,她的丈夫让人感觉就像是个"日耳曼的绿林好汉,和平年代让他手中拿起了羽毛笔而非军用步枪";另一方面,除了手中的笔之外,特别是啤酒杯让他在交际场如鱼得水:他曾经从另一个年轻小伙手中夺过了"四连杯啤酒大王"的称号,让在场的大学生目瞪口呆。一次,玛丽安妮在写给韦伯妹妹克拉拉的信中说,他整整几个星期就像一具浸泡在酒精里的解剖标本一样。[13]

让玛丽安妮放心不下的事情,主要不是她怀疑这样会影响到韦伯的健康。她在给婆婆的另一封信里写道:"因为你会独自一人读到这封信,我就跟你说,我有时候非常担心,他在这里有这么多的机会去酒馆,现在各种晚间喝酒聚会的邀请多得不得了。我知道,这对他没坏处,也不会让他失控。但是,我不喜欢这样,自己又没有办法。我希望他恢复精力得到休息,但是,如果每周要去三四次之多,而且是在家里吃饭之前就去,有时他在中午12点到1点的时候托人转告说,正在跟别人喝上午的酒,这让我心里很不好受。"[14] 1895年在苏格兰休假时，玛丽安妮在日记里记载道："他特别喜欢吃，而且三下两下就吃完了。如果有客人在，大家喜欢边吃边聊的话，他就不得不左也不是右也不是地陪坐，结果弄得我也如坐针毡。要么他就不停地吃，总是吃了一份又一份。"[15] 玛丽安妮在这封信里把刚到弗赖堡不久的那段时间，以"安排得满满当当的生活"为题做了简要的概述，读起来似乎有几分苦涩和不情愿的滑稽味道。[16] 马克斯·韦伯把生活和他自己塞得满满当当，不是约人见面，就是读书、写稿、工作、吃饭和喝酒。当他于1894年在弗赖堡被聘为正教授时，情况也未发生丝毫改变。所以，这种紧张忙乱的学者生活并不是他当初想要谋取一个教席的抱负的表现方式。

就工作而论，在1889年至1899年这10年时间里，韦伯的文章和著述数量浩繁：将近4000页之多的关于法学史、农业工人问题、交易所和古代农业的研究结果刊印发表；5卷大学讲座课讲稿，其中，直到今天还在出版的3卷有近1500页之多。玛丽安妮·韦伯计算出来的、在柏林大学接替戈尔德施密特任教期间的工作量，"大约是19个小时的研讨课和讲座课"。同时，参加国家法律人员考试的时间也要算上。当韦伯开始着手交易所问题研究的时候，他的母亲于1894年初曾向别人讲到，他"夜里2~3点钟工作的老习惯又开始了"。[17] 他还为福音派－社会政治大会工作，给大会的非学术人员上课，到部队服预备役兵役，不断地写各种各样的信件，经常外出旅行，特别是阅读数量浩繁的各种书籍。"你想象一下，马克斯跟我去动物园转了一小时，这对他简直就是一种牺牲，不过，事后他还是蛮高兴的。"[18]

当玛丽安妮因为他巨大的工作量把她的担心告诉他时，他回答说，他觉得自己不应当"把现在这种神经休息状态变成紧张疲劳的状态，因为我正在以一种真正的新的快乐感享受这种休息状态，只要我明确无误地看到，康复期已经明显过去，我就不该去冒这个险"。[19] 然而，这种通过工作来消除抑郁情绪的做法，似乎并没有让她放下心来。

要找到给工作加码的理由，可以说易如反掌。韦伯夫妇于1894年秋搬到了弗赖堡。在那里，他首先把教授专业课所需要的知识都补了一遍。他每周上12堂讲座课和2堂研讨课，第二学期又替一位休假的同事代课。这位同事记述道，韦伯"工作很勤奋，酒也喝得更厉害了"。[20] 单单是普通国民经济学讲座课的书单（这门课他后来到海德堡也开设过），就有23页300多本书。其时，这种生活方式还没有影响到他的身体健康。但是，到了1896年秋，他的身体开始出现问题：失眠、面部神经痛。可是很长一段时间里，他总是用这样的话来敷衍自己："我们大家都是神经紧张的怪物，这是没有办法可想的事情。"[21] 这种情况不仅在他的家庭成员中，而且在知识分子圈子里确实有许多可以为之佐证的例子。

除此之外，精神易受刺激的情况也越发增多。他动不动就情绪激动：因为同事的上诉审理案子，因为他们的愚蠢举动，因为政治，因为报纸，因为家里的琐事，等等，不一而足。他在信中经常提到自己的神经好在又得以安静了下来。以往，韦伯把自己描写成的样子，与他给周围人留下的印象是一致的：拘谨内向，少言寡语，不喜欢或者只是婉转地告诉别人自己的冲突和内心深处感受到的反感。1899年，他在给表妹的信中写道："我在表达自己感受到的事物时表现出的拘谨，由于我的身体状况不佳而越来越严重了。"[22]

从成长心理学的角度来看，人们似乎可以说：多年来，青春期的危机在韦伯身上并没有出现过，而且离开父母家独立生活的事情也是一拖再拖。"多年来，我一直痛苦地感觉到，我没有能力谋得一份自己养活自己的职位；对'职业'概念的某种敬畏我从来没有过,因为我觉得自己心里清楚的一点是,很多职业我基本上都适合去做。唯一刺激我的事情是拥有自己的一份工作,这件事我始终未能做到,因而住在父母家就成了对我的一种折磨。"[23] 尽管如此,他成家以后还一直和父母同住,亲戚们观察他媳妇的表现,父亲和叔父将他撇在一边,单独商量玛丽安妮的嫁妆事宜——凡此种种与之相关的过分举动,都未能让他与别人发生公开的冲突。直到 32 岁那年,他越来越大的火气首先在与父亲的冲突中爆发了出来。早先的时候,家里面母亲笃信宗教的态度与父亲在这个问题上的漠不关心形成了鲜明对比。海伦妮·韦伯对福音教派的社会运动心存好感,并且还进一步考虑,是不是要等到由她从娘家带来的财产都用完了以后,家里的道德水平才会有所好转。父亲正好相反,他不仅不同意孩子们有进教堂的义务,"在所有孩子面前对内心的道义责任冷嘲热讽",而且,正如马克斯的表兄奥托·鲍姆加滕所讲述的那样,他还嘲笑将家庭生活置于公众利益之下的做法。[24] 奥托·鲍姆加滕批评道,在老马克斯·韦伯家里,不是基督教的道义占主导地位,而是盛行着一种消遣娱乐、吵吵闹闹、充满文学和新闻味道的争论、调侃讽刺和肆无忌惮说笑的风气。这个批评并没有得到马克斯·韦伯的认同。除此之外,鲍姆加滕还觉得,马克斯和他的弟弟阿尔弗雷德"缺少上进心,整天优哉游哉,对勤奋工作和诚实做人的必要性视而不见、充耳不闻"。

十年后,韦伯不想在家中继续在母亲的立场与父亲的实用主义(以及物质主义的"男人世界")之间充当中间人的角色。多年来,他一方面反对海伦妮·韦伯、伊达·鲍姆加滕和奥托·鲍姆加滕的虔信宗教立场,认为并不是所有事物都可以用最高的道德标准来衡量;另一方面,他又发现,父亲正是利用了这种不同观点来把自己的想法和要求强加到全家人身上。特别是，韦伯很早就感觉到，父亲身上所表现出的那种宽厚大度和满不在乎是对他的一种下意识的指责，或者至少是对他自己所采取的那种心事重重、满怀期望和完全不"切合实际"的生活态度的最强烈的对抗。具有民族自由主义思想的父亲完全认同俾斯麦帝国的政治环境，而他的儿子在1888年首次有选举权时，明确投的是保守派的票。父亲是地方上和选区的政治人物以及政府官员，儿子却把政治看成一场搏斗，并且，凡是在官僚制度对政治有妨碍的地方，他就对这种带有所谓"技术官僚优势"的制度表示蔑视。在父亲眼里，儿子的职业生涯进步太慢。他自己23岁时已经博士毕业，并且对研究学问不屑一顾。在父亲看来，儿子结婚成家的方式也非常奇怪。他自己当年三下五除二将一个自己拼命追求的16岁女孩娶到了手，而且三年之后，第一个孩子就已经出生。

简言之：这位对自己才华横溢的儿子的复杂性格也许毫无了解的父亲越来越让儿子感到反感。1897年夏，在海德堡终于爆发了一场激烈的冲突。老马克斯·韦伯的妻子提出要求，希望改变一下目前的家庭生活，要求自己有更多的自由空间，或许还要放弃性生活。"马克斯和玛丽安妮想要海伦妮只跟他们在一起，家里尽可能不要有其他亲属。"老马克斯·韦伯在冲突之后这样记述道。他对冲突的描述远没有他向自己的儿子特别是向儿媳妇所讲述的那样充满戏剧性。玛丽安妮则把1897年6月14日这天称作儿子对父亲的"开庭审判日"。[25]

冲突的起因是一件微不足道的小事：老韦伯试图让家人接受他的出差计划，并且也想对妻子的生活做些相应的安排，诸如她什么时候有自己的"自由"时间，什么时候需要留在他的身边。韦伯不同意父亲的安排，要求他认可自己妻子的权利，指责他纯粹是出于嫉妒才这样做，并宣称，要与所有不同意自己意见的弟弟妹妹断绝关系，最后把父亲气出了家门。老韦伯回到柏林，然后从柏林出发前往波罗的海地区公干。1897年8月10日，他在里加（Riga）因心力衰竭突然去世。

今天看来，把所有这些事情再重新复述一遍，或许有无聊和猎奇之嫌。之所以说猎奇，是因为闲来无聊。那么，一位文化学者的饮食、他的就寝习惯或是他的家庭冲突与他引起我们关注和兴趣的那些事物之间到底有着一种什么样的关系呢？韦伯的这场家庭冲突所经历的各种武断的解读，进一步说明了心理学的分析方法所存在的问题。诸如，有人认为，年轻的马克斯·韦伯常常自我怀疑和自暴自弃，"因此，这就是他甚至给人留下体壮如牛、皮糙肉厚印象的原因"。[26] 我们不禁要问，难道自我怀疑会导致体重增加吗？又如，历史学家弗里德里希·迈内克（Friedrich Meinecke）把韦伯称作俄瑞斯忒斯，把他的母亲称作伊菲革涅亚①，前者为了他的母亲而杀死了父亲。对此，京特·罗特②有理有据地指出，俄瑞斯忒斯杀死的是他的母亲而不是他的父亲。[27] 还有一种说法是，韦伯本来想要毁掉的是他的母亲，因为他青年时期信件里出现的最大敌对人物是母亲。由此观之，我们在这里见到的难道是一个对父亲和母亲都持否定态度的俄狄浦斯③吗？抑或，甚至还有人错误地将"开庭审判日"与韦伯父母亲的结婚纪念日联系起来，这样，其时已经不再年轻的俄狄浦斯在具有象征意义的结婚纪念日那天，把自己的父亲轰出了家门。[28] 约阿希姆·拉德考则认为，由于韦伯的母亲想把他留在身边，不想硬逼他"出门谋生"，因此给了他一个"回到儿童时期受关爱呵护状态的机会"。

---

① 俄瑞斯忒斯（Orest）和伊菲革涅亚（Iphigenie）是希腊神话中迈锡尼国王阿伽门农（Agamemnon）的儿子和女儿。

② 京特·罗特（Guenther Roth, 1931~2019），德裔美国社会学家。

③ 俄狄浦斯（Ödipus）是希腊神话中的底比斯国王，他在不知情的情况下杀死了自己的父亲，并娶了自己的母亲为妻。

除此之外，相对于父亲而言，母亲在家中是更具权威的长者，"所以，一个马克斯·韦伯那样的人更愿意依附一个强势的女人"。[29] 这里说的是：一个马克斯·韦伯那样的人。

有鉴于此，把对于问题的澄清毫无帮助、其引用者似乎完全陌生的希腊神话，以及把儿童心理学的大杂烩从传记中排除出去，这难道不是更为可取的方法吗？我们看到，在儿童心理学的大杂烩中，一位刚刚就任第二个教授职位，并且正在努力从历史国民经济学中创建社会学的34岁学者，被人们当成了一个尚未成年的孩子。难道我们就不能想象一下，马克斯·韦伯当时完全是因为情绪激动，并且有正当的理由对父亲表示愤怒，以及对母亲的权利表示认同吗？换言之，仅仅是在这场围绕自由问题的冲突中，韦伯站在了母亲一边，在其他场合均不是。此外，韦伯喜欢对母亲言听计从的说法，也同样是无稽之谈。关于韦伯与父母的关系，另一种说法是："倘若我们在这样的案例中不借用希腊神话和精神分析的语言，那就有点不合常理。我们在这里面对的可能是一个俄狄浦斯情结的实例。"[30] 这种观点恐怕与缺少对其他类型的父子关系冲突的病情表象的了解不无关系。然而，即便是在在世者身上，精神分析的方法也并非那样简单可行。对于传记写作中的咄咄逼人之处，我们应当在它揭示史料之时表示感谢。但是，若是这种方法将其研究对象解读为受性冲动驱使的木偶，并错误地认为洞见了他们的潜意识深处，那么，它就与开发新证据的来源风马牛不相及了。

如同韦伯"导致了"[31] 他父亲死亡的说法一样，那种认为他父亲的去世与之前的冲突以及一年后韦伯自己生活中的关键转折（他的神经逐渐彻底崩溃）紧密相关的观点也无从得到证明。这场关键的转折从历史学的好奇心和心理学的偷窥欲的角度向人们表明，应当将韦伯的生活方式纳入对他的学术生涯的考察之中，而并不表明，韦伯的生活方式、神经疾病和著书立说之间的关系已经十分明确，甚至可以从因果关系上加以定论。恰恰相反，这种关系并非明确无误，一目了然。兼之，韦伯本人所面对的是他自己生活中一系列无法厘清、头绪纷乱的问题。我们所知道的仅仅是：这个面对着一系列内心的外部冲突的男人在采取了一段时间的极度勤奋努力和紧张艰辛的生活方式之后，接下来却在1898年至1903年的五年时间里，几乎完全退出了与外界的学术和各方面的正常交流。这五年时间，他不仅时常感到自己几乎到了神经失常的边缘，而且常常无法读书看报、接待访客或是走出家门，甚至连一星半点的工作都不能做。除此之外，我们所知道的还有：当韦伯逐渐从这种痛苦的折磨中摆脱出来的时候（他的病症一直拖到新世纪开始的头十年），他几乎是立即恢复了使他名扬天下的著书立说工作，并且，逐渐恢复健康的韦伯在许多方面似乎进入了一个崭新的阶段。回首观之，他的这段人生旅途的延缓期所起的作用，如同一种时间的闸门。

然则，关于神经疾病问题及其产生的原因，有着这样一种解释：最初，韦伯可能觉得，他的神经质、紧张忙碌和超负荷工作的生活不过是时代现象的部分表现而已。因为，韦伯所处的时代被人们形容为"神经质的时代"，神经衰弱和精神崩溃被看作"我们时代的疾病"。[32] 凡此种种，皆是由工业化、城市化和技术文明所造成的大量外部刺激、时间压力、匆忙的人际交往、千头万绪的事务和"像牲口一样干活"（罗伯特·穆齐尔语）所带来的后果。1870年，美国精神病学家乔治·M. 比尔德（George M. Beard）创造了一个新词——"神经衰弱"，用来称谓从上述种种现象中产生的神经病症状态。十一年后，他的论文《美国式的神经紧张》（*American Nervousness*）发表。文中，他将此病症定义为他那个时代决定性的特征。人们强健的精神状态的损失首先表现在美国的北部和东部地区。那里，蒸汽机、报业、电报、科学和妇女的精神活动（mental activity）给社会和个人带来了精神上的躁动不安。用比尔德的话来说就是："在现代社会学所有的事实中，这种功能性神经障碍的出现和增加在美国北部地区最令人惊讶、最复杂和最令人印象深刻。"要想解开这个谜，就意味着要解决"社会学本身的问题"。[33]

上述这些描述的核心要点是"神经"系统。自从苏格兰医生罗伯特·怀特（Robert Whytt）于1765年将神经定义为"来自大脑和脊髓并布满全身的细线"，[34] 以及出于病理学研究的目的将其功能（向身体"传送运动和力量的感觉"）公之于世以来，神经就被赋予了各种可能的能力和脆弱性。我们只需举出诸如"神经外衣"、"神经虚弱"和"神经崩溃"这样的比喻，就不难发现，神经这个词中包含了内容上完全不同的状况：一件因为虚弱而崩溃的外衣给人以非常丰富的想象。很长一段时间，神经的麻木，亦即抑郁症患者和疑病患者过于低下的易受刺激性，似乎是主要的问题所在。然而，1880年之后，人们的典型看法是，在压力过度的情况下，神经变得不堪重负。

1898年3月，即与父亲发生争执八个月之后，韦伯因长期超负荷工作被诊断为神经衰弱。他严重失眠，在公共场合说话有障碍，因此感到上大课力不从心，只能去教小范围的研讨课。学期结束之前，他就提出了休假疗养的申请。直到他在海德堡最终告别讲台，这还不是最后一次休假申请。他的所有休假申请均获得了校方的批准。

在博登湖畔的一家精神病院治疗一段时间之后，他又连续去了多家医院。这年冬天，韦伯再次陷入精神崩溃状态。从1899年夏天开始，做任何事情都会使他感到极度疲倦。"我只有一个愿望,就是你们现在可以相信,如果我在某种极度疲劳的情况下拒绝一切所谓的'刺激',并申请了休假,这不是心理上的麻木不仁。我说话困难纯粹是身体造成的,神经不能工作。而且,只要看到备课本,我的感官就会出问题。"[35] 时常伴随着偏头痛发作的病情影响到了腿部,甚至出门散步都无可能。此后不久,他有时只能"一言不发地呆坐着"。[36] 即便是别人把东西念给他听,他都觉得累得不行,更何况是自己读点东西。简短的口授就足以让他对做记录的妻子大发脾气,从而使他的身体状况又倒退到数周之前。[37] 对于来访的客人,他的反应极度敏感。所以,有人说,他的状况已经失去了同任何人交往的可能性。需要指出的是,即便在韦伯可以重新回到人群中活动的明显证据已经出现的情况下,玛丽安妮·韦伯对外界还一直这样说。[38] 不管怎样,韦伯有几年时间不想同任何不是最亲近圈子里的熟人说话。1900年秋,这场精神危机似乎达到了最深的谷底。可是,到了1901年夏,韦伯已经无法忍受了,他不想再见到任何医生了。

然则,这其实并不是情况好转的兆头。养病期间,韦伯接受过各种各样的疗法:冷水刺激、温水浴、把全身包起来、新鲜空气、休息、节食、催眠术、电刺激、促进新陈代谢、鼓励房事、勃起镇静药、做陶土手工、禁酒、体操、深呼吸、按摩、溴、三乙眠砜、佛罗那、海洛因和"鸦片软膏"等。医生安慰他,刺激他,激励他,让他放松,试图分散他对问题的注意力,又让他集中对问题的注意力。医师们何以会用如此截然相反的疗法呢?因为对相反疗法的治疗效果分别有着不同的理论,或者说,有着特定的专门术语。韦伯自己后来写道,神经治疗法暂时还没有任何理论依据,因此,"它只好暂时依靠以经验为主的试验手段来治疗每个不同的病人"。[39] 这句话与韦伯可能读过的乔治·M.比尔德著作中的观点几乎完全一样："神经衰弱的每个病例都是一个专门的研究对象。"[40]

每个病人都要作为独特的病例进行治疗——虽然这句话听起来如此具有经验性，但是，眼前的病人究竟是一个什么样的病例，这种不确定性却可能将治疗的方法弄成一种纯粹的多变戏法。例如，比尔德认为，在神经衰弱疗法中要有休息的时间和工作的时间。[41] 那么，对患者来说这就意味着，在他身上要做两种试验，以确定他是哪种病例。这边说神经松弛疲软需要予以加强，那边又说神经过于紧张应当多加保护。一会儿说，通过意志控制神经有益健康，一会儿又说，所有感官的放松分散对健康有益。[42] 由此，人们便创造了一个形象的比喻，即神经是如同纤细的、发出震动的琴弦一样的东西，是一种精神的肌肉（后来，韦伯把性学健身家和自由做爱鼓吹者奥托·格罗斯①称作"神经大王"）。这种东西一方面布满全身，另一方面有开放的末梢。通过这些末梢，神经可以受到刺激或使其麻木。这种认识在反复多变的疗法中造成的结果是：患者成了它的牺牲品。到最后，他/她就像韦伯一样，始终都处于两种状态之中：刺激兴奋和精疲力竭。

那么，神经衰弱究竟是一种什么样的病呢？比尔德罗列了整整一本各种病症的目录，从失眠和头部压力，到耳鸣、手心出汗、尿失禁、对光敏感，直到各种形式的恐惧感（"对开门和关门的房间的恐惧，对一人独处和大量人群的恐惧，对被传染的恐惧，对恐惧的恐惧"），以及所有类型的疼痛等，五花八门，应有尽有。除此之外，他还有意识地发明了一个同经济学有关的比喻，即神经质患者得的是一种"神经破产"病。因为，如同在货币经济中一样，腰缠万贯的富翁总有花不完的

---

① 奥托·格罗斯（Otto Gross，1877~1920），奥地利精神病医生和无政府主义者。

钱,因此,在比尔德眼里他们是"神经富翁"。这些人可以随心所欲地玩命工作和消耗精力,但永远不会因为超负荷运转而精疲力竭。而神经质患者正相反,他们很容易就会身体透支。这个观点让韦伯颇受启发,他在1908年曾经提到过"神经'资本'"[43]概念。就像经济学中的资本概念一样,这种"神经资本"也会被消耗殆尽。

于是,"夜里来索债的事情"[44]就以各种形式出现了。玛丽安妮在家信中曾经多次提到韦伯夜里遗精和"各种讨厌的怪梦"的事情。[45] 一方面,严重的失眠折磨着韦伯,他觉得这是在为每天要做的各种努力(比如说话[46])付出代价。另一方面,韦伯害怕睡眠以及睡梦中出现的千奇百怪的梦魇。然而很多年里,韦伯却是根据自己的想象通过无休止的工作来对付这些梦中的怪物。当韦伯于1901年从罗马旅行到瑞士的格林德瓦(Grindelwald)小镇时,"在南方已经被降伏的魔鬼又在把捆绑它们的锁链摇得哗啦作响:失眠、激动、烦躁,所有烦心的妖魔都钻了出来"。[47]

所有这一切都是绝望情绪的表现,或者,用玛丽安妮·韦伯的话来说就是:"在地狱中徘徊。"[48] 在这种情况下,人们根本无法弄清,到底是应该害怕做某件事情(比如睡眠),还是应该担心这件事情做不成。这里,"魔鬼"一会儿是内心的愿望,一会儿又是造成完全不能寄予希望的事情的原因。同理,在韦伯看来,拼命工作既是生病的原因,同时也是它的后果以及这种病可能的治疗方法。或许正是这种丝毫无法确定原因、病症、副作用和有效药物的茫然和无奈,才是韦伯身体状况的最大痛苦。并不是韦伯后来关于人类文化史上的理性化过程,以及关于目的与手段关系的科学论的阐述同他身患疾病紧密相关,而是医生及他本人皆未能至少从概念上成功弄懂他的病情——这个原因向人们展示了一个未能成功解释的、特别令心痛的案例。从一开始，神经衰弱的治疗方法就遇到了一个困难——找到这个病的原因。从某种意义上来说，神经衰弱就是一种上升到了疾病程度、身体上有病兆出现、非常痛苦以及变得具有危险性的情绪。一位同时代人曾经撰文写道，在日常心理学范畴中，人们"恰恰是在我们对某些心理过程无法做出解释的地方，要尤为经常地同'情绪'这个概念打交道"。[49]

然则，有几种解释，或者更准确地说，有几种寻求解释的尝试一直在韦伯和他夫人的头脑里打转。在夫妻之间以及婆媳之间的书信往来中，他们公开地讲述韦伯的"性欲低落"和他的恐惧梦魇。[50]玛丽安妮把韦伯告诉自己的"睡眠不安的情况"像病人的病历一样逐一记录下来：在中断了5个星期之后，今天又有4次遗精。[51]可是，她又该怎么办才好呢？在让我们惊诧不已的私人文献里（因为韦伯妻子向婆婆汇报她儿子频繁地发生非自己所愿的射精，让我们觉得这样做实在是勉为其难），我们看到这家人既无助和忠于事实，又毫无遗漏地讲述他们是如何想尽办法，试图努力解决一个无法理解甚至完全无法解释的命运问题。玛丽安妮·韦伯问道，倘若说性行为的困境是驱使韦伯陷入精疲力竭状态的原因，那么，未经她在性事方面的"刺激"，他如何可能在结婚以后那段时间里"神经上是健康的"呢？一位医生认为，一种体质上的疾病造成了韦伯的这种状况。这个诊断推翻了玛丽安妮的看法：韦伯病情的表象和奇怪的幻想是"道德上自我克制的结果"。[52]所以说，这是放弃身体器官本身所要求的性行为的结果吗？这里，问题的症结在于，在性行为的拘谨中是否有受压抑的愿望（有可能是受虐狂式的愿望）[53]表现在其中，或者，在这些愿望中是否有性行为上的拘谨和压抑见于其中呢？以此推论，韦伯之所以超负荷工作，是不是因为他想借此排遣自己的性欲？或者说，他专注于自己的身体状况是不是过度劳累造成的结果？1909年的时候，韦

伯曾经认真考虑过，是否要去做绝育手术。这个想法表明（我们谨慎地这样说），事情已经到了无可奈何的程度。⁵⁴

就医生而言，处在这种痛苦折磨中的病人也为医学研究所达到的水平提供了佐证。一部分医生坚持认为，神经的功能就是可以兴奋起来，甚至是越容易兴奋，效果就越好："容易兴奋是神经的功能。"⁵⁵事实上，神经的过度兴奋导致精疲力竭的假设已经被一个新的推论所取代：因过度劳累、中毒或者新陈代谢障碍而引起的气血不足是首要原因；休息和不偏废的饮食能够重新调理气血的不足。此疗法的大师、美国医生和作家西拉斯·威尔·米切尔（Silas Weir Mitchell）因此赢得了"节食医生和静养医生"的名声。⁵⁶最初，神经衰弱首先是在较高社会阶层的男性中被诊断出来，而且某种程度上被看作歇斯底里症的相反病症。人们之所以愿意这样说，是因为人们想在私人疗养院中寻求此病的治疗方法。归根结底，这种病不应该被当成一种精神病来看待。尤其是在德国和美国，静养在1870年至1910年间乃是当时人们所选择的治疗手段。将病症诊断为器质性所致，不仅可以为病人保留面子，而且还可以借此赚钱。但是，当病人所处的社会阶层越来越广时（差不多正好与马克斯·韦伯的身体状况慢慢好转同时的那几年），诊断也逐渐失去了昔日的魅力。与此同时，神经衰弱的概念在医学上也逐渐消失，并且被"抑郁症"和"恐惧症"这样的概念所取代。⁵⁷人们开始转向心理治疗的方法，并且让患者也积极参与到为其治疗的过程中：例如，要求他讲述自己的愿望，不论这些愿望对他来说是如何离奇古怪。

就马克斯·韦伯而言，在他们夫妇深受煎熬的地狱般的日子当中（其间，无法分清什么是起因和影响，什么是原因和后果），二人首先坚信的是：相信自己。他们有过分歧，对彼此失去耐心，对病情的止步不前进行过抗争。但是，没有一份文献表明，他们对婚姻的意义有过些许怀疑，或者因为疾病而怀疑自己嫁/娶错了人。正如我们将会看到的那样，这一点并没有排除这场婚姻未来会出现危机的可能性，其中，玛丽安妮·韦伯将为这些危机付出自己的精神代价。同时，在这场二人首次共同面对的生活危机中，这一点也没有排除特别是玛丽安妮一方"无尽的失望"。[58] 她承担了绝大部分适应这种生活的负担，而且是在她自己的性生活和作为妻子的角色受到影响的情况下。但是，韦伯当年在给新娘的信中曾经使用过的在婚姻的"大海"上经受考验的激情比喻，如今却以一种他不可能预见的方式变成了现实。

# 第九章

# 由禁欲主义走向世界主宰
—— 罗马与新教主义论断的诞生

> 中间之道是唯一不通往罗马之路。
>
> 阿诺尔德·勋伯格 *

一切都无法进行了。1899年，即病后的第二年，马克斯·韦伯的身体状况糟糕到连口授一封信都十分困难，而且每次都要大发脾气，之后又感到精疲力竭。他严重失眠，不能容忍身边有第三个人，即便是别人把东西读给他听，他都觉得心力交瘁。[1] 从夏季学期开始，他就没有教学任务了，尽管如此，他还是试着继续上课。但是一年之后，他在学期中间就停下了最后一门研讨课。在每一次身体状态些许恢复之后（比如说在巴伐利亚的湖边或是在意大利的威尼斯），紧接着——我们几乎可以说：不可避免地——是身体状况的又一次崩溃。导致他生病的那些问题，并不是来自巴伐利亚楚格峰（Zugspitze）下的艾布湖（Eibsee）或是威尼斯的朱代卡岛（Giudecca），而是因为他过去一直无法休息调养的生活。日常生活的那些危机充其量只能在星期天才能得到解决，但并不是每天都是星期天。

然而，神经疾病却适合于创造这样的条件。谁若是生病，就可以请假在家。谁若是不去上班，需要家人的照顾，中断与

---

\* 阿诺尔德·勋伯格（Arnold Schönberg，1874~1951），奥地利作曲家，出生在犹太人家庭，1933年移民美国。

外界的联络，或是需要经济上的支持，那么最好的理由就是：病了。但是，当时在海德堡，甚至在德国，一个像马克斯·韦伯这样的学术新星和一个与整个普鲁士的学界精英有交集的人，是不可能将自己藏匿起来的。我们必须明白，与今天相比，当年德国大学的数量和一个学科教授职位的数量是非常少的。精英们都彼此相识，知根知底。只要是这个圈子里的人，他就会受到人们更多的关注和被寄予更高的期望。这与今天海德堡大学的一个国民经济学教授的情况迥然不同。如果我们阅读玛丽安妮·韦伯撰写的关于她丈夫糟糕的身体状况的文字记述，就不难发现：韦伯感觉自己好像已经被生活环境压垮，哪怕是一件极小的任务都会让他感到力不从心。据传，韦伯在上大课的时候，总有一种被强行戴上猴子面具的幻觉。[2] 于是，他很快就萌生了"打退堂鼓"的念头。"马克斯自己特别想去意大利。"玛丽安妮于 1900 年 5 月在信中这样写道。接着她又说："问题只是，那里的气候对性欲方面的情况会有什么影响。"[3] 因为，这个问题也一样是要带过去的。

1900 年秋，韦伯夫妇离开了他们在海德堡的家。主管教育的上级部门在了解到韦伯不会离开大学从事其他工作之后，批准他无期限休假。不过，三年之后的 1903 年 10 月，韦伯辞去了学校的教职，直到 1918 年为止，再也没有在大学里工作过。最后，这位当年被认为是社会科学和精神科学领域最有希望的学者在他 25 年的教授生涯中只教过 6 年书。

对马克斯·韦伯和他的妻子来说，马不停蹄的旅行开始了。他们绝大部分的旅行目的地都是疗养院或是南方的度假胜地。很久以后，当韦伯最糟糕的身体状况好转之后，他给妹妹写信说，旅行是"唯一对我一直有帮助的事情"。[4] 如同他先前的工作方式，他的旅行方式也像是走火入魔。1898 年，韦伯夫妇去了日内瓦湖和博登湖。"我们在这里待着很愉快。"他们从那里的一个名字起得既高贵又不引人注意的疗养院"康斯坦茨宫"（Konstanzer Hof）寄出的信里这样写道。第二年，他们又去了威尼斯。1900年，韦伯独自一人——"在情况最糟糕的时候"，玛丽安妮在信中写道——去了乌拉贺（Urach）的一家疗养院，之后又去了罗马和科西嘉岛的首府阿雅克肖（Adjaccio）。1901年，他又去了罗马、那不勒斯和索伦托（Sorrent）。然后，他再度经过罗马北行，到达瑞士的格林德瓦尔德和采尔马特（Zermatt）。最后，他第四次前往罗马。1902年，韦伯在罗马和佛罗伦萨停留，并于12月独自一人去了海滨城市热那亚的奈尔维（Nervi）。1903年，他又回到罗马。之后，北上前往荷兰和比利时。同年，他夫人希望（她的心情完全可以理解）："今后尽可能少去旅行吧。"⁵

这几年是韦伯生平中文字记录最少的年份。有时，人们甚至不知道他在不同的地点究竟停留了多长时间，更不用说他们夫妇是怎样度过那段时间的文字记录了。但凡病魔缠身的人，都不免三缄其口。他们留存下来的书信总共不过十来封而已，而且，玛丽安妮的回忆写的几乎都是关于她丈夫身体健康的事情。从1900年晚秋至1902年初夏，韦伯一直在欧洲南部转来转去，只是因为自己的35岁生日，他才回了一趟德国。那时，看得出他的身体情况已经有了起色。换句话说，韦伯是带着自己的病躯到南方去的。当他北上旅行的时候，说明他的身体状况逐渐有所好转。而1914年的环游美国之行，则完全不是出于休假疗养的目的。

1899年至1903年这几年生平中的"空白点"之所以成为引人关注的焦点，是因为这样一个事实，即必定是在这段时间里，这位罹患神经疾病、与外界断绝交流或是无法持续工作的旅行者开始着手构思后来使他名扬天下的那项工作：对新教职业伦理和现代资本主义之间历史关系的研究。宗教改革前的神学——这里我们暂且将其主要论点简单概括一下——没有让其信徒有机会通过他们诸如施舍、祈祷或向教会缴纳税款等善行来让他们的灵魂获得安宁。上帝决定诅咒和拯救什么人的问题，是完全未被认真细致探究过的课题。由于在所有这些把握不定的事物中，经济的成功被解读为上帝垂青眷顾的标志，所以，作为非主观的附带结果，这种情况促进了人们的禁欲主义思想、辛勤劳动的职业精神和有序生活的系统原则。这些都是工业资本主义产生的前提。

恰恰是这样一个神经完全崩溃、沦为自己过去无节制生活牺牲品的人，开始了对禁欲主义职业伦理的研究。就其成果而言，韦伯在身心交瘁的情况下，阅读了不同领域卷帙浩繁的文献（从神学、教会史到经济史等），做了无数笔记，时至今日人们还没有完全弄清，他究竟是怎样完成这项研究工作的。而且，恰恰是在天主教世界的中心——罗马，这项工作在悄然准备之中，最后，它向世界宣布，从新教教义中产生了近代社会的主要特征。[6]

有一种观点认为，韦伯在罗马只是身体上得到了恢复而已，这种说法肯定是错误的。当韦伯与妻子一道于1901年10月至1902年3月在意大利的首都度过冬季时光的时候，他渐渐摆脱了对安眠药的依赖，而且能够外出散步，与各种不同的人打交道。他似乎还能说一口相当不错的意大利语。正如他后来信中所写的那样，他们夫妻二人常去"艺术家酒馆"坐坐，而且很可能去的是位于 Via del Corso 大街的 Caffè Aragno 咖啡馆。毫无疑问，一位当年的德国人这样记述道，这是一家"大概是城里唯一的、有大都市气派的咖啡馆"，"是高雅和充满政治气味的罗马城的中心。按照当地的习俗，罗马人不是一边喝葡萄酒或啤酒，而是一边喝着两毛五分钱一小杯的咖啡（加小费是三毛钱），一边议论国家的时政大局和左邻右舍的家长里短。在这个犹如天堂般的地方，人们买一杯两毛五分钱的咖啡就可以坐上几个小时，阅读外文报纸、与女人调情搭讪（大多情况下都能成功）等，不一而足"。[7] 韦伯夫妇的住所就在 Via Cicerone 大街和 Via Ennio Quirino Visconti 大街拐角的地方，离梵蒂冈教宗宫不远，是他们从一家意大利人那里租下的房子。[8]

在这段时间里，韦伯似乎没有撰写什么科学论文。但是，他又能够重新读书看报，并跑到普鲁士皇家历史研究所图书馆，利用那里约 3600 册有关宗教改革和反宗教改革运动的藏书。图书馆位于朱斯蒂尼亚尼宫的三楼，属于在二楼设有会址的共济会所有，但这并不妨碍一位红衣大主教在四楼居住。除此之外，韦伯还从罗马的德国艺术家协会图书馆借书，并与住在当地的研究学者，如史学家卡尔·舍尔哈斯（Karl Schellhass）和约翰内斯·哈勒尔（Johannes Haller）等有往来。他跟这两位学者早就有一面之交。

那么，我们应该怎样来想象韦伯在罗马的逗留、他的病情逐渐好转与他提出的新教主义论点的起源之间的关系呢？显而易见，韦伯在罗马看到了眼前活生生的宗教历史，亦即那些"沉淀了千百年的历史文物"。[9] 但是，从其住所的露台能够看到圣彼得大教堂穹顶的韦伯，在那里也亲身感受到了一种宗教信仰实实在在的强大力量。天主教会正在经历一个它的最高领导人非比寻常的连续任期：当韦伯在罗马停留的时候，天主教会历史上在位时间第三长的教宗——1878 年登上教宗宝座的利奥十三世——任期刚刚结束。没有哪位教宗像他那样长寿；在韦伯最后一次到达罗马不久，他以 93 岁高龄去世。他的前任庇护九世在位 31 年，是自教会建立以来所有教宗中任期时间最长的一位。在此期间，教会以罗马为中心，致力于巩固天主教会面对可能对天主教教义规范怀有敌意的现代社会的权力地位。庇护九世在他于1864年颁布的《忧虑之至》通谕的附件[即臭名昭著的《谬论要录》（Syllabus Errorum）]中，罗织了一系列所谓的"谬论邪说"，其中之一是：人们认为，新教教徒可以虔诚地生活；其中之二是：在天主教国家中，允许其他宗教的信徒从事宗教活动是值得赞许之举；"谬论"之三是：公共教育首先是由政府负责举办的事务。在庇护九世主持下于1869/70年召开的第一届梵蒂冈宗教会议，宣布了罗马天主教的主教是一贯正确的教规。在意大利于1874年将梵蒂冈国吞并之后，庇护九世通过《不参政》（Non Expedit）的圣谕，禁止意大利的天主教徒参加民主选举。在韦伯生活的年代，天主教会和他身为弗赖堡大学的学者为之服务的实权国家始终处于对立状态。1874年，普鲁士引入了强制性民事婚姻制度。早在1871年，普鲁士就禁止神职人员在教堂宣教时对政府进行公开批评，违者予以处罚。一年后，国家开始对教会学校实行监督。耶稣会成员被禁止在德国建立分支机构，政府有权对神职人员的培养进行检查，撤销给天主教会的财政拨款，中断与梵蒂冈的外交关系。

当马克斯·韦伯在罗马逗留的时候，这场于1873年被伟大的医学家和普鲁士议会议员鲁道夫·菲尔绍（Rudolf Virchow）在讨论关于"教会人员的职前教育和任用"的法律时所称的"文化斗争"早已成为历史。俾斯麦于1878年在政治上遇到了一个新对手——社会主义分子，并把德国天主教徒的政治臂膀——中心党（Zentrumspartei）看作自己的新盟友。当1887年普鲁士依靠所谓的《和平法》（Friedensgesetze）正式结束了与教会之间的冲突时，年轻的马克斯·韦伯慨叹道，"今天有人在说，这场斗争的'政治'原因是在我们一边"，那么，这就等于承认天主教徒在道义上取得了胜利（他们始终把良心说成是主要动机），同时还妨碍了这场斗争的"重新开始,正如同,若想取得斗争的胜利,就必须开始这场斗争那样"。[10]

这里,韦伯把自己看成这场文化斗争的一分子,而且是一名不是出于纯粹的政治权斗考虑,而是出于道德良心原因反对天主教的文化斗士。为什么他要重新开始这场斗争,其原因可以从他1905年发表的论文《新教伦理和资本主义精神》中看出端倪。他在文中写到,[11] 资本主义精神首先必须把"传统主义"打翻在地,所谓"传统主义"指的是一种受天主教影响的人生观。韦伯认为,在这场冲突中,交锋的核心是现代劳动伦理和现代理性能否畅行天下,或是能否战胜传统观念,亦即,它所关及的是一种社会生活方式。韦伯认为,这种生活方式的地位无疑"高于"天主教信仰前提下可能存在的那种生活方式。

然而,一方面,韦伯自己的生活状况如今发生了很大变化,以致他或许"从天主教宣扬的和人世间真实的罪孽、忏悔、赎罪、免罪、新罪的起伏交替中,或是从通过暂时的惩罚和教会的恩典手段可以弥补和赎清剩余的人生中"[12],得到了某些启发和认识;另一方面,韦伯时下居住在一个有千年历史的古老组织的中心——罗马。这个古老的组织代表了一种让他感到陌生的、与他的自由观念相反的理性类型。中心党政客赫尔曼·马林克罗特(Hermann Mallinckrodt)曾说,天主教徒的自由在于他允许对教宗俯首帖耳唯命是从。这句话后来被韦伯称为"放之四海而皆准"[13]的论调,因为它切中了要害,把"教会恩典"原则——由一个组织所给予的精神解脱——讲到了点子上。

在韦伯针对天主教徒"正统的谦卑顺从态度"的思考中,还有一些观点似乎也是出自这样一位鄙视者之口:他认为,当官僚制度关心人们的灵魂拯救问题时,那么,它就是自由的扼杀者。不过,从这些思考中也能够听出韦伯对官僚理性表示赞赏的意味，这种理性给了政府官员们一种系统性的生活方式：有条不紊的生活方式，服务于救赎管理的禁欲主义，作为"信徒群体中宗教专家精英人群"[14]的僧侣队伍，对人与圣物关系的法律化。韦伯首先是在修道院、耶稣会和政府部门的感召力中，亦即在超越个人的、与组织机构相关的权威中，发现了一种特殊理性的许多要素。在新版的《新教伦理和资本主义精神》以及在围绕他的论点的讨论中，韦伯甚至把基督教的僧侣称作最早一批完全按照规则生活、有理性生活方式的职业人群。这种生活方式的目的在于，"克服自然状态，使人们从非理性欲望的力量和对世界及自然的依赖中摆脱出来，将他们置于有计划的意志的最高权威之下，让他们的行为得到经常的自我检查，并对行为的道德意义进行思考，从而把僧侣——从客观上——教育成一个为上帝的帝国服务的劳动者，并且——从主观上——保证他的灵魂得到救赎"。[15]

"马克斯待在一家图书馆里，他在读很多关于修道院和教派组织的书。"玛丽安妮·韦伯在1902年2月28日从罗马寄出的信中写道。[16]住在韦伯常去的几家图书馆周围的历史学家都在研究1881年才向学术界开放的梵蒂冈档案馆的原始资料。例如，约翰内斯·哈勒利用这些资料来写他的《教宗统治与教会改革》（*Papsttum und Kirchenreform*）一书；卡尔·舍尔哈斯则从事他的关于反宗教改革历史的研究。普鲁士皇家历史研究所当时的所长、信仰天主教的西里西亚人阿洛伊斯·舒尔特（Aloys Schulte）正在写一本书，名为《富格尔家族在罗马：1495年至1523年》（*Die Fugger in Rom: 1495–1523*）。因此，韦伯在这里也从多种角度打开了了解有别于国内文化斗争的那种天主教信仰的眼界。德国的宗教政策时局对此也颇有助益。这一年，正当俾斯麦为了《社会党人法》（Sozialistengesetze）而准备了结与天主教中心党的争端时，教宗庇护九世驾崩。他的继任者利奥十三世着手谨慎地缓解教会和现代社会之间的冲突，并且将成为历史上第一位讲话被录音和个人形象被拍成照片的教宗。这位教宗感兴趣的是新哥特风格、中世纪思想和天主教社会学说。诗人斯特凡·格奥尔格（Stefan George）为他写了一首诗，于1907年发表在诗集《第七个指环》（*Der siebente Ring*）里。这首诗的结尾几行暗示，一个如此陶醉其中的教宗已经不再是国家政权的竞争对手："倘若他拥有各种显贵绶章，华盖顶在头上——一副让世人效仿的模样／场面何其豪华，上帝的统治何其高尚——／四周香烟袅袅，环绕烛光／他把祝福洒向全世界：／作为信徒的我们五体投地／千百万人融为一片人海／当奇迹降到他们身边，他们将充满喜悦。"

面对奇迹满心欢喜五体投地，甚至与人群融为一体——这并不是马克斯·韦伯所感兴趣的东西。但是，这样一种尘世的景象以及"豪华的场面和上帝的统治"究竟是如何从一种其源头是对凡尘世界采取否定态度的宗教——基督教中产生出来的呢？古典时代晚期的、原始形态的基督教是一种极端否定现世的宗教，对此，特别是新教教会史学家在19世纪末已经做过论证：根据鲁道夫·索姆（Rudolf Sohm）的观点，原始的宗教群体并不想要一种有法规章程体系的组织那样的、可以看得见摸得着的教会组织。韦伯本人出生和成长的家庭告诉我们，这是一个在诸多方面明确不同于教会组织的家庭：宗教信仰是属于内心世界的东西，属于家庭的范围；这个家里的女人都是虔诚的教徒；"精神"是一种私人的东西，它涉及个人在日常事务之外的各种角色。宗教在某种意义上是女人针对现代社会带来的种种后果和问题所发表的评论：这个社会缺少了什么，必须从社会政策上对社会进步的牺牲者给予帮助，物质主义是一种低俗的世界观等。相反，日常生活中占统治地位的却是权力问题和经济问题,政客们都是男人,企业家也都是清一色的汉子。那么,天主教又该如何评价和具有什么样的地位呢?韦伯心里一定非常清楚,他曾经专注的对波兰农业工人的研究以及他周围的人把天主教视为一种落后的宗教信仰的观点,会误导人们偏离正确的方向。

为什么从对世俗的否定中能够产生一种世俗的力量、经济的成就和一种繁荣的文化?这个问题的答案是:它们不是事先刻意安排的附带结果。韦伯在罗马认真加以研究的修道院和教派组织历史,是这个答案的唯一例证。僧侣们出于宗教原因的清心寡欲和以此为基础的一辈子独身,并没有导致天主教会在欧洲贵族的家庭和遗产体系中自行瓦解消失。但是,如果我们从经济学的角度来看,作为一种对消费的放弃,天主教会的清贫必然导致的结果是省吃俭用或各种投资活动。因此,连同甘愿勤劳苦干的精神一道,教会的清贫为修道院的繁荣兴旺打下了基础。被同时代的学者诠释为僧侣们受上帝祝福所得到的收获,归根到底"在最广泛的程度上是他们理性经营的结果"。[17]僧侣所追求的不依赖于"红尘世界"的生活,最终导致了一种系统地自我观察的特殊文化的产生和发展。知识总是从退而思之中获得的。在这个意义上,马克斯·韦伯甚至可能找到了他自身处境的慰藉。

然则,此后他下笔成书的论文并不是一部讲述教会僧侣们充满矛盾的经济成就的历史,也不是一部关于某个宗教的世界主宰史(在其起源阶段对世界采取极端的否定态度)。相反,他提出了一个论断。借助这个论断,他在可以保留自己在文化斗争上独树一帜观点的同时,依然可以防止自己对反对意见视而不见。他所提出的论断是,新教不仅在充满矛盾的附带结果方面超越了天主教,而且成了基督教修道院制度的真正继承者。

韦伯认为,从某种程度上来说,天主教会不仅为它的信徒继承了一种从中将产生所有文化成就的禁欲主义，而且把这种同样是文化必要条件的禁欲主义赋予了作为职业群体的教士和僧侣。在韦伯看来，天主教徒在"更大的道德知足感中"过着他们日常生活的问题由此就得到了解释。[18]这种解释即便对当时有自由主义思想的天主教徒来说也并不陌生："对天主教徒来说，他根本不需要针对他所信仰的事物以及他应当将自己暂时的和永久的救赎寄托于其上的事物进行个人良心的检查；一贯正确的教宗已经事先替他把这个忧虑和误入迷途的危险解除掉了。但是，他却必须为之付出一个高昂的代价：放弃自己在最高和最重要事务上的精神活动！这样一种精神牺牲会无可避免地导致精神的自卑吗？"韦伯在《新教伦理》一书中曾经引述过他的话的神学家赫尔曼·谢尔（Hermann Schell）于1897年提出了这样一个疑问。[19]

在罗马，马克斯·韦伯思考问题的两个动机在那里交汇在了一起：一方面是他从文化斗争角度对天主教的生活方式处于劣势地位的坚定信念（但恰恰是此生活方式把一个天主教国家变成了处在神经崩溃状态中的新教教徒学术大师们合适的休息场所）；另一方面是他认为所有的文化均建立在清心寡欲基础之上的思想，对此，基督教的宗教历史已经从两个方面予以证明，即首先是通过天主教会，其次是通过资本主义（作为一种起初以宗教为条件的行为方式）。韦伯不想把这两个动机拆分开来，他也不能这样做。"韦伯要把病情和沉重的世间生活都沉入浩瀚的印象之海中。[……]这个大城市的每一块石头都在跟他的历史想象对话，并强烈地刺激着他；这比什么疗法都好。"玛丽安妮·韦伯在信中这样写道。[20]其结果是，由此诞生了现代社会学历史上最伟大的历史想象之一：马克斯·韦伯对他所认为的资本主义精神起源于清教徒和加尔文教徒救赎不确定性的学术研究。

# 第十章

# 易洛魁人的国家、腓特烈·威廉四世的裁缝和歌德情书的客观性

> 若想断断续续地做一个更
> 善良的人，乃是徒劳之举。
>
> 伊曼努尔·康德

在马克斯·韦伯的著作目录中，1898年至1902年间的文字著述均有收录。但是，这些著述几乎没有值得一提的重要学术价值：几篇关于其他作者撰写的书籍的初步评论，对自己的旧文《古代农业状况》的修订（每年9页）。1902年秋，当韦伯的健康状况有了初步好转迹象的时候，他在忙些什么事情呢？是从事农业政策方面他所关心和熟悉的几个课题的研究？还是继续深化他对古代社会秩序的了解？或是写作关于交易所作用的论文？抑或是埋头于康复期间在罗马养病时，从关于修道院制度或宗教改革的阅读中偶然获得的灵感？或者是继续参与那些将他与德意志帝国的政局联系在一起的各种辩论交锋？经历过如此重病之人，在重返学术舞台时拥有完全的自由选择权：可以轻装上阵处理简单议题，可以重拾因病搁置的研究，可以就这场疾病危机本身展开论述，抑或采取某种开诚布公、有利于缺席请假者重新恢复工作的方式。

但是，韦伯都没有这样做。身体状况刚刚允许他能较长时间伏案工作，他首先动笔写作的是一篇关于两位德国经

济学家著作中方法论问题的极其枯燥乏味的论文。为了撰写这篇名为《罗舍尔和科尼斯以及历史国民经济学的逻辑问题》(Roscher, Knies und die logischen Probleme der historischen Nationalökonomie)(以下简称《罗舍尔和科尼斯》)的文章，他不仅将自己折磨了很长时间，甚至还算计过，他为这篇文章所付出的精力消耗，或许足以开设一堂大学的讲座课。最后，这篇文章被分成三部分于1903年、1905年和1906年相继发表，全文共计400页。在此期间，韦伯还撰写了另外一篇关于学术理论的短文《社会科学和社会政策认识的"客观性"》(Die "Objektivität" sozialwissenschaftlicher und sozialpolitischer Erkenntnis)，篇幅为65页。篇幅略少的一篇是1906年发表的《文化学逻辑领域的批判研究》(Kritische Studien auf dem Gebiet der kulturwissenschaftlichen Logik)，共64页，以及与今天已经无人知晓的理查德·施塔姆勒[①]就方法论问题进行讨论的一篇论文，篇幅为57页。因此，韦伯在6年时间里就社会科学的学术理论问题写了300多页没有任何读者阅读的文章。1906年，亦即两篇这样的文章写就的这一年，他在信中记述道，《社会科学和社会政策档案》(Archivs für Sozialwissenschaft und Sozialpolitik)的读者针对他在方法论上的习作式的文章说了一大堆不满和抱怨的话。这些不满和抱怨迫使他不得不在较长一段时间里停止写作。[1]

我们可以将韦伯在上述文章中探讨的问题在此做一个简要的概括：其时，他在思考自然科学、精神科学和社会科学之间的区别，而且，他采用的方式是，在对问题进行思考的同时，并不忽视它们之间的统一性，即它们都是一种科学。

---

[①] 理查德·施塔姆勒（Richard Stammler，1856~1938），德国哲学家。

在思考问题的过程中,他所采用的参照对象是当时普遍流行的对规律科学和实际科学的区分方法。今天,我们会觉得这两个概念十分不同寻常,因为,当韦伯在谈到"规律科学"时,他所指的物理学的研究对象也是实际存在的事物。但是,韦伯强调,严格的自然科学是通过数量和功能上的观察,以及通过对具体性质的抽象化,来同因果关系完全"非实际的"载体打交道的。换言之,规律科学感兴趣的是物质的根本属性,如典型的血液循环和 $H_2O$ 等,而不是经验的,亦即不干净的水,以及一个天体脱离所有其他影响的运行轨道。韦伯试图解释,就社会科学来说,它是否必须对单个的社会现象或者是典型的社会现象进行研究。社会科学家努力追寻的目标是寻找和发现规律吗?若如此,那么在一个人们眼前所见的、由自由行动者的行为所决定的世界里,这些规律到底是什么样的呢?由于行为者的行为是无法预测的,那么对于历史学家来说,行为者的自由意志在历史上可以作为历史事件的偶然因素看待吗?如同在上述的文章中一样,韦伯在这个问题上的观点是一针见血的:"特殊的'不可预测性'——如同'盲目的自然力量'的不可预测性一样,但不大于后者——是神经病人的一种特权。"[2] 他问道:在社会变革中,什么才是一种"规律性的情况"?进行历史的比照(比如不同的政治人物或不同的文明类型等)有什么样的前提条件?哪些事件可以被称为"历史性的"事件?

从哲学的角度来看,所有这一切都是极为有趣和值得深究的问题。事实上,在随后的日子里,韦伯的确花费了更多的时间来阅读哲学类的书籍。但是,假如我们从中得出结论,认为这些问题对韦伯来说具有很大的吸引力,那么,我们还没有意识到,韦伯是怎样与这些问题打交道的——那实在是一种痛苦的折磨。在《罗舍尔和科尼斯》一文中,有一个句子竟然用了

10个名词,另外还做了5个脚注!我们不妨从另一篇写作日期稍晚的文章中找出一个句子作为实例。这个句子最好大声念出来,让大家都能听清楚,这样我们才能了解韦伯思考问题的方式和他的写作方式,以及他唯一完全不加考虑的对象——他的读者。这个句子要表达的意思是什么,已经完全无关紧要,我们只需注意它的长度即可:①

"In der Hauptsache richtig geschieden wird dann auch 1. dieser kausale Begriff des ‹Zufalls› (der sog. ‹relative Zufall›): – der ‹zufällige› Erfolg steht hier im Gegensatz zu einem solchen, welcher nach denjenigen kausalen Komponenten eines Ereignisses, die wir zu einer begrifflichen Einheit zusammengefaßt haben, zu ‹erwarten› war, das ‹Zufällige› ist das aus jenen allein in Betracht gezogenen Bedingungen nach allgemeinen Regeln des Geschehens nicht kausal Ableitbare, sondern durch Hinzutritt einer ‹außerhalb› ihrer liegenden Bedingung Verursachte (S. 17‑19), – von 2. dem davon verschiedenen teleologischen Begriff des ‹Zufälligen›, dessen Gegensatz das ‹Wesentliche› ist, sei es, daß es sich um die zu Erkenntniszwecken vorgenommene Bildung eines Begriffes unter Ausscheidung der für die Erkenntnis ‹unwesentlichen› (‹zufälligen›, ‹individuellen›) Bestandteile der Wirklichkeit handelt, sei es, daß eine Beurteilung gewisser realer oder gedachter Objekte als ‹Mittel› zu einem ‹Zweck› vorgenommen wird, wobei dann gewisse Eigenschaften als ‹Mittel› allein praktisch relevant, die übrigen praktisch ‹gleichgültig› werden (S. 20 bis 21)." ³

---

① 如作者所说,因是例句,内容意义并不重要,所以也未译成中文(句子不考虑句法结构,下笔完全是随心所欲,因此勉强译成中文没有意义)。有兴趣且会德文的读者可以尝试琢磨一下此句的含义。

由此，我们究竟应该如何来解释这样一个如此抽象复杂和被韦伯以并不简单的方式加以阐述的问题的新开端呢？诚然，韦伯是应他人约请，写作一篇关于威廉·罗舍尔和自己的老师及讲座课的前任授课人卡尔·科尼斯的纪念文章。但是，如同他在信中所抱怨的那样，由于一件"让人来火的工作"，他耽误了交稿的时间。而后续的几篇文章均不是别人的约稿。如果回过头来看韦伯在健康状况崩溃之前的论著，我们就可以发现，里面均没有涉及方法论问题的内容。若是有人推测，韦伯是想通过对方法论的研究来为自己准备某种工具，以备今后对诸如资本主义、宗教、国家和法律等问题进行论述，那么，韦伯曾经说过的一句话恐怕会让我们改变看法。韦伯说，方法论"不是卓有成效的工作的前提，正像解剖学不是'正确的'走路姿势的前提一样。而且，如同一个想用解剖学的知识来不断控制自己走路姿势的人会有摔倒的危险一样，同样的情况也会发生在专业学者身上，亦即他们试图借助方法论的考虑来另行设定自己的工作目标。"[4]

在韦伯针对柏林大学古代史学家和埃及学专家爱德华·迈尔（Eduard Meyer）所写的《关于历史学的理论和方法》（Zur Theorie und Methodik der Geschichte）一文的争论文章里，有一小段文字给了我们关键性的提示。韦伯把迈尔的认识论批判观点称作"不是医生写的病情报告，而是病人自己写的病情报告，而且身为病人，他们还想得到他人的赞许和理解"。这里，将此观点宣布为自己的行动纲领的韦伯告诉我们，他本人不仅经历了一场心理疾病的危机，而且还经历了一场学术研究的危机。因此，他的方法论文章完全不是煞费苦心地对作为工具的认识论的打造，而是一个康复期病人对病因的探究和康复报告。这个康复期的病人用写文章的方式将自己从认识论的危机中解救出来，并且，也正因为如此，他付出了如此巨大和如此消耗体力和精力的代价。[5]

那么，除了已经提到过的个人身体的危机外，这里所说的究竟是一个什么样的危机呢？首先，这是一个从事学术研究的学者的一场危机，他已经脱离了自己所学和所传授的学科专业以及任何一个学术流派。韦伯已经不再是律师，对历史的研究也不是他想要投身的事业。他更倾向于经济学方面的学术观点，尤其倾向于同"历史学派的国民经济学"（他在大学所学的就是这类知识）公开进行论战的那个学派的学术观点。与此同时，他所代表的经济政治观点又与他在方法论上有好感的那派观点有所冲突：他认为自己是一个政治经济学家，或曰民族政治经济学家，而不是有世界主义思想的消费者利益的捍卫者。但是，他逐步开始着手加以研究的社会学，作为一个单独的学科这时还未出现。而且，对于这个学科中已经存在的一些固有的传统，诸如寻找"社会规律"并在控制社会过程中加以应用的、自奥古斯特·孔德①以降的法国路线，以及赫伯特·斯宾塞②所代表的社会进化论的英国路线，他统统予以全面否定。我们可以设想一下，在当时的年代，甘于寂寞、不参与任何论战交锋的学者恐怕鲜有其人。

然而，韦伯之所以会有走进了各种不同路线之间的感觉，是因为他意识到了学术界的一个危机。仔细观察，我们就不难发现，历史学派的国民经济学实际上是一个庞大的关于经济史的信息资料的混杂体。借助完全未经深思熟虑的概念和方法，这些信息资料被加工成了一种政治世界观。人们言必称经济的自然规律，却又对创造抽象的概念采取拒绝的态度。许多人认

---

① 奥古斯特·孔德（Auguste Comte，1798~1857），法国数学家、哲学家，社会学和实证主义的创始人。

② 赫伯特·斯宾塞（Herbert Spencer，1820~1903），英国哲学家，社会达尔文主义的鼻祖，"适者生存"原则在社会中应用的倡导者。

为，国民经济的源泉是有着特殊天赋和欲望的民众，但是又不对这些天赋和欲望从何而来予以解释和廓清。他们还认为，每个民族都要经历不同的发展阶段，就像生物体一样，要历经出生到成熟、衰老到消亡的过程。但是，这个论点的基础是什么，却始终没有一个明确的说法。虽然人们认为，参与经济活动的人的行为有着一系列的动机，诸如自我利益、上帝之爱、公平正义的理想、仁慈善良和对内心自由的追求等。但是，在对经济行为的考察探讨中，除了自我利益之外，对其他动机的考察研究均未有所触及。于是，仁慈善良和公平正义就统统成了国家和政府承担的事务。

然则，历史学派所追求的学术目标是所谓涵盖一切的"全面性"。由于技术、司法、立法、不同的民族、工厂的地理位置、道路、建筑物、原材料和所学的技能都属于经济范畴，因此，所有这些以及更多的因素都必须纳入经济学的考查范围之内。古斯塔夫·施莫勒于1900年出版的国民经济学教科书卷首章节讨论的题目，便是婚姻、居民点、文字、语言、公众社会和"统一的思想意识形成"等问题，亦即人类心理学范畴的命题："人不能仅仅是吃饭和谈恋爱，他还必须用其他事物来充实自己的时间和心灵"，[6]因为人的情感、子女教育和闲暇活动对于经济需求的产生有着同等重要的意义。

早在韦伯之前二十年，奥地利经济学家卡尔·门格尔就于1883年与历史学派，尤其是与施莫勒发生过一场论战，其焦点恰好也是涉及一种不讲界限、拒绝理论的专业化、毫无原则可言的学科领域的印象。门格尔认为，科学研究的真谛在于探究对象遵循何种规律。如同自然科学一样，在经济学中同样重要的是，要从具体的事物当中只把反复出现的那些事物抽绎出来，而不是毫无目的地热衷于对细枝末节的搜罗和叙述："埃尔伯费尔德（Elberfeld）的肉价！普福尔茨海姆（Pforzheim）的肉价！米尔海姆（Mühlheim）的肉价！希尔德斯海姆（Hildesheim）的肉价！盖尔莫斯海姆（Germersheim）的肉价！茨维考（Zwickau）①的肉价！诸如此类，不一而足。"门格尔模仿历史学派的口吻，讽刺了他们狂热的搜罗癖好。事实上，这句讥讽的话的确可能是历史学派圈子里博士论文的题目。在此，我们只需列举特奥多尔·豪斯②的国民经济学博士论文[他的导师是韦伯在慕尼黑大学任教时的同事卢约·布伦塔诺（Lujo Brentano）]，即可管中窥豹，略见一斑。他的论文题目是：《内卡河畔海尔布隆地区的葡萄种植和葡萄酒农现状》。

有鉴于此，门格尔气愤地骂道，若以这样的方式，一辈子也休想搞出一套经济学的理论。在社会科学中，重要的不是从各个方面支离破碎地对一件事物进行把握，而是获得具有重要意义事物的标准和规范，亦即注重"类型及人类现象的典型反应"。[7] 二十年后，韦伯对此论点做了如下的表述：不是事物在现实中的相互关系，而是问题在头脑中的内在关系产生了学术工作的研究范畴。[8] 在门格尔眼里，有着同样观点的立论是，经济的参与者是一个自私自利的经济性的人（homo oeconomicus）。而且，他尤其强调的是一种将各种互为矛盾的行为规范加以排除的论点：只有我们把人想象成一个其经济行为受其自身动机主导的人，并且对他经常犯各种错误的情况忽略不计，这时，我们才能对他在现实情况下的经济行为做出准确的说明。

韦伯赞同门格尔的观点，即科学研究意味着对事物的典型

---

① 以上六地皆为德国城市地名。
② 特奥多尔·豪斯（Theodor Heuss，1884~1963），德国自由民主党政治家，1949~1959年任联邦德国总统。

化和简单化,而且,任何科学理论都不可能缺少因果假设的命题。那么,韦伯为什么对他那个时代的经济学和社会科学会有陷入僵化教条危机的印象呢?倘若历史主义方法是一种病症,那么,医治它的手段似乎已经摆在了人们面前:改弦更张,采用奥地利经济学派以及如今为我们所熟悉的、以理性的行为选择为特征的建模方法。

但是,在韦伯看来,这场危机的程度要严峻得多,而且,"规律科学"(门格尔想把社会科学也归入此类)也是危机的一部分。[9] 在韦伯眼里,为了经济理论而放弃历史,这是他所不愿意做出的一种牺牲。就与在以往历史中随意采撷资料的方法做斗争而言,他所使用的词汇与门格尔的批评语言几乎如出一辙。然而在他看来,从人们对学术研究兴趣有意识的片面性的赞扬声中,并不能顺理成章地得出结论说,人的行为的哪些方面应当加以摈除。为什么经济行为的逻辑应当把人的私利行为作为重点,而不是把人的模仿行为作为重点?在这个问题上,韦伯并不反对把经济性的人作为现代经济的典型人物来看,但是,他想得到的是一个论证理由,而不只是一个固定的结论。

尤为重要的是:在 19 世纪,为数众多的理论体系纷纷出笼。这些理论体系想要对每个历史现象都做出解释,并把这些历史现象统统归结于某个因素之上:阶级或种族斗争,仇恨情绪或潜意识,行为者的生理学问题或生活环境,民族精神等,不一而足。因此在这里,人的私心只是多种因素中被归结为社会行为产生原因的一个因素。韦伯坚决反对这样一种观点,即认为任何现实的事物都处在永无止境的因果关系中,所有事物皆有为数众多的起因和根源:"即使手中拥有关于事物所有'规律'的最广泛的知识,我们仍然无奈地面对着这样一个问题:究竟有无可能用因果关系来解释一个单一的人的行为?——因为,仅仅要对现实事物的一个最小片段进行描述，就已经十分困难。"[10] 早年，当韦伯在从事易北河东部农业工人或古代农业史的研究时，他就已经意识到，经济行为绝不仅仅取决于经济的环境。有鉴于此，他不仅要把经济活动纳入社会经济学的研究之中，而且要把与经济有关的重要事实（如立法、思想、技术）以及以经济为条件的事实（比如一切必须依靠资金来做的事情）也纳入社会经济学的研究之中。韦伯认为，现实事物无法从法则当中演绎出来。对他来说，因果法则只是认知的手段，而非认知的目的：从一项法则中，永远不会产生与之相关联的事物的意义，但是，社会事实本身却是富有含义的。即便是一个人的决定——将他的经济行为以自身利益为目标——也是受历史条件限制的，亦即，这个决定完全可能是在另一种情况下做出，因而是能够被理解的（抑或是需要加以解释的）。就决定专注于对个人的自我利益进行研究的学者而言，他的这项决定也不是出于对自己有利益的目的，而是出于学科的、认识论的或是课题研究的考虑做出的："然而，但凡在我们看来有意义的事物，它们当然都不能通过对经验中所存在事物的'无前提条件的'研究工作得到阐释，事物的发现和认识，乃是某一事物成为研究对象的前提条件。"[11] 对此，韦伯阐述的理由非常简单：对我们来说，一个历史过程的意义不在于它与其他历史过程所共有的东西，而是借助于使其与众不同的东西，亦即借助于在我们看来使它与其他事物有区别的那些事物。

我们不妨在此举一个韦伯自己简单做过提示并且预示他今后研究工作重点的例子：对他来说，市场经济的研究毫无疑问意味着对交换和支付方式的研究。但是，市场经济如何在现代社会中取得了它的统治地位，为什么市场经济的发展在他的时代能够不同于古代社会（归根结底，古代的交换也同样是以人的自身利益为目的的）？这个命题并不能从以自身利益为重的财物所有者的永恒交换法则中得到解答。"对于讲求精确的自然科学来说,'法则'越具有普遍性,它们就越重要和越有价值;就认识具体条件下的历史现象而论,最普遍的法则——因为它最为空洞——经常也是最无价值的。"[12] 这是因为,历史社会学所探讨的是独特的事物,对韦伯而言也就是探讨独特事物的价值问题。

所以,韦伯在方法论的文章中为其开出病情报告的社会科学由此陷入了一场危机,因为它不仅分解成了没有观点的概念或没有概念的观点,同时它还分解成了对历史视而不见的一种准确性,或是一种由于没有明确的目的而让人无所适从的历史知识。这种历史知识所达到的最终结果似乎是:关于历史的科学是根本不存在的,有的只是随意编造的历史故事罢了。现实事物本身不再为研究者提供看问题的观点和角度(韦伯对此坚信不疑),而是一团杂乱无章的事实"乱象"。只有当人们借助各种概念接近它的时候,它才会产生新的认识。可是,我们应当怎样来防止这些随心所欲的概念产生呢?

对此,韦伯给出了著名的"理想类型构建"理论——在其医学隐喻中,这堪称化解科学危机的特效疗法:研究者应当采用对当前现实感兴趣的态度——比如对这样一个问题感兴趣:哪些动机使得近代早期的人们走向了资本主义式的职业生活——来研究第一手的历史资料。这种兴趣本身并不能从科学的角度得到解释,因此,韦伯在他与危机做斗争的最重要的一篇文章中,特意对"客观性"一词加了双引号。他在文章中不惜笔墨和煞费苦心所得到的结果,人们似乎可以用受概念控制的主观性或是用主观的概念控制来称呼它。然而,倘若说从某个独特的历史现象中无法推导出事物的规律,那么,这个唯一的历史现象的价值又何在呢?

韦伯借助他的同人、科学哲学家海因里希·李凯尔特(Heinrich Rickert)的观点对此做了形象化的回答。李凯尔特认为，腓特烈·威廉四世（Friedrich Wilhelm IV）拒绝接受在法兰克福圣保罗教堂召开的国民议会献给他的德意志皇冠是一个历史性的事件，而为国王缝制御袍的裁缝则在历史上没有任何意义。对此，史学家爱德华·迈尔提出了不同看法：仅就政治历史而言，裁缝无足轻重，但是，对其他的历史研究范畴来说，诸如服装业史或手工业史等，裁缝或许并非不重要。[13] 在韦伯眼里，这个回答未能讲清两种不同的历史事件之间的根本区别：第一种历史事件之所以重要，是因为它们产生了重大的后果和影响；第二种历史事件之所以重要，是因为它们是某些典型事物的范例。韦伯认为，人们或许可以从易洛魁人的国家那里学习到有关国家形成的关键性的东西，尽管这个国家从世界史的角度来说实在是微不足道。反之，在萨拉米斯海战中打败波斯人的地米斯托克利①的某些决策虽然一直影响到了当代（韦伯对历史的因果链问题有非常广泛的了解和认识，他设想，假如波斯人赢得了这场海战的胜利，后来的历史将会被改写），但是，对于历史学或心理学的概念形成来说，这些决策完全没有任何意义。

缘此，易洛魁人对了解和认识国家社会学是有帮助意义的，古希腊大军统帅的命令及其后果影响可以交由历史学家们加以评说。因而，就服装业史而言，腓特烈·威廉四世的裁缝或许也同样"在因果关系上完全无足轻重"，除非，恰恰是这位御用裁缝裁剪出了超出国王身体尺寸之外的具有影响力的事物。但是，撇开历史影响力不谈，这件御袍是人们了解和认识1848年前后时装概念的一个非常适合的工具。

由此观之：韦伯这里所说的独特的事物和历史的个体，不

---

① 地米斯托克利（Themistokles，前524~前459），古希腊杰出的政治家、军事家、民主派重要人物，力主扩建海军，在前480年的萨拉米斯海战中大败波斯舰队。

仅仅以及并非首先指的是人。城市、命令、婚姻、文本、服装也都是历史的个体。有志于把这些事物按照时间的先后理出其社会根源的历史顺序链的研究者，不仅能够从这些事物中发现它们的"典型"特征，而且还可以进一步探究，什么是它们具有典型性的东西，它们存在的所谓关键点在哪里。在此过程中，依照他的主观决定，研究者集中精力对这些特征进行专门研究，并从中建立起韦伯将之称为"理想类型"的构架。这样，易洛魁人或是其他部族的国家就可能变成了一种"原始国家"，换言之，"国家"和"部族"本身就成了一种理想类型。抑或，易洛魁人统治形式的某些特征（以酋长首领和魔法巫术为前提）就体现在了"有超凡个人魅力的统治"的理想类型之中。在这个理想类型里，一种社会事实的特征就从与其他特征的混合体中分离出来，从而使我们得到了一种认识事物的工具。借助这件工具，我们就能够在事物之间进行各种比较：与其他国家的比较，与无国家形式统治的比较，与没有魔法巫术的统治的比较，等等。或者，我们还可以构建起各种理想类型的发展过程：典型的部族社会走向灭亡的原因是什么，它们后来变成了一种什么样的形式？抑或：当纺织工业兴起的时候，手工裁缝行业发生了哪些变化？

在韦伯提出的这些今天我们看来或许很平常的论据中，他的哪些重要的思想得到了体现？对此，只要我们看一下他对歌德以及对歌德与其所爱恋但（也许）未能追求成功的夏洛特·冯·施泰因[①]的来往书信的论述，便可一目了然。文学史家为什么应当对此事件感兴趣呢？我们可举其中的一个原因为

---

① 夏洛特·冯·施泰因（Charlotte von Stein, 1742~1827），萨克森－魏玛－爱森纳赫女公爵的宫女和亲信，已婚并有七个子女，歌德早年曾经狂热地爱恋她未果，两人之间有大量书信来往。

例:"那些与一种巨大的热情紧密相关的禁欲主义年代"在歌德以后的生活中产生了历史性的影响,而且,正如韦伯所表述的那样,"当歌德在南国的天空下改变自己的人生道路的时候也是如此"(韦伯自己的热情、禁欲主义和在南方国家的人生变化则另当别论)。然而,韦伯认为,即便歌德这场或许完全放弃欲望的与夏洛特·冯·施泰因的相逢相知后来对两人的生活没有产生什么影响,这段人生经历的意义或许依然在于,它典型地说明了诗人歌德的"生活方式和生活观念":这段经历也许始终还会被认为是那个时代或者是歌德社交圈的一种"表征",而且,"那些社交圈的精神现象"就可能是起因果关系作用的、文化史上的一个瞬间。最后,还有一种可能性是,如果这样的说法也不正确,而且,歌德这样的经历不仅出现在许许多多的文化中,甚至还出现在所有时代之中,那么,即便如此,总还会有文化心理学家或是神经科医生能够对这种经历进行某种分析研究,并"将其作为某些特定的禁欲主义'误入歧途'的'理想类型'范例,运用各种'有用的'观点对之加以论述"。[14]

但是,就韦伯而言,从这种通过四到五种可能性对歌德情书进行科学评价的方法中还产生了另外一层含义。这些都是出自歌德之手的情书,而且,即便我们不知道它们的作者是谁,它们也是高质量的书信。韦伯认为,人们可以将信中表露出的热情和内敛的结合作为一种狭隘的或是一种宽泛的性道德的追随者来加以否定,但是,即便是对这样的立场观点来说,这样做也不会让书信的解释失去价值。因为,这些将一种已经在历史上变为现实的可能性(即某人是怎样生活的)揭示出来的解释方法,能够让自己的生活变得"对价值更加敏感"。

我们之所以对韦伯方法论文章中的一段较长的文字做了如上的评述,是因为这样的评述不仅揭示了韦伯的思考和写作方式(这种思考和写作方式始终努力不放过他所研究的问题的任何一个细节），同时，借助"价值敏感性"这个概念，韦伯的研究工作来到了一个关键点，这个关键点向他表明，人文科学和社会科学所能达到的极限是什么。或者更确切地说：这个关键点为他指出了他自己学术研究工作的真正含义。他由此所获得的精神解放——明确了今后工作的方法论基础——乃是一种找到了学术工作特殊意义的情感释怀。在处理历史资料，或是探寻历史规律（甚至是不可改变的法则）的过程中，他已经无法认识到这种意义。从现在开始，他的学术工作的意义将是：通过对历史的生活现象及其意义的分析，亦即通过理解的方式，使当下的人们对人类价值的重要性更加敏感，具体来说就是：对读者在其生活方式中所遵循的或是与之保持距离的观点和思想更加敏感。韦伯写作的时代是古老的观念被撼动的时代，历史——不仅是古代的历史，而且也包括基督教史或其他各民族的历史——可以作为富有教益的范例来为人们服务。古老的观念之所以被撼动，不仅是因为人们感觉到他们生活在其中的那个社会与所有已经逝去的社会的关系越来越远，而且还因为各种各样把历史也当成一种范例的理论学说。但是，这些理论学说对历史进行了一次重大的重新评议：历史是消极事物（das Negative）的范例，是无目的性（Sinnlosigkeit）的范例，是强加的因果关系的范例，是盲目的进化过程的范例。正因为如此，一种只算计利益、专注于适应环境和从中捞取最大好处的生活方式便应运而生。马克斯·韦伯在精神崩溃后着手创作的这部著作，旨在证明这并非唯一可能性，反之，"西方的"文明连同它所创造出来的资本主义和现代社会是某种遵循特定的价值观念和有某种"精神"的事物。换言之，人们至少可以这样来构建这种文明，使它似乎具有这样一种"精神"。在马克斯·韦伯撰写他的方法论文章的同时，他已经开始了从理想类型的角度来阐述资本主义的创建者的写作工作。这些资本主义的创建者将提醒韦伯自己所处时代对价值观念不敏感的人们：处在资本主义开始阶段的并不是虚无主义、自私自利和享乐主义，而且也不是对进步的乐观态度和启蒙运动。

# 第十一章
# 既心灵相通又观点不同的人
## ——桑巴特和齐美尔

> 他们所研究的经济活动,半数是
> 与根本不存在的事物打交道;
> 因此,从这个意义上说,所有的
> 经济活动都是一个童话。
>
> 吉尔伯特·K.切斯特顿\*

在马克斯·韦伯同辈的学者中,没有一位学者像只比他年长一岁的维尔纳·桑巴特①那样与韦伯在人生履历和学术研究上有如此之多的共同之处,同时又与他有如此重大的差异。1899年,他们二人的老师阿道夫·瓦格纳曾把桑巴特称作"最有才华"以及"与马克斯·韦伯并驾齐驱的德国青年国民经济学家"。1 桑巴特的父亲也是一位民族自由主义者,而且全家也同样是加尔文-胡格诺教派的信徒,虽然家中数量可观的财产并不是来自开办的实业,而是来自自家的土地庄园。正如一位评论家所说的那样,维尔纳·桑巴特成长在"农业政治的环境之中",而且像韦伯那样除了是瓦格纳的学生以外,他还是奥古斯特·迈岑和古斯塔夫·施莫勒的学生。然则,他很

---

\* 吉尔伯特·K.切斯特顿(Gilbert K. Chesterton,1874~1936),英国作家和文学评论家。

① 维尔纳·桑巴特(Werner Sombart,1863~1941),德国社会学家和国民经济学家。

早就对前者的讲坛社会主义情有独钟。在他父亲家里,来来往往的都是马克斯·韦伯在东普鲁士地区农业经济政策方面未来的反对派人物,其中一位是桑巴特的大学同学、评论家卡尔·奥尔登贝格(Karl Oldenberg)。作为经济学家,此人是关税保护最积极的拥护者和反对将德国改造为工业国家的斗士之一。

桑巴特的博士论文写的是古罗马坎帕尼亚地区的农业史。他在意大利的大学读过书,并且想通过"社会利益和私人利益冲突"的典型案例来阐明,哪些社会政策举措适合,以及哪些不适合用来阻止"土地贫瘠地区的人口减少"和"农村居民的完全贫困化"。[2] 他的论文题目与马克斯·韦伯早期的研究课题几乎不谋而合,这并非纯属偶然。从某种程度上说,在桑巴特父亲家里,这些是每天都在议论的话题。此外,二人共同的熟人好友形成了各种各样的关系网络,同时,在共同研究的历史课题中,二人都在对方身上看到了自己的影子。三年前由桑巴特承诺着手的罗马农村地区的农业史命题,三年之后由马克斯·韦伯拿出了研究结果。此后不久,韦伯在他关于农业工人问题的研究报告中,对桑巴特父亲提出的、旨在通过小土地所有者的移民定居措施来实现德意志帝国东部省份"内部殖民"目标的改革计划表示赞许。

相对而言,桑巴特的行事风格总是节奏更快一些,而韦伯总是更加仔细认真。桑巴特曾做过不莱梅商会的法律顾问,26岁时在布雷斯劳①当了大学副教授。"这个乳臭未干的先生"——当地一份报纸用充满怒气的口吻写道——用他撰写的关于西里西亚纺织工人的文章引起了轰动。其时,正

---

① 布雷斯劳(Breslau),位于波兰西南部奥德河畔的第四大城市,波兰语称弗罗茨瓦夫(Wloclaw),历史上曾经是普鲁士王国的一部分。

是由于格哈特·豪普特曼①的戏剧,纺织工人的苦难才成了公众议论的话题。桑巴特被人称作社会民主党人,这使他几近被剥夺了担当任何国家公职的机会。然而,他的秉性气质并不能说明,他是企业家敌人的名声和长时间等待大学教职是蒙受不白之冤或有失公允。他喜欢过一种逍遥自在的生活。为了写文章同时也为了赚钱,他经常出没在各种婚礼的舞会上,接连生了一个又一个小孩。除此之外,正如他的传记作者所记述的那样,他还有"大量的婚外恋和出轨行为",并且在韦伯成为国民经济学家的那些年里越来越热衷于卡尔·马克思的著作,以期从中发展出一套自己的社会主义,并把它看成人们的日常生活规范:"文学中的自然主义,艺术中的户外画,即冲出杜塞尔多夫式的狭小天地"(此处指的是杜塞尔多夫画院那些浪漫情调的历史题材画),"以及冲出花园凉亭的环境,走到空气清新的大自然中去,——难道这些都是不一样的事物吗?这些事物背后的主导动机不同于导致了社会理论中的现实主义的那些主导动机吗?"3

韦伯对这一套说法不屑一顾,其原因不仅仅在于这种表达方式非常通俗简单。韦伯终其一生喜欢的是读起来像拉丁文那样的德文语句。除此之外,那种把学术工作等同于艺术,或是要对社会运动产生影响的愿望,对他来说是完全陌生的东西。韦伯寻找的对象始终是精英人群,哪怕是给报纸写文章,他也把文章写成了学术论文。桑巴特则不然,他只要出名就够了。韦伯对他的记述是:"两个人的时候,他是我认识的最好相处的人。但是,三个人在一起的时候,我们就成了他的'观众'。"4 他一辈子都在试图赢得他的观众,而且也的确取得了成功。例如,他于1896年在苏黎世所做的那些关于社会主义

---

① 格哈特·豪普特曼(Gerhart Hauptmann, 1862~1946),德国剧作家和诗人。

的讲演报告。在这些报告中,他把历史描述成一个阶级斗争和民族冲突的过程,因此提出建议,国家要解决的是社会问题,社会民主党人要有民族立场。这些报告获得了巨大的成功,出版的著作达到了五位数的发行量。1897年,马克斯·韦伯离开弗赖堡大学后,校方有意延请桑巴特来填补职位的空缺,韦伯和其他同事都表示支持。但是,因为同样的原因,这个尝试未获成功。直到第一次世界大战时,桑巴特才拿到了一个正教授的职位。

理解桑巴特和韦伯不同之处的关键出版物,是1902年出版的、材料丰富翔实的两卷本著作:《现代资本主义论》(*Der modern Kapitalismus*)。桑巴特首先将资本主义诠释为经济史的一个特定阶段,这个特定阶段取代了非商业经营的手工作坊。桑巴特认为,手工业(不能理解成手工活,而是组织形态和社会阶层)是一个独立经营的个体,资本主义很早就对财产和生产指令做了区分,因为,有鉴于它的规模,资本家在他的企业中已经无法参与到所有事务的决策之中。[5] 手工业赖以为生的是它的生产环境和生产传统,而资本主义企业家则相反,他所选择的现实目标是以他投入的资产能够产生利润为目的的。为此,桑巴特举了一个皮靴厂的例子(他举的这个例子让人觉得,似乎他早就对诺基亚公司的历史了如指掌。诺基亚从造纸起家,后来改为生产橡胶靴子,最后到生产移动电话,未来可能转型到另一个行业),来说明这个问题:资本主义皮靴厂的生产目的,"从来就不是生产皮靴,而始终仅仅是为了实现利润";[6] 这个目的是"抽象的,所以是没有界限的";因此,企业家只是他的资产的代表;他可以被替换,人们可以将公司的所有权和对它的管理一分为二;对资本主义的组织形式来说,任何一种人的需求都不起决定性的作用。举例而言,一家公司不会因为它的老板有了第二条游艇而放弃它的盈利机会。利润不需要特殊的心理动机，而是作为客观的必要性出现在将它组织起来的人面前。[7]

"资本主义是怎么出现的呢？"桑巴特提出问题并回答道：它需要资产和把资产转化为金钱的可能性，亦即资产的流动性。并且，它还需要资产所有者的一种"资本主义精神"。这种"资本主义精神"被桑巴特诠释为：追求利润、成本计算意识和经济理性主义。在他看来，现代经济形式的产生不仅与诸如复试簿记等技术，或者与诸如大量的资产占有等条件相关联，而且也同把这一切都利用起来的动机密切相关。所以，还是离不开人的动机！

从经济史角度来看，这个观点与格奥尔格·齐美尔在1900年出版的《货币哲学》(*Philosophie des Geldes*)一书中作为研究宗旨所提出的见解如出一辙：要给历史唯物主义"建立一个基础"，目的是了解和认识作为"心理学及形而上学前提"的产物的各种经济形态。早在1892年，齐美尔在他的《历史哲学问题》(*Probleme der Geschichtsphilosophie*)中写道，如同天文学是应用数学一样，历史学就是应用心理学。可是，齐美尔也发现，人的许多行为在完成过程中是根本无须特殊动机的。对此，他在书中这样写道："在一个行为的背后，究竟是否藏有一个可用语言表达的有意识的内心活动，这个问题尤其是在下述的心理活动中变得困难起来：虽然这些心理活动要把其形式的合目的性以及特定情况下完成它们的冲动归结于某种意识，但是，当行为逐渐转变为一种纯粹条件反射和本能的行为时，这些心理活动就失去了这种意识。"[8] 简言之：有人创办一家企业，或许是出于自身灵魂救赎的原因，但是，从企业的运营活动甚至从他本人在企业的活动中，我们或许已经无法看到这种情况的踪影。因此，我们在这里处处所见到的是一种介于两者之间的需要：对作为资本主义基础的动机、心态和"文化"的重视,同时,恰恰要在它不需要特殊的动机方面,以及在它把自己强加给所有的文明类型的能力方面,认识到资本主义的强大力量。

那么,资本主义又是如何产生的呢?如同桑巴特所阐述的那样,"资本"仅仅是一种必要但不充分的前提条件:国王、诸侯、主教、修道院和教团也囤积了大量的财富,但并没有将它们用于获取利润的目的。[9] 桑巴特在论述中对新教主义作为商业和工业的精神因素只是轻描淡写一带而过,并认为它是一种众所周知的推测。然而,他提醒人们注意,这个问题恰恰可以反过来加以认识,并且把新教主义的兴起诠释为受现代经济思想影响的一种结果。倘若我们将韦伯的观点——人们出于宗教的原因以某种方式从事经济活动——与下面这个相反的观点放在一起考察,那么结果便一目了然:这里,会不会是某种特定的、最初被当作"非社会的"社会行为被简单地用一种新的宗教语言合法化了呢?以此观之,那么就不是从极端的新教徒中产生了商人,而是商人有充分的理由变成了新教徒。

不过,桑巴特将自己的视线完全从宗教的角度转移开来。他认为,在中世纪末期,亦即13世纪和14世纪时,欧洲普遍出现了一种对金钱的需求。这种需求部分是由于十字军东征需要大量财力物力,部分也是因为发生在十字军东征期间对中东地区的掠夺,于是,一种极度膨胀的追求奢华生活的风气应运而生。城市化的进程将人们的这种欲望引向了对货币经济的热衷上来;与此同时,贵金属的开采规模越来越大;人们纷纷转向淘金业和炼金术;统治者绞尽脑汁想出各种新的苛捐杂税,其他人则实施抢劫。桑巴特写道,在此环境下参与掠夺他人者,都是来自较低社会阶层的人,即所谓"寡廉鲜耻的天生精明之人"。而且,若是他们对借贷生意有所了解的话,他们就会发现,普通的经济活动也同样是一种可以发大财以及用钱可以生钱的机会。"因此,我们必须做这样的推测:在富有的小商贩中和在狡诈的放高利贷者的人群中,资本主义精神变成了活生生的人。"桑巴特的结论是:这群人是犹太人。[10]

桑巴特于1911年在专著《犹太人与经济生活》(*Die Juden und das Wirtschaftsleben*)中对这个论点进行了阐述。这里,特别引起我们注意的是两方面的内容:一是文中的反犹主义意味。从这个意味中散发出的,与其说是桑巴特得出的结论,毋宁说是他写下这个结论的方式。在他针对放高利贷者寡廉鲜耻的评语中,人们或许已经看出了他后来在第一次世界大战中在德国"英雄"和西方"商人"之间所做区别的最初苗头。[11] 更为奇怪的是,他把犹太人也归在了"动摇贵族世界结构"的"大众人群"之列,因为此后不久,他自己即撰文写道,12世纪时,热那亚仅有两户犹太人家居住,而在1152年的威尼斯,犹太教信仰者也不过才1800人。所以,把动摇欧洲贵族世界的罪名单单强加在犹太银行家头上的做法不仅卑鄙无耻,而且他的指责,即犹太人的赚钱欲望"尤其因为其像传染病一样迅速蔓延,并很快传染到所有人口,包括高贵的人群,从而产生了破坏性的作用"[12],也同样无耻卑鄙。

我们不妨这样来总结概括一下:在十字军东征过程中以及由于东征的军事行动,帝王将相和王公贵族们奢华享受的胃口变大了,这就使头脑更为精明的商贩们产生了一种想法:赚钱的欲望本身并不是一件坏事。于是,他们(意大利北部地区犹太人居住区里受歧视的少数人)迅速把这一想法传播给了其他所有的人,也包括上层社会的人群。那么,现在要问的一个简单的问题是(1902年时人们就已经可以提这样的问题):作为把资本主义思想传播到所有阶层的一个关键性的机制,这样的传播究竟是如何进行的呢?对此,这位流行病史学家却暂时闭口不谈。

但是，这并不意味着维尔纳·桑巴特的观点仅仅是出于忌恨做出的反应。有趣的是，他在书中随后的章节里描述了完全另外一个资本主义的前提条件，并将其产生的时间标定在 1202 年：这一年，数学家列奥纳多·斐波那契（Leonardo Fibonacci）在他的著作《计算之书》（*Liber Abaci*）中，除了列出其他有用的计算方法外，还把在佛罗伦萨和威尼斯商人中以及在热那亚地方政府中普遍采用的 "partita doppio"（复式簿记）作为一切精确计算的基础向世人做了介绍。对桑巴特来说，复式簿记体现了首个真正的资本主义思维方式，其原因是它将资本人性化了：企业首次以一种体系的形式出现，在这个体系面前，所有者本人可以犯错误；在这个体系中，他的所有财产都同时被表示为针对自己的义务和债务，每一个贷项都被记为一个借项。[13]

桑巴特从这个发现中得出结论，正是从这里产生了经济理性主义。与此同时，他还提示人们注意，土地丈量、计时和重量校准在同一时代也同样取得了很大发展。他用奥格斯堡的商人雅各布·福格尔（Jakob Fugger）回答其同行的一句话（此人想说服他做生意赚了很多钱后应该见好就收），作为他书中关于现代经济起源于财务计算学这一段落的结尾："他有许多别的想法，只要能赚到钱，他就要继续赚下去。"[14]

但是，究竟谁才是资本主义精神的代表和传播者。针对这个问题，桑巴特至少给出了四个说法：犹太人和其他小商贩，再者是"城市的外来人"，其中包括中世纪的犹太人在内；此外，还有其他在经济上活跃的局外人团体，诸如佛罗伦萨的谦卑派教徒（以合作社形式组织起来的贫困和苦修教派），或者是柏林的胡格诺教徒，最后是 13 世纪早期的计算学以及 14 世纪末的计量技术。在韦伯看来，这种答案的多样性乃是一个没有明确界定的、缺乏足够耐心予以深究的问题所带来的结果。

尽管如此，人们从中也能够发现一个证据，即资本主义是从各种截然不同、没有关联性，特别是不存在相互依存关系因素的聚合体中产生的：技术创新、人口统计数据、经济债务状况、战争、物质的密集化（城市的发展）、知识和眼界的开阔等。但是，这样一种把眼光紧盯在形成结构体系的偶然事件上的视角，与马克斯·韦伯的看法相去甚远。他所寻找的资本主义精神，是一种应当把明确无误的人物和特征清晰的代表归结为根源的资本主义精神。我们似乎也可以这样来表述：他寻找的是现代资本主义的一个英雄主义式的起源。

那么，韦伯的新教主义起源论是对桑巴特挑战的回应吗？至少可以肯定的是，韦伯最早试图争取慕尼黑大学的经济史学家卢约·布伦塔诺来写一篇关于《现代资本主义论》的书评，并希望布伦塔诺会对有关禁欲主义的文献资料进行梳理。但是，布伦塔诺没有答应，以至于这项工作还是落在了韦伯身上。出于当时有限的工作能力的原因，韦伯把自己的精力集中在起源问题的唯一动机（即加尔文教）之上，这是无须解释的事情。[15] 可是，有鉴于他阅读过的大量材料被采纳到研究工作之中，有限的工作能力一说便让人觉得更多的是一种奇怪的心理学推测。反之，与桑巴特不同，韦伯不仅试图引用历史的文献材料来对诸如"精神""资本主义""理性"或"外来因素"等概念予以形象化的说明，而且试图从论证的角度发展出这些概念，并将其纳入思路之中。因此，马克斯·韦伯心中所系的不仅是针对所提出问题的另一种答案，而且还有另外一种解答问题的途径，亦即从历史角度进行论证的、理论上更经得起考验的另一种方式。

尤为重要的是，马克斯·韦伯是从另外一种宗教中寻找资本主义精神的起源。美国社会学家和政治经济学家托斯丹·范伯伦（Thorstein Veblen）就曾在评论桑巴特关于资本主义的研究工作时，对竟然会有人认为资本主义产生于意大利和德国感到十分惊讶。在他看来，"就持续的经济增长而言，人们应当在英语国家中寻找当前状况与以往历史的关系"[16]乃是不言自明之事。韦伯将会这样做，但依然恪守将资本主义和工业化区别开来的德国传统，即把眼光投向英国和美国，但不是投向19世纪，而是正如桑巴特一样，投向近代早期。那个时代，甚至连蒸汽机都还没有出现在人们的幻想中，但是，它们可能被用于实践的思想意识已经形成。

格奥尔格·齐美尔以完全另外一种方式对马克斯·韦伯所提出的问题产生了影响。这位社会学家与桑巴特在两件事情上有着共同的特点：一是让大学的讲座课座无虚席的能力，二是在应聘教职时遇到的重重困难。当然，齐美尔的困难并不是因为被怀疑具有社会主义倾向，他拿不到教书的职位，首先是因为人们普遍存在的对犹太人的忌恨心理。由于继承了一份遗产，这个1858年出生于柏林的一个皈依了天主教家庭的儿子在经济上衣食无忧，可以一心一意地搞他的哲学研究。他从不与普鲁士治下的德国的那些政治上和知识界的知名人物往来，在著述中也很少表现出政治热情。因此，若是由他来发表关于易北河东部地区农业工人的研究报告，是一件无法想象的事情。

但是，齐美尔读过这份报告，因为，或许是出于初次建立联系的目的，韦伯于1895年8月把自己印好了的在弗赖堡大学的就职讲演稿寄给了他。齐美尔回了信，并很谨慎地请哲学家雨果·明斯特贝格（Hugo Münsterberg）把他写的关于尼采的《道德哲学简论》（*Moralphilosophische Silhouette*）一文交给"韦伯教授"，或是代为打听一下"这样做是否妥当"。到了1897年，齐美尔已经把韦伯当作友人看待了。[17]在他们的著作中，两人所表现出的脾气秉性的差异不可不谓相去甚远。当韦伯埋头钻研农业政策的时候,齐美尔正在写关于历史哲学问题的论著;当韦伯致力于探讨方法论问题时,齐美尔不仅在写他的《大都市与精神生活》(*Großstädte und das Geistleben*),而且《竞争社会学》(*Soziologie der Konkurrenz*)和《时尚哲学》(*Philosophie der Mode*)也相继出炉。如同他的洋洋洒洒数百页之多的主要著作一样,这几本书也同样不见一个脚注。几乎在每一个所探讨的问题中,他都没有引用学校里传授的那些知识。"尽管我非常佩服齐美尔的过人之处,从心理学上讲也能理解他是怎样形成这种无趣的自我炫耀的,但是,我无法把这种做派算作他的秉性中值得令人称道的一个方面。"海因里希·李凯尔特这样写道。之所以有如此评语,是因为齐美尔曾经几次就寄给他的一本专著用这样的话回复李凯尔特:"简单翻了翻,对此事本身我无法说些什么。"[18]

除此之外,由于可观的著述成果,他的影响力并不在韦伯或桑巴特之下。哲学家汉斯·布鲁门贝格(Hans Blumenberg)曾经说过这样一番话,即在1900年以后的时代里,没有任何人的思想像齐美尔的观点一样遭到更多和更无耻的剽窃掠夺,没有任何人比他得到更少的回报。1908年,当齐美尔期盼已久且得到韦伯支持的海德堡大学教授职位再度落空时,这位50岁的学者已经可以拿出12本著作和将近150篇论文。没有他的真知灼见,城市社会学、冲突社会学和社交活动的社会学解读根本无法想象。如同桑巴特一样,他本人的那些在学术政治上不受人待见的专长,并没有导致学术界对他的忽视,他的地位得到了人们广泛的认可。

齐美尔的名气首先是建立在他对社会学完全独特的理解之上,他对韦伯的意义也正是体现在这里。韦伯逐渐吸取了齐美尔的概念,并将其作为自己所考虑的研究方向的名称。由于这种类型的社会学还不是大学的正式学科,所以人们还有机会对它的内涵进行充分的思考。齐美尔的研究兴趣与众不同——他并不像其他社会学家那样,首要关注经济、政治、宗教或法律领域,继而论证这些领域如何相互制约、受文化因素影响或被社会强势群体支配。相反,齐美尔所研究的课题首先是社会的行为方式和构成事实,诸如交换、等级、冲突、外来因素、个性、保密、模仿、合作、交际或竞争等在社会生活中处处可见的现象。[19]交换不光存在于经济中,下级不单单在各种组织中才有,争论不仅仅出现在政治或家庭中,竞争不只是为了情人或体育奖杯。反之亦然,经济不仅有交换和竞争,而且还有合作、保密和模仿。组织不单单是为了实现共同目标的合作,而且,为了从事交换行为、展开冲突和推行等级制度,抑或纯粹出于交际的原因,各种组织也同样存在。在他就首饰与贫困、争执与保密、敌意与贵族等命题所做的精彩的研究工作中,齐美尔对这些社会形式做了分析解读。——这才是他所理解的社会学。

当然,这一点对他还有另外一层含义,即其他的社会科学未能对社会学做出很多贡献,他也未能对这些社会科学有所贡献:在他那里,找不到政治社会学、法律社会学、宗教社会学和经济社会学。我们从他 1900 年出版的两部主要著作之一的《货币哲学》中可以清楚地看出这一点。从某种意义上说,齐美尔在这本著作中所完成的研究工作与桑巴特对资本主义精神问题的回答完全相反,即一种不依赖于历史学研究的、对货币经济纯粹的概念分析。我们可以将他的思路简单复述如下:经济的前提是,物品被认为是有价值的东西。但是,它们的价值并不是其客观性质之一,价值仅仅体现在人们对它们的需求之上。当这种需求成为社会化的事物时,即一些人想要得到另一些人所拥有的物品或者相反,这时就产生了经济。经济不仅导致了某种客观性,而且还导致了某种相对性。因为,凡是进行交换的地方,不同物品的价值在那里就被视作是等值的。更确切地说就是:两个进行交换的人都认为对方所拥有的东西是特别珍贵的物品,因此他们进行交换。货币是这种价值客观化最纯粹的表现形式,因为它可以允许人们对主观的价值估定进行比较,从而体现了人们在满足自己愿望时相互依赖的事实。除此之外,齐美尔还指出了货币所具有的唯一社会功能:它只是一种用来衡量人们为了得到另一件物品而愿意放弃手中物品的尺度而已。然而,一旦货币永远局限在个人手里,它就成了一种"毫无意义的东西"。[20] 这里,我们可以举出鲁滨孙·克鲁索(Robinson Crusoe)①的故事为例:鲁滨孙从损坏的船上搬到孤岛上的东西都可以用得上,唯独金币不知如何使用。

齐美尔认为,在货币本身与它的材料价值(用来制作它的贵金属的价值)相分离、纯粹的货币交易在进行、纸币的出现、银行中央化、经济发展成一种债权人和债务人的体系的地方,现代经济便从中产生。在他眼中,处于生产者和顾客之间的商人,以及处于交换物体之间的货币起到了这种社会作用。当货币媒介成为目的之时,它的社会意义便充分表现了出来,即它不仅把人带入了相互交换的关系之中,还把人带入了相互移情和相互作用的关系中。同时,变成目的的货币媒介允许人们最大限度地实现其独立性:谁拥有货币,谁就不依赖于物体,甚至不依赖于他自己的愿望,因为他也可以随时改变这些愿望。从根本而言,读过齐美尔《货币哲学》一书的桑巴特在这些观点中只是补充了一个"资本主义"的概念而已:"在克服目的的具体性中也包含了克服目的的局限性,资本主义企业

---

① 英国作家丹尼尔·笛福的小说《鲁滨孙漂流记》中的主人公,小说讲述的是一次海难的幸存者鲁滨孙在荒凉小岛上度过 28 年的故事。

行为的目的是抽象的，因而是无限的。"在齐美尔的这句话中，货币把财产和生活之间的关联关系分离开来，其方法是从一切存在的事物中把货币被赋予的价值加以抽象化。反之，谁若是拥有土地庄园、大量名画收藏或是一座跑马场，那么，他在生活中就不再是一个完全自由的人，因为对不同物质的占有是一种不同形式的占有。[21]

那么，在这样一幅图景中，资本主义究竟出现在哪里呢？就概念本身而言，资本主义固然是齐美尔使用的一个概念，但是，他谈论的却是"资本主义的区别"，因此，他指的是介于生产和我们今天所说的管理之间的企业内部分工：在资本主义阶段，单个的工人既不生产整件产品，从事生产者也不组织生产。倘若他们想让自己占有自己生产的产品，他们就必须购买，因而就必须依赖货币。在齐美尔眼里，资本主义是货币经济的一个案例，这个案例尤为清楚地表明，自由和异化同时在货币中客观化了。

有鉴于此，货币经济对他来说不是一种"钢铁般坚硬的外壳"（如同韦伯笔下所写的资本主义那样），恰恰相反，它不断地使所有事物变得像流动的液体一样，而后，这些事物再度凝固，继而又重新被溶解。因此，在齐美尔眼里，现代经济的代表人物不是企业家和生产商，而是那些不受局部地区情况束缚的银行家和交易所投机商，以及为了增加自己的主观快乐而去花钱的消费者。齐美尔认为，货币使人们更加不依赖于其他人，因而使他们更加依赖于非个人的事物。他举出的例子与韦伯的农业工人研究结果有不谋而合之处："拿货币工资的工人所承受的物价波动与拿自然物质作为报酬的工人所承受的物价起伏之负担完全不同，这种物价起伏与自由的生活形式有着深刻的联系，而且，如同自然物质的劳动报酬与受约束的生活形式一样，这种自由的生活形式也同样是与货币工资相对应的。"

然而，齐美尔恰恰在这里没有加上韦伯式的一句话，即这种自由乃是一种虚幻。对他来说，这不是虚幻。[22]

使齐美尔有别于韦伯的另一个论点是：对齐美尔来说，现代社会处在一种与自己先前的历史和其起源时的各种动机相关的连续性中。现代生活只是更加凸显了货币始终具有的某些特征，但并没有开启一个不同于以往的新的历史阶段。韦伯认为，人们对获取金钱的追求与人类文明史上的某个特殊阶段没有什么关系，而且与资本主义也没有任何关系[23]，因为，这种对金钱的追逐见诸所有时代、所有社会阶层和所有职业之中。对于韦伯的这个批评，齐美尔甚至可能没有进行过反驳。

那么，齐美尔的《货币哲学》对韦伯来说意义究竟在哪里呢？在《货币哲学》中，齐美尔以一章关于货币经济条件下人们的生活方式的长篇大论作为本书的结尾。这是同时代人针对韦伯所说的以经济为背景的"文明生活"最为详尽的论述。韦伯提出的一个问题是，资本主义如何从"性格学上"对人产生了影响。之后，他还把涉及所有生活领域的理性化过程视作资本主义的第二种力量。齐美尔讨论的是一种将货币的影响揭示出来的当前的"理性主义"，并且对高度发展的货币经济提出了批判，斥责它和社会关系的知识化共同导致了现代人的"某种无品格现象"。品格指的是某人在个人意义上的坚定意志。但是，既非所谓"现实的一面冷静的镜子"的知识分子，也非货币，对出于感恩、责任感或荣誉感、良心或传统所形成的坚定意志有所了解。在齐美尔眼里，理性主义变成了"近代利己主义和肆无忌惮的个性大行其道的学校"。假如某人被称作一个"会算计的人"，那么，这句话有两层含义：精神层面的无品格和以获得利益为目标的无品格。换言之，现代社会的人对事物的反应与其说是出于道德标准，毋宁说是出于大脑的认知。同时，他又反对这种认知，因为在他眼里，认知本身是对情感的削弱。[24]

在这样一个社会中，个人在文化上落在了物质的后面。在生产中，他们是专家，但已经脱离了他们所生产的产品的整体，并被单方面的活动所吞噬。在消费中，商品生产的大规模化造成的结果是，人们从主观上进行不同体验的机会越来越少，因为，产品个人化程度越低，它就越适合于更多的人。然而，齐美尔无法确定的是，现代商品生产是否会导致物体的文明化程度越来越高，抑或，产品是否因其不是为特定顾客所生产而变得越来越无关紧要。在他的描述中，交织着对货币经济所带来的巨大舒适性的惊叹，以及对昔日手工业产品被工业化生产所取代的保留看法。

这就是同样见诸约翰·拉斯金①和威廉·莫里斯②言论中的那些文化批评动机。针对工业化的世界，他们早就在英国大声疾呼，并强烈要求取消分工。昔日的艺术品和手工业告诉人们，只有完整的人才能将"灵魂"注入物体中。或者，如同约翰·拉斯金在他对自由经济的批判中所说的那样，只有物体能够被很好利用的地方，才有财富的存在，因此，财富是"勇敢者对有价值物体的占有"（*the possession of the valuable by the valiant*）。[25]齐美尔认为，这种货币经济和劳动分工的相互扩展决定了现代生活方式。当代社会的人生活在一个"现代的、捆绑在机械-机器生产的技术和经济前提之上的经济秩序的宇宙空间里"。韦伯在另一处这样写道。这个经济秩序"如今以一种势不可挡的强制之力，决定了或是将

---

① 约翰·拉斯金（John Ruskin，1819~1900），英国作家、画家和社会哲学家。
② 威廉·莫里斯（William Morris，1834~1896），英国画家和建筑师，英国社会主义运动的早期发起人。

要决定所有降生在这台牵引机里的每一个人（不单单是直接从事经济活动的劳动者）的生活方式，直到最后一点化石燃料燃尽熄灭"。[26]在韦伯眼里，这就是资本主义借以发生影响的生活方式，这种影响远远超出了经济的范畴。但是，创造和发展出现代"生活方式"这个概念的社会学，却是格奥尔格·齐美尔式的社会学。

齐美尔认为，"生产以及生产的技术和结果看起来就像是一个有着固定的、所谓逻辑的确定性和发展状态的宇宙空间，它站在个人的对立面上，就像命运站在我们意志的反复无常和无规律可循的对立面上那样。"[27]这里，我们只需把这句话和韦伯的话放在一起，即可看出：韦伯出于方法论和历史学的原因对社会学家齐美尔进行了批判，尽管如此，他却几乎一字不差地将这位时代诊断大师的表达术语承袭了下来。

# 第十二章
# 有志者，成英雄
## ——新教伦理

*Consider this diem carped.*

印在一件美国 T 恤衫上的话

这是马克斯·韦伯最著名的一本书。但是，这本书最早出的只是英文版。直到四年以后的 1934 年，德文版的《新教伦理和资本主义精神》才出版发行。在韦伯生前，这本书只是先后发表的论文系列。尽管如此，这些论文也让其作者名闻遐迩：他如今不再是一名教授，而是知识学问的衡量标准。因为他不仅提出了一个论断，而且从当时学术水平的高度对这个论断进行了论证，并不折不扣地为此做了数量巨大的脚注。他的论断击中了时代的要害，所有人似乎都感觉受到了强烈的冲击和震撼：不论是马克思主义学说的追随者，还是普鲁士官方宗教的代表和文化精英，以及德国的历史学家和货币经济的支持者。无论人们采取什么样的态度，这个论断都在以一种已经逝去的历史时代的专门研究的方式发生振聋发聩的作用。韦伯研究的时代已经过去了 300 年。

韦伯论断的要义在于：在 16 和 17 世纪，严格禁欲主义的、把任何转向现世都作为造物崇拜加以否定的新教徒首先在英美国家创造了一种生活方式，没有这种生活方式，现代资本主义就不可能产生。初看之下，这个论断就已经非常奇特。原因在于，为什么恰恰是从一种否定现世的人生观中产生了一种作为唯物主义世界观代名词的、时间就是金钱、顾客就是上帝的经济形式？当韦伯提出这一论断时，被人们热捧为"商品圣殿"的百货商场正在德国方兴未艾。那么，这就是韦伯所说的通过经商来实现的对现世的否定吗？其次，韦伯论点的奇特之处还在于他为此所提出的论证理由。最后，他的论点的奇特之处还体现在，即使是在那些对书中的话根本不相信的人眼里，这本书仍然被看成社会学的经典之作，而且，它甚至还被那些没有读过其中任何一段文字的人经常引用。所有对它的质疑都成了过眼云烟，而它却流芳百世。

马克斯·韦伯论断的发展经历了多个阶段。1904年11月，他在《社会学和社会政治文库》(Archiv für Sozialwissenschaften und Sozialpolitik) 中首先提出了两个问题。第一个问题是：在"一个不同宗教派别并存的国家"的职业统计中（他指的是德国并援引了一篇在他指导下于1901年完成的博士论文），为什么新教教徒在资本所有者、企业家、专业工人、高素质的技术和商业人员中所占的比例很高？另一项调查结果表明，即将中学毕业的天主教徒，他们中的多数人都是在文科中学参加毕业考试，而不是在偏重数学和自然科学的学校里。相比信仰天主教的基督徒，新教教徒更为频繁地从手工行业转到工厂企业。一方面是宗教信仰，另一方面是经商的雄心壮志和个人的职业生涯，二者之间似乎存在某种关联关系。但是，这究竟是一种什么样的关系呢？[1]

在当时，几乎没有人对这种关系本身表示质疑，也没有人质疑主要受新教影响的国家和地区所取得的有目共睹的经济成就。对它的解释似乎不言自明。"除了新教，还有什么活着的事物？"苏格兰历史学家托马斯·卡莱尔（Thomas Carlyle）早在1846年就这样问道。如果宗教改革运动从一般意义上可以看成是进入现代社会的起点的话，那么，现代社会赋予上帝的就是上帝该有的东西，而赋予市场、国家、艺术和科学的就是它们该得到的东西。"凡是向往自由和启蒙的事物,都对这位宗教改革家表示热烈欢迎"——神学家阿道夫·冯·哈纳克(Adolf von Harnack)在论述马丁·路德的著作里这样写道。他认为,路德将文艺复兴时期那种精英式的和轻佻的觉醒变成了大众化和合乎道德的东西。"市民阶层的职业,即家庭的和农庄的、商业的和政府的平凡工作"从那时起已经不再是"因为背离天国而被用怀疑的眼光看待的工作,而是正当的及合乎神意的行业阶层,亦即一种思想和品格在其中得以证明的领域"。哈纳克的老师阿尔布雷希特·里奇尔(Albrecht Ritschl)认为,宗教改革运动把天主教的那种僧侣式的清贫、贞节和服从的生活理想抛在了身后,并取而代之以——用1530年《奥格斯堡信条》①中的话来说——"在祈祷和对职业的忠实履行中,对上帝乐于助人的天意的笃信"。在人们对世俗职业的重视中,表达出来的是一种基督教信仰,这种基督教信仰"不是被看成遁世的,而是入世的和充满着整个世界的"。[2]

相对于天主教信仰,这个没有清贫理想观念的基督教更有利于经济活动,对此,难道有人会感到惊讶吗?个人主义、教育、科学、城市生活——所有这一切至少在韦伯的圈子里被理解为宗教改革的遗产。海因里希·冯·特赖奇克写道,这场改革剥夺了教会对"国家、经济、科学、艺术以及人的所有职业的"立法权,并且宣布,这些职业均按照自己的规律行动。换言之:新教认为,世俗化在宗教上是人心所向之举。[3]

马克斯·韦伯原本也可以用他自己所处阶层——教授群体在新教徒中所占的比重作为例子来为他的论断提供论据。他没有这样做的原因有两个:第一,他根本未打算就宗教信仰如何

---

① 《奥格斯堡信条》(Augsburger Konfession)是马丁·路德新教教会于1530年6月25日在德国奥格斯堡会议上确立的新教信仰规定,是宗教改革最重要的文件之一。

对职业生涯产生影响的问题做一个社会学方面的研究。或许他心里明白，要做这样一项工作，他手里既无数据材料也无分析手段。举例来说，他究竟怎样才能明确区分他所调查的人群在做出选择学校和选择职业决定的时候，是他们自己的宗教信仰起了决定性的作用，还是父母的宗教信仰、父亲的教育方式或是职业类型、家庭收入的多寡或是跟宗教信仰比例有关的城乡差异起了决定性的作用？相反，韦伯打算做的事情，是一个关于某个特殊市民阶层的起源的历史研究。

第二，当他论述资本主义经济的开端时，他所关注的根本不是有世俗思想的新教教派。他并没有把目光聚焦在德国的路德派教徒那里，而首先考虑的是英国的、荷兰的和美国的清教徒和加尔文教徒，他们完全没有把宗教和日常生活看成是截然分开的两种范畴。他想到的那些人固执己见、循规蹈矩——他们热衷于说教和管制，因为他们将生活视为一连串义务与诱惑的循环交替，认为尘世几乎毫无欢愉可言。韦伯的第二个问题在于：为什么恰恰是经济高度发达国家里的那些经济地位上升的中产阶级不仅愿意忍受这种"清教徒的暴政"，"而且在捍卫它的过程中发展出了一种英雄主义，这种英雄主义恰恰是他们这样的市民阶层以前很少见到过以及之后完全没有见到过的那种：'我们最后的英雄主义'（如同卡莱尔并非没有理由所说的那样）？"[4]

但是，韦伯却是从两个完全非英雄主义人物的简短文字记载中洞见了"资本主义精神"。在韦伯看来，当过印刷商、记者、发明家、项目承包商、常识读物作者和政治家的本杰明·富兰克林——这位启蒙时代的美国全能型人物代表了一种失去了所有英雄主义特点的资本主义精神。他将这个来自18世纪中期的精神证据与维尔纳·桑巴特引用过的古代人物雅各布·福格尔曾经说过的一句话进行了比照。福格尔在回答一位生意上的友人的劝诫（他应该见好就收）时说，他心里另有打算，而且"只要他还能赚钱，就要继续赚钱"。

在韦伯看来，福格尔的回答说明的不是一种资本家的心态，而是一种商人的胆识。在富兰克林那里则不然，它反映出的是一个年轻人要牢记的一条原则，即时间就是金钱。谁若是"谋杀了"哪怕是一丁点金钱，那么他就毁掉了可从中挣到的一笔收入；商业活动建立在以信任为基础的信用之上，人们只有通过对财物的不断运作管理、省吃俭用、精打细算到每一分钱和拼命工作，才能对得起这份信任。韦伯在其中看到的资本主义精神，并不是一种经济实践，而是一种生活方式的原则。这种生活方式不满足于物质需求，而是为了赚钱而赚钱。同时，这种资本主义思想还是一种人们证明自己值得受人尊敬的手段。在富兰克林的话中，货币经济行为不是显现为技巧，而是显现为针对自己的责任和传达给他人的信息。

因此，在整个调查研究中，韦伯提出的问题不是历史人物做了什么，而绝大多数是问他们说了什么、读了什么和信仰什么。很明显，他所感兴趣的是早于富兰克林和稍晚于福格尔的、近代初期的资本主义起源问题。原因在于，在当时，这种资本主义的行为模式必定是人们想要得到的。唯一奇怪的是，韦伯没有告诉我们，富兰克林那些告诫的语境，那实际上是一位经验丰富的商人对一个刚刚在朋友那里欠了债的年轻人的告诫，同时提醒他，即使是时间的流逝对他来说也意味着成本——金钱的和名誉的成本，因为他的名声取决于他是否辜负了债权人的希望。在富兰克林那里，我们没有找到任何一句涉及如下观点的表述，即认为这种"道德"把"赚取金钱和赚取更多的金钱"作为目的本身来追求，相反，对这种道德来说，个人的幸福及个人的利益是"完全超验的和非理性的东西"。但是，问题还不止于此。最近，奥地利社会学家海因茨·施泰纳特（Heinz Steinert）在他针对韦伯的新教论断提出的一系列相当全面和尖锐的异议中指出，韦伯引述的富兰克林的话在原文最后一段文字前戛然而止了。最后这段文字是："简言之，假如你追求财富的话，那么，通往财富之路就像通向市场之路一样，一目了然。"——这里的假如，听起来并没有无条件要求的味道。[5]

韦伯无法接受这类限制性解读。在他笔下，富兰克林这个连接当下与资本主义起源的关键纽带，被塑造成了"为赚钱而赚钱"的布道者和鼓吹者——而这绝非历史真实的富兰克林。相反，在未对其行为做考察的情况下，韦伯就把福格尔（他当时在钱财方面为国家出了很多力）说成是没有资本主义精神的人。在韦伯眼里，他是一个跟政治打交道的实业家。但是，有没有放弃通过与政治的关系来保证自己商业行为的商人呢？

与此相关联，韦伯开始对自己的论点进行阐述，即资本主义精神必然会取得对"传统的"行为的胜利。他借用之前提到的农业工人的例子，来说明自己的这一论点。农业工人在提高计件工资之后，活儿反而干得更少了。正像韦伯所引用的那句话一样，福格尔反对的恰好是这样一种态度，并把他自己根本不打算消费的利润称作是目的本身。不过，福格尔的这番话的确是在讨论某个特定的生意是否有希望赚钱或是风险过大的情况下说的。因此，这句话只有一个含义，那就是这位银行家嗅到了很好的商机。[6]

然而，韦伯所关心的根本不是那种通过基于不同动机的经济活动来证明自己的资本主义。在他看来，没有资本主义精神也同样可以有资本主义：他从自己家族的内部情况中看到，有些企业家在19世纪时还在用"从容不迫的生活节奏"在某个市场的缺口建立了自己的事业。而且，没有资本主义的"资本主义精神"也同样存在。比如，早在1632年，有人就在各种新教教派占统治地位的新英格兰对"贪图利润的算计现象"表示抱怨,其时,那里还根本没有什么工业可言。韦伯以这种方式将资本主义的组织形式和资本主义的精神区别开来,并轻而易举地把马克思主义者连同他们的精神服从于生产的观点驳了回去。可是,这样的论点迫使韦伯要做大胆的概念尝试。举例而言,他宣称,恰恰是大银行和大商贸公司在资本主义中并不是主要角色;相反,它们是"严格按照传统精神"从事经营活动,因为它们不仅依靠的是国家特权和政治关系网,而且实行的是行业垄断。缘此,韦伯对这种唯利是图和注重成本的企业家不感兴趣,他感兴趣的是拥护相互竞争的心态,这种竞争结束了田园诗般的生活,因为悠闲自在或稳定安全的消费前景与这种心态格格不入,正像小说《布登布洛克一家》所描写的那样。[7]

就其本身而言,不断增长的物质需求或通过财富获得名声地位的意愿并不会造就出一种无所顾忌的企业家精神。相反,韦伯从理想类型的角度想象的是这样一种文化,在这种文化中,在人们自己的职业中拼命工作被认为是有失尊严,勤俭节约被认为是小气吝啬,成本计算被认为是学究气十足,相互竞争被认为是不团结友爱。他问道,为什么这些价值观后来得以被颠倒过来?为了解答这个问题,他重新调整了自己的历史望远镜,并且只将市民阶层的中产阶级英雄作为观察研究的焦点:他们不仅完全献身于自我约束的原则、吃苦耐劳的职业精神和节衣缩食的生活态度,而且认为这些都是受人尊敬的行为。我们不禁觉得,韦伯眼前仿佛看到了查尔斯·狄更斯(Charles Dickens)小说《小气财神》中那个铁石心肠的史古基先生,并且在寻找这个小说人物历史上的前辈:究竟是哪些不同于从实用主义思想衍生出来的动机驱使他们做出了这样的举动?

韦伯于1905年拿出了答案：他在清教徒身上，亦即在清教主义的思想中找到了这些动机。虽然他在此前所做的一次有关概念历史沿革的说明中解释说，不仅具有使命感（calling），而且具有工作（business）含义的"职业"一词也来自路德翻译的德文《圣经》。但在路德那里，个人必须在上帝给他做出安排的地方来证明自己的存在。换言之，人们应当去寻找新教主义的信徒，是他们让那些从事经济活动的人按照内心的追求，实现自己要达到的目标。

韦伯对"清教徒"这个词的使用一方面十分宽泛，亦即，他用它来指称所有道德上有严格规范的宗教派别——从洗礼派到虔信派直至卫理公会派的教徒皆包含在内。在他那里，不仅本杰明·富兰克林出现在清教主义的大人物中，甚至有人道思想的神秘主义者塞巴斯蒂安·弗兰克（Sebastian Franck）也不例外（他若在天有灵，一定十分惊讶）。一旦韦伯发现了新教禁欲主义，亦即一种有神学基础的理性生活方式的理想类型，那么，这个相关的作者就大有希望被运用到他的理想类型之中。但是另一方面，韦伯又把这个某种意义上自己制造出来的禁欲主义当成了一种历史产物。在他后来发表的著作《世界宗教的经济道德》（*Wirtschaftsethik der Weltreligion*）中，部分核心内容被冠之以《儒教与禁欲主义》的标题，于是，理想类型摇身一变成了一种特殊的世界宗教。[8]

然而，以这种方式建立起来的清教主义究竟是如何成功地共同催生了资本主义的呢？韦伯从他最重要的证人之一那里引述了这样一句话：在清教徒那里，与上帝结成的最深厚的共同体并不存在于社会关系中，而是存在于孤独心灵的秘密之中。另一位给他不少启发的清教主义历史学家写道：教会头上的每一个神圣光环，都是它们从信仰者个人对教会的从属关系中引申出来的。因此，极端个人主义（后来被经济活动所利用）起源于人们宗教上的一种抗拒心理,即他们不愿意在个人和上帝之间容忍任何一个中介环节、权威组织或规范仪式的存在。他们认为,人若想得到救赎,他无法从这个世界得到帮助,因为他恰恰是想从这个世界里被拯救出来。于是,对于认为所有尘世间的事物皆不重要的清教徒来说,就产生了一个问题:他们究竟应该依靠什么?如果世间万事皆必须仰仗上帝的恩典,而上帝的恩典又无法被认识到,那么,人们就会有不能区分善与恶的危险。9

但是,否定现世和救赎的不确定性本身还不会导致经济活动的产生。必要时,人们也同样可以与上帝在家中独处。那么,个人化的寻求拯救者究竟是通过什么样的方式变成了刻薄对待自己和他人的精打细算者,并把资本主义精神带到了这个世界的呢?韦伯的回答是,通过禁欲主义,亦即通过系统地进行自我控制,并将这种方式作为侍奉上帝的唯一手段:拼命工作是为了"预防"尘世的诱惑,拼命工作的成果被当成了一种标志,即人们至少已经尽了自己的最大努力,尽管上帝当然也不可能因为一个人使用了可靠的手段而被迫给他以恩典,而且,也许最后仍然将他抛弃。只有当人们失去拼命工作的能力的时候,对上帝的侍奉才算结束。对清教徒来说,这种侍奉是他们一辈子要做的事情,因为,他们担心身后将会发生的事情。

"把修道院围墙内的禁欲主义生活应用到老百姓的世俗社会中来,这个目的完全不同于 16 世纪宗教改革家们所做的努力。"多次对生活方式进行论述的阿尔弗雷德·里奇尔在谈到阿西西的圣方济各①时做过这番表述。韦伯把这句话颠倒了过

---

① 阿西西的圣方济各(Heiliger Franziskus von Assisi,英文为 Saint Francis of Assisi,1181~1226),在意大利的阿西西创立了圣方济会教派,后被罗马天主教廷封为圣人。

来,他说:基督教的禁欲主义"走出了修道院的大门,并且恰恰是针对日常的世俗生活,开始用自己的方法发生全面而深刻的影响,将其塑造成现世(in der Welt)却不属世(nicht von dieser Welt)、更非为世(nicht für diese Welt)的理性生活"。[10]

那么,这种理性生活在怎样的程度上对资本主义的产生起到影响作用了呢?这个问题现在已经不难回答,所以,韦伯自己也根本没有这样去做。对他来说,有了证据就已足矣,即:身处宗教困境中的清教徒们在纪律、日常履行责任的虔诚态度以及对尘世诱惑的抵御中找到了解决问题的方法。我们替你们找到办法了——经济活动对他们这样说。在清教徒作家和道德神学家理查德·巴克斯特(Richard Baxter)的著作中,韦伯发现了一个用于造就未来企业家的准备计划:财富本身是一种困扰,因为它诱使人们无所作为——因而,应当积累资本和再投资。劳动是持续一辈子的生活,因为劳动是对上帝的赞美,而不愿意劳动是缺少上帝恩典的表现;最深重的罪孽莫过于浪费时间。所以,人们不仅要参加劳动,而且要获得劳动成果。如此继续,永不停止。于是,我们在这里不仅看到,一种宗教意义上的对日常生活的期待被空前放大,而且,礼拜天也在某种程度上被宣布取消,如同所有其他与信仰有关的时间、事务和社会方面的特殊领域被取消一样。

不过,韦伯认为,财富导致的道德腐败在清教徒身上也同样存在,清教徒也同样习惯于舒适安逸的生活。修道院也未能免俗:财产使人变得市侩低俗,精神从教会组织中销声匿迹。但是,由清教徒留给今后若干世纪的东西——赚钱过程中的善良之心和职业工作的责任感却一直保留了下来。

那么,我们应当怎样看待韦伯讲述的这个资本主义起源的故事呢?对此,人们提出的反对意见已经不下数十种之多。[11]诸如,

1900年前后德国巴登地区职业统计的异常情况可以用1600年前后英国清教徒或1700年前后美国贵格会教徒的生活习惯来进行解释吗?根本的问题在于:韦伯是否证明了上述思想的因果关系?抑或,他只是在卖弄这种因果关系,目的是在理性的禁欲主义教徒和工厂主之间演绎出一种"选择性的亲和关系"?倘若真有因果关系存在的话,它是否可以得到反证呢?难道最后不是新教徒变成了商人,而是商人变成了新教徒吗?

韦伯的论证技巧有时十分令人叹为观止。比如,他举出虔信主义为例,目的是要证明,恰恰是最内省的基督徒常常来自商界。他在脚注中指出,这当然并不排除,正式的虔信主义"出于家长制的情绪"反对家庭工业向工厂化生产的过渡:"这正是关键所在:必须严格区分宗教流派所追求的理想与其对信徒实际生活方式所产生的真实影响。"难道他不能同样明确地说,这个理想并没有发生影响,而且,虔信主义的商人与其说是虔信主义者,不如说是商人吗?但是,生活方式本身却几乎没有出现在韦伯的论述中。难道他最终过于拘泥于道德规范,而忽略了现实生活了吗?[12]

然而,对于他的读者来说,韦伯的经验可靠性通常是次要的事情。相反,他的论证和高超的架构正是因为由此所提出的许多问题而始终保持着生命力。其中,两个问题又回到了富兰克林和福格尔以及亚当·斯密(Adam Smith)的观点上来。亚当·斯密曾经明确认为,我们的一日三餐并不是来自肉店和面包店老板的善意,"而是来自他们对自身利益的考虑"。在韦伯看来,这句话记录了在市民生活历史上起主导作用的责任意识向商业成果的一种转变。富兰克林所遵循的是那种把对信任的使用看成责任的、可以值得信赖的正人君子式的理想。与之相反,福格尔不仅把信用的兑现视作他可以去做的事情,而且,只要他愿意,他也可以不这样做。富兰克林宣扬的是一种伦理道德，福格尔展示的是一种经商能力。谁若是不遵循富兰克林的信条，那么他的行为是不光彩的；假如福格尔不追求利润的话，那他的行为就是不明智的。[13]

但是，我们怎样才能从文献资料中读出行为的主导动机呢？正如韦伯自己一度怀疑的那样，难道富兰克林的道德伦理或许只是他耍的一个小聪明，亦即假装做出一种履行义务的样子，因为这样可以增加信用度？如果目的和价值观没有在日常生活中体现出来，那么它们同样不能说明任何问题。人们希望从韦伯那里看到更多的清教主义伦理在具体的经济行为中的例子。

这就引出了第二个问题：这样的动机学说有什么重要的意义呢？有鉴于"现代资本主义"这个庞然大物（它的形成和实践不仅需要一定的法律形式，而且需要技术前提、科学知识和政治环境，更不用说地理和气候条件，等等），若要对一个由手工业者和中等企业家组成的、人数非常有限的群体的特殊意义进行估量（他们中的一部分是新教徒，新教徒的一部分又是清教徒），并非一件轻而易举之事。资本主义究竟需要多少"精神"？如果这种精神只是一种在生产中起作用的精神，那么它是否足够了呢？

然则，或许这类问题并不契合韦伯本人的目的。因为，与他的同事和同道恩斯特·特勒尔奇①一样，对现代社会做出解释是韦伯特别想做的事情。他不单在启蒙运动中，而且也在新教主义中洞见了现代社会的起源。但同时，他又不愿意把新教思想与路德宗的教义相提并论。因此，对他们二人来说，1789年并不是跨入新时代的标志。在他们眼里，对当代社会发生

---

① 恩斯特·特勒尔奇（Ernst Troeltsch, 1865~1923），德国新教神学家和文化哲学家，海德堡大学神学教授。

影响的事物的产生时间还要早，亦即与新教的各种门派同时出现。

缘此，韦伯和特勒尔奇一段时间内被人们视作"一家公司"。然而，奇怪的是，他们二人之间既没有来往的书信传世，韦伯也没有写过值得一提的关于特勒尔奇研究成果的长篇大论。相比韦伯而言，特勒尔奇的风格不仅非常冷静客观，避免动辄下结论，而且对别人的观点也更多给予首肯。但是相比之下，在韦伯的同辈人中，有谁不是如此呢？在"海德堡阐释世界实验室"里，两人的研究课题至少是非常近似的。1901年，特勒尔奇在一次关于新旧基督教之间区别的报告中说道：旧宗教还在使用基督教特有的"奇迹－因果关系"，目的是把神圣的与世俗的事情区别开来。缘此，如同韦伯一样，特勒尔奇也把魔法与对现实的回避等而视之。而"一种相信上帝和怀疑人的工作和活动的基本宗教情绪"则把旧的新教主义（他认为路德宗是其代表）引向了保守的思想观念，以及对现实事物的美化和对不良事物的容忍。因此，代表新的新教主义的不是官方的教会，而是自由的教会和各种门派。凡是路德派占统治地位的地方，是重商主义的国家（比如通过对有宗教改革思想或有虔信主义思想的移民进行安置的办法），而不是自信的、从事经济活动的市民阶层推动社会走向了现代社会："路德宗的苦难带来的结果是，它成了各种不同统治政权的一部分。"[14]

针对这种把宗教伦理局限在"私人和小市民关系"上的做法，作为同时代人榜样的清教徒被放在了与之对抗的立场。坚忍不拔、目标明确、冷静理智——这些词语也都是韦伯想用来描述他向同时代人提出的性格要求的形容词：在弗赖堡大学的就职讲演中，他呼唤"坚忍不拔和目标明确的空气"，在这个环境中，"德国政治冷静理智的工作"就会蓬勃发展。他赞美清教徒，说他们是"理智清醒、持之以恒、眼光敏锐、完全献身于事业、有严格的市民阶层世界观和'基本原则'的男人"。从这个意义上讲,他的新教伦理论文的目的,也是为了要树起一座英雄丰碑,其作用是向德国的市民阶层展示,自信的市民阶层曾经具有什么样的品德,他们如今在其中发挥应有的政治作用的民族国家具有什么样的传统。韦伯赞赏的是新教主义教派反专制的传统,而在路德宗信徒身上,甚至在德国人身上,这些传统已经完全丧失掉了。1906年2月,他在给阿道夫·冯·哈纳克的信中写道:"尽管路德的地位让所有人望尘莫及,对我来说,我也不否认这点,但历史上那种样子的路德教是各种恐惧中最大的恐惧。"没有一个德国人,也没有一个教授可以自己成为一个"教派",教派林立的时代也已经成为过去,但是,德意志民族没有经历过禁欲主义的严格训练,这是"我认为它身上(也是我自己身上)可恨之处的根源"。[15]

这里,韦伯与同时代最激烈的基督教批评家站在了同一立场上。他们所批判的这种基督教与文化和平相处,就像德国市民阶层与专制国家和平相处一样,因为:在舒适惬意的生活面前,二者都不愿接受禁欲主义。"对俾斯麦来说,基督教就像酒精对英国拳击手的作用一样,他要用它来增加肢体的力量。"韦伯父亲的大学同窗、教会史学家弗朗茨·奥维尔贝克1899年这样写道。特奥多尔·冯塔纳的小说《施特希林湖》(*Stechlin*)中洛伦岑牧师常被引用的一句关于英国商人的话表明,按照当时人们的观点,不只是政治机器在利用宗教增加自己的力量:"他们嘴上说的是'基督',心里想的却是棉布。"[16]韦伯在《新教伦理》结尾部分所写的激情满怀的几段话,折射出了他对时代的绝望诊断:在他书中所描述的社会中,劳动的专业化和消费、对外在物质的关注和一种只挂在嘴上的道德占据了主导地位。进步失掉了自由,分工失去了精神,文化是一种虚与委蛇,职业生活不再发自人们的内心,而是迫不得已。从历史的角度回看当前社会的那些遥远的开端，韦伯感觉到，一切曾经是另外一种意义，可是，人们如今已经无力回天。除非你是一位英雄，一位先知，亦即一位为了取得统治地位而愿意有所放弃的人。

托马斯·卡莱尔在他关于英雄主义的无比精彩而雄辩的讲座中，以自己的国家苏格兰以及以加尔文主义神学家约翰·诺克斯（John Knox）为例，阐述了关于"有信仰的国家"（believing nation），即一个建立在信仰之上的国家的设想。他给这个段落起的标题是《英雄般的牧师》。韦伯在提出自己的问题时，引用了卡莱尔的这句话。这就给人造成一种印象，即这位苏格兰历史学家把清教主义称作"我们最后的英雄主义"（the last of our heroisms）。但这并不正确。在卡莱尔那里，关于最后的英雄主义这句话指的是统治者、国王和暴君，代表人物是克伦威尔①和拿破仑。马克斯·韦伯自己内心梦想的也是一位有理性的统治者——他不但应当具有理性，而且必须与一切号称理性的事物决裂。缘此，卡莱尔已经指出的悖论也同样告诉他：英雄的悲剧角色就是参与到革命运动中去，因为他的使命就是建立秩序，"我们生来都是无秩序的敌人"（we are all born enemies of disorder），可是，他的作用却是砸烂偶像。[17] 马克斯·韦伯或许已经感觉到，这个悖论就是他自己人生的悖论。

---

① 奥利弗·克伦威尔（Oliver Cromwell, 1599~1658），英国政治家、军事家，17 世纪英国资产阶级革命中的新贵族集团代表人物，独立派领袖，废除英格兰的君主制，并征服了苏格兰和爱尔兰。

# 第十三章
# 越过大西洋的社会旅行家
## ——马克斯·韦伯在美国

> 与罗马人在一起的希腊人。
>
> 普林斯顿的一则关于欧洲教授在美国的谚语

1904年9月29日的《每日俄克拉何马人报》(*Daily Oklahoman*)报道了一则奇闻轶事。该报以《宁可不在这里停留,一个德国教授突然中断了在加斯里的访问》为标题,并根据当地"皇家饭店"老板弗雷德·范·达因的口述,向加斯里(Guthrie)和俄克拉何马城(Oklahoma City)的民众讲述了一个真实的、可以拍成电影的事件。报道称:乘坐11点40分从圣菲(Santa Fe)出发的火车,一位来自海德堡的范·韦伯(van Webber)①教授带着一大堆行李到达本城。在旅馆办完登记手续后,他告诉老板要在此停留一周,然后继续前往印第安人保留地旅行。范·韦伯自称是经济学教授,在周游美国期间要去相关的地方走走。他进房间待了一个小时,之后突然冲将出来,吩咐把他的行李送往弗里斯科(Frisco),他自己马上出发去马斯科吉(Muskogee),那里是印第安人居住地。范·韦伯解释说,他身上有一封给当地的《俄克拉何马州首府报》(*Oklahoma State Capital*)主编的介绍信。但

---

① 报纸将韦伯的名字误写成荷兰语化的范·韦伯(van Webber),可能与向报纸爆料的旅馆老板弗雷德·范·达因(Fred van Dyne)是荷兰裔移民有关。

是，这位主编在他们见面时撞见了另外一家报纸《俄克拉何马州纪文报》(Oklahoma State Register)的编辑。此人是他的宿敌。于是，他不由分说立刻拔出了手枪。得知此消息的柏林报纸也做了报道，称两个人一阵疯狂对射，想以此了结他们之间的意见冲突。但是，此情此景让教授看得一头雾水。谁拔刀动枪，谁就不是"儒雅绅士"。于是，他离开饭店回到了文明社会。柏林的报纸向大家保证，两位报界人士均未受伤。[1]

这位总是乐于出现在决斗场面附近的人物，就是身在美国民风彪悍的西部地区的马克斯·韦伯。因为，《每日俄克拉荷马人报》略有夸大其词报道的这位名叫范·韦伯的教授，除了他不会是别人。不过，报纸上讲的两名报人拔枪对射之事发生在韦伯到达的前一天。当他读到报纸的消息后，他没有如约去同那位主编见面，而是马不停蹄地前往下一个目的地了。

韦伯和妻子一道从8月29日至11月19日在美利坚合众国各地旅行。早在1893年，他就与友人保罗·格尔筹划去芝加哥参观在那里举办的世界博览会，后来因为优先办理跟未来妻子的订婚事宜而未能成行。眼下的这次旅行依然是因为世界博览会。本届博览会于1904年4月30日至12月1日在密苏里州的圣路易斯市(St.Louis)举办，原计划是为了庆祝美国于1803年将法国殖民地路易斯安那州买下100周年。纪念活动期间，一种形式上像世界艺术和科学大会的活动也同时举行，来自世界各国的代表团均前来与会。马克斯·韦伯最初并没有在受邀之列，邀请名单上有哲学家费迪南·滕尼斯(Ferdinand Tönnies)、神学家阿道夫·冯·哈纳克、维尔纳·桑巴特和历史学家中与韦伯交恶的卡尔·兰普雷西特(Karl Lamprecht)。但后来因为心理学家雨果·明斯特贝格和海德堡大学同事格奥尔格·耶利内克①的举荐，他受邀前往做一场报告。韦伯当时40岁，从某种意义上说，这次旅行给他多年的患病历史正式画上了句号，或至少正式终结了最糟糕阶段的患病史。1904年8月20日，韦伯夫妇与恩斯特·特勒尔奇一道在不莱梅登上了开往大西洋彼岸的"不莱梅号"豪华邮轮。

在此之前，韦伯的学术研究很少触及美国。在他的学术范围里，学者关于资本主义的争论都是借助英国、德国、意大利和法国，充其量还有荷兰作为例证。因而人们得到一种印象，似乎这个开始逐渐失去作为世界经济和政治中心地位地区的知识分子无意中把目光都集中在了这个即将消失的伟大事物的起源环境上。对于韦伯来说，美国只是因为弗里德里希·卡普才是一个现实的存在。卡普曾经送给韦伯一本富兰克林的回忆录，后来，韦伯以名家的手笔，把富兰克林作为清教徒和"资本主义精神"最纯粹的代表来加以阐述。与之相关，韦伯还引述过一本费迪南·库恩贝格②于1855年出版的小说《厌倦美国的人》（*Der Amerikamüde*），目的是对一种极端的经济主义生活观和"贪婪哲学"做画龙点睛般的描述。这本叙述生动、激情澎湃和充满怨恨的小说也同样不能被称作此次美国之行的动因。无论怎样，韦伯本人在出行之前、旅行期间或归来之后都不是一个对美国感到疲倦之人。

而且，他也不是一个预言伟大未来的人。自1897年起在波士顿任教并领导着一个大型实验室的雨果·明斯特贝格于1904年夏出版了一部两卷本的专著《美国人》（*Die Amerikaner*）。韦伯读过这本书。明斯特贝格在书中要求人们，不要将北美地

---

① 格奥尔格·耶利内克（Georg Jellinek，1851~1911），德国公法学家。
② 费迪南·库恩贝格（Ferdinand Kürnberger，1821~1879），奥地利作家。

区与其他单独的国家相比较,而是与"整个欧洲未统一的国家"进行对比。在这样的背景下,他对来自世界不同地区的美国人所拥有的令人吃惊的平等表示惊讶。他认为,我们必须从他们的意志和他们的想法出发来理解这个人群。"精神统一的美国人民只理解一件事情,那就是人们懂得印刷油墨比血液更浓稠。"[2] 但是,事实上通过图书、思想和文化的典型概念来了解美国的,首先是欧洲的游客。当时,人们并不知道自己正处在"美国的世纪"的开始时期。尽管如此,许多人大发议论,似乎他们知道自己正处在这个新的起始阶段,并且看到美国深受物质主义、教育薄弱、没有历史根基、缺乏国家归属感、盲目乐观、盲目相信进步等的影响。早在 1868 年,雅各布·布克哈特就曾说过这样一句话:"毫无疑问,美国的文明人是占世界文明比例很高的一群人,他们中的大部分都放弃了历史的东西,也就是精神的连续性,而且愿意把艺术和诗歌作为奢侈的形式共同享受之。"[3] 缘此,美国人,即那些被误认为不从历史角度思考所以根本不会正确思考和只会囫囵吞枣的人,就不得不由欧洲人来告诉他们,他们究竟处在什么样的历史关系之中,并且,这还不仅限于艺术和诗歌的范畴。

针对美国的情况,19 世纪末盛行着一种大规模的、时代诊断式的解释强迫症。其中,为了强调欧洲生活方式具有更高的合法地位,美国要么被用来当作与欧洲进行比照的案例,要么就以整个世界必然的未来的面目出现在人们面前。除了众多负面的描述,也有许多完全是对之加以肯定的版本。1902 年,英国记者威廉·托马斯·斯蒂德(William Thomas Stead)把"世界的美国化"宣布为 20 世纪的大趋势:在这个只依靠经济实力而没有帝国战略的世界大国的上升过程中,他看到了一种承诺,即一个伟大时代能够与和平一同到来。与此同时,他把普鲁士人称作 1800 年前后"他们时代的美国人",因为他们当时既年轻又具有企业家的精神。但是他认为，如今柏林已经成了当前反抗将欧洲美国化的中心。虽然没有一座城市在躁动不安的能量、经济增长和发展速度方面比汉堡和柏林更加美国化，但是，"德皇"却与俄国沙皇一道，试图把旧世界组织起来与新世界对抗。4

斯蒂德的这个观点自然会得到韦伯的首肯，只是在走和平道路的帝国主义可能性的问题上，韦伯恐怕会与他意见相左。尽管如此，他在知识分子中是个例外。大多数人对于他们眼中的美国生活方式的东西，以及与所谓的大众社会概念密切相关的东西都持有很深的偏见。在尤利乌斯·朗贝写的《教育家伦勃朗》一书里（一本充满反自由主义和文化悲观论主题的典型出版物），柏林被同样称作"美国式的都市"，反之，北美洲则被称为"到西方去的低层德国人的居民点"：拼命做生意赚钱，对文化的过度开发，既理性又呆板。——"大西洋此岸的文化泛滥与大西洋彼岸的文化贫乏都在手段中相遇，但可惜也在它们的成果中相遇。"5 维尔纳·桑巴特于1906年从圣路易斯访问归来后，在他作为访问成果的、影响广泛的论文《为什么美国没有社会主义？》(*Warum gibt es in den Vereinigten Staaten keinen Sozialismus？*) 里，鼓吹的是同样一种调子："美国老百姓灵魂的统一性"表现在缺乏对"个人的意义"的感知、对数量的痴迷、对成就的欣赏、肆无忌惮的竞争和对经济事务的过度评价之中。6 然而，卡尔·兰普雷西特则认为："假如现在的美国文明消失了：那么，永恒的人类还会剩下些什么呢？几乎一无所有。"他接着说，美国人赋予世界的仅仅是一种新的国家观念，而且从根本上说，即便是这种观念，也是欧洲移民带来的东西，即"首先是宗教改革和1500年宗教发展的礼物"。7

韦伯的看法则完全不同。他对那些刚停留不到两天就对纽约唉声叹气的旅行者颇为气愤。[8] 而那位出奇地爱喋喋不休的卡尔·兰普雷西特——关于他的旅美观察，人们几乎可以说是"什么偏见都拿出来公开发表"——过了这个时段就已经成了一名美国通："只有理智的舒适，不是心灵和古老文化的舒适。所以极端的分工：没有人关心其他人，人[如同一部]机器。"[9]——这个文理错误几乎多于字词的句子很好地记录下了，他是何等自我感觉良好地不假思索信口开河。由于极端的分工，没有人关心其他人——恰恰是大旅馆和酒店反驳了他的偏见（兰普雷西特认为可以从这些场所观察到这些现象）：在那里，分工才使对人的关心成为可能。对文化悲观主义丝毫不陌生的韦伯没有发现任何理由，一定要在美国与这种悲观主义倾向同流合污。他像是完全换了一个人一样。在匆忙离开加斯里后，韦伯的确去了马斯科吉。关于在那里的逗留，他甚至这样记述道：自从上大学的头几个学期以来，还没见过什么地方像[马斯科吉这样]有如此有趣的事情。[10]

对韦伯来说，他的美国之行并不是一次面向未来的旅行。若要说世界正在美国化，这也与他的看法还相去甚远。相反，他认为美国本身正在逐步欧洲化。具体而言，他指的是欧洲人移民美国所带来的后果，其中最重要的后果之一就是新教徒教区生活的意义在逐步下降。在他看来，伴随着旧宗教信仰的非教条化以及诸如"基督教科学"（Christian Science）这样的新宗教的活跃表现，种族的多样化说明了教会的作用在不断降低。但是，韦伯在当时就已经把美国的欧洲化也理解为与各种理想的告别，诸如平等的自给自足理想，为了利于大型组织的建立而在城市边缘地区贫穷但自由地生活的理想，城市生活的理想，依赖国家的理想和职业生涯升迁的理想。他认为在美国看到的一切，是一种戏剧性的社会变革，这种变革把社会带到了与其建立之初的观念形态相对立的矛盾状态之中，而且对他来说，这还意味着：它也是一种与作为社会产生基础的自由意志的矛盾冲突。

尽管韦伯回国以后又给他的新教研究补充了涉及在美国的旅行经验的第三部分，但是，没有迹象表明，韦伯要在这个发达的资本主义国家为他的新教论断寻找证据。除此之外，这个论断的一个要点还在于，他同时代的资本主义充其量表现出的只是其起源动机的一些残存痕迹而已。换言之，美国充其量只是对当前形势的一个接触和认识的领域，即这里只能见证钢铁般坚硬的房屋楼宇，而不能见证有钢铁般坚硬意志的清教徒。当韦伯在布朗大学（罗德岛）查询关于浸礼会教义的书籍时（该校于1764年本着浸礼会教义的精神而建），他被告知，校方已经同教派的遗产脱离了关系，而且，现在是有意识地连关于大学创建者所属宗教派别的最新研究资料也不予收藏。[11] 正因为如此，当韦伯发现这里还有明显的过往历史留下的宗教痕迹时（进化论的语言称之为"残存物"，即失去作用的残留物），他一时感到大为吃惊。

我们以美国西部的场景作为本章的开头，不仅是因为这个故事颇为吸引人，而且因为它同时记录下了韦伯所亲身经历的美国的方方面面。他在美国的旅行并没有按照事先做好的学术计划进行，而是充满了好奇心和几乎可以说是人类学方面的很高关注度。他走的路线一部分是因自己的亲属和熟人的关系而设定，另一部分则是由于旅行途中收到的邀请和建议，但始终是以他对几乎所有事物的兴趣为主调。旅行的书信和记录表明，韦伯夫妇几乎没有放过美国文明的任何一个方面：宗教改革教区里破旧的住房，摩天大楼（他们从海德堡来，住在纽约，马路对面是公园街和圣保罗教堂！这些高楼大厦让他们目不暇接，摇摆不定，不知道它们是怪物还是美和崇高的事物），大专院校，芝加哥的屠宰场，新殖化地区的乡间生活和大都市，精英人群和少数民族，黑人教育和"美式文化"，等等。

这位两年前跟周围的亲朋好友还时常无法说话交流的学者，如今已经能够进行大量的旅行、访问和谈话。韦伯走走停停，这里仅列出他曾经下榻过的地方，按顺序为：纽约、尼亚加拉瀑布城（Niagara Falls）、北托纳旺达（North Tonawanda）、芝加哥、埃文斯顿（Evanston）、圣路易斯、加斯里、马斯科吉、孟菲斯（Memphis）、新奥尔良（New Orleans）、塔斯基吉（Tuskegee）、诺克斯维尔（Knoxville）、阿什维尔（Asheville）、芒特艾里（Mount Airy）、里士满（Richmond）、华盛顿特区、费城（Philadelphia）、巴尔的摩（Baltimore）、哈弗福德（Haverford）、波士顿（Boston）、剑桥（Cambridge）。这是82天中他所到过的21个城镇和13个州。这段时间里，韦伯夫妇坐火车旅行了7000多公里。按照当时火车的行驶速度估算，并把车站周围访问过的地方都算进去，他们至少乘坐了150小时的火车。

这种马不停蹄的旅行方式符合韦伯对事物感知和吸纳的心情。他记录了芝加哥屠宰场一名非熟练工人的年工资和许多牧师的年收入（后者平均年收入是1000美元，韦伯在圣路易斯做一场报告的报酬是500美元，相当于芝加哥屠宰场一名非熟练工人一年的工资。正因为如此，他更愿意把牧师的收入与J.P.摩根当年100万美元的年收入进行比较）。[12]他对外来移民的融入机会感兴趣并吃惊地记述道，在当地市民阶层人群中，德国的牧师不是被当成神职人员，而是被当成德国人看待。在与行政科学家、曾经领导过著名的费城沃顿商学院和刚刚担任伊利诺斯大学校长的埃德蒙·詹姆斯（Edmund James）交谈之后，他思考过美国大学的独特之处，即它们培养的与其说是经过科学训练的专门家，毋宁说是人品圆滑、个性独立以及有商人那种自信的"绅士"。与此相关,他感到颇为惊讶的是,美国学生要在参加教堂弥撒或作为替代多听一门课之间做出选择。他注意到圣路易斯有家报纸,上午版全是严格的共和党倾向的内容,下午版则由其他编辑全部换成了民主党的路线。这充分说明了美国政党制度的一个特点——只是为了获得各级政府官位和无原则可言。韦伯去参加了土地拍卖和教堂弥撒(黑人教堂除外),并且站在教会如今作为"吸引人的亮点"而聘请的(1904年波士顿三一教堂为此一年拿出8000美元)职业歌手身边,聆听了对德国人的耳朵来说也无法忍受的很刺耳的"教区圣歌"。[13]他与房地产经纪人、社会改革者和报纸出版商进行交谈,会见了哲学家威廉·詹姆斯(William James),与他就宗教心理学进行过探讨交流。此外,他还与社会学家和民权运动家威廉·E.B.杜波依斯(William E. B. Du Bois)见面,对他1903年出版的文集《黑人的灵魂》(*Souls of Black Folk*)十分赞赏(关于杜氏,我们后文将了解更多)。他去过专为黑人开办的学校,观看了一场哈佛大学和费城大学之间的美式足球赛(宾夕法尼亚州立大学以11∶0获胜),听了贵格会教士的布道,向印第安人的代表了解情况,在图书馆伏案工作,并且在长时间的火车旅行中抽空进行阅读。韦伯在火车旅行、日常生活的长时间休息以及在精神受感动并得到放松的感觉中所产生的想法是如此之多,将需要整个章节来专门讲述,但限于篇幅,不予赘述。

有鉴于韦伯如此丰富多彩的旅途印象,若要将他的旅行归在某个主题或主导动机之下,并非易事。尽管如此,在他经过的几乎所有停靠站点,他都表现出对这个游历中的国家所发生的非比寻常的变化的兴趣。韦伯是在美国处于国家的转折时期来到这个国度的。1890年的人口普查发现,向西推进的拓荒边疆已经不复存在。它的无人居住区不再构成一个完整划一的空间。三年后，历史学家弗雷德里克·杰克逊·特纳（Frederick Jackson Turner）从向西延伸的边界的逐渐消失中得出结论，认为从现在起美国的发展不再可以用殖民化来描述。[14] 不过，特纳关注的并不是人口迁徙在不断减少这件事本身，而是一个具有两大动力的时代的结束：一方面是从低度分工向高度分工社会的"正常"发展；另一方面是社会的持续扩大和蛮荒地区向城市生活的转变：在东海岸，社会进步在自身的基础上不断取得新的成就，民主、经济和文化逐步形成各自的领域。与此同时，不断向西延伸的边疆地区的社会发展不得不常常重新或是完全从头开始。特纳写道："殖民者在蛮荒之地遇到了他们的师傅。就其服装、技术、工具、出行和思想而言，这位老师把他们当成了欧洲人。他将其从火车车厢中揪出来放到一艘用桦树干做的独木舟里，剥去了他们的文明外衣，给他们穿上猎装和鹿皮鞋。[……] 简言之，起初对人们来说，边疆地区的环境过于势大力强。他们要么接受这样的条件，要么走向灭亡。于是，他们逐渐适应了印第安人开垦的地区，并以印第安人的方式改变了自己。他们一步一步地改变了这片蛮荒之地，但是，由此产生的一切并不是古老的欧洲"[15]——而是真正的美国的东西。

倘若美国人主要是通过边疆地区的经验与欧洲人有所区别的话，那么，1890年之后人们就有理由提出如下一个问题，即在这样的经验失去作用之后，这个国家是否实际上（重新）欧洲化了呢？韦伯认为，土地资源的紧缺导致了土地的垄断，此后，某种政治贵族的出现就为时不远了。无论如何，自由竞争在他眼里只能被看成一种过渡阶段。他认为，工业时代经济历史的发展最终将走向垄断、卡特尔、辛迪加和国家经济组织。如今，开拓者和获取"自由"土地的时代在美国已经结束，或者换言之：正行将结束。缘此，从事古罗马农业和德国当代农业问题研究直到精疲力竭,而且通过这个课题找到他关于社会心理学主导命题的韦伯,对可做比照的发展过程在美国是怎样的一种状况感兴趣,就不足为奇了。

虽然我们不知道韦伯是否了解特纳的学术研究工作,但是,就其从土地扩张、经济形态和技术手段的状况中试图找出殖民主义者的心态特征而言,特纳的研究工作完全具有与韦伯一样的历史意识。特纳引用过韦伯非常尊敬的文化史学家维克多·黑恩说过的一句话,目的是强调这句话对新定居者的意义。对我们来说,这只是他们看问题的角度具有某种相似性的一个小小提示。但他们的角度仅仅是相似,而非完全一致。特纳写道:"美国的民主不是从某个理论家的梦想中生长出来的;它既不是由'莎拉·康斯坦特号'①帆船带到了弗吉尼亚,也不是由'五月花号'②帆船带到了普利茅斯(Plymouth)。它来自美国的森林,而且,每当它遇到新的疆界,它便获得新的力量。不是宪法,而是自由的土地和呈现在一个有能力的人民面前的丰富自然资源创造了美国的民主社会。"[16] 对韦伯来说,与其说社会传统和定居者新的生活环境构成了相互的矛盾对立,不如说移民过来的清教徒坚持心灵自由的生活信条才是殖民地环境的精神对立面。归根结底,殖民主义的历史也同样没有任何地方表明,仅仅是殖民主义本身促进了民主的发展。

韦伯在美国形成的最重要的观点之一,是他关于新教教派的看法。他本人来自一个很久以来就已经是教会之国的国度,

---

① "莎拉·康斯坦特号"(Sarah Constant)也叫"苏珊·康斯坦特"(Susan Constant),是英国维吉尼亚轮船公司最大的一艘帆船,1606~1607年出海航行抵达美国弗吉尼亚州的詹姆斯敦(Jamestown)。

② "五月花号"(Mayflower)帆船于1620年9月搭载一批清教徒从英国的普利茅斯出发,前往美国马萨诸塞州的普利茅斯。

而且，对这两种宗教组织形式进行区分也成了他的宗教心理学的一个主导动机。在1904年的那篇关于"客观性"①的论文中，他就已经以这两种宗教组织的状况作为实例，并试图通过找出它们最根本的、起原因作用的特征，来说明他所理解的"理想类型"的含义。有别于教会作为对上帝恩典进行等级化管理的组织，韦伯认为，教派是有宗教动机的人组成的协会，他们自愿加入到这个组织中，但此后他们的宗教资格却经常受到审查。在韦伯看来，首先是这些团体的平均主义以及个人要不断证明自己合乎资格这一因素，构成了"教派"这个理想类型的特征。因为韦伯认为，他在这个理想类型中发现了这些团体的"文化意义"的根源，即它们对一种禁欲主义经济伦理所做出的贡献。

在韦伯眼中，这一决定性的贡献就是自愿原则。他在《新教伦理》第二部分中写道，人们在这里应当注意一个重大的区别，"它存在于国家教会专制的道德警察的作用和以自愿服从为基础的教派道德警察的作用之间。从根本上说，洗礼派运动及其所有宗派组织创立的是'教派'，而非'教会'，这一事实无论如何对其严格的禁欲主义是有利的，正如加尔文教、虔信派、卫理公会的情况一样（程度有所不同）。这些宗派事实上被逼到了建立唯意志论式的宗教团体的道路上。"[17]韦伯认为，自我强迫不仅比外部强迫更为严酷，而且正因为如此，它才为一种自觉自愿的、无须经常受外部控制的经济思想打下了基础。具有这种思想的人无须不断地受他人强迫去从事有利于经济的活动。

旅行初始，韦伯与恩斯特·特勒尔奇以及其他前往圣路易斯的德国游人一道，访问了位于尼亚加拉瀑布附近北托纳旺

---

① 指的是韦伯的《社会科学认识和社会政策中的"客观性"》一文。

达的德国新教教区。两位教授充满好奇,向牧师汉斯·豪普特(Hans Haupt)就教区生活问了很多问题。后来,豪普特十分惊讶地记述道,韦伯和特勒尔奇总是对每个问题已经有了自己的答案。无论如何,韦伯对教区信徒自愿缴纳的高额会费(几乎占年收入的百分之八)感到非常吃惊,"因为大家都知道,即便是要教徒们缴纳微不足道的一点点费用,在我们这里都会导致大批人退出教会"。[18] 牧师本身没有正式职位,他的酬劳由选出他的人根据其个人的布道水平予以支付。

由此观之,当韦伯出发去美国旅行的时候,他已经有了一个提纲。带着这个提纲,他想对教派典型的组织形式与它们的成员犹如教会那样有清规戒律的以及民主的生活方式之间的关系做出解释。然而,在回到德国一段时间后,他才在《新教伦理》的结尾部分中用到了这个提纲。这个结尾部分不仅深受美国之行亲身经历的深刻影响,而且某种程度上也充满了对实地的所见所闻和拿到第一手资料的自豪。除此之外,对他来说新教教派的重要性还在于,美国的社会生活似乎由许多这样的组织所组成。即使是在俱乐部或政治党派这样的组织形式中,通过自主抉择而非传统形成群体的古老教派精神,依然占据着主导地位。他把教派及其非宗教的派生组织产生的原因,归结于"社会化的冷静务实精神",从而与德国人的"悠闲自得"形成对比。一个社会团体若是没有这种"悠闲自得",德国人根本无法想象。[19]

当韦伯在俄克拉何马州的印第安人所属地访问的时候(所属地问题是当时关于地方自治的一场政治辩论的核心),他遇到了一个类似的、完全处于宗教范畴之外的、对自主的和从属的生活方式进行区别的问题。韦伯——他把这个地区称作旅行中见过的最有趣的地方[20]——在当地与一位印第安人的代表进行了交谈。这位代表就是后来的参议员罗伯特·拉瑟姆·欧文

(Robert Lathem Owen），其母是切诺基人（Cherokee）①，他于1903年领导筹建了美国的中央银行系统。欧文是自给自足思想的捍卫者，极力争取建立一个印第安人自己的州，反对华盛顿的家长式统治。这种统治试图保护印第安人的部落文化，诸如只允许他们在某些条件下出售土地等。让韦伯非常感兴趣的是，能够有机会——再度借助土地占有和农业经济的问题——观察到一种古老的社会秩序朝着有各种利益重叠的现代社会的过渡。这里，没有容克地主、短工和工业家，以及德国人和波兰人相互对立的问题；这里，也没有人针对美国是要成为农业国还是成为工业国的问题进行论战。尽管如此，马斯科吉为人们提供了一片包括各种相关的社会方案在内的利益冲突的广阔天地。韦伯的研究课题是社会斗争。这里，利益冲突的各方是：白人土地所有者、土地投机商、铁路公司、印第安农民、黑人（他们被允许购买土地）、政府的福利部门和政治党派。[21] 尤其是在土地买卖和政府管制的交互作用之下，印第安人实现地方自治的希望归于破灭。"可惜啊，"韦伯写道，"一年之后，这里的情况就将跟俄克拉马州一样，也就是说跟美国的所有其他城市一样了。一切阻碍资本主义文明的东西，都将在疯狂的速度中被碾得粉碎。"[22]

这不是浪漫怀旧的叹息，而是对一种完全不依赖于国家的生活方式的消失表示遗憾。韦伯对于单个群体的生存机会有一种细致入微的嗅觉，即他们依靠自己的意志在艰苦的条件下（荒野、贫困、流散）借助既定目标求得生存，并建立各种社会联系，而没有在其中消亡，亦即变成某种事物的纯粹附属品。因此，韦伯认为，新教主义和资本主义之间关系的苦涩讽

---

① 北美印第安人之一族，1830年反抗白人政府的移民政策，付出惨重代价后被迫迁徙。

刺意味在于，这种精神创造了一个世界，这个世界从经济上和官僚体制上对这种形态的自由做了一次无情的快速判决。所以，早在关于易北河东部农业工人问题的研究报告中，他就提出了一项值得注意的建议：在德国向工业国家过渡的同时，向波兹南和东普鲁士地区迁置农业人口。这些农业移民的任务不是为了市场进行生产，而仅仅是为了他们自己。我们从他的美国之行出发，不妨回过头来问这样一个问题：韦伯在这些农民中是否看到了他想在东部省份为之设立保留区的易北河东部的印第安人？抑或，韦伯受他本人的意愿驱使深陷其中的矛盾性——一种始终不放弃英雄行为和勇敢地舍弃现代社会的可能性——在这里变得一目了然了吗？

在长时间的火车旅行中，韦伯可以透过车窗看到沿途的美国风光，诸如阿肯色河两岸的景色等。但是，他在那里所见到的，并不是旅行途中唯一的蛮荒之地。在此之前，他到过一处城市化的原始森林。这里，我们不妨从韦伯的游记里摘录其中的一段，这段较长的描述要比他近期所写的社会学文章更为生动形象："芝加哥是最不可思议的城市之一。湖边有几处舒适漂亮的别墅区，房子大都是庞大沉重的石头建筑。石头房子后面紧挨着的是老式的木头房子，跟黑尔戈兰岛（Helgoland）① 上的完全一样。然后是工人住的简易房，出奇肮脏的街道，别墅区外要么没有铺路石，要么就是劣质的碎石路面。市区里，摩天大楼之间全是令人惊诧不已的街道。这里烧的都是软煤。倘若现在干燥的热风从西南方向的荒漠吹过城里的马路，加之黄黑色的太阳下山的话，城市的景观是不可思议的。在大白天里，人们只能看到三个街区开外的物体。到处都是雾霾和浓烟，整个湖面被笼罩在厚厚的紫色烟雾中。小汽船突然从烟雾

---

① 黑尔戈兰岛是德国北海上的一座岛屿，面积大约一平方公里。

中冒出来,出港船只的风帆很快就消失在其中,留下的是一种一望无尽、没有人烟的荒漠。人们坐车出城要经过一眼望不到头的霍尔斯特德街(我想有20英里长),街区之间希腊文随处可见,比如'Xenodochien'①等。另外的街区是中国人开的酒肆,波兰的广告,德国的啤酒馆,一直到最后的牲畜围栏。从亚摩公司②的钟楼望去,到处是成群的牲畜,叫声此起彼伏,场地脏乱不堪。远处天际线上——因为城市还要向前延伸很远很远,直到消失在城外的郊区中——是大大小小的教堂、升降机的储气罐、冒着黑烟的烟囱(这里每个大旅馆都有自己吐着蒸汽的升降机)和大大小小的房屋。大多数都是最多住两户人家的小房子(因此城市的规模非常大),不同民族的人讲干净的程度也不相同。前不久,肉联厂出了事:一场罢工失败,许多意大利人和黑人停止罢工;每天都有枪击事件发生,双方死了几十个人;一辆电车被推翻,车上的十几位妇女被压死,只因为有一个非工会成员坐在上面,还有人扬言要用炸药袭击高架铁路,结果真的有一节车厢出轨,跌入河中。在我们住的旅馆附近,一个雪茄烟贩在光天化日之下被杀;事发地没隔几条街,三个黑人在黄昏的时候抢劫了一部有轨电车,等等。总之,这是一种奇特的文化繁荣。不同民族的混杂生活已经到了让人非常震惊的地步:希腊人走街串巷给美国佬擦皮靴,每次5美分。德国人给美国佬当堂倌,爱尔兰人替他们关心政治,意大利人干着最脏的挖土活儿。"除了好一些的居民区外,韦伯最后写道,这个城市像是一个"被剥了皮的人,他的内脏如何工作都看得见。因为,一切都看得一清二楚。比如晚上,妓

---

① 希腊文,意为教会旅馆。

② 亚摩公司(Armour and Company)是芝加哥的大型肉联加工厂,1867年由亚摩兄弟创办。

女们坐在城里偏僻马路上有电灯的橱窗里,身旁就是价目牌!和纽约一样,这里的特点也是号称有一种自己的德国犹太人文化。戏剧都是用犹太人说的德语上演,如《威尼斯商人》(但是剧中的夏洛克不是反面角色)和犹太人自己的剧目,我们去纽约时想看一下"。[23]

二十年后,从这些在芝加哥以及其他地方所观察到的现象中,诞生了城市社会学——一个完整的"社会生态"学派。这个学派的追随者(他们都是格奥尔格·齐美尔的学生)提出假设,认为大城市将那些在其他地方被隐藏起来的事物摆在了光天化日之下,因为,城市将人们的行为方式和生活经历导向了极端的状态,并允许个体的特殊类型存在。倘若其他人的生活方式与自己的生活方式不尽相同,对此,绝大多数城市居民也不以为然。但是,韦伯本人后来并没有写出自己的关于现代城市的社会学研究论文,从而可以与格奥尔格·齐美尔的《大都市与精神生活》和《外来人》(*Fremde*)的文论相得益彰。不过,他在芝加哥花了 50 美分,请了一个小男孩做向导,跟着生猪一步步"从猪圈直到香肠和罐头",亲眼看到了帕金敦(Packingtown)① 屠宰场里流淌的"血海"。[24] 我们不禁可以这样设想一下,韦伯在这里可能与厄普顿·辛克莱② 走的是同样的线路。韦伯来过之后不久,辛克莱于 1904 年秋匿名对芝加哥的肉类加工企业进行了为时七周的调查,并将他的所见所闻写成了引起轰动的关于"放心牛肉的工资奴隶"的小说《屠宰场》。该小说从 1905 年起首先作为连载故事发表在一家社会主义党人办的杂志上。韦伯寥寥数语的评论——肉联公司每

---

① 帕金敦是芝加哥屠宰场所在城区的地名。
② 厄普顿·辛克莱(Upton Sinclair, 1878~1968),美国作家和社会批评家,1906 年发表小说《屠宰场》,描写大企业对工人的压榨和芝加哥屠宰场糟糕的卫生状况,引起人们的愤怒,从而导致了食品卫生检查法的制定。

年以屠宰场400名死亡和受伤的工人为代价,虽然这些公司不得不给每个死者支付5000美元,给每个伤者支付1万美元,因为实施安全措施的费用更高——与辛克莱小说中的结论可以很好地互为补充:"这个叫作屠宰场的地方既不是帕金敦,也不是芝加哥、伊利诺伊州和美国,而是人类文明。"[25]

那么是资本主义吗?资本主义等同于人类文明吗?芝加哥的屠宰场是韦伯访问过的唯一的一家工厂,倘若我们想这样认为的话。但这并不奇怪,因为在他于1895年和1910年访问英国的时候,他甚至没有走近过任何一家工厂的厂房。他感兴趣的依然只是那里的农业状况。[26] 与此相关,在圣路易斯世界博览会期间,韦伯在他所做的报告中讲述现代经济问题时,也是专注于农村的资本主义。[27] 他在报告中阐述道,土地所有者如今的行为方式跟任何一个商人毫无二致,他愿意当"地主",但他必须转变成商业化的企业家和资产阶级。[28] 在美国,首先是内战和解放奴隶摧毁了这些"封建的"堡垒。在不久前的普鲁士,资本主义于1850年前后在"解放农民"的过程中闯进了乡村生活。

韦伯认为,除了这个变化之外,如今又增加了另一个新变化:除了教派和俱乐部白手起家的那部分人外,出现了继承人这个类型的群体,这从他们名字后面的"Jr."①可一目了然。在美国,"不仅——如同我们这里的人以为的那样——出现了一种原始的财产富豪阶级,而且还出现了一种社会阶层意义上的贵族"。[29] 政治的民主化并不意味着社会的民主化。这里,我们必须补充的一点是,韦伯已经观察到了城市的贵族阶级:也就是说,因为农场主资本主义的出现,"种庄稼的贵族阶级"走向了消亡。

这里便产生了一个对韦伯来说的关键问题,即在资本主

---

① "Jr."即英文Junior的缩写,代表儿子辈的"小……"之意。

义中是否也存在类似于由旧封建统治者所实现的政治统治和经济优势相结合的情况？产生于同样一种"精神"的统治机会是否在这里与经济实力相对应？韦伯在圣路易斯时谈到，德国的容克地主有足够的时间去搞政治，只要他们还依靠收取地租生活，而不是农业企业家的话。这里，对俾斯麦的影射不言自明。然而，资本主义的企业家现在被那些不是为了政治，而是依靠政治生活的政客所取代。如果市民阶层不得不关心自己的生计，他们是否还有从政的能力——对于赫尔曼·鲍姆加滕提出的这个老问题，现代社会的回答是：它造就了一批职业政客。缘此，资本主义是否如同"封建主义"一样，其本身就是一种统治形式——这个问题已经愈发不言而喻。

韦伯在他美国旅行期间只能意识到这个问题，而不能做出解答。此问题已经包含在《新教伦理》第一部分的内容之中（这部分由关于信仰的职业统计开始，论及禁欲主义的职业观）。因为，从根本而言，所有职业难道不都是经济职业，以及职业活动不就是"为市场而生产"吗？举例而言，倘若在德国的公务员、教师、军官或诗人中也同样有为数众多的新教徒，那么，这究竟与17世纪的禁欲主义经济道德有什么关系呢？韦伯在美国看到，随着经济的发展，国家、政治党派体制和官僚主义也同样一同发展。因而，为了实现商业目的、劳动纪律和勤俭节约，不仅资本主义不再需要宗教动机，而且，美国所谓毫无节制发展的资本主义中的现代文明也远非仅由经济组成。在韦伯带到圣路易斯的报告中，资本主义还完全处在对社会变革描述的核心地位。他让这种社会变革随着早期国民经济的出现而开始，并经过古罗马农业制度的发展和封建的土地统治，一直追溯到原材料工业。这场报告是韦伯最后的几篇涉及"资本主义"是现代文明发展的主导动机的论文之一。他将利用在美国的所见所闻对《新教伦理》进行补充，从而为围绕他的论断的激烈争论进行辩护，并且还将撰写若干篇关于如何理解资本主义经济的文章。尽管如此，1890年至1904年，即封建统治的终结和现代经济道德作为他思考的驱动主题的这些年，构成了韦伯的一个已经结束了的阶段。具有讽刺意味的是：恰恰是在美国之行结束之后，韦伯开始告别作为他终生命题的资本主义，将他对这个命题的兴趣放到了一个更大的、具有普遍历史意义的背景关系——政治统治史的背景关系之中。[30]

# 第十四章
# 绅士、罗特医生和种族问题

> 天才并不是靠有一个特殊的大脑半球。
>
> 奥古斯特·魏斯曼*

在世界大会做完报告之后,马克斯·韦伯紧接着于1904年9月末在圣路易斯利用吃早餐的时间会见了一位同事。此人曾经于1892年至1894年在柏林和海德堡留学,其间还听过自由职业讲师韦伯开设的讲座课。后来,他以一篇关于美国南方州的农业发展的论文在哈佛大学拿到了博士学位,并被聘为亚特兰大大学的历史和经济学教授。他就是威廉·爱德华·伯格哈特·杜波依斯,其名字经常被简写为 W.E.B.Du Bois。他是当时为数不多的几个能够大致评价韦伯重要性的人,而且,他也是韦伯能够争取到为自己的《社会科学文库》(*Archiv für Sozialwissenschaft*)撰稿的唯一的美国人。

这位同事的非同寻常之处在于:他是第一位黑人社会学家。就像是思想史上的一次巧合,杜波依斯跟韦伯同样都是胡格诺教派信徒的后代。他的祖先是巴哈马群岛上的一个殖民地领主,此人把跟一名黑人与白人混血的女奴隶所生的私生子全

---

\* 奥古斯特·魏斯曼(August Weismann,1834~1917),德国医生、组织学家和动物学家,被称为19世纪继达尔文之后最重要的进化论学者、新达尔文主义的创立者。

都送到康涅狄格州受教育。这个女奴隶的后代，即杜波依斯的祖父母和父母已经不是奴隶，而是小本经营的商贩。关于他的祖父，他本人撰文写道："他不是'黑鬼'，而是一条汉子！"杜波依斯上过小学和中学，后来在纳什维尔①进了为非洲裔美国人开办的私立菲斯克大学。从那里，他投考哈佛大学被录取，并在乔治·桑塔亚纳（George Santayana）教授门下学习哲学，22岁时拿到了一份留学德国的奖学金。[1] 在柏林，他遇到了一个完全陌生的世界：他认为社会民主党人是右翼党派，因为社会主义在他眼里意味着国家权力，并且对工人们对此表现出的热衷感到惊讶。另外，工人们在德皇生日那天高唱德国国歌使他深受感动，因为这在他自己那个不承认他是正式公民的国家里是根本不可能的事情。杜波依斯把非洲裔美国人和德国工人阶级之间的同异，以及社会问题和种族问题之间的同异带回了美国，并且以他从施莫勒教授那里以及从保罗·格尔的产业工人调查报告中学到的方法，开始对"黑人"问题进行研究。[2]

这次短暂的与马克斯·韦伯的重逢本身无须赘言。但是，韦伯听从了杜波依斯的建议，改道经过亚拉巴马州去访问了那里的"塔斯基吉师范和工业学院"，这是美国第一所为黑人设立的职业学校。同时，与杜波依斯的结识还为弄清马克斯·韦伯在他学者生涯之初和他开始成为社会学家那些年之间的思想变化提供了线索。因为回过头来看，虽然这件事看起来十分奇怪，但是很长一段时间里，"种族"概念和探究种族差异意义的问题在韦伯的著作中有着重要的地位。换言之，社会学的历史也是向社会达尔文主义告别的历史。[3]

1895年，马克斯·韦伯在他的弗赖堡大学就职演讲（大约

---

① 纳什维尔（Nashville）是美国中南部田纳西州的首府。

20年后，他说这次演讲"在许多方面相当不成熟"⁴）的第二句话中就公开宣布，他"要弄清各民族之间身体上和心理上的种族差异在以生存为目的的经济斗争中所起到的作用"。⁵ 回首观之，这句话听起来似乎不像是一个赋予受利益驱使的个人行为以优先考虑地位的社会学创始人在这里讲课。而且，在讲课过程中，韦伯也没有采取任何办法来消除他给人留下的自己是民族问题上种族论的支持者的印象。比如，他没有提出德国人和波兰人属于哪个社会阶层的问题，或者反过来，哪些社会阶层是"德国文化和波兰文化的代表者"。这里，我们为什么要用"某某文化"这一表达方式呢？难道说，德国人和波兰人各自都有自己特殊的可以世代相传的秉性吗？事实上，韦伯的论点还要更加尖锐。他向自己的听众这样解释道：人们倾向于"相信一种两个民族以身体和心理方面的种族素质为基础的、对不同的经济和社会生存条件的适应能力的差异"。换言之：波兰人骨子里有的，是能够适应恶劣的环境条件的能力，而且与德国人不同，他们几乎没有寻求社会地位提高的雄心和抱负。韦伯在这种不同的适应能力中，发现了德国东部民族结构变化的原因："波兰的小农户获得越来越多的土地，其原因从某种意义上说是他在吃地里长出来的青草，但是非也，其原因在于他根深蒂固的心理的和精神的生活习惯。"

一个"种族"排挤了另一个种族——这样的现象必然会引起一个人的担忧。此人认为，被排挤的民族属于这块土地，而不是另一块社会土壤，虽然相对吃草这种让人酸楚的诱惑而言，这块社会土壤能够给这个民族带来更多的收获。由此，韦伯用一种矛盾的观点对社会达尔文主义做了补充：地位更高者为弱者让路，因为，贫弱意味着无欲无求，强大意味着雄心壮志。其中，韦伯认为有两种强者的形态："文化"和适应能力。"人类历史上出现过发展程度较低的人的类型取得胜利，以及高度绽放的精神和情感生活逐渐死亡的现象，倘若作为此二者载体的人群由于其社会组织或是由于其人种素质失去了对生活条件的适应能力的话。"

与此同时，韦伯认为，将东部地区的德国人与波兰人联系在一起的天主教信仰所起的作用要比民族的属性更加重要：在波兰人占人口多数的影响下，以及由于缺少"受过德国教育的神职人员"，属于"民族文化群体"、信奉天主教的德国人在逐渐消失。缘此，为了保护"人种素质"，教育还很必要吗？对此，当韦伯说，人们必须"在人群中培养起某些品格［……］，这些品格被我们与一种感觉联系在一起，即它们构成了人性的伟大和我们天性的高贵"。那么，这句话的用意究竟是什么呢？人的教育难道变成动植物培育了吗？培养出来的行为方式究竟怎样才能成为自然的、可以传承的秉性？为什么信仰天主教的德国人沦为了波兰人（如果他们没有继续受到普鲁士的关怀的话），而不是相反，即把波兰人教育成德国人呢？这个问题始终没有得到回答。这里，我们所见到的是一种在1890年前后流传甚广的新拉马克主义。[6]

针对这类问题，持不同观点的文人学者一时间纷纷登场，竞相争鸣。对于这种澎湃的热情，我们必须加以理解：31岁的韦伯对他这一辈人随声附和人云亦云的做法非常愤懑。他文笔尖锐，措辞犀利，在当时就喜欢语出惊人。由于他把政治说成是一场残酷的权力斗争，并且"使用了"充满社会达尔文主义概念的民族主义式的语言，从而使台下的听众大为震惊。的确，甚至还有一种版本解释说，韦伯在此次演讲中把他的民族主义淡化成了他个人的价值判断，所以，演讲的锋芒不是针对政治，而是针对科学理论，因为，归根到底他只想说明，存在和道义并不相同。[7]

事实上，韦伯不只是使用了某种话语，他自己心里也是这么认为的。他的措辞用语不仅犀利，而且犀利到让人当场对其中的矛盾感到吃惊的程度。另外，在当时那个年代，人们把民族当成种族来看待也是一种普遍现象。虽然他把波兰人称作地位低下的种族可能激怒了在场的有些听众，但韦伯并没有违反学术界的普遍共识。这种情况不只见诸生物学范围内的种族概念，比如，当时最有名的"种族卫生学家"和医生阿尔弗雷德·普罗茨（Alfred Ploetz）是这种看法的代表人物。普罗茨从人口调查的统计数据中得出了关于"地位下降的种族"（"法国人""美国佬"）、"地位上升的种族"（"西雅利安人""日耳曼人""欧洲犹太人"）和"最优秀的种族"（西雅利安人和犹太人再度上榜；这个后来的纳粹党人当时还出于遗传生物学的原因提出建议，这两个人种应当合二为一）的结论。[8] 除此之外，对于不接受这种标准和分类乱象的知识分子来说，"种族"也是一个流行的文明群体的同义词。比方说，韦伯在寻找文化的决定性因素过程中引述过其观点的海德堡大学罗马语族语言文学专家卡尔·福斯勒（Karl Vossler）认为，意大利诗人鲁多维科·阿里奥斯托（Ludovico Ariost）和法国作家让·德·拉封丹（Jean de La Fontaine）之间的区别——就二人的主题选择而言（前者喜爱骑士和魔术师，后者擅长动物和植物）——已经"通过环境和人种几乎做出了充分的解释"。[9] 被福斯勒本人提到过，而且他的"所有作品"属于"精彩至极的大杂烩"（韦伯于1902年在罗马时非常认真地读过[10]）的法国哲学家和文学社会学家依波利特·泰纳（Hippolyte Taine），被人们认为是通过"种族、环境、特征"对文学作品进行阐释的学者。在此过程中，他没有把"种族"作为生物学的概念加以使用，而是当作了"民族性格"的同义词。[11]

然而，韦伯于1895年不仅将民族性格统统放在为了生存的斗争之中，而且也丝毫没有让人怀疑，他把文化想象成了一种生物学意义的事物。在美国社会学的开创者之一、同样是新拉马克主义信徒的莱斯特·弗兰克·沃德①那里，人们发现，这种生物学的事物被表述为：正是德国学者强大的科学研究能力表明，从先辈那里得来的特征在一个民族中被世代传承下去，因为，日耳曼人在中世纪时还是蛮族，从他们的遗传物质中，从来不可能选出如同人们在"德国专门家的现代人种"中所看到的那种从事科学工作的能力，虽然这种能力在生存斗争中根本不是什么具备优势的东西。[12] 这里，种族被赋予了集体的特征，而且，由于作为"民族文化"的集体特征一代又一代始终保持稳定不变，因此，这必然是一种遗传的过程。同时，韦伯和沃德一样，他们都与诸如英国社会哲学家赫伯特·斯宾塞这样的进化论学者不同。这种差异在于：他们不愿意把社会的完善化简单地交给自然的过程来完成。生存斗争——以及为了上述集体特征的斗争——要求人们对之加以控制。"听起来很奇怪：人们总是把强者武装起来对付弱者。"尼采于1888年在一篇韦伯未知的遗稿中这样写道。[13] 后来，韦伯以一种苦涩和玩笑式的幽默，将这个论点用来反对种族卫生学家的观点：社会政策并非一定是一种对弱者有利的手段，它不仅完全可以赋予身体上和精神上的强者以生殖繁衍的可能性，而且也同样可能被用于缺吃少穿的弱者。

虽然韦伯于1895年还把有关文化培养的计划看作一个十分重要的命题，但他几乎没有动手对之进行深入的分析研

---

① 莱斯特·弗兰克·沃德（Lester Frank Ward, 1841~1913），美国植物学家、古生物学家和社会学家，曾担任美国社会学学会第一任主席，他的可以科学地控制社会的观点在当时吸引了很多知识分子的兴趣。

究，或者哪怕只从经验方面对之予以支持。他研究过奥古斯特·魏斯曼的著作吗？其时，他正试图借助这样的文章成为魏斯曼在弗赖堡大学的同事，而且，沃德针对德国学者的讽刺也包括魏斯曼在内。在1894年以来作为他讲课基础的关于"普通国民经济学"的笔记中，我们找到了有关这个问题的一些线索。那里，有一整段关于"社会生物学和人类学基础"的文字，其中有涉及魏斯曼理论的提示："否定所有获得的属性的遗传性。"[14]但是，这个否定的具体含义是什么，韦伯没有继续深究下去，并对此表示怀疑。在他看来，值得存疑的问题是：一种类型"是否真的仅仅源自选择和培养"，似乎是值得怀疑的。他坚持认为："经济状况的改变导致了巨大的变化——与传统主义的决裂，追求利润。首先不是人种。但不可否认：气候同样起着作用。"[15]

早在1883年，生物学家魏斯曼就在弗赖堡的一次讲课中反驳了生物体对环境的适应能力可以遗传的论点。在韦伯做就职演讲的那年，魏斯曼与赫伯特·斯宾塞陷入了一场争论。他教导斯宾塞说，人的小脚趾的弯曲既非常年穿靴子挤压所致，也非身体这个部位功能上的无关紧要所致（斯宾塞认为是"不使用的影响的遗传"）。[16]因而，那种认为劳动道德或文明的进取心作为一个民族在人类学方面可以确定的素质在各民族中能够遗传的观点，已经与当时人们对遗传的认识相抵触，而且至少说明，人们在使用这个概念时要谨慎。韦伯同样没有接受这样的反对意见，即"斯拉夫特性"是用来称呼一个民族的相当狭义的概念，若是完全撇开民族差异不谈，在这个民族中同样有上流阶层、市民阶层、工业、商业和大学等。

其间，由于其他方面的原因，韦伯与种族观念逐渐保持距离并开始寻找另外的替代概念：他发现，生物学的解释方法不符合他把不同民族的行为理想看作社会冲突的命题的需求。他于1904年写道:"把一种统一的'民族特性'赋予17世纪的英国人,这在历史的角度上是完全不正确的。'骑士党'① 和'圆颅党'② 都认为,他们不仅是两个政党,而且是极端不同的两类人。只要仔细观察,任何人都必须承认他们说的是对的。另外:英国商人冒险家与德国古老的汉萨同盟商人之间秉性上的对立是无法找到的,这就如同中世纪末期时一样,英国特征和德国特征除了直接通过不同的政治命运得到解释之外,它们之间的另一种深层的差别同样是无法确定的。"随后,韦伯在脚注里补充道:"自宗教改革以来的整个时代可以理解为两种类型的英国人相互之间的一场搏斗。"17 他自己希望两种德国人之间发生一场搏斗,一种是他著作中所设计的德国人,另一种是他认为在德国越来越多地见到的德国人。

同年,韦伯批评道,不同民族之间愈演愈烈的政治和贸易政策冲突也对社会学研究产生了影响,而且,越来越多的人在研究中再度在人类学范畴上大做文章。18 从这个角度来看,提出种族思想的,已不再是承载民族特点的种族,而是民族主义。与此同时,韦伯再次强调,在他眼中,"种族"和"国家"是完全等同的事物,而社会学家和经济学家弗里德里希·赫兹(Friedrich Hertz)在当时就已经指出,种族思想在一个"世界范围内的交往蓬勃发展"、民族主义和社会主义均强调群体感情的时代,"制造了邻里之间和一国人民不同人群之间的沟壑"。19 从生物学角度思考的种族学家没有把"德国文化的承

---

① 骑士党(Kavaliere,英文:cavalier)指的是17世纪英国内战时期追随查理一世国王的一个政党,他们多数是大地主和维护王室及正统教会的保守派。

② 圆颅党(Rundköpfe,英文:Roundheads)指的是17世纪英国国会中与骑士党相对立的一个党派,其最大的特点是,身为清教徒的议员皆将头发理短,以示与贵族的区别。由于没有长发或假发,显得头颅较圆,故而得名。

载者"想象为所有的德国公民,对此,这位犹太裔社会学家或许比韦伯有着更为深切的感触。

韦伯并没有与种族观念彻底告别,而是只把它看作暂时没有帮助作用而已:"如同涉及'环境'或是涉及'时间状况'问题一样,把文化现象从因果论上归结为'人种'的原因,这只证明了我们的无知。大家希望,这种状况将通过方法论上有良好素养的工作得到克服。"[20] 他认为,只有当具体的结果能够被归结到这个因素之上的时候,人种生物学才有帮助作用。在 1920 年撰写的关于宗教社会学文集的前言中,韦伯还强调要高度评价遗传物质的意义。他说,由于对这个"目前情况下尚且"未知的因素在不同的文明发展过程中所占的比重无法准确把握,所以我们应该首先对其他的因素展开研究。[21] 韦伯落笔成文,虽然他之前曾几度在种族观念中碰到过各种千奇百怪的问题,并提醒人们不要将德国贵族缺乏优雅和高贵的气质归结为人种的原因。"虽然同属一个民族",德意志奥地利人至少不缺少这种素质,"无论他的其他弱点是什么"。[22]

因此,韦伯在美国的时候对那里被称作"种族问题"的课题进行了研究。他认为,相对于美国经济而言,这个问题对美国的南方地区产生了更大的影响:一方面是否定各种建立在血统论基础上的特权的美国式建国理想,另一方面是更多地形同一种亚种姓而非一种社会下层群体的存在——二者之间存在着相互对立的关系。雨果·明斯特贝格在他关于美国问题的著作中写道,这个国家人民"灵魂的平等",或者用我们今天的话来说,由来自世界各地的人组成的美国人的共同心态,必然要让那些把所有历史都归结于种族差别的人重新思考这个问题。这种共同心态的核心是不依赖于其他任何人的自决权。[23] 自决权的对立面就是奴隶制。因而,更为奇特的是这样一种矛盾现象:恰恰是在这个社会中,种族主义已经变得如此明目张胆和如此结构化。

当时，韦伯与塔斯基吉的黑人学校校长布克·T. 华盛顿（Booker T. Washington）互有书信来往。他在信中写道，华盛顿领导的黑人学校是美国南方他所见到的唯一热情激昂的地方。相反，这个地方的白人却完全漫无目标，失去希望。这位黑人民权主义者在他有关"品格培养"的论著中，主张在白人和非洲裔美国人的冲突中采取温和的路线。1895年，他在一次演讲中用形象的比喻说了一句后来成为俗语的名言："你在哪里就在哪里汲水"（号召人们在船停靠的地方汲水，而不是开到其他地方找水）。借此，他建议黑人采取一种谨慎的、避免过激要求的立场。他说，社会进步的取得，与其说是通过政治代表方式或法律上的平等相待，毋宁说是依靠个人能力的培养。有鉴于韦伯当时与白人就种族问题所做的交谈，这种看法不失为一种现实主义的立场：即便是那些把布克·T. 华盛顿看成是自托马斯·杰斐逊（Thomas Jefferson）和乔治·华盛顿（George Washington）之后最伟大的美国人的人也认为，平等，甚至仅仅是白人和黑人之间的社会交往都是永远不可能的。[24]

与之相反，杜波依斯认为，黑人若是没有真正的公民权，他们的经济和职业的发展是根本无法实现的，品格的培养更无从谈起。在韦伯怀着巨大同情心阅读的、1903年发表的《黑人的灵魂》一书中，杜波依斯描述的美国黑人的状况不禁使他联想起自己国家的市民阶层：杜波依斯认为，人们生活在一个经济大发展的时代，布克·T. 华盛顿在布道坛上向黑人宣讲劳动和致富的福音，而生活中更高的政治和法律问题却因此从人们的视野中消失了；由于美国内战和内战的结局，不同种族之间的关系越来越近；然而，这种情况使人们的种族观念变得更加强烈，对黑人（Negroes）的偏见日益增多。因此，对杜波依斯来说，居于从属地位是不可取的："在几乎所有人种和民族的历史中，危机情况下行之有效的箴言是，男人的自尊比房屋和庄园更为重要，而且，一个甘愿放弃这样的自尊或是放弃追求自尊的民族，没有资格被文明化。"[25] 这句话若是出自韦伯之口也不无可能。

六年后，韦伯公开发表了与杜波依斯会面的回忆文章，目的是对那些有种族观念的理论家予以回击。在1910年于法兰克福举行的第一届德国社会学大会上，与会者针对发明了"种族卫生"一词以及于1904年与其他人共同创建了"种族和社会生物学档案馆"的阿尔弗雷德·普罗茨所做的发言进行了辩论。种族生物学和社会生物学信奉的口号是："社会是作为整体的种族的组成部分。"[26] 早在学生时代，普罗茨就对种族的强化问题满腹忧虑，而且在布雷斯劳还担任过一个名叫"太平洋"的大学生殖民主义协会的负责人。该协会是社会主义和泛日耳曼思想，亦即追求所有种族学上的德国人大联合的乌托邦思想的信奉者。为此，普罗茨甚至跑到美国去考察过建立殖民主义社群的可能性。由于俾斯麦的社会党人法，该协会的成员于1887年遭到起诉（普罗茨逃往瑞士，因而躲过一劫）。早年也是"太平洋"组织成员的作家格哈特·豪普特曼在他1889年创作的戏剧《日出之前》(*Vor Sonnenaufgang*) 中，不仅为他年轻时的这种思想，而且——借助阿尔弗雷德·罗特这个剧中人物——也为阿尔弗雷德·普罗茨树立了一个不清不白的纪念碑。罗特所代表的是通过改变生活来造福世界的严肃主义，这种严肃的生活态度为了自然主义的健康伦理原则而牺牲了人道主义的行为，因为，它所遵循的行为判断标准，是这个行为体现了强大还是代表了羸弱。体现强大的最佳方式就是当人们面对弱者之时。[27] 在一个有酗酒和乱交习俗的乡村环境中，禁欲主义者罗特对农民女儿海伦妮·克劳斯的爱情最终归于失败：当他发现她们全家都是酒徒时，他建议她不要去碰歌德的《少年维特之烦恼》，而应该去读菲利克斯·达恩①写的《为罗马而战》(Kampf um Rom)。由于他认为酗酒有遗传性，这就排除了他与海伦妮结婚生子的任何可能。于是，海伦妮自杀身亡。

借助罗特这个角色，豪普特曼描述了一种于1900年前后流传甚广但时至今日依然有生命力的世界观的代表人物。这种世界观有着把生活的内容简单化的倾向，即把诸如吃饭、穿衣、劳动等不重要的事务简单化，目的是在诸如思想、爱情、群体生活等重要事务上把事情复杂化。各种不同的民族被简单地定义和评判为一个整体，并且，一个人是否喝白兰地酒，这是他是否让人看得起的标准。然而，当涉及拯救这个女孩的关键问题时，人们就像在博爱问题上一样，搬出了种种难以解答、涉及极限经验范畴的形而上学做挡箭牌。对此，吉尔伯特·K.切斯特顿曾经加了一句旁注："一个因一时冲动吃鱼子酱的人比出于原则吃葡萄籽的人简单得多。"28

于是，这位出于原则而为大众健康满心忧虑的阿尔弗雷德·普罗茨在法兰克福社会学大会上以德国社会学理事的身份发了言。当初，韦伯本人举荐他进了理事会，而且在学会成立大会上对他的表现明确表示赞赏。29 普罗茨发言的主题是种族卫生学家最津津乐道的话题（倘若不是唯一受青睐的话题的话）：关于"天赋能力低下的人"的生育给社会带来的后果。他认为，博爱以及基督教应该对后果负有同样的责任。韦伯在发言中先是以讽刺挖苦的口吻，并针对中世纪修道院和骑士教团中"身体和精神素质并不低下"、被排除在传宗接代之外的

---

① 菲利克斯·达恩（Felix Dahn, 1834~1912），德国作家和历史学家，《为罗马而战》是1876年发表的一部历史小说。

那些人群的论述,回击了普罗茨的观点。他提示并补充道,加尔文教以其针对穷人和失业者严苛的宣判没有给博爱精神以应有的地位。此外,他还怀疑,近期的事态发展走上了一条"恰恰让博爱的盛行在我们的社会中变成了一种紧迫的危险的道路"。[30]大会记录写道:"听众发出笑声。"

随即话锋一转,韦伯提到了他个人的情况,而且,这次提他个人情况的方式比他上任当教授的那堂大课明显有所不同。"诸位,假如我们这里理解的'种族'是外行人通常认为的那种事物,也就是在生殖共同体中所培养的那种遗传类型的话,那么我个人的情况就很尴尬了,因为我感觉自己是多个种族或多个人种学上特殊民族性的混合产物,而且我想,在场的许多人可能都是类似的情况。我部分是法国人,部分是德国人,而且作为法国人肯定以某种方式被凯尔特人感染过。假如说德国的社会状况现在是一派繁荣景象,或者应该是一派繁荣景象,那么,这些种族中的哪一个种族——因为我们把'种族'这个词用到了凯尔特人身上——正在我身上绽放出繁荣景象,或者必须绽放出繁荣景象呢?"[31]1894年时,他绝不会以下述方式向他的听众介绍自己:作为一个有英国杂交血统的胡格诺教徒的孙子,他至少不希望德国人的遗传素质给德国带来欣欣向荣的景象。两年后,他指出,德国人把一个"几乎没有一滴德国血液"的人("比如特赖奇克")[32]称作他们自己的同胞。即便是这样一句既简单明了又令人信服的话,也需要由一位早已摆脱了出于文化培养雄心的不成熟观点的社会学家来说。

韦伯讲道,他在美国没有见到任何一种当地的人种培养以之为基础的"本能"。未洗澡白人身上散发的味道同未洗澡黑人身上的味道完全一样。然而在白人眼里,印第安人与黑人的不同之处在于他们没有当过奴隶。从这点可以看出,人们对强迫黑人所从事的那种劳动采取的是一种瞧不起的态度。韦伯认为美国的种族主义是一种欧洲化的过程，其代表人物在达尔文、尼采的影响下（或许也受到普罗茨医生的影响）假设，只要你对某个族群的人采取歧视态度，你自己就成了贵族。并且，就所谓黑人是低贱人种的谬论而言，没有任何此类事情得到过证实："我想指出一点，美国最杰出的、没有白人可望其项背的社会学家是个有色人种——伯格哈特·杜波依斯。"假如来自南方州的一个绅士与韦伯和杜波依斯共进早餐的话，"他当然会认为杜氏在智慧和道德上低人一等：我们发现，像任何一个绅士一样，他这是自欺欺人"。[33]

在对社会学理事会议期间的种族言论直接予以坚决回击之后，韦伯询问普罗茨对维尔纳·桑巴特倡议成立的"社会生物学"分部的看法。对此，我们是否应当认为它是容易引起误解的举动呢？其次，韦伯为了第二届社会学大会，提醒应当对"国家和种族"问题进行讨论，因为这里有澄清概念的必要。这是否也是容易引起误解之举呢？再次，韦伯建议，为此提名普罗茨作为发言人。[34] 这是否同样会招致误解呢？倘若我们假设，虽然韦伯本人相信种族生物学的观点不会带来什么学术结果，但他并不想出于能够对此学说混乱的理论和空洞的主张进行攻击的目的，将其发言人排斥在一边，这样做肯定不是对他的立场的一种美化。

维尔纳·桑巴特在他1911年发表的著作《犹太人与经济生活》（*Die Juden und das Wirtschaftsleben*）中讲道，对社会理论家来说，对一种"集体心理"的推测"是一种思考的必然性"，尽管民族心理学很容易受到业余水平的情绪化的影响。[35] 在韦伯从就职演讲开始，到对各民族心态与生活方式文化产生兴趣，直到他在科学实践的前提下"暂时"放弃种族概念的道路尽头，他得出了一条相反的结论：倘若除了一知半解之外，无法从中得出更多的结果，那么，民族心理学就没有多少研究价值。韦伯用他在1905年前后的科学理论著作中发展出来的标准来抵御自身的偏见,以使历史研究摆脱各种未经分析的概念。由此导致的结果是,他要求种族理论家们做出回答:不同种族在对现实情况做出反应时,它们的反应究竟在哪里有所不同,"因为,不是我们意识中的文化内容,而是心理－身体机器才是遗传的对象"。[36] 当遗传学还处在早期阶段,并且形而上学的概念还掺杂其中的时候,韦伯心中所系的是澄清人们在遗传问题上的猜测。因此,他改写了本来必须由遗传学来完成的解释方案,使之更加具有清晰的轮廓(只因为遗传学离此还相距甚远)。然而,韦伯自己却转向了针对诸如"国家""民族"和"种族"等概念的社会学定义工作:不是民族是什么,而是当一个民族将自己称为民族的时候,这意味着什么;不是一个黑人是什么,而是当他被看作黑人而不是"绅士"的时候,这意味着什么。这才是问题的所在。

# 第十五章
# 世界级村庄和它的社交精神生活
## ——海德堡的圈内人

> 我们中间还有宗教吗？没有！真正有的
> 只不过是"宗教运动"而已。
>
> 弗朗茨·奥韦尔贝克

在机动车尚未出现的年代，市民都在城市里居住。马克斯·韦伯的精神生活有大约20年时间是在小城市里度过的。1896年，当他在海德堡当教授的时候，这座城市的人口连同周围的村镇都算在一起是3万人。10年后，人口增加到了5万。与今天相比，知识分子占全部人口的比例明显要低得多，其中，教授不到150人，每学期的学生人数是300至400人。但是，常言道，人头只能清点，不能说明它的权重和地位。我们不妨举一个特别引人注目的人物为例：前文曾经提到过的、年轻的韦伯于1882年带着喜忧参半的心情聆听过他最初的哲学讲座课的海德堡大学学界泰斗库诺·菲舍尔。民间流传着一个关于他的掌故。有一次在他家门前，即罗尔巴赫大街和车站大街拐角的地方，工人正在开挖马路。菲舍尔走到他家房子的阳台上，冲着下面喊道："要是声音不马上给我停下来，我立马就去柏林任教！"声音即刻停了下来，施工被推迟到了学校的放假时间。被载入城市荣誉公民册的这位"本市正式枢密顾问库诺·菲舍尔博士教授阁下"在海德堡执教近35年。在他生前，他的名字就已经被用来命名了一条大街。

菲舍尔若是在天有灵，他本人一定会把这个传闻称作"非常传神的笑话"。[1] 这个掌故标志性地说明了这位由韦伯用文字（20年后卡尔·雅斯贝尔斯①几乎用同样的语言）记录下来的、不单单在海德堡名气很大的哲学家的自负，同时也很好地说明了一个知识分子当时在那里能够拥有的社会地位。在那本载有四人的荣誉公民册里，有两个海德堡大学校长的名字——菲舍尔和罗马法学家恩斯特·伊曼努尔·贝克。由此可见，不是一所大学坐落在海德堡城里，而是海德堡坐落在一所大学里。巴登公国为它的教授们提供了优越的条件。就其身份地位而言，教授们在海德堡远比在其他地方更容易与宫廷官员、企业家或是军队高官平起平坐。在内卡河畔，城里遇到贫穷的下等阶层的情况也相当罕见。因此，谁若是来到海德堡，他就不会轻易离开这里。据说，与菲舍尔性格不同的古典语言学家阿尔布莱希特·迪特里希（Albrecht Dieterich）曾经说过一句话，意思是：在这里，他将只接受那个任何人也无法拒绝的最后召唤。[2] 帝国时期，教学人员在海德堡的平均停留时间是27年。这里的精神环境被认为是自由宽松的（巴登自1818年起就有了一部议会制的宪法），1879年至1914年间，外国留学生的比例相对较高，超过了百分之十。据统计，1905年住在城里的外国人有1500人，其中超过160人来自"异国他乡"，亦即他们都不是欧洲人。[3]

"如果仅从经济角度来给这个城市下定义的话，"马克斯·韦伯在他的《城市类型学》（*Typologie der Städte*）中写道，"那么它不过是个居民点，老百姓的生活主要不是靠农业的收

---

① 卡尔·雅斯贝尔斯（Karl Jaspers，1883~1969），德国哲学家，存在主义哲学的奠基人之一。

成，而是靠商业和手工业的利润。"⁴这个观点很容易从那个年代的海德堡得到证实。这座城市充满着繁华的手工业和商业以及浓重的社会名流气息。倘若说它被笼罩在烟雾中的话，这并非主要是从工厂烟囱里排放出来的浓烟：当年在海德堡，雪茄烟店要比煤炭店多得多，而且，书店的数量也多于律师事务所，誊印社、啤酒厂和啤酒店（卖"牛奶和瓶装啤酒"）也多于药店。除了将近100家面包店外，还有200多家日用品店、熟食店、野味店、家禽店和鱼店。有25户渔民为这些鱼店供货。大型百货公司的时代尚未开始，商业没有集中化，资本主义在海德堡的状态与韦伯所强调的那种中产阶级起源还离得更近些。不过，充其量是商品的生产才要求人们要有禁欲主义的态度：大多数当地工厂生产的都是消费品（苏打水、醋、家具、雨伞、明胶和前面提到的雪茄烟），或者是建筑材料以及学校用的桌椅板凳。所以，海德堡还不是韦伯社会学意义上的"生产商城市"。人们所说的1800年前后的德国小城市（魏玛是其典型），也符合1900年前后"世界级村庄海德堡"⁵的情况：它们都是人们可以亲身感受到的规模不大和平静祥和的城市的范例，这种范例已经进入市民社会的观念之中。⁶但是，人们也知道，这样的社会仅仅是在这块土地上存在的许许多多社会中的一个而已。海德堡无疑是德国中部边缘地区或边缘中部地区的一个矛盾体。

韦伯现在过的也是一种平淡和需要安静的生活。当他的体力逐渐得到恢复后，这种生活起了新的变化：他在海德堡（他于1902年38岁生日那天回到那里）没有了教学任务，是一个没有带博士生资格的名誉教授，并以私人学者的身份工作。但是，韦伯现在不仅没有了教学任务，而且他想参政以及为政治出谋划策的雄心也由于神经崩溃而被束之高阁。直到第一次世界大战前，韦伯陆陆续续写了一篇"学者政治的"文章和两篇关于 1905 年俄国革命的出色分析论文。但是，那种在关于农业工人和交易所法规的争论中所表现出来的与实际政治非常贴近的关系已经不复存在。沃尔夫冈·蒙森①的精彩著作《马克斯·韦伯与德国政治，1890~1920》同样可以再加一个副标题：《1890~1898 和 1915~1920》。韦伯自己也知道这是他人生经历的辉煌阶段。借助《社会学和社会政治文库》(*Archiv für Sozialwissenschaft und Sozialpolitik*)这份期刊，他与出钱来办这份刊物的埃德加·雅菲②和维尔纳·桑巴特（出版人之一）一道，搭建了一个出版平台。这个平台虽然给他增加了许多工作（对此他经常抱怨），却是他笔耕不辍的多产方式的最佳匹配。不论是篇幅巨大的学术文论，还是类似新闻报道的短文，他都可以在上面发表。同时，他住在离学校很近的地方，经常为各种上诉官司致信这里投书那里，而且还举荐这位推荐那位，奉劝这人规劝那人，非正式地发挥着自己的影响力。我们不能把他称为学术上的局外人，他似乎现在时常把既身在其中又告假缺席的两种好处结合在了一起：视具体情况，他一会儿是正在恢复健康的病人，一会儿又是病后痊愈的健康人。例如，据说他很长一段时间里还不能在公开场合登台讲演，但是，1905 年时就有报道称，他临时受人之邀，做了一场将近一个小时的、有关他美国之行见闻的报告。最后，全场掌声雷动。[7]

正是在这段时间里，格奥尔格·齐美尔发表了他的论文《大都市与精神生活》。文中，他勾画了现代大都市所具有的文化特征，人们可以顺理成章地从中引申出作为其对立面的小

---

① 沃尔夫冈·蒙森（Wolfgang Mommsen，1930~2004），德国历史学家。
② 埃德加·雅菲（Edgar Jaffé，1866~1921），德国国民经济学教授，期刊出版人，韦伯情人艾尔泽·雅菲的丈夫。

型大学城的文化特点。⁸ 这是因为，个人试图在社会上有所作为的、被齐美尔称之为典型的城市现象的种种努力，在小城市中都演变成了某种诗情画意的东西。在那里，人们与其说是在马路上，毋宁说是从报纸上来了解生活变化的速度。虽然海德堡已经有了两家车行——豪斯曼和马佩斯兄弟，但他们主要做的是脚踏车的生意。1901年时，起初想当律师、中间改为学医、最后成为哲学家并且是马克斯·韦伯最大的崇拜者之一的卡尔·雅斯贝尔斯，从火车站到老城区坐的还是有轨马车。家家户户串门拜访所走的距离实在微不足道，所以，齐美尔强调的那种大都市必须要做的功课——始终要提前做好自己的时间安排，并用约好的时间来安排一切——在海德堡这个世界级村庄均不存在。当时，只有很少人家里装了私人电话：几个律师和医生、工厂老板和银行经理、殡葬公司和付费马车行，还有伊曼努尔·贝克，不过，库诺·菲舍尔家里自然是没有安装。为此，几乎所有学者都住在喊一声就能听见和出门走几步就能见到的范围内。要么，大家都在按照哲学崇拜者分类的咖啡馆里碰面。

从宗教信仰来看，海德堡大学是一个类似情况的环境。四分之三以上的大学教师是新教徒，百分之十是天主教徒，百分之七是犹太人，这种情况或多或少一直持续到1932年。⁹ 至于政治立场，人们见到的却是各不相同的政治取向，其中，许多教授身上的一个共同特点就是与普鲁士政府保持某种精神上的距离。但是，海德堡并非一个村庄，而是恰恰具有一个城市的特点，即它平衡了它的居民起初相互之间的陌生关系：正如罗伯特·艾兹拉·帕克所说的那样，它的子文化发展的数量是如此之多，足以让形形色色的人——"从刑事犯和乞丐到天才人物"——都能找到与自己身份相当的社会场所。¹⁰ 海德堡最著名的子文化就是它的大学，因为，不仅通过各种学生组织，而且通过教授们的等级意识，人们头脑中有一种活生生的观念：这里培养的都是国家的栋梁之材。不过，在1903年至1914年间，大学最著名的子文化是人文学科的学者，尤其是宗教史和神话学的学者。对此，后文还将进一步论述。

管中窥豹，以上记述只是小城市知识分子社交生活一瞥。那些年里，交际方式也在发生变化。[11]按照传统，大牌教授们经常互致邀请共进晚餐，这就是精心炮制的美食生意为什么红火的部分原因。他们这样做，不是因为大家都是乐于此道的同类，而是因为他们都是重要的社会地位的所有者。到场出席是义不容辞的，而且比学校的研讨课更有优先权。因此，若是二者时间冲突，后者必须取消。与在弗赖堡时不同，晚餐是一种"颇为荣耀之事"。[12]有时，这种颇为荣耀的事情以三小时的吃喝拉开序幕，传说有八到十道菜，即使外面白日高悬，食客们在大门紧闭的餐馆内在烛光下继续吃喝。用餐过程中，必须要与同桌的女流交谈，这对业有所专的大学问家们来说并非总是易如反掌之事。为此，有足够的香槟酒可以帮忙解围。随后，大师们在"吸烟室碰头"，进行学术交谈。在场的艺术家、政客、商人或没文化的官员——全无踪影。

虽然年轻的学者对这种具有特殊功能的交际方式的作用有所认识，但对其他方面的事情却并不十分了解。他们习惯于以平常心看待自己的职业角色，而且不仅是因为担任教职而保持彼此之间的联系。如今，他们与其说是文化的代表，毋宁说是研究学问之人。正是学科专业化的不断推进告诉学者，需要与相邻的领域有更多的接触。如同韦伯一样，有些海德堡的教授涉足多个不同的跨界领域：恩斯特·特勒尔奇涉足神学、宗教史和宗教哲学，格奥尔格·耶利内克涉猎宪法、政治思想史和宗教史。哲学本身对出研究成果不再有很多帮助，而是进一步转移到了认识论和方法论问题的研究之上。有鉴于此，学者感觉有压力，不得不主要依靠自己来做这些综合性的研究工作，亦即把不同的专业研究成果重新整合在一起。

除此之外，人文学科知识获取的组织形式也在不断变化之中。19世纪，学术界的派系是标志性的现象。基于不同的学科专业和地点，新一辈的学者成了各种派系的成员，诸如"哥廷根宗教史学派""莱比锡印欧语言学派""马堡新康德主义学派"或"图宾根神学学派"等。这些学派有一个或几个学术领袖，他们传授特定的理论和方法。这些被发展出来的理论和方法与其他的或是学校中通常传授的理论和方法形成一种特殊的对峙，而且，大学的人才招聘政策也以之为基点。虽然这种派系形成的方式不是独一无二的标志性现象，但在19世纪的德国人文科学领域具有典型的意义。然而到了20世纪，越来越多的"主义"或是后来所谓的各种"范式"取代了这种作用：马克思主义、结构主义、存在主义、实证主义、批判理性主义、行为主义、功能主义、社会历史、语言分析等，不一而足。所有这些主义都表示范围广泛的、与其说是建立在局部的知识教育不如说是建立在文献阅读基础上的理论关联性。许多学者都参与了这些理论田野的开垦，他们之间常常并不相识，而且也常常不是师生关系，因为他们属于完全不同的学科领域。

不过，在学派和理论领域之间还存在第三种学术的社会化形式，并且在19世纪至20世纪的过渡时期起了很大的作用——学者圈子。学者围绕一些刊物杂志形成了自己的圈子，比如《社会学和社会政治文库》（*Archiv für Sozialwissenschaften und Sozialpolitik*）、《宗教学文库》（*Archiv für Religionswissenschaften*）或者是《逻各斯》（*Logos*）（有"德国西南部"特色的一份文化哲学刊物）。他们成立了像1910年的德国社会学学会那样的各种协会。这些协会不代表任何已有的学科或学派，而是提倡公开的探讨和争论。学者在大学所在地口头交流跨学科的问题，把社交与相互之间关于手头正在研究的课题的信息交流结合起来。对此，海德堡提供了得天独厚的条件。在世纪之交前后，这里聚集了一大批拥有相关研究课题的教授。《圣经》《新约》语言史专家、神学家阿道夫·戴斯曼（Adolf Deissmann）和古典语言学家中的民俗学家[13]阿尔布莱希特·迪特里希于1904年1月前后，发起成立了充分利用这些共同点的"埃拉诺斯圈子"（Eranos-Kreis）。

这种学术圈子是一种人文科学专业的诺亚方舟。[14]学科里的一名或两名代表人物受到邀请，参加每月于某个星期天举办的聚会。聚会轮流由圈子的成员操办，由主持人的一个宗教学方面的专题报告开场。随后是"议会流程式的"讨论，"简单的饭菜"，吃完饭后"继续自由式的学术交流"，如同章程所规定的那样。[15]与"έρανος"的古老词义相反（古代的这种朋友饭局参加者须自带食品）①，客人只需空手而来并带上他们的判断力，无须自带雪茄、蛋糕、酒精饮料和事先准备好的演讲稿。在十个圈子的创建人中，除了韦伯外，还有特勒尔奇、国家法专家格奥尔格·耶利内克、艺术史家艾伯哈特·哥特海因（Eberhard Gothein）、特赖奇克及赫尔曼·鲍姆加滕的学生和历史学家埃里希·马尔克斯（Erich Marcks），以及韦伯的继任者和经济学家卡尔·拉特根（Karl Rathgen）。拉特根后来创建了汉堡大学并担任首任校长，是一位日本学专家。

---

① 希腊文 έρανος（德文：Eranos）指的是古希腊的一种社团组织，其成员为了某个目的共同出资凑钱，比如一起聚餐等，后来引申为一种简单的、常年有固定人员参加的聚餐或聚会。

第十五章　世界级村庄和它的社交精神生活 / 233

　　从1903年1月至1909年1月，一共举办过将近30次活动。分配给当日主持人太太的任务是张罗饭菜，对此，出版过相关书籍的玛丽·露易丝·哥特海因觉得很失望是完全有道理的。教授头衔的分量一如既往地要比理由更为重要，所以，不单是太太们，而且还有其他低于教授职位的有才华的人都未受到重视。[16] 稍后在海德堡成立的、讨论自然科学及哲学问题的"雅努斯圈子"①（韦伯也是其成员），在对待女性的问题上更为开明一些。埃拉诺斯圈子本身讨论的题目有：古日耳曼人的基督教、齐美尔于1908年刚出版问世的《社会学》、中国宗教的起源、古代日本的天皇制度等。在马克斯·韦伯自己关于新教禁欲主义的讲座上，提供的是"勃艮第火腿"。[17] 至于"市民阶层"是否确实曾经对眼下的欢乐无动于衷，这个问题尚难确定（有人认为，这种生活方式是韦伯精神崩溃的原因之一[18]）。这点至少对海德堡的市民来说并不适用，对韦伯来说，更非如此。

　　然而，在这些不仅很少触及他所研究的课题，而且他从中更多了解到的是古罗马人的凯旋游行和印第安人带有性色彩的山药节含义的报告中，究竟是什么内容吸引着韦伯呢？[19] 或者换言之：这些报告是怎样引起了他此后对宗教历史问题的巨大兴趣的呢（这些问题远远超出了清教徒们化灵魂救赎危机为勤奋工作精神对动机学说所做出的贡献）？对这个问题，至少有两个答案。其一，许多关于"神圣"的文本的研究都遵循这样一个目标，即从语言学和历史学的视角出发，将这些文本纳入社会学的视野之中。举例而言，戴斯曼在他伟大的、极其生动形象和至今依然引人入胜的著作《东方之光》（*Licht vom*

---

① "雅努斯圈子"（Janus-Kreis）中的"雅努斯"是古罗马神话里的门神或双面神，他有前后两个面孔，象征万事万物之始。

Osten)中,像侦探家一样探幽发微地指出,《新约》的语言是一种下层民众的语言;《新约》用一种"世俗的希腊语",亦即用一种当时的民间口语写成,其目的是让它为最广泛的百姓阶层所接受。只是到了后来,当"有文化的希腊人"把《圣经》与经典文本进行比照时,这个特点才引起他们的注意。对于戴斯曼来说,原始基督教的文本也不是那种从头至尾形式统一的讲故事的小说,保罗的宣教书信也不是文字优美的书信。相反,就形式而言,与其说它们接近塞涅卡①的美文华章或是柏拉图的对话,不如说更接近商务信函、明信片或普通的呈文。戴斯曼对他的语言痕迹研究总结道:"所有这些文学的发展反映了我们将其称为基督教的史前史的伟大历史过程。我们清楚地看到我们的宗教从兄弟结盟到教会、从未受过教育的粗人到神学家、从中下阶层进入到上层社会的演变过程。这种渐进演变是一个巨大的冷却和凝固的过程。倘若我们历经数百年能够始终不断地引用《新约》,那么,我们就把这块固化的金属变成了流动的液体。"[20]针对保罗用语言来表达他关于耶稣基督是"上帝代表"的思想,戴斯曼试图调查厘清,保罗有哪些法律上的、政治上的和神祇崇拜方面的词语可供自己使用。有鉴于此,他所使用的方法归根到底都是社会学的方法。

比之于当时大多数以"社会学"冠名的书籍,韦伯从这样的论证中不仅学到了更多有利于他的典型社会行为学说的东西,而且也学到了比他本人习惯于通过对资料来源出处予以说明之外更多的东西。[21]在埃拉诺斯聚会报告中所探讨的一切都要求经过历史比较,或其本身即来源于针对各种互不相关的文化的研究,并因此要求做文化类型归类的历史比较工作。在其

---

① 塞涅卡(Lucius Annaeus Seneca,约公元前4~65),古罗马政治家、雄辩家,一生著述颇丰,主要有《道德书简》等和九部悲剧。

一生当中，韦伯的思想都在这种切实具体、资料丰富同时要求做出高水平总结评价的研究工作中受到启发。由此而产生的各种概念，完全超出了相关资料的范畴。尽管他不断强调——无论现代人还是现代学者的命运都是走向"专业化"——但进入新世纪后，韦伯自己主要提供的恰恰是综合性研究成果：他从其他学者的专业著作中提炼历史模式与有助于形成精妙概念构建的要素。

如果有人反过来认为，韦伯转而面向社会学主要是由于他勇于探索的同事海因里希·李凯尔特的文化历史学研究工作，或是经过对康德、黑格尔或"价值论"思考的结果，那么他就把思想史想象得过于简单。毫无疑问，韦伯想在方法论上始终能够站得住脚，而且，想与所有学术研究保持步调一致的他，也必定试图与新康德派的中坚人物埃米尔·拉斯克[①]进行互动交流。但是，从这些活动当中并没有产生社会学的知识。哲学能力的储备在战斗中既非有重大意义的猎物，也非一个人亮明其观点的大旗，以及一把用以致命一击的宝剑。韦伯宣称，他想从事"现实科学"的研究——这个目的不仅与分析经济学家们纯粹的建模方法格格不入，而且也与哲学大相径庭。或者换言之：好的科学并非首先有好的论证（论据以后总能找到），而是首先要有好的匠心制作。马克斯·韦伯在1900年前后所阅读的东西，以及他极其频繁和在局部方面所接触的东西，是一个不需要方法论上受人指手画脚的人所做的很好的研究工作。

我们不妨把另一位埃拉诺斯圈子的创办者和古典语言学家阿尔布莱希特·迪特里希的一篇论文作为例子。这篇论文于

---

[①] 埃米尔·拉斯克（Emil Lask，1875~1915），德国哲学家，弗赖堡大学海因里希·李凯尔特的学生，新康德主义学派成员。

1904年2月在海德堡聚会圈子的首次活动上做了宣讲,论文的题目是甚为普遍的关于大地的神话研究。[22] 迪特里希在报告中说,大地被完全赋予了母亲的特征。比如,有人想象,孩子来自泥土。缘此,即便是在根据宗教规定进行火葬的年代,早产儿还是被埋在土里安葬。所有的转世观念都与大地息息相关。毫无疑问,这些想象和观念与早期资本家的劳动道德观和德国的工业化问题毫不相干。但是,韦伯在迪特里希那里看到,这些实践中的风俗仪式可以作为理解神话的钥匙。于是,将宗教与典型化的行为联系起来,以及从对行为困境(即危机)形式化的解除克服中让所有的宗教世界观显现出来,就成了韦伯自己的一套理论。此外,他用这种方法也找到了某些宗教的反魔法性质的证据线索(二者颇为矛盾)。[23] 因为,根据迪特里希的观点,在魔法意识里不存在从虚无中创造世界的说法,有的只是现有事物的变形、替换(空间置换)和隐喻。对于有魔法特征的宗教来说,太初之始,一切并非"混沌虚无的"状态,而且水面上也没有精神飞行盘旋(如《旧约》开头所说的那样)。相反,天地间有"大量彼此不相关联的奇迹"存在,灵魂从大地升腾起来,最后又重新回到大地中去。[24]

这里,我可以发现这位新教研究专家眼中的一个重要观点:韦伯现在意识到,对任何仪式规程的背离,以及失去"对魔术–圣礼式的灵魂救赎效果的信任"是区别天主教和新教的关键所在。他在1920年版的《新教伦理》中,四次把他于1903年首次使用并成为价值领域和行为范畴"理性化"思想关键词的"祛魅化"概念补充了进去,而且,始终是补充在与清教徒的反魔法思想相关的地方(清教徒到最后甚至把圣诞节也视作迷信加以抵制)。[25] 根据他的观点,理性是非仪式性的和反魔法的(理性的仪式,诸如不断改革、企业咨询或举办科学会议等,当时韦伯未能见到其大发展的盛况)。那么,理性的起源会与那些把世界想象成从虚无中创造出来的宗教有关系吗?

相对而言,1905年第一版《新教伦理》受到了卡尔·毕歇尔(Karl Bücher)著作《劳动与节奏》(*Arbeit und Rhythmus*)中的观点更为强烈的影响。借助对所谓原始民族的研究,这位莱比锡的国民经济学家探讨的课题是:过着一种"没有外部强迫、没有职业、没有社会责任的生活,并且在这样的生活中,每个人仅仅是按照自己直接提出的需求来安排自己活动的人"——他们为什么要参加劳动?而且,当这种劳动是多余的时候,他们为什么竟然还乐在其中?毕歇尔的回答是:必要的驱动力是通过原始美学的手段和自然而然的过程产生的,而且,尤其是通过有节奏的和有唱歌伴随的劳动。[26] 根据这一观点,从经济角度出发的对职业劳动的理性化必须克服传统的节奏、毫无劳动兴致和超出自身需求以外对劳动不利的自然冲动,亦即克服人的"本能的生活享受的无拘束性"。这类人群不是出于自身的意愿做出参加劳动的决定,而仅仅是由于——尽管是人为安排的——外部的导引而为之。[27]

在宗教学文献的影响下(迪特里希在这里只是作为一个代表),韦伯转换了这一对立关系,从而调换了世界历史冲突中的对手:他现在不再把生活习惯和个人意愿看作相矛盾的东西,而是把不同的、起行为指导作用的世界观看作相互对立的事物。理性不是首先被用来与惰性、缺乏专注精神或以需求为导向的态度做斗争,而是用来与魔法意识做斗争,因为,一个由魔法和魔法化的宗教统治的世界是一种充满例外事件的世界。这个世界中,事物的对错完全取决于如下条件:第三次太阳下山之后,属于国王的事物,首先用正确的那只手去拿东西,与牧师商量以后再采取行动,等等。所有这些条件均不得加以试验，仪式的有效性不能以另一种替代方式进行公开测试。因为，假如女人也参与跳舞，或是根本不用跳舞，天上或许也会下雨。因此，最好不要去做试验。由此可见，魔法对人们的学习起到了阻碍作用。

由于上帝自己很少直接参加与人的交流，所以，在主要受魔法控制以及受到从观念沿袭下来的神圣事物决定的社会中，人们就为各种需要问清的问题开设了专门的窗口。窗口后面坐的是魔术师、江湖郎中、牧师等，简言之：都是知识分子。虽然他们在与这些问题打交道时都发展出了一种自己的理性，但是，为了避免神界的恼怒，某些有定论的东西无论如何是不可违背的。于是，传统就被固定下来，人们只能顺应如此给定的世界及其戒律范畴。反之，如果"一个超自然神的最终深不可测的旨意"是决定性的，人们从中就会得出"传统的绝对非神圣性"[28]的结论。那么，一切都可能是别样的情形了。

借助其同事从民俗学、人类学和古典语言学角度阐发的宗教史，韦伯发现，九年后他所说的通过宗教对世界的"祛魅化"是一种古已有之的事物。假如上帝是从无中创造了世界，那么他就不仅身在大千世界之中，而且也身在大千世界之外而对之发生影响。同时，韦伯还发现自己遇到了这样一个问题：什么使反魔法的宗教信仰恰恰是对地位低下的、实际上是神话（"迷信"）载体的大众阶层（vulgus 和 populus）①产生了吸引力。韦伯的回答是：祛魅的不是对没有文化者的启蒙，而是一种执着的精神，依靠这种精神，中产阶级要求得到一种没有特权的救赎生活，这种生活不是每个礼拜天在没有牧师的情况下的狂喜，而是每一天都不带幻想地取悦

---

① 拉丁语 vulgus 和 populus 分别为大众和人民之意。

上帝。

这就引出了第二个问题的答案,即韦伯在哪些方面对埃拉诺斯圈子的宗教学讨论表示欣赏。其时,神学家和古典语言学家都为那个时代人文科学所面临的一个问题苦思冥想,即他们必须解释,把《圣经》的文本放到中近东的历史环境中,这对于"威斯特山林(Westerwald)① 孤独的教士居所中的生活,或是对于大都市传教士栖身小屋中的生活"来说有什么样的意义。[29] 学者认为,以往他们所研究的文化毫无疑问是行之有效的,而且,科学无疑也同样为这种有效性做出了重要贡献,但是,这种胸有成竹的底气如今已经荡然无存。在宗教领域,这个问题显得异常尖锐。因为,倘若世界确实被彻底祛魅化了(除了受它影响的道德观和只有思考问题的精英们在需要时才会感兴趣的它的历史之外),那么宗教还剩下什么呢?文化批评、宗教学和知识分子对其自身状况的思考在1900年前后形成了一个紧密的关联体。从某种程度上讲,韦伯现在想把论证说明的压力颠倒过来:对于宗教,社会如今在广泛的程度上越来越兴趣索然,而正是这个社会从根本上说是由宗教的历史发展创造出来的,并且,它还一如既往地依赖那些已经进入宗教之中的能量。韦伯在这些年中所完成的从法学家到史学家、政治学家和经济学家的转变过程,宗教也绝非偶然地在其中起到了催化剂的作用。因为,倘若有人在那个时代把经济或民族国家看作决定性的社会因素,那么,他就有为经济或是刚刚实行的政治统治秩序充当科学传声筒的嫌疑。反之,倘若有人认为,没有宗教的基础,政治和经济就根本无法得到理解,那么,他就为现代的生活形态提供了一个诠释的开端,这个开端不能作为对这种生活形态的辩护被简单地加以

---

① 德国中部地区横跨三个州的一座山脉,最高点海拔656米。

否定。

诚然,我们已经偏离海德堡的主题太远了,正如那些学者一样——而学者的任务,本就包括远离那些显而易见之事。韦伯在他们中间找到了一个特殊的位置:一方面,这是一个过着靠吃银行利息的人和自由职业学者的位置,他自己可以对学问的类型进行定义;另一方面,这是一个非同寻常的学问类型:学科不确定,对一切均加以利用,希望全面了解西方文化,从而把相反的事物结合起来——既包罗万象,又有专业深度。

从1910年起,所谓的"每日谈"活动在韦伯夫妇刚刚搬入的法伦斯坦别墅进行。1912年后,活动定在星期天的下午四点。在经过社交起步阶段的不适应之后,韦伯的角色渐入佳境。有兴趣的学界人士都慕名而来,他本人也通过发表的著述形成了他熟悉的学术范畴的基本轮廓。作为信息中心的他,对各界极具吸引力。到他这里来的人除了同行和大学生外,甚至还有与大学毫不相干的外来人。外界盛传,海德堡城里有一个对几乎所有文化上的重要问题都有自己见解的人,他不是召见朝臣,而是开门迎客。玛丽安妮·韦伯把她的丈夫形容为大家族里一个讲故事的人,客人以他为中心围坐在一起,像是"围着一个智者、圣人和爱讲笑话的人"。[30] 有传言说,韦伯一个人滔滔不绝一讲就是两个小时,而且还说,真正的交际和讲课的语调本来是两码事。

缘此,我们不禁想把韦伯的情况与"幸福的汉斯"① 做一番比较:经过多年呕心沥血的工作,他把自己在最初想涉

---

① "幸福的汉斯"是《格林兄弟童话集》的第八十三个故事,故事讲述了年轻的汉斯经过七年的辛苦劳动,告别师傅在回乡路上所经历的种种事情。他最后摆脱了物质的束缚,自由地回到了母亲身边。

足的政治领域所积累的知识财富换成了渊博的历史学问，之后，又把历史学问换成了自己从来没有学过但必须教授的一门专业，并且把以此成就的地位最终换成了未来的一种虚无状态。在此过程中，当他把用处很大但辛苦累人的国民经济学抛弃了之后，他所走的每一步都越来越接近要到达的真正的精神故乡：虽然两手空空，但是自由自在。——在他的人生当中，第一次不必从事由外界委派的工作。海德堡小城允许这样一种自由的生活，其原因正如卡米拉·耶利内克①在回忆录中所记述的那样，因为"这个地方有利于个性的发展"。[31] 1900年前后，在许多年轻的教授中间又多了一种对于离经叛道行为重要的宽容精神：一方面是行为上的离经叛道（关于各种出轨行为后文还会讲到），另一方面是研究风格的不拘一格和世界观的不定于一尊。只是，当格奥尔格·卢卡奇②数次携恩斯特·布洛赫③前来参加聚会，后者不顾场合大嗓门说话时，这就触到了这个群体的底线：这并不是因为卢卡奇本人也有的那种世界末日观点，而是因为不文明的举止。自由并不等于肆无忌惮。

韦伯的城市社会学研究讲道："西方城市过去是一个从不自由上升到自由的地方。"[32] 倘若我们对此论点不多费些笔墨，有关韦伯居住地的章节就无从结束。因为对韦伯来说，城市，或更准确地说，某些城市类型属于许多已经消失了的自由形态。在《经济与社会》的手稿中，他用"不合法的统治"这个奇特的标题对城市进行了论述。这个概念对两种权力使用的

---

① 卡米拉·耶利内克（Camilla Jellinek, 1860~1940），奥地利女权活动家、作家和律师，丈夫是德国法学家格奥尔格·耶利内克。

② 格奥尔格·卢卡奇（Georg Lukács, 1885~1971），出生于匈牙利的犹太富贾家庭，著名的马克思主义哲学家和文学批评家。

③ 恩斯特·布洛赫（Ernst Bloch, 1885~1977），德国著名哲学家。

形态做了区别：一种是以被统治者相信统治制度的榜样性为基础的权力行使，另一种是仅仅建立在被统治者的恐惧或利益基础上的不合法统治。可是，这与城市本身又有何关联呢？就城市统治的个别现象而言，韦伯假设，当个别贵族家族与人民群众结合在一起，并且这些个别贵族家族在城市中不是建立了一种封建秩序而是建立了一种民粹主义专制时，随之产生了城市统治的个别现象。韦伯在柏林大学上政治学讲座课时，听海因里希·冯·特赖奇克讲授道："这样一个只靠才能和宝剑，以及只靠运气和钱财的统治者，是一个完全靠自己而发迹的人。"这就说明了伟大的文艺复兴艺术家与意大利北部城市贵族暴君之间的选择性亲和力关系：他们是有主权的极端自私者。"在暴君身上，我们见到的是既有伟大之处又无耻到极点的个人。"[33]

那么，韦伯所说的自由就是少数几个人的这种厚颜无耻吗？如同特赖奇克所强调的那样，这些人始终只是在一段时间内，以及始终只是在一个地区的范围内，仅仅是依靠"运气和人民的恩惠"，才得以在对一座城市的统治中实现自己的目的。不过，韦伯最初则是另有所指，即他指的是城市作为市场所在地和受货币经济决定的居民点在历史上所实现的那种经济自由。就经济而言，这里的城市含义是：当地居民在本地市场上主要依靠城里生产的和周边地区为这座城市生产或购买的产品以达到满足他们日常需求的目的。历史上，为市场提供货物的商贩受到一种特殊的保护。市场是平静安宁的。随着商业的不断稳定和繁荣，这种平静安宁发展成了享有特权城市的法院管辖区的城市安宁。缘此，城市的空气是自由的。市民概念——用来指受保护人群的成员，发生战争时他们是所谓的"城堡居民"——仅限于城市居民，以区别于农民和贵族。[34]韦伯讲述的城市统治历史，是他心里一直想弄清的政治经济学上的一个例证：他不仅研究了一种体系结构所提供的经济优势的共同作用，而且也研究了这个体系结构的政治及法律形态的共同作用，即这个形态为哪些人群提供了哪些当地的行动自由。[35] 对此，情况不同，结果也不尽相同：城市是海滨城市还是内陆城市，技术（生产技术和军事技术）达到了何种程度，它们的（地理的和社会的）权力中心在哪里。倘若仔细考察前述的两个自由概念，我们就会发现，二者几乎是彼此对立的两类人：一边是出身贵族、离经叛道、老于世故、厚颜无耻的统治者；另一边是作为商业、手工业阶层民主先驱的自由市民。二者无法成为同一类人。

然而，引人注目的是韦伯几乎是用浪漫的眼光在早期城市中所发现和欣赏的一个共同特点：它们是地方统治者自我掌控的企图与实际的不可控性的结合体。对韦伯来说，真正的自由只有在一个相对较小的城市才有可能。他认为，在机构组织的发展过程中，暗藏着一个危险：解除思想束缚的理性"变成了僵硬的石头"。正如韦伯惯有的思想一样：好的事物同时也是坏的事物。如同德国一样，大型民族国家的"巨大体量"虽然使这个国家在地位和"文化使命"方面超越了小型的政治实体，但是，它也迫使自己走向了官僚化。所以，这是不利于大型国家和超大型城市的庞大行政管理的矛盾对立。由此，它就把韦伯所认为的尽可能相反的城市特征以及佛罗伦萨（Florenz）或是费拉拉（Ferrara）①的城市暴君的统治方法与汉萨商人或瑞士普遍民主制的特征和方法联系在了一起。在韦伯的统治社会学中，罗马的暴君、意大利北部的煽动家、独立发号施令的苏黎世市市长以及美国的民选官员构成了一个相互关联的事物，原因在于，他认为他们都"不是官僚主义式的人

---

① 佛罗伦萨和费拉拉都是意大利北部地区的古老城市。

物",[36] 而且作为政治斗士,他们是现存自由行动空间的标志。若是没有官僚主义,他们也许什么都不是。这幅图景看起来特别像不断循环往复的社会历史中的一个瞬间,在这个循环往复的社会历史中,僵化和流动始终处于交替变换之中。

# 第十六章
# 阿尔弗雷德、卡夫卡与国家机器

> 时下如此怨声载道的官僚主义无非是
> 过度夸张的国家观念罢了。
>
> 罗伯特·冯·莫尔*

1910年10月出版的《新观察》(*Neue Rundschau*)杂志登了一篇令人不寒而栗的文章。文中写道,一个庞大的"机器"在我们的生活中出现,它附着在我们原本自由的肢体上面,将我们的生命吸入它的空腔、隔层和底箱之中。一种将事物公式化的毒液从这个机器中喷射出来,把所有它认为是异己的和个人的生命统统杀死。它用一种巨大的精于算计的东西取代了这种生命。"如果这时他们还在对自己说,他们依然能够在内心与这种新的生存形式保持敬而远之的距离",那么,人们会惊讶地看到,"民众的心理是如何适应了这台'机器',并且是如何爬进了它的空腔、隔层和底箱之中,在舒适温暖的地方安家落户。人们还看到,他们是如何爬上了从一个温暖之处到另一个温暖之处的梯子,或者换言之,他们是如何缩小身躯变成了一种想从这台机器中得到生活照顾的热望,以及变成了一种在这台机器中追寻飞黄腾达的梦想"。19世纪催生了

---

\* 罗伯特·冯·莫尔(Robert von Mohl, 1799~1875),德国法学家。

弗兰肯斯坦（Frankenstein）①式的怪物，造成了杰基尔博士（Doktor Jekyll）和海德先生（Mr.Hyde）②的分裂，以及重新唤醒了吸血鬼的生命。然而，迄今为止尚不为人知的还有另一个怪物：一种柜形机器。它形似一本不死的登记簿，吸空人的灵魂，使集体心理萎缩，并杀死一切个体的生命。

"这是一部奇特的机器"——四年之后的1914年10月，曾经读过这篇文章的一位保险公司职员用这句话开始了他小说故事的叙述。小说中，一名旅行者成了一个行刑场面的见证人：一名士兵因侮辱上司而受到处罚。行刑使用的是一种物体，这个物体在小说中起先25次被称作"器具"，但是，之后23次又被称作"机器"。在前述的文章中，"机器"都带有双引号，在小说中则没有了双引号。并且，1910年时还是被形象逼真描述的东西，如今却变成了不折不扣的现实：杀戮一切机器眼中的异己和个人的生命。这台机器的基础深不可测，人们只能借助梯子才能观察到它。此外，它无须人工操作，而是"全靠自己"运转。并且，它是用向被审判者灌输"要尊重你上司"的指示的方式执行对下属的判决，或曰把这条指示写进他的皮肉中去。

1910年的这篇文章题为《论公务员》（Der Beamte）。1914年的小说名叫《在流放地》（In der Strafkolonie），作者是弗朗茨·卡夫卡。卡夫卡在布拉格的卡尔大学学习法律直到

---

① 弗兰肯斯坦是英国女作家玛丽·雪莱（Mary Shelley, 1797～1851）于1818年出版的一部科幻小说，全名是《弗兰肯斯坦——现代普罗米修斯的故事》，又名《科学怪人》。小说主角弗兰肯斯坦是个热衷于生命起源的生物学家，他怀着犯罪心理频繁出没于藏尸间，试图用不同尸体的各个部分拼凑成一个巨大的人体。

② 杰基尔博士和海德先生是苏格兰小说家罗伯特·路易斯·巴尔福·史蒂文森（Robert Lewis Balfour Stevenson, 1850～1894）于1886年发表的小说《变身怪医》（Strange Case of Dr Jekyll and Mr Hyde）里的两个人物，小说讲述了杰基尔博士喝了自己配制的药剂分裂出邪恶的海德先生人格的故事。

1906年，写作这部小说时，他在"波希米亚王国工人意外事故保险公司"工作。1910年的那篇文章出自他的博士论文指导老师之手。这位老师1904年应聘来到布拉格执教，直到他1907年收到海德堡大学的录用聘书离开这里为止。他就是阿尔弗雷德·韦伯，马克斯·韦伯的弟弟。[1]

这篇对卡夫卡的其他作品也产生影响的关于公务员和官僚制度的文章，同时也是阿尔弗雷德·韦伯被他的哥哥最为赞赏的一篇文章，或者更准确地说，它是唯一一篇让他哥哥称道的论文。一年前，阿尔弗雷德·韦伯在社会政治学会年会上用几乎未加文辞修饰的语言就同样的思想做了一次发言。在随后的激烈讨论中，马克斯·韦伯就他的发言首先说了几句话，他说："如果说我们在一些事情上一直有不同的看法，但在这一点上我想说的只是，我们的观点完全一致。"[2]

兄弟俩一生中很少有观点相同的时候，或者更准确地说，马克斯几乎从未同意过阿尔弗雷德的看法，因而，他认为有必要在此把这种例外的情况明确强调一下。然而，兄弟俩不仅成长在同样的环境和同样的时代，而且也倾向于接受同样的民族自由主义观点，所从事的也是同样的职业，研究的也是同样的学问，甚至也有过同一个情人。

比马克斯小四岁的阿尔弗雷德最初学的是考古学和艺术史，后来改学法律和国民经济学，最后于1897年在柏林师从古斯塔夫·施莫勒，以一篇关于成衣行业中低薪企业（"血汗工厂"）的论文获得博士学位，并于1900年以一篇题目非常相近的论文取得了大学教授的执教资格。马克斯·韦伯在世期间，他发表过各种著述，其中包括区位经济学理论、经济政策文章（特别是关于卡特尔和社会政策问题），以及一本关于宗教和文化的小册子。与此同时，阿尔弗雷德·韦伯还始终酝酿着各种各样的综合理论，但对在统计学和社会学的语言学方面要多下功夫则不感兴趣。他兄长认为是知识的首要制高点的东西，在他看来却始终是次要的东西。

　　缘此，兄弟二人的关系发展也具有同样的特点。马克斯·韦伯的角色始终像是他弟弟的第二个教育者或至少是一个细心监督者。这种情况很早就已开始。当他的母亲有一次为中学的一堂过于严格的坚信礼课程发愁的时候，20岁的马克斯在给她的信中说，只有在阿尔弗雷德自己开始独立思考的时候，一个有更多自由主义思想的老师才会对他有帮助，否则，一个有自由主义思想的牧师也不过是被当作权威来看罢了，况且，弟弟现在要靠自己思考，"用自己的脚走路，以及应该怎么走路，对此，他之前完全没有想过"。[3] 能够典型说明两人之间关系的，是他们在1887年8月写的两封信。阿尔弗雷德向哥哥抱怨，说在只有两人交谈的时候，他总能心平气和地回答所有问题。但是，只要有旁人在场，他就对自己说的所有事情采取"敷衍和不屑一顾的态度"。这样一来，他，阿尔弗雷德，"除了对我自己感到极度的绝望之外，完全不知道该怎么办"，所有的思考都在"我自己内心的折磨"中终止，他常常倒在床上不想再爬起来。马克斯·韦伯回信写道，他认为根本没有理由感到绝望。"如果仔细来看这件事情的话，一个人如果没有以永恒的地狱惩罚以及相同的痛苦作为出发点，并且因为理论观点的缘故，真想委身于这种想法，即他无法再活下去，或是生活对他来说是种负担的话，那么，这样一个人绝对是荒诞无稽的。"他接着写道，若是有人无法思路清晰地思考，那么他只能通过实践得到帮助。这里，工作，再加上一种"新鲜的学生生活"是非常有益的。他反驳了对自己的指责——在旁人面前不像在两个人交谈时语气那么平和。他认为这是说话声造成的错觉，这种错觉是因为阿尔弗雷德想象自己受到了哥哥的嘲笑。

# 第十六章 阿尔弗雷德、卡夫卡与国家机器

或许实际情况还要更加严重一些。长期以来，始终有一种感觉伴随着阿尔弗雷德·韦伯：自己不仅事事不如兄长，而且与马克斯相比，他还被母亲当作一个不大成功的案例另眼相看，不论是作为儿子、大学生，还是作为经济学者和知识分子都是一样。事实上，马克斯·韦伯动不动就给弟弟的表现打分，认为他思路不够清晰，对他的歌德崇拜感到反感，给他"做几小时不停的教育开导，而且经常都是在晚上"，因为他认为，弟弟的困难都是他自己曾经经历过的困难。此外，他甚至利用过生日的机会，提醒20岁的弟弟，"最好不要事先去调查一种职业，了解它在实现大家的共同目标——促进整体发展中似乎起着哪种或多或少的重要作用"。[4] 阿尔弗雷德想换专业，马克斯说："你这是要干什么？"阿尔弗雷德想去慕尼黑上学，马克斯又说："刚上了一个学期就换学校，肯定是很可惜的。"阿尔弗雷德跟一个结了婚的女人有染，马克斯给母亲写信说，节制欲望是道德的要求，但是，"今天在我们这些在大城市长大的、青少年时期就感觉遭到无数'罪孽的念头'袭击的人中间，有谁敢说，当激情难以控制的时候，他还能按照道德的要求去做"。[5] 阿尔弗雷德·韦伯在做任何事情的时候，他心里都必须准备好，马克斯会在一旁画个问号或是给他打"不及格"。如果说马克斯·韦伯为了弟弟与艾尔泽·冯·里希特霍芬①婚外恋的事情在母亲面前把城市的社会化作为原谅他的理由的话，那么，他之所以这样做，也是由于他当时觉得，自己为了这个女人也许会做出同样的越轨行为。

---

① 艾尔泽·冯·里希特霍芬 [Else von Richthofen，即艾尔泽·雅菲（Else Jaffé），1874~1973]，德国第一个女社会学家，马克斯·韦伯的友人埃德加·雅菲之妻。雅菲去世后，很长一段时间里，她与韦伯两兄弟的关系暧昧，实际上成了他们的情人。

所有这一切都还没有说明，马克斯对阿尔弗雷德的批评是否正确。我们只要研究一下阿尔弗雷德的著述，就会在其兄长的训诫中——阿尔弗雷德不要老想着总体目标、理论学说和事物整体这些事——发现一个惊人的预见。因为，这里就是兄弟二人的最大区别。当马克斯·韦伯手不释卷并试图创造用于历史学和社会学研究以及可用于政治的新概念时，阿尔弗雷德·韦伯总是在语气词、复合词和最新解释问题上纠缠不清，因而耽误了对事物之间内在关系的研究。他于1928年出版的一本书分为两个部分，分别冠以典型的"原则问题"和"思想碎片"的标题。所以，他必定会在兄长那里造成一种印象：始终以原则和"总体"为准绳，但在结果问题上流于支离破碎。

比之马克斯·韦伯，阿尔弗雷德深受19世纪末在德国盛行的知识分子氛围的影响。其时，人们纷纷忙于破解世界之谜，勾画"新生活观的基本路线"或是缔造关于文化圈的各种学说。"根据最新的理论，"正在读大学的他在一次写信向父亲说明自己需要额外生活费的理由时这样解释道，"人在思考时会消耗大脑物质，只有多吃食物才能补回来，由此得出结论，最聪明的人总是饿得最厉害。"[6] 不论这些话何等奇怪甚至轻率，它确实导向了一种对马克斯·韦伯来说特别令人恼火的理论风气，即用自然主义对事物进行解释的倾向。阿尔弗雷德·韦伯自认为是"进化论社会学家"，他的论调与当时人们热衷使用"物种起源理论"的潮流如出一辙，亦即把达尔文理论用于阐释人类社会：他在1912年解释说，文明的过程"仅仅是人类的生物学发展的一种延续"，而且，文化的过程就在于，"在永恒的生存洪流中尝试不断地将这一生活提升到我们认为高于它而又位于其中的永恒和绝对的高度"。[7] 这就是当时浮夸轻佻的文风，加之以概念的昏聩空洞。对此，马克斯·

"不搞'明算账'那一套,而是每个人都尽自己所能做贡献,并根据需要享受自己的那一份,这种家庭共产主义的原则至今还作为我们'家庭的'共同生活最重要的特点一直延续着。"马克斯·韦伯在他的《社会学概论》中这样写道。1887年,韦伯全家在位于柏林夏洛滕堡父母家中的合影。自右至左依次是:马克斯·韦伯,他的父亲老马克斯·韦伯(1836-1897),卡尔·韦伯(1870-1915),海伦妮·韦伯(娘家姓法伦斯坦,1844-1919),丽莉(1880-1920),阿尔弗雷德(1869-1958),克拉拉(1875-1953),阿图尔(1877-1952)。

1878年,14岁的马克斯·韦伯在给他的表哥弗里茨·鲍姆加滕的信中写道:"我承认,既然差不多所有东西都间接来自书本,那么,除了就人们未知的事物给人以启蒙和教育,书本究竟有什么用处呢?我可能是一个对书本特别是对书中的格言和推论非常敏感的少年,这点你比我更有资格进行评价;因为从某种角度上说,了解他人比了解自己更加容易。"照片为14岁时的马克斯·韦伯。

"假如柏林的所有时钟突然变快或变慢,哪怕只是一个小时,那么,这座城市的全部经济生活和其他的交通秩序就会长时间被打乱。因此,若是不用最准确的方法把所有活动和相互关系纳入一个固定的、超主观的时间体系中,大都市生活的技术就根本无法想象。"(格奥尔格·齐美尔,《大都市与精神生活》,1903年)。照片摄于1899年柏林弗里德里希大街和莱比锡大街交叉路口。

从1882年至1884年,马克斯·韦伯是大学生社团"阿拉曼人"的活跃分子。关于大学生社团,他写道,它们"首先压根儿不是大学生荣誉和习俗的维护组织,而是不折不扣的未来职业升迁的保险公司"。图为1903年海德堡的大学生游行场面。

1882年,正在读大学的马克斯·韦伯在给母亲的信中谈到了海德堡大学的哲学教授库诺·费舍尔。他说:"在证明所有前辈哲学家都无所建树甚至胡言乱语后,现在开始发展自己的一套体系的库诺·费舍尔起码有一个优点,那就是他迄今为止所讲的一切都是可以被质疑的,正因为如此,他让大家看清了相反的事物是什么样的情况,使人具有批判精神,而且还驱走了我剩下的一丝睡意。这样,早上7点到8点的时间就可以得到很好的利用了。"图为在海德堡大学读书时的马克斯·韦伯。

1948年，玛丽安妮·韦伯（娘家姓施尼特格尔）回忆她到柏林之前在自己家中的生活情形时说："作为承担家务的女儿和大姐，我现在要适应这种闲适安静的生活，并且要成为一个'讨人喜欢的乖乖女'。我不是填补什么空当，而是承担家中该做的那些事情，虽然做完这些事对家人很有帮助，但并非必要。唉，我真是无聊啊——在几乎很少使用的、窗明几净的房间里擦拭灰尘，定期清理花盆里的植物等，诸如此类的事情。"油画上是22岁未婚的玛丽安妮·韦伯。

"我们不能容忍任何充满幻想地委身于我们内心不明确和神秘情绪的举动。因为，如果你的情感冲上头来，你必须将它驯服，这样你就能够以冷静的头脑控制你自己。"马克斯·韦伯1893年在结婚之前给他的未婚妻写道。这张结婚照摄于同年婚礼之后。

韦伯说:"对所做承诺的严格信守乃是交易伙伴所期待的和构成市场道德的一种品质,从这个意义上讲,市场道德培养了一系列极其严格的观念:在证券交易所的记录中,几乎没有听说过最不受控制的和最无法证明的、通过手势缔结的协议被破坏的情况。"图为1910年位于柏林宫堡大街的交易所大厅。

"南方内陆地区的疗养场所往往温和到令人倦怠的程度。因此,适合送到那里去疗养的病例类型有限的,亦即只有那些绝对禁忌气候刺激的病人才适合在此疗养。"这种用同义反复的表达——没有刺激的气候只适合不应受刺激的病人——不仅见于弗朗茨·卡尔·穆勒医生在《神经衰弱手册》(1893年出版)中对韦伯病情的论述。图为1911年某地疗养院的病人在进行空气治疗。

当柏林大学建校100周年时,马克斯·韦伯圈子里最重要的社会学家格奥尔格·齐美尔没有出席校庆宴会,这位副教授没有在受邀之列。他以《吃饭社会学》一文做出回应,文首的一句话是:"社会存在的灾难之一就是,均衡地存在于任何社会圈子里每个人身上的那些本质因素,几乎从未表现为最高的,而是经常表现为最低的驱使力和利益。简言之:所有人能够参与其中的活动的水准是一个很低的水准。"照片人物为格奥尔格·齐美尔,摄于1901年。

马克斯·韦伯在谈到他的第一个系统研究现代资本主义的经济史同事维尔纳·桑巴特时说,若是不止一人与桑巴特待在一个房间里的话,那么,他所认识的这个在两个人相处的情况下极为亲善温和的桑巴特马上会觉得自己就像面对一群观众一样。图为在书桌旁闭目养神的桑巴特。

这张素描画上的人物是本杰明·富兰克林(1706-1790),他当过印刷商、外交官、发明家、政治家和生活咨询读物的作者,这样的人生为马克斯·韦伯提供了描述资本主义精神的关键性的文字段落。在废寝忘食的职业生活和对日常生活的经济化过程中,这种资本主义精神必须经得起考验。而且,就日常生活的经济化而言,时间就是金钱,信用就是良好品格的标志。

亨利·福特经常被称为流水线的发明者,但是,他的工厂生产的第一辆小汽车1913年才下线。当马克斯·韦伯于1904年在美国旅行的时候,他在芝加哥的大型屠宰场目睹了两万多名屠宰工人如何在流水线上不到15分钟就各自将一头牛肢解完毕。屠宰场一年总共宰杀1300万头各类牲畜。几个月后,厄普顿·辛克莱

在访问了"塔斯基吉师范和工业学院"(一所专门为非洲裔美国学生开设的职业学校)之后,马克斯·韦伯给当时的校长布克·T. 华盛顿写信说,这所学校是美国南方他所见到的唯一充满热情的地方,而南方州的白人却完全漫无目标,失去希望。照片摄于 1902 年,学生们正在上历史课。

这里,与其说大学在城市中,不如说城市在大学中。1900 年前后的海德堡是学者和知识分子们的小都市,对他们来说,柏林的威廉二世皇朝和慕尼黑自由狂放的文艺圈子都同样遥远。图为 1903 年大学教授们的游行队伍。

"文学家"一词是马克斯·韦伯针对那些喜欢介入公共事务、随意下结论、对他们评论的事物一知半解的人所做的最犀利的评语之一。在世纪之交前后,这种文学家式的态度成了对市民阶层的麻木不仁、老气横秋和职业行当表示抗议的一种特有的生活方式。图为1900年前后慕尼黑的一个反传统的文艺圈子。

与大师在一起永远是星期天。马克斯·韦伯的"魅力型统治"概念,指向一种基于超凡能力的服从,这种能力总能在社会与个人的危机时刻中得到验证。然而,并不鲜见的是,这些危机往往是由具有超凡魅力者本人所引起的。斯特凡·格奥尔格和他的圈子为此提供了例证。这张摄于1924年的照片上的人物是:斯特凡·格奥尔格(左),克劳斯·冯·施陶芬贝格(右二)和贝特霍尔德·冯·施陶芬贝格。

因为把他当成了知识分子，马克斯·韦伯严重低估的一个政治人物是：弗拉基米尔·伊里奇·乌里扬诺夫，又名列宁（1870-1924）。在这张摄于1896年底的照片上，中间坐着的是列宁，他周围的人是圣彼得堡"工人阶级解放斗争协会"的成员。

在马克斯·韦伯看来，清教徒的对立面是儒家学说的信徒："就本质而言，中国文化的统一是作为官僚和传统文学教育、儒家伦理以及这种伦理特有的君子品行理想载体的社会阶层的统一。"图为1900年前后中国的官府人员。

1915年1月，韦伯写道，因为她们的真挚热情、多愁善感和无意出风头的需要，作为医院护士的、典型的年轻德国女孩不仅"面临严重出轨行为的危险"，而且还惯坏了病人。他本人对自己"不能长途行军"深表惋惜。图为海德堡部队医院负责纪律督察的预备役军官马克斯·韦伯（右二）。

不信神却充满对神崇拜的年轻人:由专事出版各类世界观论著的出版商欧根·迪德里希斯于1917年5月在图林根州的劳恩斯坦古堡举办的首届文化研讨会,将马克斯·韦伯(左前戴礼帽者)和诸如参加过战争的青年作家恩斯特·托勒尔(中间矮个者)等其他与会者召集到了一起。随后不久,托勒尔成了慕尼黑苏维埃共和国"假面舞会"(马克斯·韦伯语)的领导人之一。

她曾经说,爱情生活的价值在于美;最初,她是马克斯·韦伯的博士生。曾几何时,半座海德堡城都拜倒在她脚下。她不仅成了巴登州的工厂督察员,而且成了他的同事埃德加·雅菲的太太。马克斯·韦伯教导过她和"生活乱七八糟的人"奥托·格罗斯,什么是爱情伦理。她与格罗斯有染,韦伯一度中断了同她的关系。她成了韦伯弟弟阿尔弗雷德的情人,最后也成了他自己的情人:艾尔泽·雅菲-冯·里希特霍芬(1874-1973)。

巴伐利亚苏维埃共和国总理库尔特·艾斯纳(中间戴礼帽有胡须者,旁边是其太太艾尔泽)出现在1919年1月慕尼黑的一场游行中。数周后,他遇刺身亡。每当提到他的名字,马克斯·韦伯便怒不可遏,对他煽动式的、将政治道德化的倾向表示愤慨,特别是在关于战争起因的问题上。

自我主义者、老年人和年老的自我主义者：1917年53岁时的马克斯·韦伯。当年，他曾经说自己从来没有真正年轻过。因为艾尔泽·雅菲，他虽然找回了些许青年时代的感觉，但同时觉得自己依然是个步入暮年的老者。

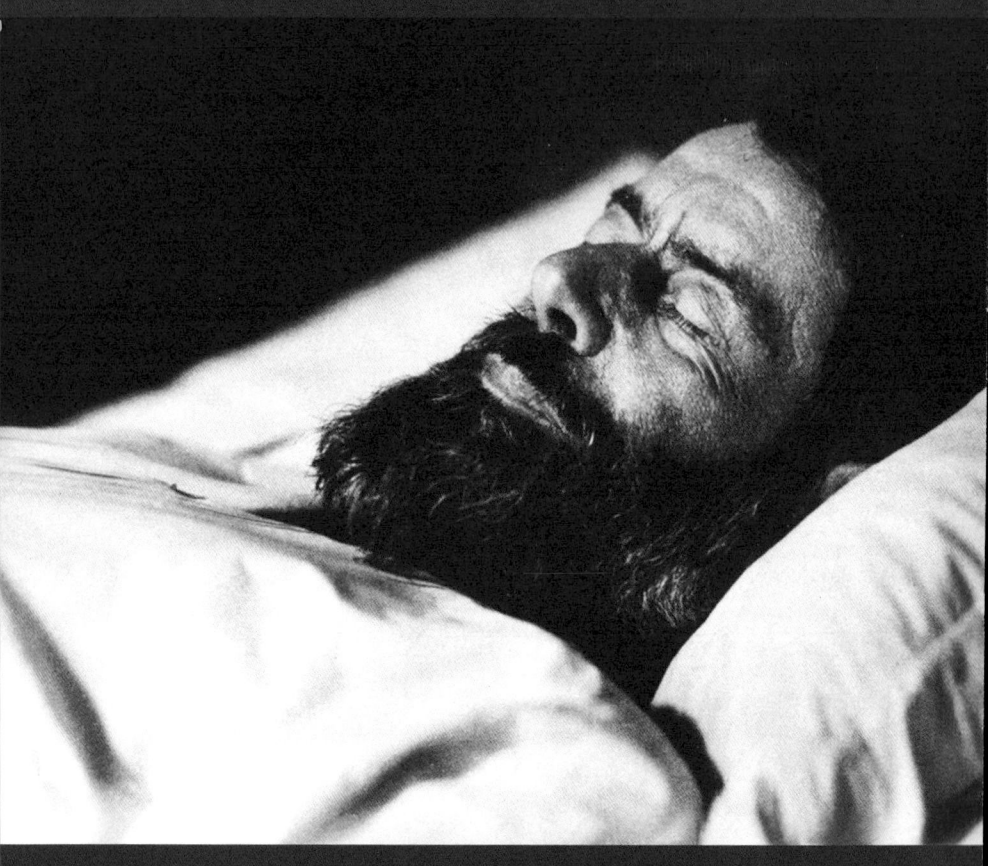

马克斯·韦伯在他世界宗教系列论文中的《问题评述》一文中写道:"农民可以像亚布拉罕那样'一生无憾'而死,封建地主和战争英雄也可以如此,因为他们都完成了自己无法超越其范围的生存循环。但是,一个在获得或是创造'文化内容'意义上追求自我完善的'有文化的'人,他的死却并非如此。虽然他可能会变得'厌倦人生',但不可能从完成生存循环意义上变得'一生无憾'。因为,正如文化财富的可臻完善性一样,他的可臻完善性原则上也是没有界限的。"图为马克斯·韦伯去世时的遗容。

韦伯无法忍受，尤其是在这种风气自认为是健康完美的人格的表达方式的情况下。马克斯·韦伯对激情并不陌生，但是，对伟大事物的过度渲染与他的观点认识格格不入，这也正是他早先反对阿尔弗雷德崇拜歌德的原因。阿尔弗雷德忽略了一个事实，即"歌德把无耻的东西看成卑鄙的事物的前提是，这种卑鄙的事物同时也是可憎的和渺小的事物"，反之，"当它以某种美好感觉的形式出现在他面前"，如同他的小说《亲和力》(*Wahlverwandtschaften*)一样，这时歌德对它就没有任何感觉。[8] 早年，马克斯·韦伯对把美和善与真混为一谈，以及对把"美"或"伟大"的范畴用于描述历史和道德的生活状况的反应特别敏感。

针对把自然科学的概念用于历史和社会的做法，韦伯在1909年与化学家威廉·奥斯特瓦尔德（Wilhelm Ostwald）关于"能量理论"的激烈和近乎嘲讽式的论辩中，尤为明显地表达了自己的反感。奥斯特瓦尔德在1880年后的若干年中，通过对电解质的研究创立了物理化学（"电化学"），并因其对催化过程的研究于1909年获得了诺贝尔化学奖。此外，他从1906年起住在莱比锡附近的一个名叫"能量"的乡村庄园里，并以自由职业研究专家的身份发展了一套自己解释整个世界的哲学。韦伯用下面这句话对他展开了毫不留情的批判："将一个学科的'世界图像'翻转过来变成一种'世界观'，这在今天是一种非常普遍的伎俩。"持有同样看法的并非只有韦伯一人。一年后，哲学家弗里茨·莫特纳（Fritz Mauthner）撰文写道，没有哪一个词跟"世界观"这个词一样如此广为流行，而且，"如果有人今天说他没有自己的世界观，那么他必定是个可怜虫"。事实上，自康德以来，世界观这个概念经历了一段惊人的发展过程：康德于1790年在他的《判断力批判》中附带使用了这个概念，用来表示意识的一种互为矛盾的能力，这种能力能够想象某种非感性存在的无限事物,亦即把世界想象成囊括所有现象的总体。

但是,1900年前后对"世界观"一词的使用首先证明,人们愿意借助某些重要的词汇宣称,他们手中有了关于整个世界的总体认识,并且已经超越了对诸如"自然与社会""理智与感情""信仰与科学"的烦琐区分,并且,尤其超越了各种不同学科的特殊知识范畴。在奥斯特瓦尔德的《论文化学的能量基础》(Energetische Grundlagen der Kulturwissenschaft)一书中,韦伯发现了一种与之相关的需求,即"最大限度地给所有事物都打上'能量'关系的特殊案例的烙印"。对奥斯特瓦尔德来说,一切事物都可以用能量、能量转换和能量守恒来解释。这就不自觉地导致了这类命题的可笑结果,例如:法律是用来避免因为冲突而发生的能量浪费(似乎法律只是解决争端,而不是同样使人具有冲突的能力),或者对诗人来说,最好的素材在能量转换的事物之中,等等。对此,韦伯以嘲讽的语气回击道:那么,最好的画作就如同威廉二世国王的彩色素描,上面画着"浓烟滚滚的两艘铁甲兵舰"。[9]

这些都是韦伯所能加以讽刺揶揄的古怪之事。然而,面对这类既业余又自然主义的世界阐释学说所带来的政治后果,韦伯则是忧心忡忡。而且,面对人们用来对社会进行解释的进化论以及他那个时代种族卫生学的捕风捉影,韦伯也同样表示忧虑。他认为,这些理论导致了对强大事物和现存事物的盲目崇拜,并对这种存在于德国市民阶层与他同一阶层人群身上的盲目崇拜现象感到无比愤怒。优胜劣汰?进化是进步的原则?社会必须按照能量定理建立?最有效的事物将畅行无阻?如此则万事大吉矣。韦伯愤怒地写道:"一个'秩序'的使徒、避免对他人生气而'浪费能量的'以及作为技术理想的使徒(就像奥斯特瓦尔德本人一样,而且归根结底必然像他一样），不可避免地在散布一种面对现有社会的权力关系去服从和适应的思想，因为这种思想同样是所有时代识时务的人所共有的。"然而，韦伯此前刚刚为其树立了一座思想史丰碑的禁欲主义圣人们与这种思想恰恰背道而驰。他们的"坚强"——韦伯始终以钦佩的口吻这样说——不是来自"强大"，而是——我们姑且这样说——来自弱小。在韦伯眼中，作为基督徒，他们恰恰是从怀疑、担忧和谦卑中汲取了改变社会的力量。韦伯矛头直指奥斯特瓦尔德说道，现代自然科学的起源恰恰不应当归功于控制自然的实际目的，而是应当归功于在虱子的解剖中也可以证明上帝智慧的努力和追求。[10]

由此，我们再度回到阿尔弗雷德·韦伯之前的主题上来。他的关于公务员的文章，首先抨击的是对仅仅能够运转的事物的歌颂（特别是当时对普鲁士官僚机器的歌颂），以及为了有效使用权力而压制自由的做法。可是，阿尔弗雷德在这里也没有完全放弃使用活力论的术语。文中，他给机器赋予了一种"通过僵死的机制吸食人的生命力"的特征，并认为，官僚制度取代了社会关系的一种较为古老的"成熟"状态。在其兄长后来对传统统治与理性统治加以区别的地方，阿尔弗雷德则更强烈地倾向于将有机的社会与机械的社会、古老的"小型社会"与新型的"巨型机制"作为相互对立的关系。[11]

然而，对于韦伯兄弟二人来说，究竟为什么那些"识时务的人"——不论他们现在是有理性行为的官员也好，还是在节能灯下进行奇怪的哲学思考的化学家也罢——是当前有决定影响力的"人物类型"呢？对当前资本主义的劳动问题进行分析不是更为重要吗？虽然保罗·格尔于1891年对开姆尼茨金属工厂的民族成分调查报告非常振聋发聩，但是，这些报告并不能替代社会学对工厂劳动的研究。换言之：一直指导以自己所处时代经济形势为研究对象的博士学位论文的马克斯·韦伯，在他的农业工人研究报告和有关交易所法律的著述发表之后，不仅对资本主义经济的经验研究很少涉足，而且也很少问津首先作为资本主义经济意识形态起源历史的社会学研究，——这不是令人感到惊讶的事情吗？

对此，人们可以举出马克斯·韦伯和他弟弟之间唯一的一次直接合作作为反证。阿尔弗雷德·韦伯受聘到海德堡任教伊始，他们就开始了一个共同的合作项目——一项最后增加到七卷本的关于大型企业中工人的身心压力的研究工作。马克斯·韦伯虽然与经验性的调查保持距离，但撰写了方法论的导论和自己的一篇内容广泛的《关于工业劳动的心理物理学》（*Zur Psychophysik der industriellen Arbeit*）的文章。这里，对资本主义的研究也不是首先要分析它的组织结构，而是要调查工业生产如何对工人的生活方式产生了影响：工业生产导致了工人阶级的分化或千人一面化了吗？机器的专门化是否导致了"工人特征的多样化"，或者，是否导致培养出了多才多艺和通用型的工人？12

借助这样的问题，韦伯得以把他的论述与他的农业工人研究和"新教伦理"的前提联系起来，即提高劳动效率的刺激方法只有在同时辅之以某种特定的"劳动态度"的情况下才会起作用，而这种劳动态度无法简单地通过提高工资促成，或是通过"饥饿皮鞭"强行得到，比如，因为人们想要得到某种特别的劳动表现质量，以及对劳动的情况不可能进行完全的控制，等等。韦伯的这一思想与弗雷德里克·温斯洛·泰勒① 创立的"科学管理"的理念针锋相对。在泰勒眼里，显而易见的是："工人从其雇主那里首先想得到的是高工资，雇主从其员工那

---

① 弗雷德里克·温斯洛·泰勒（Frederick Winslow Taylor, 1856~1915），美国管理学家，机械工程师，20世纪早期美国效益增进运动的领军人物之一。

里最想得到的是低廉的生产成本。"[13] 毫无疑问，倘若我们询问他们两人，韦伯肯定能够对泰勒的观点加以反驳。但是，如果我们对工厂企业中的情况仔细观察，那么，只是简单地把员工描述为经济上能够带来利益的机器是完全不够的。

诚然，马克斯·韦伯以《心理物理学》为题并基于社会环境和工厂劳动后果来对这个问题进行跟踪研究，必定会造成认识上的误区。因为，这不正是人们用来证明自然主义方法的同一种概念吗？事实上，韦伯用了数页之长的篇幅来讨论海德堡精神病学家埃米尔·克雷佩林（Emil Kraepelin）的疲劳测量法。克雷佩林是19世纪下半叶医学界对工作状态中的人体进行实验测量的领军人物，他于1898年诊断出韦伯因过度疲劳工作得了神经衰弱。生理学家对肌肉的了解越多，人体就越显得像一台生物马达，其效率曲线可以借助特殊的仪器记录下来。[14] 意大利医生安吉洛·莫索（Angelo Mosso）的论文《疲劳研究》（La Fatica）于1891年引起了广泛轰动。这篇论文韦伯也读过，它的结论建立在一台"肌力测量仪"的测量结果之上：一只手被戴上手套，只留一个手指可以活动，这样，手指的肌肉被隔离开来，然后通过悬挂在手指上的重物来记录和测量它的疲劳情况。从这种方法——或者通过诸如触觉仪（皮肤敏感测量仪）或体积描记仪（呼吸记录仪）等类似的仪器进行的测量——得出的数据中，人们认为能够发现疲劳的规律。莫索的研究工作与当时广为流行的衰落诊断一脉相承，疲劳是世纪末情绪中的一个固定观念。[15] 莫索从他对登山者的观测中得出结论，疲劳所遵循的不是可测出结果的劳动，而是在肌肉疲劳出现之前，大脑就已经开始停止工作。因而，"疲劳增加的速度要比劳动快得多"。这种观点与由物质主义和当年流行的对神秘力量的迷信构成的奇怪混合物不谋而合。人不是一部简单的机器，而是一种神经生物。但是，恰恰是这点却要借助仪器的记录来加以验证。

韦伯十分尊敬并与之有过争论的克雷佩林也做过许多疲劳作用实验,[16]并且对人的计算能力的不同速度取决于什么因素的问题进行过研究。毫不奇怪,在实验过程中他不仅碰到了大量的影响因素,诸如练习、睡眠、疲劳、分心、休息、食物摄取等。这些因素本身又几乎可以被无限细分下去,例如睡眠质量、休息时间长短和内容、食物的种类,等等。与此同时,他也不得不看到这些因素的相反作用:休息过后,由于体力恢复,工作效率一方面得到了提高,另一方面,重新开始及"最后驱动力"导致了效率下降(其中,在有时间限制的任务情况下,"最后驱动力"在最后的几分钟内补偿了疲劳作用和懈怠情绪)。他认为,各种肌肉是小型的机器,所以,工人应当从心理和身体上使自己适应机器的节奏。为此,克雷佩林觉得有必要对主观的感觉(疲劳感)和可测量的事实构成(疲劳)加以区分。疲劳在开始工作之后马上就会延续,即便是没有疲劳感与之相对应出现。反之,在有主观疲劳感的情况下,达到很高的工作效率也是可能的。他从测量结果中发现,现代工厂劳动的特点是,这种劳动牵涉越来越小的肌肉群,其原因在于,需要付出巨大体力的劳动现在均被机器所代替,工人必须完成的是越来越小和越来越精确的动作,而且,这会使一个经过训练的工人的疲劳曲线变得愈发扁平。由此,克雷佩林最终还是落入了作为机器和人的劳动原则的能量节约论的窠臼。

马克斯·韦伯本人也同样不计身体和精力的投入,他像往常一样一头钻进了这些研究结果之中,但无法抗拒自己得到的印象——不能再这样搞下去了。实验室的结果证明,这些实验在很大程度上取决于被测试人员的挑选情况,而且,他觉得不能接受的一种论点是,有人认为,工人的身体里,不同的肌肉和神经力量在相互较量。此外，相对于生化过程而言，将心理因素贬低为一种单纯的"现象"，在他看来也值得存疑。尤其让他觉得有悖常理的是，心理学的劳动科学研究既没有考虑到实际的企业组织状况，也没有考虑到工人的生活环境关系。[17]韦伯指出，不考虑劳动种类本身，就无法回答工作效率的问题：建筑行业既不同于钢铁厂，也不同于纺织厂，而且，年龄、性别和家庭状况不同，工人的工作能力也不尽相同。这里，韦伯简单阐述的这个研究课题是工业社会学而非工业生理学的命题。

不过，这个命题始终是个粗线条的轮廓而已。在韦伯的研究兴趣中，工厂工人劳动的问题显然没有占据重要的地位。他之所以动笔写了那篇方法论的导论，原因之一是向牵头这个项目的弟弟说明，项目将面临"重大的（和不可逾越的）困难"，即把工业的生产效能归结于工人的心理物理学和生物学的特质。阿尔弗雷德·韦伯后来拒绝在散发给所有工人的文本上签字。他于1910年和1912年把他们共同发起但看法如此不同的研究项目的结果在其述公务员的文章中做了总结：一方面是"资本主义机器"的经济组织结构，另一方面是"活生生的人的洪流"；劳动等级制度正把这股"既年轻又新鲜的"人的洪流吞噬到肚子里，目的是将来——当工人的劳动能力越过顶峰走下坡路的时候——再把他们"仅仅作为一群被用完和衰老的劳动力"排出体外。[18]

与之相反，马克斯·韦伯的情绪变得慷慨激昂，并且，他只在论及官僚化而不是在论述工人的时候，才把国家组织称为一种机器。虽然他坚持认为，正如某个煤炭品种或一台机器的利润率一样，工人的工作效率也已经过精确计算。但是，工人可以通过罢工和"放慢速度"来改变他的劳动价值。资本主义造就了哪一种"人格类型"？——对于这个他如此锲而不舍深入研究的问题,他并没有将工厂工人拿来作为例证。虽然他指出,"有着正式的等级制度、纪律以及将工人捆绑在机器上的现代工厂"对人们及其生活方式肯定具有"独特的特殊影响",但是,这个视角却不适用于有关工厂工人的经验研究。[19] 为什么不能?既然不能,那么为什么"公务员"在他那里得到了这么大的反应?

答案是简单明了的:因为这个问题涉及的是他同类人群的职业生活,进而言之,因为公务员对德国市民阶层的政治态度来说非常重要,而工厂工人充其量只是通过一种间接的方式显得重要罢了。就他而言,公务员就是影响政治和文化的社会精英圈子中的"人格类型",[20] 这种人格类型受到国家和政府的提拔重用。"社会的官僚化无外乎就是把它的上层阶级转变为公务员而已"。对马克斯·韦伯来说,这是他弟弟笔下关键性的一句话。[21]

这里,我们来到了马克斯·韦伯生活和写作生涯中的一个关键点。在此之前,资本主义是他学术研究的重点命题。如今,这个命题逐渐退居次要地位,取而代之的是他对政治统治、官僚制度、理性化过程的研究以及如何对之加以应对的问题。这里,我们不要对韦伯的"官僚主义"概念产生误解。这个概念不是针对政府部门、文牍主义和浩如烟海的法律法规表示不满的一个简单象征,它的影响和作用仅仅是因为1800年前后自由派作家的著述才逐渐引起人们的关注。韦伯的官僚主义概念并不专指针对政府机构的批评,因为他所理解的"公务员"同样包括银行和大企业职员,甚至还包括美国大学里拿薪水和接受指派任务的助理人员。因此,他的问题不是要问政府行为是否太多,而是要问:倘若文化的承载者——他认为这个群体是社会的上层阶级——由独立自主的人或者由大学的"精神贵族"变成了接受命令的人,这时,文化将会发生怎样的变化。[22]

韦伯认为，德国人对这种情况的思想准备非常糟糕。首先，进入19世纪后，他们还始终习惯于一种小格局的生活环境，在狭隘的天地中自得其乐，重安全而轻自由，与"当代生活的机器"之间没有任何距离。其次，在专制统治下的德国行政管理与政府体制的结合更加紧密，因而给公务员戴上了一种完全不同的光环。根本而言，德国公务员的名声和地位更多地得益于他的职业角色："人们只用他的头衔来称呼他，只根据他的职位来排名，根据他的级别来估计他的重要性，他的生活处处如此。"因此，德国公务员的数量多寡不是决定性的因素（法国公务员占人口比例明显要高，美国只是略低[23]）。阿尔弗雷德·韦伯在文中引用兄长的话说，德国有的恰恰是一种"官僚群体的形而上学"和对大型组织体系的美化，在这个组织体系中，国家机器是核心的因而也是唯一的组织机构。[24]

1909年，阿尔弗雷德和马克斯·韦伯在维也纳的社会政治学会年会上对官僚制度进行了抨击，因而引起了一场激烈的争议。"所有右翼人士都对韦伯兄弟表示气愤。"古斯塔夫·施莫勒在给布拉格的一位同人的信中这样写道。但是，施莫勒并不赞同这样的怒气，并为韦伯兄弟找理由解释说："他们都得过神经方面的疾病，但是，他们像发酵的酸面团一样给会议带来了活力，他们都是正派和才华横溢的人。"阿尔弗雷德·韦伯在会上的发言引发了这场争论，他以地方政府部门中人事问题的政治化为例证，说明市民阶层的独立性在不断下降。在地方政府机构中，倘若有人是社会民主党及全德意志党的成员，那么，这就可能是不被录用的理由。[25]

马克斯·韦伯也在讨论中发言，这是他首次针对官僚统治讲的一番话。在他看来，官僚体制就是一种"人的机器"；每一个想从流程手续上精确办理行政事务的人，都会在使用这部机器中获得益处。因此，韦伯感到格格不入的并不是官僚体制的低效率。相反，他对这部机器的完善多有溢美之词，而且按照他弟弟的思路，把这部机器形容为一种组织形式，其中，每一个人形齿轮与另一个人形齿轮相互啮合；一切都以完全非个人化的方式进行，人在一个目的关联体中被非人化，成了一个单纯的手段。韦伯想借助这种极端的说法来提示他的同时代人（他们在19世纪已经有了深刻体验），工人的异化与我们今天将之称为"劳动分工"的事物是完全相同的。德国的讲坛社会主义者所反对的，只不过是通过技术化以提高生产效率的"曼彻斯特理论"罢了。然而，对于崇拜技术化思想的公务员国家，人们却将之奉若神明。这里，马克斯·韦伯所阐明的，是陈旧的对市场与国家、资本主义与社会主义的区分法，除此之外，别无其他。在他看来，两种制度中为了秩序的目的被牺牲掉的是："世界上存在的事物只有作为制度的人，我们毫无例外地处在这样的发展过程中。因此，核心的问题不是我们如何进一步促进和加速这个发展过程，而是我们如何来对抗这部机器，以保护残存的人性免受心灵的分裂，以及保护它免受这种官僚主义生活理想的专制体制的侵害。"[26]

马克斯·韦伯之所以对官僚制度做了这番令人心生恐惧的描述，并非因为具体的担忧。相反，他之所以使用这种尺度很大的语言，是因为他的官僚体制批判不是首先出于社会学和社会政策的视角，而是出于针对德国的国家形态和国家管理方式的命题探讨的考虑。这也是他的官僚制度分析（最终都变成了对国家行政机关的批判）始终存在片面性的原因所在。在他看来，政府官僚的对立面不是企业家或经济界的白领雇员，而是一个能起作用和有"真正的"市民阶层政客参加的议会。在韦伯的阐述中，这些"真正的"市民阶层政客甚至常常具有理想化的企业家的特点：自主精神、敢于担责、不怕冲突、精打细算、目标明确。

有鉴于此，在韦伯眼里，官僚化（他认为它"令人绝望"）是德意志帝国恺撒式的专制政治的一个伴随现象。但是，直到1917年，他才在"论新政治秩序下德国的议会和政府"（Parlament und Regierung im neugeordneten Deutschland）[27]的系列文章中对此做了阐述。文中，他提交了一份政治性的时代诊断书，并借此对他戏剧般的使用官僚主义概念和如此负面的公务员概念做了解释。在这些为报纸撰写的系列文章中，他认为德国被掌控在个人的统治之下，首先是俾斯麦，然后是威廉二世。借助完全非政治化的官僚群体以及被剥夺了权力的议会，这种统治得以不受干扰地实现自己的种种设想。正因为如此，从各党派和市民阶层中没有产生政治上的领袖人物。因此，对他而言，行政效率只是其政治失败的一个方面。德国官僚体制的另一方面向他表明的是：它甘愿让自己成为皇家宫廷非理性政治的执行机构。他认为，甚至有腐败官员的民主制——法国的公务员制国家在当时的德国被描绘成这样——也比一个有高度道德观的官僚专制国家更好。

然则，当韦伯对德国的现状表示不满的时候，即德国不是议会民主国家，而且，政党统治不过是"势力和各种利益集团压力下更换宫廷时尚（Hofmoden）的闹剧"——他这时所列举的仅仅是国内政治上的种种差异而已。他同样对德国人对待政治的"民族特色"感到不爽，即"他们受制度上的权力机构［……］的影响要比受个人观点的影响更深"。他认为，正如自由主义的失败和无能一样，路德教的正统观念——由于对国家的美化和对权威的迷信，它是"所有恐怖中最大的恐怖"——对此同样负有责任。[28] 他弟弟写道，基督教的禁欲主义不仅制造了资本主义"机器"和"外部手段"的"摩洛神"①，而且也制造了绝对伦理标准的机器，这台机器与"知识界所形成的思想和概念"一道控制了生命。这句话写在阿尔弗雷德·韦伯1912年的《宗教与文化》(*Religion und Kultur*) 小册子上，其中的警句听起来就像是针对其兄长所写的自我解读一般："不论你说什么／你身后总有一个其他人，／不论你大胆想做什么，你还是你／你只是一个他身边的漫游人。"无论怎样，马克斯·韦伯不愿意被剥夺自己的理性机器，在他看来，新教禁欲主义者与后期资本主义摩洛神那样的事物不存在任何关系。在威廉二世帝国的德国人身上，特别是在它的精英人群身上，韦伯所发现的与其说是过多的自我约束，毋宁说是缺乏自我约束。若是马克斯·韦伯像他的弟弟那样，以生活和满足欲望的名义对理性和"普通人的品性"予以抨击，以及把资本主义和道德伦理宣布为敌人，那么，他就可能给任何一个其他对手留下将他称作"文学家"的话柄。29

马克斯·韦伯未能再亲身经历弗朗茨·卡夫卡——他于1914年将引号中的"机器"变成了一部真实的机器——针对政府官僚所描述的那些事物。在他去世两年后，卡夫卡创作了他的小说《城堡》，其中的故事即围绕一个政府机构展开。卡夫卡的意图并不是要强使人们从组织社会学的角度来读他的小说。并且，小说中土地测量员K的管理部门及其官员也未表现出任何跟机器有关的特点，甚至他们都无法说清，是否有人招聘了土地测量员。因而，他们对K所形成的威胁态势与其说是通过行为，毋宁说是通过语言，或者与其说是通过控制，不如说是通过什么也不做。小说中，只有一处把政府机构说成是

---

① 摩洛神（Moloch）是《圣经》中记述的古代近东和北非地区民众信奉的火神，以儿童作为献祭品。

机器的地方:"现在我来谈谈我们管理机构的一个特点。它既精密准确,又极其敏感。一件酝酿已久的事情,尽管尚在考虑之中,但是有可能就出现了这样的情况,即在某个事先无法预料以及事后也无从查找的地方,突然间就冒出了一个处理的办法。这个办法虽然多数情况下是正确的,但终究还是一个武断的办法。看起来呢,好像管理机构已经忍受不了那种精神的紧张以及由于千篇一律的、或许本来就是微不足道的事务而引起的长年累月的烦躁感,而且,在没有官员协助的情况下,就自发地做了决定。当然,奇迹并没有发生,而且肯定是某个官员写了处理意见,或是做了一个没有行诸笔墨的决定。但是,不管怎样,至少从我们来说,从这里来说,甚至是从管理部门来说,都无法弄清,这件事情是哪个办事员做的决定,又是出于什么样的原因。"[30] 这里,官僚体制的可怕之处不在于它的精密准确,而在于它的巧言善辩。在这点上,组织社会学的历史将与卡夫卡的看法保持一致。因为,在马克斯·韦伯的率先推动下,组织社会学将是对卡夫卡笔下的机器比喻和他所描绘的等级控制场景的持续批判。

# 第十七章
# 满世界都在谈论性爱问题

赋予我童贞和克制吧，但还不是现在。

奥古斯丁*

倘若我们议论一个修道院之外的普通人，说他的生活过得像个僧侣，这并不意味着他是一个一心一意忙于资本主义社会职业劳动的人。倘若我们议论一个人，说他是个清教徒，那么，这个说法如今指的是一种在性问题上严守道德和敌视情欲的立场和态度。然而，清教徒并不是六根清净的出家人。马克斯·韦伯在书中写道，身体力行地否定现世以及积极主动地自我克制是清教徒有决定意义的生活理想。这个生活理想也适用于现世的经济活动和民主的社会生活——比如在婚姻和性行为上——对此，他只是约略地一带而过。或许，韦伯想强调的，是早期的那些意志"钢铁般坚强的"资本家为了他们的经济生活所付出的代价。在他眼里，清教徒是禁欲主义者，他们对于懒惰、狂欢和所有"世俗的"娱乐享受至多采取的是一种怀疑的态度。

那么，韦伯心目中的历史英雄在性问题上采取的到底是什

---

\* 希波的奥古斯丁 [Augustinus von Hippo，原名为奥勒留·奥古斯丁（Aurelius Augustinus），354~430]，古罗马时期天主教思想家、神学家和天主教圣人，著有《忏悔录》《论三位一体》等重要著作，被许多新教徒，尤其是加尔文教和路德教派视为新教改革派的神学鼻祖之一。

么样的态度呢？事实上，清教徒对婚姻甚为重视：罗马天主教教义中最使他们感到格格不入的，是人们必须对一个没有结过婚，因而没有负起对家庭的责任以及缺少一段重要人生经验的人言听计从。除此之外，清教徒鄙视社会的双重道德标准，即僧侣的禁欲主义被用来抵消王公贵族的人欲横流。正因为如此，清教徒在理性化生活方式的历史上对马克斯·韦伯来说具有非常重要的意义：他们将整个社会和整个礼拜的时间统统置于同样一个理想观念之下。无论高低贵贱，均一视同仁，而且既不存在降低道德标准的"自由贸易区"，也不存在发放灵魂救赎的"特殊红利"。

韦伯认为，清教徒都是抵制感官欲望的人，而这些沉溺于感官欲望的人对所罗门的雅歌①一窍不通。从本质上说，清教徒在性行为上的禁欲主义与修道院实践的规范原则并无差别，而且，甚至比僧侣的禁欲主义还要有过之而无不及。因为在他们看来，即便是婚姻中的夫妻同房"也不过是符合上帝意愿的、用来增加祂的荣耀的手段，符合'你们要生育子孙，繁衍后代'的训诫"。[1] 韦伯认为，这种理性的态度后来被"专业的"医学观点所取代，即两性的交欢对健康而言是值得鼓励的。

然而，事实上，这股宗教运动的主流不仅对婚姻持赞许态度（因为《圣经》说，亚当孤独一人"不好"），而且也对夫妻间在心灵、道德和身体上的相悦交欢持肯定态度。究其原因，并不是出于更高尚的目的，而是出于事物本身的合理性。[2] 因为，婚姻的真正目的是夫妻二人相互给予对方的安慰，其中也包括性在内，倘若房事长期稳定的话。对他们来说，

---

① 所罗门的雅歌（Salomons Hohelied）源自《旧约》诗歌智慧书第五卷，雅歌的名字取自书中的首句"所罗门的歌，是歌中的雅歌"，意即卓越无比的歌。

禁欲主义既不是目的本身，也不是否定现世的表现。举例而言，清教徒之所以反对去剧院看戏，不是因为戏剧给人带来娱乐，而是因为人们经常在剧场内打架斗殴。

对充满激情的爱情，绝大多数清教徒也持相同的看法。当时最受欢迎的清教徒举止规范指导手册之一的作者丹尼尔·罗杰斯①说过这样一番话："假设，起初你有种种理由爱你的女人，然后会怎么样呢？你认为，假如你不是每天磨刀，刀还会一直很锋利吗？"虽然罗杰斯和他的同僚也无法回避婚姻不可能永远是花前月下卿卿我我这样的问题，但是，如果这些清教徒的婚姻顾问赞同"为了两情相悦而相互嬉戏"（mutual dalliances）②，或是主张保持身心处于平衡状态，即，谁若是因劳动而口渴，那他就应当喝水，那么，这正好说明他们不想"消除毫无拘束地享受本能的生活"。适度的热情使人身心愉快，而用情过度则使人厌烦倦怠。[3]

与之相反，韦伯是从盲目和毫无顾忌的激情的视角来看待清教徒的性道德。倘若有人不分青红皂白地对这种激情表示赞同，那么在他眼里，清教徒就是严肃和相对而言更为禁欲主义的人。韦伯的眼光是一位学术研究者的眼光，不仅倾向于使用夸张的词汇概念，而且喜欢用极端的事例来与所有的事物形成比照。但最为突出的，是18和19世纪时人们看待婚姻的视角，因为，直到17世纪，人们一直持有的观念是（古代和《圣经》的资料来源可以佐证），女人在两性中是淫荡风流的一方，男人被赋予了维护道德规范和认知标准的职责。清教主义的突出特点在于，它试图更加公允地看待这个问题，并建议夫妻双方

---

① 丹尼尔·罗杰斯（Daniel Rogers，1573~1652），英国神职人员和宗教作家，他的指导书《婚姻荣誉》发表于1642年。

② 英文意为"相互调情"。

既要两情相悦，又能忠贞不渝。自18世纪始，女人才被认为是性事上较为弱势且必须捍卫其伦理纲常的一方。于是，双重道德的名声就落在了男人一方。虽然妇女不被允许进入大学校门，但是，她们开始成为读书识字的人群，并且在家庭中逐步承担起越来越多的教育子女的任务。我们也可以这样说：相对于女人而言，男人当年更容易坚持性行为方面自我控制的理想。从某种意义上看，两性之间古老的角色分配又重新得以恢复：女人是具有更高道德伦理和精神生活的人群，男人则明显具有更大的做主能力。[4]

由此，我们又回到了马克斯·韦伯的家族故事以及影响其父母婚姻生活的主题上来：一方面是按照严格道德标准教育子女和做出自我牺牲的女主人，另一方面是诸事不烦生性乐天的一家之主，夹在中间者，是为母亲说话的长子。就马克斯·韦伯本人而言，他与玛丽安妮·韦伯的夫妻关系在十年时间里似乎具有"生活伴侣婚姻"的所有特征，这是一种双向关系，生儿育女和性别平等的问题在其中很快就变得无关紧要。二人究竟是否同床共枕，以及从这个问题的回答中将得出什么结论——我们把这个问题留给学术研究去探讨。取而代之者，是他们婚姻的主要动机：妇女的教育和解放，丈夫的智慧、事业和疾病，以及在面临共同生活中的问题时，愿意"做好接受治疗的准备"。[5]

韦伯从自我隔离状态复出后的那几年里，这种做好接受治疗的准备和保持婚姻稳定的道德也是十分必要的。1907年5月，韦伯的健康状况再度出现明显的反复，他不得不去海德堡的一位神经科医生那里就诊。同年6月，他为这位医生写了一份30页的自述，标题为《病理学评估，病情的产生和经过》（*Phatologische Veranlagung, Entstehen u. Verlauf der Krankheit*）。读过这篇自述的卡尔·雅斯贝尔斯曾经引述了其中这样一段话：在他青少年时期，因家中女佣动手打他的缘故，他第一次有了性冲动。夜间的噩梦和性焦虑——一些评论家认为这是无可辩驳的自虐狂的特征——使韦伯显然产生了通过阉割手术来根本解决问题的想法。医生劝他打消了念头。[6]

自20世纪初以来，玛丽安妮·韦伯愈发积极投身于妇女运动。她写文章，做演讲，并且在此期间发表了一篇名为《性道德的原则问题》(Sexualethische Prinzipienfragen)的论文。文中，她不仅重复了自己丈夫对清教徒性道德的所有评价，而且也对之表示赞赏，即认为清教徒的性道德同样要求男人接受道德原则的约束，从而"为两性之间公正和纯粹人道的友情建立牢靠的基础"。就此而言，无可厚非。但随后，玛丽安妮·韦伯笔锋一转，做了一个很大的历史跳跃，并用一段描述来补充对一夫一妻制及男性克制的赞美。这段描述很难让人不把它解读为是针对她自身境况的一种论据，即"中世纪那种只在婚姻以外的情爱土壤里生长出来的大献殷勤所具有的骑士精神，把清教徒的禁欲要求也用在婚姻关系之上"。[7]那么，这难道意味着，始终不涉及性行为的中世纪时的"大献殷勤"的求爱方式被清教主义继承下来并用到了夫妻关系中了吗？这种市民阶层的骑士精神乃是从清教徒"对两性关系的理性阐释"中发展而来——至少这段引言是写在《新教伦理》中的一句话。韦伯在书中写道，"婚姻中骑士精神的盛行"产生自对婚姻目的的禁欲主义诠释，这种诠释"与父权制的传统相矛盾"，而"这个传统常常以人们能够感觉到的残留物质的形式仍然存在于我们身边的精神贵族圈子之中"。[8]倘若我们把不涉及性行为的和只关乎情爱的骑士精神的这段文字提示理解为一种非常具体的联想，那么，这是否意味着，我们对它做了过度解读呢？

对于上面的这些问题，我们并非一定要等到有了最后的答案之后才能得出结论说，韦伯的生活问题在那几年也成了超出最亲密的家庭范围之外的话题。韦伯结婚的社会环境还是《艾菲·布里斯特》和亨利克·易卜生的时代，其时，离经叛道的行为立刻就会成为公众社会的丑闻。如今，十几年过后，韦伯与弗兰克·韦德金德①以及卡尔·克劳斯②生活在同样的社会环境之中（前者比韦伯小3个月，后者比韦伯小10岁）。在这样的社会环境中，性几乎成了文人墨客必须涉猎的话题。内容涉及婚前性行为和卖淫问题的《春天的苏醒》（*Frühlings Erwachen*）（1906年）和《潘多拉的魔盒》（*Die Büchse der Pandora*）（1904年）在剧院上演。在1908年德国社会学学会成立大会前发送给与会代表的《社会学问题汇编》（*Zusammenstellung soziologischer Probleme*）中，有一整份主题清单，清单中列出的相关主题从"性生活社会学"开始，中间是"不同社会形态的卖淫活动"，一直到"婚姻形式"和"家庭"（顺序真是巧妙！）。早在1899年，马格努斯·赫希菲尔德③任主编的《性学中间阶段年鉴》（*Jahrbuch für sexuelle Zwischenstufen*）就开始出版。1904年，马克斯·马尔库塞④在一本小宣传册中问道："医生可以建议婚姻之外的性行为吗？"1907年，性学研究者伊万·布洛赫发表了他针对"受过教育的女性"的调查报告，报告结果显示，被调查的女性对她们的"性敏感度较低"的评价一致表示反对。他的书一年内连

---

① 弗兰克·韦德金德（Frank Wedekind，1864~1918），德国作家和剧作家，有剧作《春天的苏醒》和《潘多拉的魔盒》等。
② 卡尔·克劳斯（Karl Kraus，1874~1936），20世纪初期奥地利著名作家、散文家和戏剧家，主要作品有《人类的最后日子》等。
③ 马格努斯·赫希菲尔德（Magnus Hirschfeld，1868~1935），德国医生、性学家，早期同性恋运动的创始人之一，《性学中间阶段年鉴》杂志主编。
④ 马克斯·马尔库塞（Max Marcuse，1877~1963），德国皮肤科医生和性学家，犹太人，后移居以色列。

续6次再版，印量达4万册。1908年，西格蒙德·弗洛伊德的研究论文《"文化"性道德与现代神经质》(*Die 'kulturelle' Sexualmoral und die moderne Nervosität*)发表，他在文中指出，某些性功能障碍是教育造成的后果。同年，卡尔·克劳斯撰写的针对性行为纠纷中的法律实践的著作《道德与犯罪》(*Sittlichkeit und Kriminalität*)出版。他在书中这样写道："真的，我告诉你们，在我们的认识获得突破之前（没有一个公民可以被要求为他的精神愿望的取向负责任），还有很多的水将流进维也纳中央浴场的大水池！"[9]

人们在性行为和婚姻道德的离经叛道问题上"只可意会不可言传"的说法正在以很快的速度瓦解消失。二十年前充其量只是在梦中想过这个问题的文人学者，现在也纷纷参与到关于性行为和性规范的社会意义的公开辩论中。倘若玛丽安妮·韦伯在前述的论文中持有这样一种观点，即"根据动机来评判，我们的合法婚姻中有并非很小的一部分[……]没有处在高于卖淫活动的地位"，那么，出自海德堡的一位举世闻名的教授（停薪留职）夫人笔下的这句话，的确让人刮目相看。正如蒙森、狄尔泰[①]和库诺·菲舍尔等名教授没有想过要对此问题做这样的表态一样，他们的夫人也根本不可能就此发表意见。与此相反，十五年前也不会想到这个问题的韦伯，现在却鼓励自己妻子这样的举动。如果我们想知道他何时在神经崩溃问题上发生了态度上的根本转变，那么，我们就必须在此处寻找这个转变。病情的痛苦最终使他们对这个话题不再讳莫如深。

其时，人们不单单是在性问题上更为直截了当地发表议

---

[①] 威廉·狄尔泰（Wilhelm Dilthey，1833~1911），德国哲学家、心理学家和社会学家。

论。对于教育界的精英们来说,"1910年前后,当满世界都在谈论性爱问题的时候"[10],"性爱"成了一个关键词。深受玛丽安妮·韦伯敬仰的女权主义者格特鲁德·博伊默(Gertrud Bäumer)于1904年写道,在刚拉开序幕的新时代,人们已经注意到"感官力量在情欲或生命感的痛苦中所起的作用",以及性爱所得到的"更高和生死攸关的意义"。对此,玛丽安妮采取的是一种批判态度:爱情现在"成了人们一种骚动不安的兴趣的中心点,它不仅把爱情所有神秘的黑暗统统暴露在光天化日之下,而且将其情感冲动追溯到最后的身心颤动,并通过不断增加的自我暗示来增加它的力量"。[11]对于女权活动家来说,尤其不能容忍的是,一旦涉及性行为和性爱问题,"妇女问题"就被男性反思大师们以一种尤为高涨的投机热情和想象力所利用。

马克斯·韦伯本人最初并未以书面形式参与相关的辩论。但是,他妻子的文章与他自己的遣词用语是如此相近,不禁让人认为,他们夫妻间不仅有着不同的分工,而且妻子还得到丈夫的点化相助。将这个论题朝着性别差异的社会学方向推进的学者,首先是格奥尔格·齐美尔。他在1906年指出,女人是更具有单一性的人,而男人则更多地受到劳动分工的影响。他们不仅参与到各种不同的生活环境当中,例如作为选民、一家之主、财产所有者或是上班打工的人,而且,从他们的这种参与中还产生了一种更大的"客观性"。因此,对于男人来说,性只是其诸多兴趣之一。而对女人而言,性是她们为数很少的兴趣之一,因而有着更为重要的意义。"我们似乎可以说:男人更好色,女人更性感。因为,好色不外乎就是上升到意识中的、凝结为个人冲动的性行为。"[12]这便导致了一种不公正的结果,即有人认为,女人的外遇是比男人的外遇"更为严重的罪孽"。除此之外,它还导致了另一个结果,即女人比男人更加崇尚感官领域的重要性，而男人或许会让精神的东西在身心之中上升到更高的境界，而让感官的东西降到更深的地方，因为感官事物不涉及他的整个人。

至此为止，皆为理论之谈。

# 第十八章
# 艾尔泽与生活乱七八糟的人

> 不讲道德的人与道学家的关系要比
> 不道德与道德的关系更近。
>
> 卡尔·克劳斯

1910年，艾尔泽·冯·里希特霍芬与马克斯·韦伯及其夫人的熟人圈子已经交往了十年有余。她生于1874年，父亲是一名普鲁士军官，普法战争后在梅斯（Metz）①谋到了一份建筑督查员的工作，他的赌债和耗费家财的各种绯闻使全家几乎倾家荡产。艾尔泽·冯·里希特霍芬不仅天生丽质，聪慧过人，而且还有名声显赫、引人注目的贵族身份。②所以，她后来当了一名教师，并同时准备去弗赖堡念大学。在那里，她第一次遇见了韦伯夫妇，见面是在哲学教授阿洛伊斯·里尔（Alois Riehl）的家里，里尔是她多年的女友富丽达·施洛夫（Frieda Schloffer）的叔父。在重要的社交圈子和"上流社会"里，只要机缘巧合，相逢相识是件轻而易举的事情。

从1897年开始，她在海德堡大学听了马克斯·韦伯两个

---

① 梅斯是法国东北部洛林地区一座人口约12万的中等城市，普法战争后（1870年），曾经属于德意志帝国。

② 德国人名中有"冯"（von）者，为贵族身份的标志。

学期的课，韦伯似乎给她留下了深刻的印象，显而易见，反之亦然：第二年，她去了柏林。因为有韦伯向他当年的老师古斯塔夫·施莫勒的推荐，她获得了特别批准，得以在柏林大学上学。"她有相当清晰和冷静的理解天赋，虽然成绩不是出类拔萃，但是相当不错，有才华，没有女大学生常有的那种个人的虚荣心"（对于男生的这种虚荣心，韦伯是加倍宽容待之的），"她还有着很高的、非常踏实的学习热情，至于其他方面，我想，只要接触她本人就知道了。"在帝国首都，艾尔泽成了学校"女生协会"的主席。她该修什么课，都听从恩师的建议："我听什么课，马克斯·韦伯每次都根据课程目录帮我推荐：艾克的民法典课，吉尔克的宪法课（我特别喜欢他的课），卡尔的行政法课，施莫勒的课，泽林的课（施莫勒的小型研讨课），齐美尔的课（对我来说太高深了）。"其间，她结识了埃德加·雅菲和阿尔弗雷德·韦伯。两人不约而同都爱上了她。[1]

埃德加·雅菲出生于汉堡的商人家庭，在巴黎、巴塞罗那和曼彻斯特做了几年学徒，之后在柏林开了一家房地产公司，但不久即放弃实业，进入柏林大学学习经济和哲学。古斯塔夫·施莫勒和马克斯·泽林[①]都支持他的想法，因为他们对他在棉花行业的第一手知识颇感兴趣。他本人则想进入精神学科领域，尽可能与棉花行业保持距离。阿尔弗雷德·韦伯这时正在做他的家庭产业和居家手工的调查研究。艾尔泽·冯·里希特霍芬无法相信，做家庭手工挣钱补贴养家的妇女们的生活是如此艰难，"可以说，正如他——从理论上——认为挣钱补贴养家是十分必要的一样"。[2]

1901年，这个机敏又有才华的贵族小姐在马克斯·韦伯的

---

[①] 马克斯·泽林（Max Sering, 1857~1939），德国经济学家。

指导下，以《论独立政党在劳动保护立法立场上的历史转变及其转变动机》(Über die historischen Wandlungen in der Stellung der autoritären Parteien zur Arbeiterschutzgesetzgebung und die Motive dieser Wandlungen)的论文获得了博士学位。其时，韦伯还保留教职，但已经请假不来上课。在获得学位的同时，她也在努力争取巴登州政府工厂督察员的职位。主管官员对她十分赏识，她被录用的希望很大。但她却担心，她与一名犹太裔医生订婚的事情可能会走漏风声，因为，家境富有的已婚女性通常是不参加职业工作的。不过，与医生的订婚于1900年8月解除。于是，她就成了德国第一个女公务员，并在她的工作地点卡尔斯鲁厄处理劳动法规评估、批准加班时间、审查建筑申请等事务。当她把第一年的工作经验在"社会改革学会"的会议上做宣讲时，她的报告得到了德国皇帝的称赞。

但是不久之后，大约在1902年，她就感觉工作不堪重负，情绪消沉，失去了自己的生活目标。她无论如何想要一个孩子，对此，玛丽安妮·韦伯觉得非常遗憾，因为这样一来，学校学的东西还有什么意义？但是，随后不久，她就接受了雅菲的求婚，让她周围的人大吃一惊。大家认为，凭她的条件应该嫁一个更出色的男人。跟雅菲的结合成了当时相当典型的没落贵族和犹太人的钱袋之间的一桩婚姻。然而，这点最多从外表上看是这样，因为两人的书信来往表明，艾尔泽·冯·里希特霍芬并不是为了改善经济状况而缔结"理智婚姻"，而且雅菲也绝不可能认为，结了婚就进入了贵族阶层。相反，艾尔泽的传记作者马丁·格林（Martin Green）一针见血地指出，艾尔泽·冯·里希特霍芬事实上嫁的是海德堡这座城市，或更准确地说，她出嫁的动机是：她想在一个不仅与自己的知识修养而且与自己的交际需求相对应的环境中扮演一个核心的角色。[3]

除此之外，特别是她最初对丈夫在学术上寄予的希望也决定了这对新婚夫妇的共同生活。她告诉过他，意志、理性和好感是不够的。雅菲试图满足她对自己的期望，于1902年夏成婚之后不久完成了他的关于英国银行业的博士论文，并在多封信中向妻子描述了一种超出经济学范畴的未来生活。在韦伯和韦伯的同事卡尔·拉特根的指导下，他准备动笔在海德堡撰写教授资格论文，并完成了论文，但很让人失望。1904年12月，玛丽安妮·韦伯在给海伦妮的信中写道："雅菲的第一堂大胆涉猎哲学领域的、题目要求很高的'国民经济的方法任务'讲座，只不过是把马克斯的文章稀释过的、思路不清和部分误解了的版本"。[4] 大家都劝他，不要把讲稿拿去发表。直到第一次世界大战前，埃德加·雅菲没有在《社会学和社会政治文库》上发表过一篇文章。这是他一年多之前买下的一份刊物，目的是跟维尔纳·桑巴特和马克斯·韦伯一起联手合办。他们二人反倒是几乎每年都有文论在刊物上发表。

1903年夏，玛丽安妮·韦伯还用赏心悦目的眼光看待这对年轻夫妇，他们二人不久就有了第一个孩子。韦伯时常用英文把艾尔泽称作"enveloppe"，这使她一辈子都时常想起这个词：信封，壳子。或许他是想说，他始终没有弄清，她这个人内心中隐藏的都是些什么东西。他没有说错。最初，她是新世纪头十年海德堡的思想网络中许多女人中的一个。稍后不久，第二个孩子（名叫玛丽安妮！）又来到人间。1906年，雅菲一家搬进了门牌号码为"古堡下街1号"的一栋新建的很体面的别墅里。但是，这栋房子风水并不很好。1905年末，艾尔泽·雅菲开始与海德堡大学附属医院的一个助理外科医生弗里德里希·福尔克（Friedrich Voelker）有了外遇。这是以后一系列婚外情中的第一次，而且显然是她所有外遇中唯一的一次纯粹为了性的出轨行为。

第二年春，艾尔泽到慕尼黑看望了她少女时代的女友富丽达·施洛夫。三年前，富丽达嫁给了精神病学家奥托·格罗斯。由此，也许是1900年前后"性爱运动"中最极端的一个人物走进了她的生活，而且随后不久也走进了马克斯·韦伯的生活。因为，格罗斯正在尝试体验被当时由文人和艺术家组成的放荡不羁的小团体所质疑的一切事物。在邮轮上当医生期间，他早就在南美洲尝过了可卡因的味道。此外，他还是个吗啡瘾君子，几度进过戒毒所。他当过埃米尔·克雷佩林的助手，发表过关于神经疾病的文章，通过了教授资格考试，在格拉兹①拿到了一个教授的位子。在那里，他与自1905年起任刑法学教授、相互视为仇人的父亲不期而遇。在西格蒙德·弗洛伊德的著作中（弗洛伊德很快就注意到了奥托·格罗斯），他找到了人类所有痛苦的钥匙。他宣称，"潜意识心理学就是革命的哲学"。他想首先通过性别关系的一场革命将个人解放出来，具体来说就是：挣开一切束缚，特别是性行为上的束缚。他认为，人们可以从性行为的种种禁区和各种道德规范中认识到最为糟糕的事情——内心的自我压抑。格罗斯不仅呼吁结束"在隔壁房间做爱"，即结束把孩子排除在性行为之外，而且呼吁"砸烂一夫一妻制及更加病态的一夫多妻制"。既然已经开始动手，何不马上也把所有制度统统摧毁？在他自己的各种砸烂摧毁活动期间，出于戒毒的目的，格罗斯去了位于阿斯科纳（Ascona）小城的真理山上（Monte Verità）以食用蔬菜为主的自然疗养院。这所疗养院于1899年创办，此后成了全欧洲生活改革运动和遁世隐居人士的圣地。素食主义、神秘主义、表现派舞蹈和无政府主义等——当年，谁若是上了这座真理山，那么他就一定能在那里随时碰到一个身穿短裤、一心

---

① 格拉兹（Graz）是奥地利施蒂利亚州的首府城市，人口约25万。

想要改造世界的知识分子。缘此,大家非常贴切地把阿斯科纳称为"宗教变态之乡"和"精神病国际组织的首府"。[5]

1906年,他出现在宗教研究专家所在的世界级村庄海德堡,搞大了艾尔泽·雅菲的肚子——"小彼得出世了",她在日记中这样记述道。这场风波对她与中学时代就非常要好的女朋友富丽达·格罗斯并没有造成太多的不良影响。就心理约束而言,富丽达跟她丈夫的观点如出一辙,而且自己也有好几个相好的男人。一年前,她已经给格罗斯生了一个男孩,也取名彼得。除了与艾尔泽·雅菲有染之外,格罗斯与艾尔泽妹妹的关系也不清不白。真是无巧不成书,她也叫富丽达,在英国结的婚。不过,这次艳遇倒是没有再弄出一个小彼得。这些事,埃德加·雅菲至少全都了如指掌,稍后,韦伯夫妇也知道得一清二楚。在海德堡,即便在不很熟悉的人之间也没有什么秘密可言。

然而,艾尔泽·雅菲与奥托·格罗斯的关系在1908年逐渐冷淡了下来。她跟他说,不愿意放弃与外科医生继续交往。对于这位性行为的狂人来说,这是不能容忍的事情。他认为,艾尔泽这样做纯粹是出于肉体上的需要,亦即没有理论高度的性爱,加之,她是与一个"把民主原则人格化的"男人来往。格罗斯这句话的意思是说,这个男人是一个不读尼采著作的人。这个风流汉对他的情人说,他不反对有外遇,但是跟谁在一起,这事由我说了算。格罗斯觉得自己遭到了背叛,认为这违反了妇女权力的本意,即权力的行使也同样在于把自己奉献给地位低下的人。

遭到责难的艾尔泽非常明确地看出这是一场误会,她回信写道:"从某种程度上说,先知现在把奥托这个人最后剩下的那点东西在火中都烧掉了,而且还夺走了他以个人的方式爱一个人(即以符合这个人特性的方式爱一个单独的人)的能力。"[6]事实上,在宣扬情爱的宗教中,个人仅仅是为最终的精神目的服务的手段而已:性行为不应是为了追求彼此欢愉,而是为了证明其可行性并捍卫某种原则。但是艾尔泽·雅菲并不想在改造人类情爱的战斗同盟中充当众人效仿的榜样，她是一个非常自信的女人（我们是否该说简直无比自信呢？）。婚后，这个女人以各种理由陷入了一系列的绯闻之中。

那么，这一切与马克斯·韦伯——以及从超出他作为海德堡的熟人和闲聊圈子见证人范围的意义上看——又有何干系呢？一方面，围绕艾尔泽·雅菲的这次绯闻（后面还将越来越多）表明了韦伯身处其中的市民阶层社会正在发生一场变化。我们在前文曾经提到了19世纪下半叶市民阶层生活的三个层面：财产、参与政治和以科学和学问为基础的教育。马克斯和玛丽安妮·韦伯必须要经历人生危机种种考验的婚姻和"伴侣关系"，让我们看到了市民阶层生活的第四个层面——处于道德监督和爱情期待之下的婚姻。迄今为止作为婚姻基础的那些传统道德标准，如今都在各种生活哲学的情绪影响之下逐渐土崩瓦解。部分有文化的人群所进行的讨论，越来越朝着希望得到一种许可权的方向发展，即从性爱动机出发僭越道德标准的界限。在此期间，海德堡－慕尼黑这个轴心占有重要的地位并非偶然：根据经济学家埃德加·萨林（Edgar Salin）的论点，集中在柏林的主要是拥护德皇威廉统治的学界精英，而聚集在海德堡的却是为数众多的德皇帝制的反对者，在慕尼黑的则是与之脱离了干系的那些人。在海德堡的社交圈子以及在关于"性问题"的持久讨论中，从女性的重要地位中产生了起初在马克斯和玛丽安妮·韦伯看来是集体意志软弱症的一种氛围。最终，他们二人确信，情欲生活本身不可能产生道德标准。"人们没有'放弃'什么，而是每个人所得到的鲜花和阳光只不过是别人允许他能够得到的那些罢了。"玛丽安妮·韦伯于1910年这样叹息道。她担心，她的道德操守"由于这些年发生的事情都化为乌有"，至少，她已经失去了要求别人应当去做什么的力量。而对于这些事,她自己也不知道在同样的情况下是否能够做得到。到后来,她确信,是艾尔泽·雅菲夺走了她"对道德的纯真态度"。最终,马克斯·韦伯也一样如此。而且,不单单是艾尔泽·雅菲的例子使那些至今为止道德立场始终坚定的人们感觉自己失去了这种一尘不染的态度。[7]

这是因为,雅菲夫妇家里的婚姻危机并不是个别案例。从我们今天的角度观之,当年海德堡一些人的所作所为给人的印象是,似乎他们确实是从字面上把"青春派风格"①这场艺术运动当成了自己的生活方式。不过,1912年大学城海德堡的居民地址簿也的确显示了我们这里所讨论的规模情况:1880年,有9个离婚的男人和16个离婚的女人生活在海德堡,1910年,数量持续增加到了52个离婚男人和112个离婚女人。[8]

然而,围绕艾尔泽·雅菲和奥托·格罗斯的事件不仅影响了作为同时代人的韦伯。韦伯对道德操守一贯奉为圭臬。截至当时,这些道德规范似乎依然具有约束性,因而,当维护道德越来越成为一种英雄之举时,他便对之愈发矢志不渝。非也,韦伯的反应完全是出于嫉妒心理。他不仅对人,而且对环境也心存嫉妒。嫉妒的对象是一个非常有魅力的人,她常年徘徊在他身边,与一位很听话的同事出了轨,并且得到了她认为能使自己变得更加充满活力的东西,而且,任凭别人说三道四。不过,她并没有失去理智,诸如无条件去听与她上床的大师的讲座课,而只是高傲地强迫所有其他人接受这种自由。早熟和少年老成、希望自己有男人气质的马克斯·韦伯或许从这场风波中悟出了一个动机(这个动机未能充分满足他的期望):倘若爱情和对婚姻的追求必须有优先权的话,那么,人们究竟在哪

---

① "青春派风格"(Jugendstil)是19世纪末20世纪初起源于奥地利的、以青年艺术家为代表的一场艺术运动,主要体现在绘画、建筑和音乐艺术中,他们反对古典艺术的墨守成规和死板僵硬,倡导一种清新明快、生机勃勃的艺术风格。

里以及怎样才能学到这些东西呢？读小说能管用吗？可是，韦伯对小说的阅读更多的是从历史的角度去看待国家的行为，瓦尔特·司各特的小说并不包含什么关于婚姻的启示，去妓院寻花问柳也无法学到性爱和尊重如何兼而有之的知识。有鉴于此，若想学到爱情，特别是有性行为的爱情，除了尝试之外，别无他途。艾尔泽·雅菲通过外遇解开了这个戈尔迪厄斯之结①，这个结的产生，是由于当时人们同时要求恋爱婚姻、婚前贞洁和一夫一妻制。艾尔泽抓住了机会，决定补上性爱这一课。显而易见，对于在原则和激情之间挣扎的马克斯·韦伯来说，艾尔泽的举动让他望尘莫及。

韦伯在1907年9月致艾尔泽·雅菲的长信中把他心里的想法一股脑儿都说了出来。之前，奥托·格罗斯通过艾尔泽向《社会科学文库》投稿，韦伯没有答应她，因为若不这样，他就有可能伤害到格罗斯医生。他称格罗斯是个"生活乱七八糟的人"，指责他像其他的弗洛伊德信徒一样偏离了实事求是的科研方向。只要韦伯发现格罗斯把某项道德规范视为有碍自己行为的东西，并从中得出其无效性的结论，他就大声疾呼："这是原则性的错误！"他认为，若是人们要求士兵克服恐惧，那么按照格罗斯的观点，难道这就是压抑恐惧，亦即从神经伦理学的角度否定恐惧吗？倘若奥赛罗②，或是一个当丈夫的人，抑或是一个爱慕者发泄自己的嫉妒心，那么，从"新的"性行

---

① 戈尔迪厄斯之结（gordischer Knoten）是希腊神话中的一个故事，该成语指的是一个难以解决的问题。相传，戈尔迪乌斯（Gordius）是公元前4世纪小亚细亚地区的一个国王，他把一辆牛车的车辕和车轭用一根绳子系起来，打了一个找不到结头的死结，声称，若是有人打开这个结，就可以当国王，结果一直无人能够打开。直到公元前3世纪，亚历山大大帝用自己的宝剑斩开了这个结。

② 《奥赛罗》（Othello）是莎士比亚的四大悲剧之一，主角奥赛罗是威尼斯公国的摩尔人勇将，爱上了元老的女儿苔丝狄蒙娜，阴险狡诈的掌旗官伊阿古从中挑拨，最后，奥赛罗在新婚之夜出于嫉妒杀死了新娘。当他得知真相后，拔剑自刎。

为立场出发,并且,似乎只有这样才可以保护神经,这种发泄也可以建议他人使用吗?

这里,韦伯在雅菲太太面前间接指责了雅菲先生。她当然要求过丈夫,不要跟从神经医学的新伦理观。但是,艾尔泽·雅菲没有注意到的,是韦伯的指责中的另一个要点。因为,韦伯在给自己妻子的信中说,如果他是埃德加·雅菲的话,他很难把这个背叛了他又让他丢脸的女人"再继续留在生活中"。然后,他的态度来了个一百八十度的大转弯。他在信中继续写道,对埃德加·雅菲来说最好的办法就是,"大家把他揍死算了,这件事我马上就可以去做,这也是为了他好,可惜警察不让这么干"。他接着写道,当然,对这两件事,他不会用对神经有好处来做理由,而是要以补偿遭到损坏的名誉作为理由。以局外人的角度观之,虽然如此,若是要把出于嫉妒心的发泄与坚定不移的人的尊严伦理区别开来,实非易事。[9]

我们可以完全有理由认为,韦伯本人这时已经开始在向艾尔泽·雅菲示爱。艾尔泽刺激着他的神经,而且是从刺激这个词的双重意义上。"我特意再次服用了安眠药来写这封信",他在向她表达对奥托·格罗斯的否定的信中这样写道。这段文字是修辞学上的一篇杰作。之所以如此,乃是因为,被韦伯称为"神经大王"的格罗斯对自己非市民阶层的不同见解和英雄行为颇为得意。但是,韦伯证明了他的这些理想都是极端小市民的意识,并借此为自己创造其他的可能性保留了余地。他认为,只对行为的卫生后果和危害表示关心的、格罗斯式的性伦理是一种可怜的杂货店老板式的理想主义。这种理想主义的结果是,一旦涉及破费钱财,那就不由分说地将它抛弃。英雄伦理观截然不同,哪怕是心理分析学说也未必比天主教的赎罪券买卖生意来得高明:举例而言,"倘若有人为我解析当年的女仆跟我玩弄的一次性恶作剧(弗洛伊德式的例子!),或是我

'压抑'和'忘记'了某次动机龌龊的冲动,那么从伦理学的角度来看,从中可以得出什么结论,我不得而知,这点我完全承认。而且,我完全没有感觉到什么'可怕的东西'。对我来说,现在和过去根本没有什么'人的东西'是陌生的。因此,从原则上讲,我完全没有看到什么新鲜的东西。"好一个弗洛伊德式的例子!韦伯提出的这条与之相关的论据,让新伦理观原形毕露,真相大白。他抨击新伦理观根本不是代表了一种"高贵的道德",并告诉人们,他对这些事物均了然于胸,不仅现在如此,过去也同样是如此。[10]

1909年,韦伯当了私生子小彼得的义父,这样,他与艾尔泽·雅菲又多了一层关系。玛丽安妮自己也表示出对艾尔泽·雅菲的某种眷恋,并且,尽管二人的观念不同,但至少不反感她做的事情。韦伯夫妇经常议论起这个家中的女友。对于奥托·格罗斯和艾尔泽的妹妹富丽达在雅菲家里经常碰面,韦伯感到非常气愤。按照当时的法律,这就符合了诱人通奸的犯罪事实的构成条件。在这种情况下,人们是多么容易受到别人的善心或嫌弃的摆布啊!此外,这是越轨行为,因为富丽达的英国丈夫完全不信奥托·格罗斯的那些理论,艾尔泽也不相信,只是她不对他说而已,因为只要说出来,一切就结束了。而且,"没有爱情强迫的奉献难道不是'肮脏的'吗?"我们发现,艾尔泽在她的外科医生身上找到的东西是:简单——"他是一个和善的好人"。事情或许还不止如此。1908年春,外科医生也逐渐从人们的视野中消失了,他与别人订了婚。韦伯夫妇二人都认为,"没有负责感的感官快乐的情爱能够增加宝贵的生命活力"。但是,马克斯·韦伯随后却把这种活力的作用"与一种重病——伤寒的作用进行了比较,伤寒治愈后,可以带来生命力的提升"。我们从字面上可以感觉到,韦伯如何在寻找理由试图探讨自己婚外情的可能性,因为,这和两年前还被嘲讽的能量转化理论的区别究竟在哪里呢？与一种未能致人死亡、反而使人更加强壮的疾病进行类比，未免失之牵强附会，因为，在托马斯·曼的小说以外，除了感官快乐的性爱之外，没有人刻意要去寻找疾病来做文章。[11]

在前文提到的1909年9月在维也纳召开的社会政治学会年会（马克斯·韦伯和他弟弟阿尔弗雷德在会上共同对社会的官僚主义化进行了抨击，他本人还对国民经济学中的价值判断展开了批评）之后，韦伯夫妇的关系随之起了很大的变化。自从神经崩溃以来，韦伯好像第一次感到自己浑身有使不完的劲。他不停地发表演讲，攻击看不惯的事物，激动听众的人心。他妻子感觉自己恰恰是在性爱方面被他所吸引，但是，她后来将自己的钦佩之情做了这样的表述：在她看来，激情之所以没有流露，是因为他们的相互尊重战胜了情欲的需求。[12]这里，我们只能隐约地感觉到，哪些相互之间的心理束缚造成了夫妻二人不能全身心地投入双方的性爱之中。或许，韦伯的妻子此时此刻心里也终于明白，韦伯正在苏醒的生命活力已经延伸到了婚姻之外的某种可能性上。艾尔泽·雅菲建议他从维也纳出发继续前往杜布罗夫尼克（Dubrovnik）旅行。他与她调情，大家改变了计划，于是，雅菲夫妇和韦伯夫妇一同前往的里雅斯特①。玛丽安妮·韦伯自我牺牲般地只身一人返回海德堡，雅菲夫妇和马克斯·韦伯继续前往威尼斯。此番情形颇似一群共同外出游学的年轻人，其中两人尚未确定明确的关系，正伺机等待能够单独在一起的机会。可是，他们同时忽略了一个问题，即其他人——第三方也同样不愿意离开。大家都不想把真相说出来，特别是因为，他们根本不知道真相在何处。于是乎，他

---

① 的里雅斯特（Trieste）位于亚得里亚海之滨，是意大利东北部的一座港口和旅游城市。

们保持着悬念，希望能够通过犹豫和等待让事情出现转机，从而不必铤而走险，因自我表白而失去面子。

最后，韦伯在威尼斯跟艾尔泽·雅菲单独待了几个小时。关于二人的谈话，艾尔泽回忆道："他认为我的生活还没有完全定型，谈到了偶尔'冒险'的可能性和正当性——但是：'只有一个人不行，我弟弟。'我心想，'你说得倒容易！'"这句话大概是指：你出于原则的考虑，决定什么可行和什么不可行，但是，那个不是原则上而是具体经历这件事的人应当如何决定呢？至少，二人没有发生亲密的接触。她不愿意对他完全俯首帖耳，正如她于 1909 年 11 月在信中告诉富丽达·格罗斯的那样。而韦伯十年后回忆起这个短暂的一刻时，觉得生活正与他擦肩而过，并希望自己"不管从哪方面说"是 20 岁的年纪就好了。但是，还在 1909 年冬天，艾尔泽·雅菲就已经另有所爱，并且，让埃德加·雅菲痛苦不堪和让马克斯·韦伯恼羞成怒的是，她在第二年成了阿尔弗雷德·韦伯的情人。[13]

# 第十九章
# 音乐女神社会学、米娜和音高的差别

*美是平面的深度。*

弗里德里希·黑贝尔 *

艾尔泽·雅菲在1910年1月给阿尔弗雷德·韦伯的信中说，马克斯·韦伯要比他——阿尔弗雷德有更多的真情实爱，因为："你之所以特别爱生活和爱我，是因为我爱你的缘故。——他得到的就很少。"我们必须首先把这段话的含义澄清一下：这句话同时表达了对三个关系密切且爱着她的人的不满——一个爱得更深却一无所获的人，一个听话却爱得不那么深的人，最后一个是这个女朋友，因为写信人拒绝给予第一个人的东西，她也没有给予多少。然而，这种感情的独立性显然没有减少她的魅力。正处于爱恋中的人只能从这句话里看到：如果她这样说，那事情就另当别论了。

玛丽安妮·韦伯依然一如既往地关心她的生活，阿尔弗雷德·韦伯一生将给她写大约16000页的情书。他的兄长马克斯则貌似超然物外，让艾尔泽·雅菲觉得"反正无所谓"自己想要得到的是什么人——先是格罗斯，然后是贡多尔夫 ① 和萨尔茨 ②，再后来是"稍微有点不太一样的"阿尔弗雷德，在他那里

---

\* 弗里德里希·黑贝尔（Friedrich Hebbel，1813~1863），德国诗人和剧作家。
① 弗里德里希·贡多尔夫（Friedrich Gundolf，1880~1951），海德堡大学文学教授。
② 阿图尔·萨尔茨（Arthur Salz，1881~1963），海德堡大学国民经济学教授。

"当然不只是纯粹为了性刺激"。但是,上述这些我们姑且称为冷静理智的解释尝试,并不证明艾尔泽的魅力有丝毫减退。我们不妨在这里以莫里哀的戏剧《恨世者》为例:当他发现情人不值得去爱时,这个发现并没有给他带来帮助。除此之外,如果有人想从韦伯对他情人的批评中得出结论,认为这位学者的激情在逐渐消退,那么,我们必须看到,他的这种批评在给妻子的信中比比皆是。[1]

尽管如此,马克斯·韦伯的爱情生活并没有在气馁和愤怒——在他身上经常出现的情感矛盾体中终结。他心里爱着艾尔泽·雅菲,她本人知道,埃德加·雅菲知道,玛丽安妮·韦伯也知道。并且,因为玛丽安妮知道,所以他母亲也知道:玛丽安妮于1909年12月写信给海伦妮,说马克斯要比大家猜想的能承受更多的"世俗"快乐,而且,只要他有"兴趣",他就可以出去走走,比方说去艾尔泽的家——位于海德堡城堡山下的别墅看望她。"兴趣"和"世俗"在信中都加了着重号。玛丽安妮眼见着马克斯向别人示爱,而他以前对她则没有用过这番气力。[2]

尽管如此,玛丽安妮·韦伯在丈夫的传记中给现在拉开序幕的这一章起名叫"美好生活"。在此标题下,她提纲挈领地写了几件事。1910年春,因为遗产继承的关系,韦伯夫妇在海德堡城里搬了一次家,与特勒尔奇夫妇一起搬进了老式的法伦斯坦别墅(特勒尔奇夫妇住在另外一层)。这是能看到内卡河美丽风光和河对岸古堡废墟的一座房子,海伦妮·韦伯在这里度过了她的少女时代。"前院里,父亲栽种的'神树'——中国白蜡树的树冠已经有了完美的形状,富有表现力的树枝上长满了羽毛状的树叶,开着一簇簇的花。树现在长到了屋檐那么高。房子后面靠山一侧的花园里,每到夏日,高大粗壮的梓木就用宛如绿伞般的树叶和发出阵阵香气的白花给花园洒下一

片清凉。在长满常青藤的山坡上,调皮的泉水——狮泉从远处发出淙淙的流水声。"³

田园诗般的宽敞环境吸引着众多的客人,许多学者和学生在香茶、果汁和点心的招待下,在屋子和花园里走马灯似的进进出出:社会政治家玛丽·鲍姆("紧张而精神疲惫")、经济系的学生玛丽·伯奈斯("脸上始终透着温柔")、恩斯特·布洛赫("举止有失礼貌")、亨泽尔、格鲁勒、戈特海因、贡多尔夫、赫尼西斯海姆、拉斯克、卢卡奇、拉德布鲁赫、李凯尔特、萨尔茨、齐美尔——"每天都有人来,至少有一个好像是来找什么东西的游魂光临"。⁴一次,八个小时之内来了七位访客。当年,恐怕没有一个地方能比在这里得到更多人事知识的培训了。前提是,不要总是一个人喋喋不休地唠叨个没完,因为这里不但来人的举止言谈越来越千姿百态,而且,关于个人生活的话题也是无所不包。女人和他们当教授的丈夫也变得十分健谈起来,要尽量避免的话题几乎屈指可数。因为柏林远在天边,大家甚至可以谈论政治,但是,时局的气氛还是让大家觉得议论生活更加恰如其分。在衣食无忧的美好生活中(有家产和银行存款的人可以完全心无旁骛地追求他们的兴趣爱好,不论是妇女运动也好,还是纯私人做学问也罢),社交活动有着非常重要的地位。马克斯·韦伯和妻子一如既往的是这个以各种讨论、闲聊、思想、读书鉴赏和奇闻轶事为内容的周密网络的核心人物。

最后,还有美好生活的第三层内容。韦伯越来越关注美学问题。他的成长过程不仅有历史小说相伴,而且也不乏现实主义故事和自然主义戏剧。迄今为止,他写作时最多只引述过德国古典文学的作品,特别是歌德,但是也有莎士比亚。虽然(抑或因为)上过多年的钢琴课,但他青少年时代的书信并没有显示出对音乐的特别兴趣,造型艺术也从未有所提及。因为从柏林搬家到弗赖堡的缘故,他送了一套马克斯·克林格尔①的蚀刻版画给妻子。这套以"爱娃和未来"为题的版画,以青春派风格手法和爱情人物形象表现了《圣经》中的原罪主题。然而,给妻子送画并没有说明他具有品位很高的艺术鉴赏力。

这种情况在跨世纪的1898年至1903年的意大利之行期间发生了变化。为了烘托周日品茶的气氛,由客人表演阿图尔·史尼茨勒②的戏剧,但是,同样在座的公爵夫人们对剧中大量轻佻色情的内容是否能够接受,这种担心也同样存在。韦伯阅读了很多同时代的抒情诗,特别是莱纳·玛丽亚·里尔克③和斯特凡·格奥尔格写的诗。后者也曾到访过法伦斯坦别墅。在1911年9月去巴黎旅行期间,印象派画家引起了他的注意,甚至使他有了创建一种"涵盖所有艺术的社会学"的想法,音乐社会学也包括在内。这段时间,他正好在研究瓦格纳(Wagner)和理查德·施特劳斯(Richard Strauss)的音乐作品。我们不禁会有这样的印象,即韦伯对艺术日益增长的兴趣与他在生活哲学方面的思考紧密相关,而这种思考又增加了他在爱情问题上的纠结。"你不会是想说,爱情中有某种'价值'吧?"——"那是肯定的啦!"——"是什么价值呢?"——"美啊!"这是一段被认为是1908年韦伯和艾尔泽·雅菲在海德堡散步时的对话。韦伯当时惊讶得一时语塞。[5]这时,韦伯的脑海中渐渐形成了被他后来称为价值范畴多元主义的轮廓:有人不仅把某种价值观作为他们行为的唯一标准,而且完全为

---

① 马克斯·克林格尔(Max Klinger, 1857~1920),德国画家和雕塑家,19世纪象征主义和20世纪超现实主义之间承前启后的重要人物。

② 阿图尔·史尼茨勒(Arthur Schnitzler, 1863~1931),奥地利犹太裔医生、小说家和戏剧家,代表作有《轮舞》《绮梦春色》等。

③ 莱纳·玛丽亚·里尔克(Rainer Maria Rilke, 1875~1926),奥地利诗人,除了用德语写作外,还用法语写诗,对19世纪末的诗歌体裁和风格有深刻影响。

"魔鬼"服务。而另外一部分人则试图完全为美活着。

在此期间，围绕着雅菲的绯闻在其他方面又有了进一步的发展，生活有了新的安排。埃德加·雅菲接到了去慕尼黑任教的聘书，艾尔泽带着孩子也一起搬了过去。在巴伐利亚的首府，一家人住在两套房子里。阿尔弗雷德·韦伯和埃德加·雅菲把开销都承担了下来。马克斯·韦伯非常生气，认为这一切都是欺骗，却没有意识到其他人为什么都有胆量掩盖这种虚伪的婚姻以及社会所"不容"的非婚同居生活。让他感到生气的，是别人的优柔寡断和对假象死抱着不放，他们之所以这样做，只是为了在含混不清的光线下增加自己的利益和过自己舒适的小日子罢了。他给妻子写信说："世界上的伦理价值观不是单独存在的。当这些价值观要求人们'有所放弃'时，它们可以让那些负罪的人变得渺小。在这种情况下，它们可能会导致各种无法解决的矛盾，于是，清白无辜的行为便没有了可能。这时，就必须（从伦理的角度）采取行动，目的是让当事人在人的尊严方面，以及在善行和博爱能力、履行义务和人格价值能力方面遭受最低程度的损失。这常常是一笔难以清算的账。"缘此，韦伯讲求的并不是一种道德的严肃论（就严肃论而言，"合乎规矩"优先于人的需求），他否定的只是把人的需求宣布为天生的王牌的做法。这张王牌甚至常常被用来攻击人的尊严和善行问题，因为有人就是想这么做：世界上既存在通过有价值的工作使自己变得高尚的价值和利益，也存在不想为了价值做出任何牺牲的意志和想法。对韦伯来说，这里甚至根本谈不上什么价值，而仅仅是一种舒心日子罢了。从现在起，他在七年时间里常常躲着他的弟弟和那个女人。她不愿意遵从他的道德标准和——"客观地"——服从她自己的性格，对此，他感到十分痛苦。有时，这种痛苦严重到如此地步，以至于他在他们的生活之路相交会的地方还做出一副若无其事的样子。[6]

1912年2月以后，有一个人的名字越来越多地出现在韦伯夫妇的书信中。马克斯·韦伯写信告诉妻子，他与米娜·托布勒①在星期天碰了面，一起弹奏了巴赫的《约翰受难曲》，之后，她留下来吃了晚饭。星期四她还要来。此后，她几乎经常在韦伯家里出现。1912年8月，她陪同韦伯夫妇途经维尔茨堡、班贝格和拜罗伊特②前往慕尼黑。这位米娜是何许人呢？ [7] 米娜·托布勒是瑞士钢琴家，1909年夏，哲学教授埃米尔·拉斯克把她引荐到韦伯的圈子里，当时她28岁，比韦伯小16岁。因为兄长在海德堡大学附属医院当儿科医生的缘故，她以钢琴教师的身份来到海德堡。通过举办家庭音乐会，她走进了这座城市的知识分子圈子。从初来乍到直到1910年，她是德文教授菲利普·维特克普（Philipp Witkop）的女朋友，拉斯克于1911年和她分了手。之后不久，她在给自己母亲的信中说，她仍然喜欢和其他女人的男人交往。马克斯·韦伯专门买了一架钢琴，目的是也能让她到家里来演奏。

她认为他是那个时代最有智慧的人，通过别人的评价，她感觉自己的想法得到了证实。1911年春，或许是因为她弹奏肖邦曲子的缘故，韦伯爱上了她。他写信告诉别人，米娜的演奏很精彩，她本人的"样子既优雅妩媚又充满活力，真是叫人高兴"。早在1912年1月，玛丽安妮·韦伯就曾抱怨说，这样"一个可爱可亲的人儿"身边还没有男人。但是，这年春天，他们两人就开始几乎天天见面。到了秋天，三个人一同观看的一场《特里斯坦和伊索尔德》的歌剧演出终于引发了爱情。因为米娜·托布勒的原因，性对于韦伯来说得到了美学上

---

① 米娜·托布勒（Mina Tobler，1880~1967），瑞士女钢琴家。
② 维尔茨堡（Würzburg）、班贝格（Bamberg）和拜罗伊特（Bayreuth）是巴伐利亚州的三座中等城市，均位于慕尼黑北部。

的缓解，温柔超越了欲望。米娜并没有承诺感天动地的情感，而只是简简单单地在那里爱着他。"我又让他高兴了。"一次她从韦伯家里回来后这样写道。同样，她与外界那些生活改革和灵魂革命运动也没有任何瓜葛。然而，尤为重要的是：马克斯·韦伯无须向她证明什么，而且——这点非常重要——她也没有提过与玛丽安妮分享生活的要求。玛丽安妮默认了这一事实。如同后来她临终时是艾尔泽·雅菲守在病榻前一样，米娜·托布勒是在玛丽安妮的守护下去世的，于是，这个"仰慕社团"的成员都到齐了。现实生活中，星期六是专门用来安排与米娜·托布勒定期见面的一天。与玛丽安妮一道，米娜为马克斯·韦伯做到了根本不可能做到的事情：没有英雄主义的对生活的肯定——没有重大的矛盾，没有最后的表态，没有戏剧般的行动。[8]

米娜在学术上对韦伯的影响与这种对幸福的限制密切相关。神学教授汉斯·冯·舒伯特（Hans von Schubert）后来回忆大约1912/13年在韦伯家里的一次讲演活动时说："我们中间没有一个人能够猜透这次邀请的意思：难道是'缪斯的社会学'？他脑子里突发什么奇想了！让我们大吃一惊的是，他走到钢琴旁坐下来，先弹了几个和声，然后开始表演一些完全出乎大家意料的曲子。我们后来都说，比这个更离谱的事情他还从来没有做过。"[9]这是一个妙不可言的读写错误，因为韦伯本来想聊的是"音乐社会学"①。不过，缪斯是隐含在背景之中的，而且是作为社会学的一个尚且有待回答的问题：没有缪斯的音乐存在吗？在任何与艺术打交道的热情背后，不都是有一个与最终导致性爱的冲动类似的、觉得自己被感知为一个个体的人的那种冲动吗？

---

① "缪斯"（Musen，希腊神话中专司音乐的女神）和"音乐"（Musik）在德语中写法和读法都相近，所以，作者在这里说这是一个读写错误，但二者却有内在关系。

无论怎样，米娜·托布勒带领马克斯·韦伯走进了音乐的世界，这是人们所能想象的对激情的最大限制。所谓限制在这里并不是削弱，而是限制在音乐的领域中。在他的私人交流中，韦伯始终反对把艺术理解为一种宗教体验的倾向。以瓦格纳歌剧《帕西法尔》为例，韦伯反对观众受演出效果影响的做法，认为这是一种非分的要求："这简直太可笑了。"[10] 但是，瓦格纳的《特里斯坦》又是如何唤起了观众心里的爱情，这点他在自己身上已经得到了验证。按照韦伯的观点，音乐要求听众的恰恰是对他们情感的反思，但是，除了最为内心的情感之外，它并不触及社会的秩序。如同爱情一样，人们从艺术中也无法得出关于宗教、国家、道德的结论。在艺术中，个人认识到了自己，这难道还不够吗？

这些年，在米娜·托布勒的引导下所进行的音乐社会学研究中，韦伯得出了一个几乎相同的观察结论。他认为，由于对人的身体采取敌视态度，基督教是唯一没有神灵崇拜舞蹈的成文宗教，这就使"没有身体的音乐"成为可能。这种音乐首先注重的不是节奏，而是旋律。在他看来，音乐是所有艺术门类中最为内心化的一门艺术，正因为如此，它可以成为宗教的竞争对手：音乐遵循自身的一种规律，这条规律超越了一切世俗内容，不允许有任何自我的反观认识，但是，借助其自身的美和形式力量，它同时能够被人们所感知。以此为背景，韦伯于1910年在信中写下了著名的一段话，他声称自己"对宗教绝对'没有音乐天赋'"，随后又开始倾向于从音乐中体验宗教性，并相信音乐是一种"对日常生活的内心解脱"。[11]

这是一种通过美和理性的结合所得到的解脱。在韦伯初步构建的音乐社会学中（他在其他地方将之称为"经验音乐史"），完全没有作品、种类和风格时期等内容。他只专注对声音系统及其自身规律的历史发展的研究。缘此，他的音乐社会学的基本结论是：我们所听到的东西，不仅仅取决于耳朵的特点和声音条件的"物理学"。经过训练的耳朵，不是要单独用来听声音，而是要把声音作为声音关系的要素来听。如果一个音响起，人们就会期待特定的其他音的出现。任何美学范畴都是这样一种系统，在它的中心，技术手段被用来完成特定的艺术意图。在他看来，这不是一个自然形成的系统，这点可以通过有结构特点的艺术作品显示出来：通过数学方法或"毕达哥拉斯式的"方法制造出来的音程与纯粹调音中的音程的差别微乎其微，但是，人们的听觉却能感觉出来。单靠理性并不能产生美，反之亦然：美有其自身特有的理性。

音乐的规律不是自然规律，这点通过世界史的比较也可以体现出来：世界上存在其他类型的声音，它们所遵循的逻辑不同于欧洲的五度音和八度音遵循的逻辑。由此，韦伯发现，对于西方的和弦系统在全球的传播需要有一种历史学的解释。倘若韦伯今天在世，他或许会说，我们可以在下述事实中见到这种传播的情况，即在西方的乐队中有许多来自亚洲的小提琴手，但是，只有个别的欧洲人从事传统的亚洲音乐的演奏。早在韦伯生活的时代，就有音乐人类学家对"外国民族歌唱最后的遗迹"表示担忧。韦伯时代的权威人士之一埃里希·莫里茨·冯·霍恩博斯特尔[1]曾经以今天人们对麦当劳文化感到恐惧的口吻发出警告："我们必须拯救尚能得到拯救的东西，不仅要赶在除了汽车和有轨电车之外，可驾驶的飞艇出现之前，而且也要赶在我们在整个非洲听到塔－拉－拉－蹦－地－哎[2]

---

[1] 埃里希·莫里茨·冯·霍恩博斯特尔（Erich Moritz von Hornbostel, 1877~1935），奥地利音乐人类学家，有论文《比较音乐学的问题》传世。

[2] 塔－拉－拉－蹦－地－哎（德文：Tarabum-diäh，英文：Ta-ra-ra Boom-de-ay）是1891年在美国波士顿出现的、后流行于欧美的一首在歌舞杂耍上和歌厅里演唱的通俗歌曲，作者佚名。

# 第十九章 音乐女神社会学、米娜和音高的差别

以及在南太平洋地区听到小科恩①的美妙歌曲之前。"¹²

那么，为什么其他音乐文化中虽然有西方音乐文化的要素——大三和弦、调性、平均律，却没有发展成这样一种广泛的体系呢？对这个问题，韦伯在他的文章中几乎从未涉猎。他一头扎进了和声学和不同的历史声音体系当中，从比较文化角度对音乐的旋律、特定的音程以及多声部的作用进行了研究。但是，社会学部分究竟在何处呢？在他看来，一方面，新的美学和脱离宗教仪式目的的需要导致了音乐的理性化。¹³自文艺复兴以来，人类的表达需求一直在系统地探索这种需求有什么样的可能性。另一方面，记谱法为更好地研究声音之间所有可能存在的关系提供了有利条件。

然而，对韦伯而言，"音乐社会学"和一般意义上的"艺术社会学"的任务，并不是首先要去证明艺术作品的内容依赖于社会的状况，正如维尔纳·桑巴特非常认真地想象的那样，即认为现代音乐的音量与大城市的噪声密切相关。针对这种粗暴地将内心的音量归结为外部的音量的观点（它从根本上将艺术降格为单纯地反映社会的一面"镜子"），韦伯在首届社会学大会上以调侃的口吻并借用斯特凡·格奥尔格的抒情诗予以了回击：对于红尘滚滚的大城市文明生活，他的诗恰恰是用建立最后的和无法攻克的堡垒以抵御技术侵袭的方式来对之做出反应。与此同时，格奥尔格的诗又反过来迫使人们（韦伯把它留给听众自己得出这个结论），把轻声细语和"走进被宣布死亡的公园去看吧"这样的诗句产生的原因，归结于公园周围的嘈杂环境。¹⁴

---

① 小科恩（der kleine Kohn，也写作 Cohn，源自希伯来语的 Kohen，为以色列列维家族的一个旁系），是 20 世纪初德意志帝国时期对犹太人的蔑称，因为很多欧洲犹太人用"科恩"作为家族的姓氏，所以它成了歧视犹太人的代名词。此处是反讽之意。

韦伯在这里一如既往地——并且像桑巴特那样——给音乐社会学分派的任务是，弄清一种音乐的"精神"与它所产生时代的生活速度和生活情感之间的关系。但是不久以后，他就认为，社会并不隐藏在内容之中，而是隐藏在用来进行音乐表达的理性手段之中。在他看来，与非理性打交道的方式，亦即如何对待音乐并不完全服从于数学这个事实，乃是区分理性文化的关键。

韦伯认为，在西方的理性文化中，音乐史代表性地表明，情感和理性并不是对立的事物，而只是理性的一种恰当的表现形式，亦即是美学的表现形式。1910年前后，"价值范畴"的发展有自身规律的思想开始在韦伯那里占据了越来越突出的地位，亦即他认为：世界上不是只有一种理性，而是有许多种理性，其共同点仅在于，它们在各自的应用领域中都以可预见性和对效果的控制为目的。就音乐而言，效果的控制意味着使用特殊的作曲技巧和乐器制造出特定的声音。可预见性则不然，它指的是与之相关联的对特定社会效果的期待，例如通过"教堂声音"、歌曲或特里斯坦和弦来引发某些特定的情绪。我们可以推想，米娜·托布勒演奏的平均律钢琴曲是韦伯形成关于看似完全非理性事物的理性特征这一思想的最重要的推动力之一。

# 第二十章
# 一个情绪容易激动的人？
## ——登台演讲、对簿公堂、学者争执

> 除了自己得罪自己，与他人无干。
>
> "疯狂的决斗"，佚名，1764 年

"属于一个特定的民族也是一种灵魂的充实吗？"保罗·巴尔特①于 1912 年 10 月在德国社会学大会上讲的这句话，恐怕今天已经没有人再这样说了。人们或许更愿意使用认同感、我们的群体、秉性和"想象中的社区"等来替代心灵和民族这样的词语，并不再把心灵充实的问题纳入讨论的范围。即便是当年，包括马克斯·韦伯在内的有些人恐怕也会认为这样更恰当些。因为，若要设想一个人不属于某个"特定的"民族，绝不是件轻而易举的事情。即便是那些没有国家的人，他们也有自己的民族性。当年，在柏林召开的社会学大会上，莱比锡大学副教授巴尔特以大会的主要论题——"民族和民族性"为题率先发言。这是一个不仅在社会学上，而且在其他方面都中规中矩平淡无奇的报告。相比之下，四年前出版的史学教授弗里德里希·迈内克的《世界公民与民族国家》(*Weltbürgertum und Nationalstaat*)一书，在对民族、国家和文化的区分方面的观点则更有见地。巴尔特发言的主题虽然很有意义，但在归属感、敌意与通婚、早期国家与氏族神祇，直至祖国与世

---

① 保罗·巴尔特（Paul Barth, 1858~1922），德国哲学家和社会学家。

界公民的问题上,他的论述都显得有些简单肤浅。并且,他也不容置疑地认为,哲学并不觉得在民族性和人道之间存在着矛盾,因为,恰恰是隶属于一个民族的特性才是利他主义的源头:"只有少数人才有资格说自己是属于人类的,因为与民族和社会阶层相比,人类的指向更为空泛。"随后,巴尔特转入下一个话题,即"倘若国家不是民族性的,而是国际性的",这对社会进步是否更为有利呢?但恰在此时,会议记录上记载:"发言在此处被打断。"¹

《法兰克福日报》(*Frankfurter Zeitung*)在第二天的报道中写道,大会主席费迪南·滕尼斯在此处提醒巴尔特注意,学会成员必须避免任何带有价值评判的言论。此项要求写在学会章程的第一条中。随之,发言中断,"会场气氛活跃"。巴尔特想继续发言,这时,马克斯·韦伯激动地朝他喊道:"明文规定不许这样做,您不可以谈价值判断问题!"场面陷入尴尬,巴尔特本来并没有谈论价值判断的意图,而是采用价值判断的方法。会议停了下来,巴尔特再次中断了发言。有人鼓掌。会议转入讨论议程。韦伯好像怒气未消,但马上加入讨论,讲了很长一段话,并在第二天做出了一个影响相当广泛的、像是早已准备好的决定。他在给学会的信中说:"在这点上我绝不'含糊'",并宣布,出于对社会学学会价值判断中立性原则的坚持,他决定退出学会。²

场景转换。两年前,即1910年12月3日,《海德堡日报》(*Heidelberger Tageblatt*)登载了本城的哲学讲师阿诺尔德·鲁格(Arnold Ruge)的一封读者来信。这个当年威廉·温德尔班德(Wilhelm Windelband)门下的学生在信中对妇女运动颇有微词。在他眼里,妇女运动"慢慢成了不仅引起真正的女人而且也同样引起男人公愤的一桩丑闻"。鲁格还对女人做了两次分类,先是说,一部分是真正的女人,另一部分"是不能成为女人的和不愿意当母亲的女人"。然后,他更进一步说:参加妇女运动的都是一些"老姑娘、不会生孩子的女人、寡妇和犹太女人"。接着他又说,做母亲的都没有参与到这些运动中去。³ 这封信的起因是:四天前,由玛丽安妮·韦伯领导的海德堡"妇女教育及妇女上大学"协会举行了一次集会。会上讨论了社会民主党女权运动人士丽莉·布劳恩（Lily Braun）的想法:在多户人家居住的房子里设立公用厨房,以减轻无产阶级家庭和资产阶级家庭妇女的家务劳动。⁴

没有生育的玛丽安妮·韦伯最初和丈夫一样把鲁格博士的恶意攻击视为笑谈,他们知道他是个喜欢惹是生非的人。但是,由于温德尔班德在背后为其撑腰,一部分海德堡的男人拍手称快。玛丽安妮遂被逼无奈,要求鲁格做出解释,他信中所指到底是谁。鲁格再次以读者来信的形式宣称,他指的是整个妇女运动,而不是特定的某个人,亦即不单是海德堡人,但也包括海德堡人。⁵ 随后,玛丽安妮和马克斯·韦伯也在报纸上登出了自己的读者来信:鲁格害怕把话说清楚,这个假道学家要谈论的,是他自己都不了解的事情;他们奉劝他,"假如您还有正常判断能力的话",那么他就必须承认自己说的话是恶意诽谤。鲁格回应道,韦伯藏在自己妻子身后,不敢出来正面决斗。

这下,事情终于变得剑拔弩张起来。一方面,韦伯声明,他的妻子能够自己为自己说话,决斗不仅改变不了什么,而且也证明不了任何事情。"不然的话,人们就用枪声来说话好了",他强压住自己激动的情绪在给一位记者朋友的信中这样写道（这位记者此前因为鲁格对自己太太出言不逊,曾经"想赏他几个耳光。"⁶）。另一方面,韦伯想要讨个公道。鲁格也不依不饶,要与韦伯争个谁是谁非,起诉他污蔑诽谤,之后又撤回了诉状。过了一段时间,鲁格声明他的读者来信形式过于刻薄，但并非内容不当，同时宣布，有鉴于韦伯病态的过激反应，愿意消除争议。此外，他还解释说，他会重视公开那些他所指的女人名字的事情。随后不久，韦伯在信中写道："现在已经不是什么言辞轻率的问题了，而是要看行动，要么以肉体的死亡来赎罪，要么——就像'儿童游戏'和'愚人狂欢节'那样——以某种与肉体死亡相等的东西来抵偿。"<sup>7</sup>

那么，由于他的反女权主义的读者来信，这位海德堡的哲学讲师成了德国退休教授的手下败将了吗？其时，汉堡、柏林、曼海姆和德累斯顿的报纸纷纷以各种标题（如"老海德堡，久违了"）对此事件进行了完全不同的报道：有人从海德堡大学的圈子里向报纸爆料，说韦伯以健康状况为由回避了决斗的要求。韦伯和鲁格二人皆予以否认，但均无济于事。报道被其他报纸转载，韦伯要求做出更正。报社以有可靠和不便公开的消息来源为由，拒绝予以更正。此外，《德累斯顿最新消息报》（*Dresdner Neuesten Nachrichten*）的编辑认为，或许只是此处细节失实，报道的其他部分均无问题。其时，反驳权和禁止令权利在德国尚未出现。倘若有人对韦伯制造出来的数百页之多的官司材料感到绝望，那么，他或许可聊以慰藉的是，这些材料为法庭提供了有关这个议题日后法律发展的根据。因为，韦伯正在用大量的书信和公开的方式羞辱这家报纸，让司法部门疲于奔命忙于应付。该报主编提起诉讼，随之，一名记者也紧跟其后。于是，韦伯要打交道的第一个对象已经明确。整场官司历时10个月之久，韦伯要写的其他书信一律停了下来。法庭上，他在一审判决中败诉，被罚款100马克，控方总共只被罚了50马克。然而，二审开庭时，那位记者一不小心说漏了嘴，讲出了他的线人的名字——他把"韦伯"说成了"科赫"。韦伯认识这个科赫。

此人是海德堡大学的同人，讲授报刊学的副教授，名叫阿道夫·科赫（Adolf Koch），一个命运多舛的人。年轻时因失恋痛苦，他朝自己的胸口开过一枪。他常拿自己的犹太人身份开苦涩的玩笑，学术上造诣平平。两年前，韦伯为了现代新闻业社会学研究进行资料收集调查时没有找他一同参与。这项调查是韦伯与莱比锡大学经济学家卡尔·毕歇尔共同策划的项目。虽然他在给一位同事的信中提到，或许不该这样做，因为科赫有广泛的关系网，可能会招致报界不利的反应。

韦伯推测，科赫是想用向《德累斯顿最新消息报》记者（此人是他从前的一个学生）提供假消息的方式来对自己当时未让他参与项目进行报复。韦伯写信对他表示谴责，认为有鉴于事态的发展，他已不适合在大学做培养新闻记者的工作。科赫见自己被逼入绝境，便将韦伯告上了法庭。韦伯打赢了这场官司。当时的场面"就好像尼亚加拉瀑布一泻千里痛快淋漓的样子"，卡尔·雅斯贝尔斯后来如此形容宣判结果时的情形。[8]还有人说，韦伯在法庭上和在聚集而来的大学同事面前高兴得就像是个群众领袖一样。科赫无法证明自己没有陷害人的意图，证人一个接一个出庭作证，大家都认为他人品有问题。不受人待见的鲁格早就被忘得一干二净，因为他一直有哲学教授温德尔班德暗中保护。但是，几乎没有人出面替寒酸、可憎、犹太人出身和一个时髦学科代表的科赫说话。相反，他还受到了学校的纪律处分。1913年，他最终被吊销了授课资格，原因是，他给自己的课违规使用了"新闻学研讨课"的名称，涉嫌剽窃同事讲义来拼凑自己的教学内容。韦伯后来回想起来，说他本不想让事情走到这一步。但是，玛丽安妮·韦伯用来总结这次事件的几句话，其分量倒是更加意味深长："很长一段时间，同事们都意识到，道德的毁灭要比身体的毁灭更不合乎人道。"[9]

在我们看到韦伯在那些年代展开争论的第三个领域中，他并没有与对手进行面对面的交锋，而是进行了一场书面上的战斗。他在其中回应了针对他《新教伦理与资本主义精神》的批评。1907年，他开放了《社会学和社会政治文库》，登载了哲学家卡尔·菲舍尔的批评文章。在同时发表的对菲氏的批评的回应文章中，韦伯开宗明义阐明了自己的观点。他说，即便是错误的——他指的是：误解的——批评也可以说明，作者在何处未能充分注意防止这样的误解出现。韦伯这样做是为了把他的批评者驳得一无是处。——言之有理。此前，菲舍尔在文中指出，谁若是把天主教徒雅各布·福格尔拿来作为资本主义精神的典型，那么，他就不能把他称作"新教徒"。这个指责是荒谬的，因为韦伯举福格尔的例子是出于反证的目的。菲舍尔的批评理由并不十分睿智，尽管他提出的问题——人们如何才能确定，究竟是加尔文教徒变成了资本家，还是资本家变成了加尔文教徒——在围绕韦伯论断的辩论中一再反复出现。

当年在吉森大学任教的历史学家和尼德兰史专家菲利克斯·拉赫法尔（Felix Rachfahl）的批评要深思熟虑得多。拉赫法尔在他的批评之前，针对韦伯的思想体系（以及恩斯特·特勒尔奇著作中的类似主题）做了一次全面但完全没有论战意味的阐述。但是随后，他首先表示怀疑的一点是，传统意义上的满足需求和资本主义的为赚钱而赚钱是否可以在经验上完全区分开来：就新兴的中产阶级而言，他们不会不知道更为舒适的生活所带来的种种便利和益处。缘此，拉赫法尔对韦伯树立一种理想型的典型人物的论证方法提出了质疑——孤立地看待经济活动的某个动机，即宗教救赎的怀疑问题。但是，如果这个动机在资本主义企业家身上始终与对世俗回报的追求混在一起并同时出现，诸如"享受生活、关心家庭、追求荣誉和权力、参与到为他人以及为整个国家和国家福利的服务中去"，那么，韦伯非常特殊的论证理由还剩下哪些内容呢？此外，拉赫法尔还提出了一条后来主要由维尔纳·桑巴特代表的反对意见，即如果资本主义的实业家们都是如此这般有严格禁欲主义思想的人，那么，他们就根本无法在自己的同类中找到自己的顾客。[10] 韦伯本人也承认，禁欲主义的新教徒虽然反对奢华铺张的生活，但是，他们同样懂得"舒适的市民阶层家园"的重要性。这里，在舒适享受和作为行为动机的反对穷奢极欲之间事实上几乎无法划出一条明确的界限。[11] 在拉赫法尔看来，资本主义精神就在福格尔所说的那句话中："只要可能，就要去赚钱。"因为这句话反映出来的，不是传统意义上的满足个人需求的动机，而是为了自身利益去挣钱获利的动机，并且没有任何想要证明自己成功与否的意图在内。"韦伯究竟是从哪里知道，福格尔心里没有自己的职业责任感，而且也未曾想到，人有责任忠实和认真地去完成现世生活摆在他面前的任务的呢？"拉赫法尔认为，虽然这种资本主义精神与在天主教的弗兰德斯地区，以及在信仰亚米念主义①的纺织商人——亚米念主义是新教的一个改革派，根据其教义，能否被上帝选中进入天堂完全取决于人自身的行为——和冷漠的纽约工厂老板中盛行的资本主义精神完全一样，但对韦伯来说，它"并不是真正的资本主义精神"。相反，按照拉赫法尔的观点，韦伯在加尔文身上投射了一种不是他自己的现代意识。1909年，正值这位日内瓦的宗教改革家诞生四百周年纪念，于是，人们借机把一切可能的事物都记在了他的功劳簿上——从人权和政治自由，到荷兰的风景画，直至当下的资本主义精神！但是，正如拉赫法尔针对马克斯·韦伯的论点所说的那样，加尔文是一个阴险的神权论者，他不仅根本不想实行

---

① 亚米念主义（Arminianismus，又译为阿民念主义）是16世纪荷兰神学家雅各布·赫尔曼（Jakob Hermann，1560~1609，又名Jacobus Arminius）创立的一个经过改良的、温和的新教门派。

政教分离,而且也不想赞扬工业和商业城市的财富和繁荣,以及允许个人主义和精神自由的存在。[12]

韦伯的反应马上激动起来。刊登拉赫法尔评论文章的《科学、艺术和技术国际周刊》(*Die internationale Wochenschrift für Wissenschaft, Kunst und Technik*)邀请了恩斯特·特勒尔奇而不是韦伯来写应答文章。韦伯觉得,这是失礼,因为评论者把他和特勒尔奇看成一类人,为的是能够把其中一个人所谓的错误也算在另一个人的头上。[13]这不厚道。此外,韦伯说的激动的话还有:"说若是真正读过我们双方的文章"——"拉赫法尔这种奇怪的批评者"——"这人到底是什么样的一种'历史学者'"——"我承认,我认为这样一种讨论没有任何价值,感觉像在演戏"——拉赫法尔是个"舞文弄墨的作家"——"人为和故意制造的混乱"——"虚假的辩论"——"正如我不得已再次重复的那样",[14]等等。针对拉赫法尔的论证观点,韦伯基本上只是说,这些论点因为他的研究工作都已经过时,因此,他别无选择,只能把自己的观点再重复一遍。显而易见,让韦伯感到愤怒不已的,是他高屋建瓴的方法论体系被人拖进了一场关于荷兰贸易公司的琐碎争论之中。而且,他完全无法理解的是,拉赫法尔宣称,以理性主义为原则的生活态度根本就不是禁欲主义,加尔文教的伦理观早就已经不那么苛刻严格,并不像韦伯欺骗他的读者所说的那样。[15]

然而,这场论争最引人瞩目之处,不是实实在在的观点差别,而是韦伯表现出来的不温和的说话口气。在拉赫法尔对韦伯的应答文章做出回应之后(反驳了韦伯的出言不逊,但是再次阐述了自己的反对意见),韦伯完全失态了。他认为:拉赫法尔没有老实承认自己非常肤浅地读了这本书,而只是重复了他的诡辩,以及发表了严重不诚实、混乱和陈词滥调式的观点。在韦伯眼里,拉赫法尔最后简直就是一个无礼、可耻和不敢出来决斗的人，而且他还是一个"喜欢摆弄花拳绣腿的人"（这个词韦伯一口气用了三遍），即他根本不是真刀真枪地比武较量，而只是用一把木头做的剑摆摆架势，"跟这样的人说话就得直截了当"。[16]看到这里，人们不禁有一种韦伯想要挑起一场决斗的感觉。

韦伯这种情绪激动和与对手劈头盖脸进行交锋的争执场面，可谓不胜枚举。起始者，即是他对父亲的那次当场审判。大学的就职讲座结束后，他为自己通过生猛无比的言辞让台下的听众大吃一惊感到欣喜。在"社会政策学会"中，他和弟弟面对国民经济学者和政治学者，对普鲁士的公务员制度享有的良好声誉进行了清算，从而引起了轩然大波。继与阿道夫·科赫对簿公堂之后，韦伯与基尔大学的经济学家伯恩哈德·哈姆斯（Bernhard Harms）就其针对自己计划于1908年出版的《社会经济学概论》（*Grundriss des Sozialökonomie*）一书的批评发生龃龉，双方的争执白热化到几乎要进行决斗的地步。起因是，哈姆斯此前曾向韦伯的表哥奥托·鲍姆加滕暗示，他本人准备替代韦伯做出版人。在一封写给费迪南·滕尼斯的信中（韦伯怀疑他是哈姆斯的盟友），韦伯对指责他无视出版社的传统表示愤怒，并表示，出版社的荣誉"与我的荣誉绝对完全一致"，而且这还关系到他"没有污点的名声"。[17]他要求与哈姆斯进行决斗（给哈氏寄去了一把剑！）。但是，就在这个比他年轻12岁的同人接受挑战，并准备在复活节假期没有学生注意的时候与自己比试较量时，韦伯以自己的情绪已经平静下来为由，收回了决斗的挑战书。随后，哈姆斯的一位同事宣布，韦伯在撤回决斗挑战时犯了严重的形式错误。这位同事正是菲利克斯·拉赫法尔！

第一次世界大战结束时（我们以此来结束非常不完整的案例搜集工作），韦伯最后宣布，他要羞辱德国皇帝，直到德皇把他告上法庭为止。这样的话,法院就有可能传唤所有的内阁大臣,迫使他们就自己在战争中扮演的角色出庭作证。

理性、分工专业化、价值无涉:这些与韦伯的著作密切关联的最著名的概念让人们很难想到,它们的作者在其学术生涯开始之时就几乎不间断地处在辩论之中,而且是处在间或愤怒、经常伤人、始终高度雄辩的辩论中。显而易见,这种辩论是一种神经高度易受刺激的表现(高度易受刺激是当年德国个人名誉文化的组成部分)。凡事不畏缩退让,形成一个"有决斗资格的社会"(诺伯特·伊利亚斯①语),随时准备生死决斗等——这样一整套非正式的公约体系规定了,谁采取什么方法对谁进行侮辱。当韦伯从自己的视角向记者弗里德里希·布兰克讲述鲁格事件时,这位记者起初的回答是,他敬请韦伯"在您给我的信中不要使用对鲁格博士不敬的称呼,因为,正如我昨天刚了解到的情况那样,鲁格博士的未婚妻是一位跟她的弟弟一样与我们家常来常往的女士"。[18] 由此可见,名誉问题可以用如此拐弯抹角的方式表现出来。

但是,如果我们因此认为,这是韦伯的一种习惯,或是一种动辄喜欢发怒的脾气,那恐怕是一种误解。因为,这样的诠释有过度解释韦伯情绪失控的危险。在其私生活中,他没有动辄发怒或是反应过激的情况。他青少年时代对性格的自我描述——少言寡语,不轻易流露自己的感情——也同样适用于成年时期。在我们把他想象成一个控制不住自己情绪的人之前(如同他在上述许多冲突中所表现的那样),我们必须找到一个更好的解释途径。

韦伯特别容易受到外界针对他的病情和婚姻的各种暗示的

---

① 诺伯特·伊利亚斯(Nobert Elias, 1897~1990),犹太裔德国社会学家,著有社会学著作《文明的进程》等。

刺激，这只是其中的一个方面。鲁格和哈姆斯二人都认为，韦伯只是有条件地能够为自己的言行负责，而且还谈到了他病态的漫不经心和完全不按规矩行事的情况。然而，他在冲突期间写的许多书信却并不只是为了排遣心中的怒气。他和妻子最初嘲笑鲁格这件事，说明他在公众社会面前对自己的怒气是有所克制的。

这一点也适用于他所有争执中最著名的那次争执，即所谓的"价值判断之争"。这场争论发生在"社会政治学会"内部，从1909年延续到1914年，牵涉到韦伯戏剧性地向保罗·巴尔特提出的那些要求。最终，他把这场冲突称作"价值扯淡"[19]，原因仅在于，他于1904年前后在方法论的论文中，就已经为自己并且也以通俗的方式为其他人讲清楚了这里所有相关的重要问题。当他开始与经济学家们发生争执的时候，他几乎也同时停下了关于方法论的文章的写作。在1909年召开的那次会议上，经济学家尤金·冯·菲利波维奇（Eugen von Philippovich）做了一场报告。报告中，他把"促进繁荣"作为衡量国民经济生产率的标准。维尔纳·桑巴特和马克斯·韦伯反对这一观点，认为：从科学角度可调查确定的繁荣标准是不存在的，没有统一的关于繁荣的价值判断，在这个概念背后"显然隐藏着一系列各种各样的伦理价值观"。关于这个概念，韦伯后来就经济的"物质理性"问题做过一个简短的说明。他认为，人们之所以针对经济提出伦理的、政治的、实用主义的、享乐主义的、社会阶层的、平均主义的或是其他任何种类的要求，其原因就在于现实中存在着太多的价值标准。[20]

在韦伯看来，比较而言，人们可以从经济学和社会学的角度对经济的作用进行明确的描述，但是，对经济成效的判断则取决于观察者的立场和视角。桑巴特认为，修建一所教堂在教徒眼里是一种促进繁荣的好事，而在无神论者看来则不然。因此，对韦伯来说，生产率是一种完全无法使用的概念。他不仅抱怨这样的概念必然会被人随意滥用，而且同时批评，当科学把政治的要求掺入到学术论证之中的时候，这是对政治讨论的一种削弱。因此，他批评的矛头有两个指向：科学的价值判断淡化了决策情形的重要性，并且，由于这些判断无法通过概念、逻辑和经验加以控制，理论上的夸夸其谈就更加肆无忌惮。

然则，如前所述，所有这一切都早已有人说过。那么，对于后来的观察者来说，在韦伯身上所发生的这些争执，为什么总是有毫无必要、牵强附会的吵架因素掺杂其间，而且，这种无关痛痒的吵架一方面针对的都是无关紧要的对手，另一方面他又非常过分和不肯善罢甘休地要去争吵呢？如同对簿公堂一样，对韦伯来说，这种形式的抛头露面是一种在公众面前公开亮相的机会。在涉及科赫官司的书信往来中，他就是那个把控方、调查机关和决斗者集于一身的人物。在与拉赫法尔的交锋中，他不是与对手进行讨论，而是对之进行议论。诺伯特·伊利亚斯在他的《德国人研究》(*Studien über die Deutschen*)中指出，1817年至1914年间，德国的精英被从各类有决斗资格的社会群体中招募出来，从而阻止了司法机关对法律禁止的决斗行为追究刑事责任。为了逃避司法机关的追究，决斗常常都被转移到人迹罕至的地方进行。[21] 相反，精神贵族却把他们的决斗搬到了大庭广众之下，原因是，决斗根本不是为了弄清某个事实的真相。为此，公开发表的书籍论文便可完全达此目的。韦伯虽然已经不再担任教职，不给学生上课，也不属于任何学科专业，但是，他通过这样的公开露面向世人展示，在知识分子有决斗资格的人群中，他拥有一种什么样的等级地位。这里，得到澄清的，不是论证理由，而是地位问题。所以，面对组织机构，他常常发出要辞去刊物出版人或政治顾问角色的威胁:对韦伯来说,争执取代了他的职业生涯,冲突在他看来是一种享受。正因为如此,他急不可耐地要找出把鲁格事件闹大的罪魁祸首,因为他知道,自己只能在公共领域赢得论战,却永远无法战胜公共舆论本身。他抱怨报纸的报道不实,写了一封要求更正的信函寄给报社。这封信被登载出来,但是,不是被断章取义,就是被塞进了其他内容,从而使寄信人再次陷入不清不白之中。当他再度做出反应时,双方的隔阂积怨又增加了一层,于是,"这种方式被不断重复,直到有人最终背上了小肚鸡肠的污名"。由此,一种"面对报界无可奈何"的普遍感觉就向他周边蔓延开来。[22] 马克斯·韦伯不想在公众中做一个渺小的抱怨者,而是要做一个伟大的、拥有一切自救技巧的爱发牢骚者。

# 第二十一章
# 统治的时代、维恩－斯特凡修道院和作为军队组织的社会民主党

> 一个风和日丽的日子,社会民主党人也许会
> 去朝见皇帝并对他说:陛下,我们已做好了
> 革命的准备,就缺军官和皇上陛下了!
>
> 达里奥·帕帕*

统治存在的原因是什么?对于一个终生致力于向自身的市民阶层阐述其政治作用以及一种关于现代社会的理性和科学观念之基础的学者来说,这是一个至关重要的问题。然而,韦伯探寻的并不是哲学或法学意义上有关统治的根本原因,他要弄清的乃是关于统治的实际有效的存在原因。对他来说,只有当命令在一个社会结构中能够得到不折不扣的服从,这时才存在统治。几乎没有一种统治能够完全相信被统治者为了避免冲突或是由于命令符合其经济利益而表现出来的服从。此外,因为在出现疑问的情况下,命令往往是带有强制性的,因此,仅凭对发号施令者的好感,或者那种"基于价值理性的"信念——即相信命令者是以"正义事业"的名义发号施令——都是不够的。因为没有任何权力结构能够避免发出一些既不激起同情也与"正义事业"无关的命令。服从即意味着:在违背价值观的情况下也必须服从。

---

\* 达里奥·帕帕(Dario Papa, 1846~1897),意大利作家、新闻记者。

缘此，倘若此时统治应当正常进行下去，那么服从者就必须确信，通常发号施令的那些人也可以发出对他们本人来说似乎无法理解或是违背其价值观的命令。对于统治者来说，这种"合法性的信念"是件大有助益的好事。倘若不是这样，他们就可能经常处在忐忑不安之中，担心人们是否真的服从他们的命令。因此，谁若是不得不经常为其统治地位劳心伤神，那么他就不再是一个统治者。

欧洲政治哲学的古老传统区分权力结构的首要根据是：有多少人集体做出了有约束力的决定，他们的身份是什么；有多少人被纳入这些决策中。因此，有了对君主制、贵族制（寡头制）和民主制的划分。韦伯考察问题的视角正好相反。他更感兴趣的问题是，那些领受不是由自己所做出的决定的人，他们这样做的原因是什么。在《社会学的基本概念》（*Soziologische Grundbegriffe*）一文中，他指出，"在每个真正的统治关系中，都有最低限度的服从意愿，或曰，都有最低程度的对于服从（外在和内在）的兴趣存在。"不仅所有那些想要实现某种规模和某种程度分工的权力现象依赖于它们这种被接受的情况，而且，即便是在小型团体中，也不可能出于寻找被所有人都能接受的原因的目的，而经常召开全体大会。[1]

那么，韦伯把哪些类型的服从意愿和哪些类型的统治形式归属于他自己所处的时代呢？对他来说，易北河东部地区农庄的容克地主以及以贵族阶级为基础的君主统治本身所代表的，是一种被他称为"传统的统治"的形态。因为，简而言之，人们为什么要对一个贵族或是一个君主表示服从？其原因就在于，自古以来，人们（在多数情况下）不仅服从于父亲的意志，而且他们还有一种观念，即有人生来就是统治者。过去，人们在领主的领地把这种情况叫作"世袭顺服"。即便在19世纪初此现象从法律上被废止后，宗法制度依然延续下来，直到逐步被资本主义的契约关系所取代：主人变成了一种企业家。之所以称其为一种企业家，乃是因为他们的确将自己的财产当成了一种超出了失业金或退休金范畴的物质来看。韦伯认为，为了能够成为政治上的贵族阶级，一个社会阶层首先需要"一种经济上稳定可靠的家业。一个贵族——这是最基本的前提条件——必须能够为了国家而生活，而不是不得不依靠它来生活"。反之，企业家是不可或缺的，但他们过多地纠缠于私有经济的竞争，从而无法独立地从事政治活动。而且，由于人们常常看到他们出于私利而从政，所以，大家为什么要在政治上去追随这样一个"主人"呢？由此，这里就出现了一个相互矛盾的现象：在韦伯眼里，代表着务实智慧和经济意义的阶层有着比进行统治更为重要的事情要做。反之，其统治基础早已开始摇摇欲坠的那个阶层却依然维持着一种假象，似乎他们还像以往那样生活在旧日的时代，而且"能够以大型农庄作为依靠，并且有背后广袤的土地作为保障"。但是，这个阶层所充当的角色并不是经济上独立因而有能力从事政治的贵族，而是其自身经济利益的代表。在韦伯眼中，普鲁士国家的统治形式既非传统和贵族式的，也非资本主义和市民阶层式的，而是一种"半'专制'和半'宗法制'的。新近，这种统治形式又因为对红色幽灵小市民式的恐惧而被扭曲变形"。[2]

　　韦伯认为，这种不明确的状况不仅增加了德国坚定地推行工业化的难度，而且也阻碍了德国的民主化，以及影响了它走向"正当的合法性"的步伐——走向一种不是被它的臣民（他们仍死抱着传统的神圣性不放）所服从的，而是被国家公民（他们相信自己的理性成就）所服从的统治。在韦伯眼里，理性统治做出的决策是定期的决策，而不是零星随意的决策。理性统治的基础是法律和一种非个人行为的行政管理，其人员任用的原则不是个人的出身，而是专业素养。由此我们可以看出，韦伯所说的这个政治制度是一种以工作能力和成效为优先的制度，个人身份只是在其能够完成某种任务，亦即取得某种实实在在的工作成就的情况下才有意义。对他来说，在德国，著名的普鲁士官僚机器所代表的就是这样一种"理性统治"。但是，这部官僚机器却与一种在做政治决策时传统的身份地位依然起决定性作用的政治制度纠缠在了一起。

单单依靠惯性和利己主义无法建立稳固的统治。韦伯的这句话不仅是针对所有历史时期说的，而且也可以理解为是针对上述这种让他特别无法忍受的混合统治形态的一种时代批判。在1909年之后的那些年代里，他开始创立自己的一套统治社会学理论，并更加清楚地认识到，服从可以有哪些其他不同的基础。除了在合法建立的秩序基础之上的服从，还有一种——作为第三种合法统治的形式——建立在某个个人非同寻常的素质和成就基础上的服从。这两种统治形式，即对理性管理"机器"的迷信和对作为个人发号施令者的超凡魅力的迷信，从根本上讲，乃是造成集体受到决策制约的两种相互矛盾的可能性。正因为如此，它们对韦伯有着特殊的吸引力。

这里，我们可以借助一个狭义的、非政治性的团体来对现代环境中最为奇特的一种统治案例进行很好的解释说明。那些年里，韦伯与这个非政治性的团体不光有直接的接触，而且，这个团体的为首者甚至还在他家里经常出入。此人就是斯特凡·格奥尔格。难道一位抒情诗人摇身一变成了统治者了吗？难道他的统治是以诗歌或是以体现在诗歌中的个人特点为基础的吗？

在1900年前后的20年时间里，比韦伯年轻4岁的格奥尔格成了他的追捧者圈子中的核心人物。这些追捧者不仅崇拜、诠释和模仿他的诗歌，[3]而且，让自己的全部生活均服从于他的艺术，这也成了他的艺术对人们的期望的组成部分。

我们似乎可以说，所有时代的艺术家都曾经提出过这样的要求，一部分人是出于实用主义，另一部分人是出于自我表现，目的都是提高他们的产品的名气。但是，格奥尔格又往前走了一大步。不仅这位诗人为了自己的创作押上了自己的全部生活——没有其他职业，没有其他兴趣，不结婚，不看报，几乎没有任何其他活动——而且，他的读者也必须俯首帖耳地效仿他，如果他们想对得起这位诗人和他的艺术的话。因为，这位杰出的诗人是通向艺术的必经之路，以美为目的的生活始于人们宣布，要对他毕恭毕敬唯命是从。在格奥尔格的圈子里，常见的流行词语是"服务""牺牲""重生""国家"等。只要可能，这位大师就要对其追随者（这些人大部分是想当精神贵族的青年男子）之间的交流进行控制，规定他们过一种什么样的生活，宣布剥夺对他们的爱（如果违反规矩的话），不断引发危机，发出扫地出门的威胁等，不一而足。因此，他的圈子不单单是一个有着共同美学主张的艺术家和知识分子团体，而且，正如韦伯在1910年首届社会学大会上着重强调的那样，它还是一个教派（Sekte）。

构成这一切的基础所在，是格奥尔格的诗歌给人留下的深刻印象。对此，格奥尔格·齐美尔曾撰文写道："在格奥尔格那里，情感的机器状态以及围绕个别元素、遣词造句和诗歌思想的全部生活感情似乎都从它们自身中迸发出来，而不是通过一时的巧合和升华去接近它们。"读者在这里所看到的，不是那种由普通诗人表达出来的、大家习以为常的东西，而是他们此前从未知道过其存在的情感、心境和含义。并且，"它们如今之所以显得重要，不是因为艺术家感受到了它们，而是它们寓于作品本身之中，且能被读者感知出来"。[4]

天才成了命令的资源：在世纪之交前后，美学事件演变成了一种秘密的英雄主义的生产形式。所谓秘密，指的是"秘密情报机关"这个词所具有的互相矛盾的含义。因为,毫无疑问,秘密要想存在,一方面要让一部分人参与其中,另一方面至少要告诉其他人,有一个秘密存在。格奥尔格——"我无法过我自己的生活,除非我拥有完全的对外部事物的统治权"——不仅把自己视为一个统治者(顺之者,则打开了一扇通往美好生活的大门),而且还找到了证明他是统治者、自己甘当被统治者、以其情绪和规定为圭臬和始终为其充当一面镜子的追随者。格奥尔格的形象——从在公众场合露面到穿着打扮和语言举止,无一不是精心安排——必定给某些他的同时代人留下了极其强烈的印象,或曰:可怕的强烈印象。年轻的雨果·冯·霍夫曼斯塔尔①在他记述对格奥尔格的印象的诗歌《先知》(Der Prophet)里写道:"从他轻声细语的讲话中/传达出一种统治和诱惑/他使空无一物的空气旋转着扑面而来/他无须触摸,就可置人于死地。"抒情诗本身并没有隔空置人于死地的功力,然而,它是一种信息,这种信息此前被一根通往神界的专线接收并传达出来。

我们再次看到,一个生活领域自己宣告自己是打开整体的密钥。倘若说这个生活领域在奥托·格罗斯那里是性爱,那么在格奥尔格这里,艺术就应该是灵魂解脱的国度。但是,与韦伯倾向于接受的情况不同,这种艺术并不是人们所了解的那种艺术,而是对某个艺术家的一种服务。媒介本身就是信息,先知即宗教——格奥尔格。在避免成为颓废的沙龙诗人,以及规避成为离经叛道和惊世骇俗的放浪艺术家的诱惑之后,他摇身一变,把自己美化成了一个受到排挤、不合时宜、其眼界与任何已知的生活方式均格格不入的漂泊者。"日常生活对他无可

---

① 雨果·冯·霍夫曼斯塔尔(Hugo von Hofmannsthal, 1874~1929),奥地利诗人、小说家和剧作家。

奈何，他也对之无可奈何；他无法拔高它，它也无法把他当作无关紧要的事物。二者就这么奇怪地保持对峙。"格特鲁德·齐美尔①于1908年在给友人的信中这样写道。5

早在1910年6月，马克斯·韦伯就将"独特魅力"这个词用到了这位诗人明显的超凡脱俗的特点上：追捧名人现象的出现，是由于人们给名人赋予了一种非同寻常的神赐天赋。但是，当韦伯当面见到格奥尔格之后，他所得到的印象却完全相反。很久以来，韦伯与齐美尔夫妇就议论起这位诗人。1910年秋，格奥尔格来到海德堡，并且也到访了法伦斯坦别墅。通过这次来访以及后续的几次会面，韦伯对"格奥尔格与人打交道的低调"留下了特别的印象。6

然而，韦伯统治社会学的要点正在于，这门学问必须从被统治者以及他们甘愿服从的兴趣出发来撰写。缘此，格奥尔格在他面前表现得不像一个具有超凡魅力的人，这就不足为奇了：大师级的统治者心里明白，对那些不希望看到颐指气使态度的人来说，颐指气使必然显得非常怪异。假如格奥尔格要买一张火车票的话，他恐怕也不会用盛气凌人的统治者姿态这样做。因而，具有超凡魅力的人不会在任何场合下都表现出他的高人一等。在他的灵魂解脱的世界里，并没有规定要有火车和铁路的出现，尽管火车和铁路可以非常可靠地将他送到他的门徒那里。

具有超凡魅力的人的统治的含义是：人们之所以服从统治，是因为他们相信统治者所传达的非同寻常、按照正常标准衡量无法加以理解的信息。从社会历史的角度来看，毫无疑问，我们应当在一种魔法式的世界观中去寻找此现象的前提。就其本身而言，韦伯最晚在与教会法学家鲁道夫·索姆以及与

---

① 格特鲁德·齐美尔（Gertrud Simmel, 1864~1938），德国哲学家格奥尔格·齐美尔之妻，作家和音乐家，与玛丽安妮和马克斯·韦伯过从甚密。

神学家阿道夫·冯·哈纳克的争论中就已经了解了此概念。在学术界人士的广泛关注下,他们争论的焦点是:在早期基督教社区中,决定权建立在什么样的权威之上,原始基督教是否具有教会法上的组织结构。[7]哈纳克的论点是,当早期的神学家在不信教的异教徒面前想要把基督教解释为"最高和最安全的哲学",并为此目的制定出教义时,这时才产生了教会。索姆则不然,他的解释是,基督教最初根本不需要由人组成的教士群体。相反,服从和追随仅仅是由于语言的力量,亦即是因彼此不尽相同的导师的个人魅力而产生的现象。因此,原始基督教朝着一个具有固定结构的"有形教会"的转变是源于法律的结果,而不是源于哲学的结果。对于哈纳克的异议——这是一种无结构和不具备决策能力的群体——索姆的回答是:在这个群体中存在过统治,即一个人对另一个人的统治,其中,具有个人魅力的人始终必须证明自己的过人能力。因为:管理不善,即意味着缺乏魅力。[8]

这个学说与韦伯想要得到的结论不谋而合,即社会的事实构成来自仅仅因为自身的矛盾以及因为自身环境的抵抗而发生改变的那些动机和世界观。[9]在历史学上,他把个人的魅力想象成一种被个人化了的魔法。假如有难以解释的现象发生,那么,那些对自身的自然环境缺少控制的社会就会从魔法的角度对这些现象进行解释:生病与治愈,狩猎的成果,会生育和不会生育,极端情绪的释放等。韦伯从"前泛灵论"的角度来理解宗教的起源,这点与当时吕西安·列维-布留尔①和罗伯特·雷纳夫·马雷特②等学者发展的理论不谋而合。根据他们的理

---

① 吕西安·列维-布留尔(Lucien Lévy-Bruhl,1857~1939),法国社会学家和民族学家,著有《土著思想》一书。
② 罗伯特·雷纳夫·马雷特(Robert Ranulph Marett,1866~1943),英国民族学家,著有《心理学与民族学》。

论，简单的社会把它们的生活环境都想象成被无形的和彼此相关联的神秘力量所统治的世界。[10] 魔法师、战争英雄、伟大的猎人或是后期阶段的酋长等，他们显然都能在特殊情况下如有神助般地把这种力量聚集在自己身上。

缘此，具有超凡魅力的发号施令者是一个危机时的人物，当其他的解释失去作用的时候，人们便跟从于他。在他面前，那些对沿用至今的日常秩序和规则——诸如"我们从来就是这么做的"，"有技术方法可以解决这个问题"，"有同事对此负责"等——不再相信的人，就对他唯命是从。反之，这个有超凡魅力的统治者必须想方设法让危机始终存在（战争、革命、迫害等），并且始终要让自己在危机中立于不败之地。斯特凡·格奥尔格能够自己制造危机，比如通过剥夺追随者的爱，证明他们不够资格，或是用新的条条框框等将他们推入灵魂的冲突之中，等等。但是，韦伯忽略掉的一点是：只有当追随者相互控制，将离心离德现象向上汇报，并把得到号令者的认可看作比追随者群体内部的忠诚更加重要时，这种情况才会发生作用。[11] 如果超凡魅力者未能通过在危机中不断证明自己以保持自己的统治，那么，他就被迫要对统治进行制度化。例如，他声称，上帝的恩典是可以传承的；或者，如同鲁道夫·索姆所描述的天主教会，人们从具体的人身上将这种超凡魅力剥离下来，把权威交给了一个相关的职位——神父。不论神父是谁，人们都必须服从于他。

这里，我们可以看到，对于韦伯的社会学来说，将日常生活和特殊情形以及将常态和危机区别开来是何等重要。按照他的观点，在文明发展过程中，社会危机在不断变化，与之相适应，具有超凡魅力的个人的统治也在变化。韦伯把犹太先知的出现视为文明史上最重要的时刻。因为，这里发生了一些非同寻常以及充满矛盾的事情：具有超凡魅力的人不仅与魔法式的世界观,而且与人们对大自然及其神灵的崇拜进行抗争。被先知们宣称从中得到启示的那种超自然的权威,并不是一种神秘莫测的力量,而是一个话语之神,它不是简单地产生影响,而是发送经文,宣布戒律,以及缔结对自己也同样有约束力的契约。由此,韦伯没有把对魔法意识的"祛魅化"放在天主教向新教的转变时期,而是放在了更早的阶段。从而,他更加明确地揭示出,这个过程的推动者乃是宗教本身。借助关于其自身"职责"的一个更为狭义的概念,宗教给其他的行为领域——比如世俗统治等——留下了更多发展自身理性的空间。然而,这个过程之所以成为可能,是因为宗教本身将自己转化成了一种道德原则的框架,而且,其信徒不是期望自己从对世界的适应中获得善,而是从对上帝的服从中获得善。

韦伯在他关于古犹太教的宗教社会学研究中指出,在文明高度发达、理性和传统深入人心的中心地区,几乎从来没有出现新的宗教运动,超凡魅力者几乎均来自外围的边缘地区:先知、耶稣基督、穆罕默德、方济各、路德、加尔文等。[12] 那么,我们在此是否应当进一步说:还有希特勒和斯大林?或者格奥尔格?因为,"祛魅化"并不意味着,随着一神论的传播,具有个人魅力的统治今后将不再出现。犹太教和基督教既没有完全消除魔法,而且,如同韦伯在自己的著述中时常予以说明的那样,随着清教主义对一切救赎手段的否定,世界祛魅化的过程也没有鸣金收兵。在一个祛魅化的世界中,个人魅力和服从统治只是改变了自己的形式而已。举例而言,自古以来,依靠个人魅力的"人对人的"统治的问题在于,超凡魅力者只能"亲自"接触数量有限的信徒。相反,印刷术和大众媒体如今却为"情感的社会化"[13] 开启了新的可能。但是,对于一个像格奥尔格这样的现代超凡魅力者来说最为重要的是,他向其追随者承诺,通过艺术和服从,他们将从日常生活中得到拯救。

在韦伯眼里，这个也被他称作"维恩－斯特凡"①的诗人是一个美学上的禁欲主义者，他在离开了艺术的修道院之后，提出了统治世界的要求。然而，在关于"从何处得到拯救"的问题上，却依然没有答案。

具有超凡魅力者绝对不可以给人留下言无不尽和实事求是的印象。这位诗人亦不例外。格奥尔格的行动纲领是对他想消除的事物的贬义模仿。但是，他依然必须继续依靠它，为的是能够鄙视它，并向他的徒子徒孙发出威胁，若是不听话，则将他们重新发配到充满政治、法律、科学和经济影响的世界中去。与古代时期魔法师般的和宗教的超凡魅力者不同，现代的超凡魅力者并不是在一个缺乏科学技术和无法参透的大自然的社会中开展行动。相反，他将其信众聚集在自己周围，这些人在现代社会中苦苦挣扎，且将之视为一个缺少"伟人"和"灵魂"的控制型的世界。超凡魅力者恰恰是把祛魅化作为前提，并且在自己的自我表现中加进了一种以他为中心的主要统治形式，韦伯将其称作建立在理性的合法性基础上的合法统治。其特点是：形式化，不亲密，有纪律，不过分，有规律，不疯狂，有组织，不随意。缘此，正是在一个往常是以合法性和官僚制度为基础的世界中，具有个人魅力的统治享受着一种特别的光环。对这个社会所有的不适感都在具有超凡魅力的人身上找到了一种承诺，即事物也可以是另外一种样子。

这种愿望对韦伯来说并不陌生。他把现代社会描述成一种无聊的、僵硬的、被职责义务压垮的、冷静的和死气沉沉的社会。在他看来，官僚制度不仅是"形式上最为理性的统治形

---

① 维恩－斯特凡（Weihen-Stefan，也写作 Weihenstefan）是位于德国慕尼黑北部郊区弗赖辛小镇的一座著名的天主教本笃会修道院，约 1020 年创建，以基督教圣人斯特凡命名。因与诗人斯特凡·格奥尔格同名，故韦伯以此戏称之。

态",而且也是一种威胁。他认为,资本主义的企业家有能力抵御"无法避免的官僚主义和理性的知识型统治"。[14] 然而,在韦伯眼中,在政治领域只有政治领袖人物的个人素质才能与以政治利益为动机的各种事物的机械化现象相抗衡。

政治的发展动态与"钢铁般坚硬的外壳"之间究竟存在着一种什么样的相互关系?对这样一个问题,韦伯从一位与他有着密切关系的年轻同事的著述中获益颇多。这位年轻的同事就是罗伯特·米歇尔斯①。[15] 米歇尔斯自称是"莱茵河畔的罗马人",比韦伯年轻12岁,也同样出生在一个纺织厂的工厂主家庭,其家族在科隆富甲一方。他在远离父母的柏林法文高级中学接受教育,这些年与海因里希·冯·特赖奇克一直保持密切的联系。米歇尔斯在大学读的是历史和国民经济。他曾经在巴黎和都灵留过学。世纪之交之后,出于对德意志帝国政治落后的抗议,他不仅加入了意大利社会党,而且也参加了德国的社会民主党,虽然他明知这样的行为将失去父亲的经济支持,并且会毁掉自己的学术前程。

米歇尔斯在一个重要的论题上与韦伯的观点如出一辙——对市民阶层的愤怒,因为他们与政治上虚伪的封建制度和平相处。在对一则订婚启事的案例分析中,他一针见血地将这一现象展示在了世人面前。当一个富商的千金小姐与一个贵族男士正式订婚时,订婚启事上写着:"M.N. 及夫人安娜(娘家姓T.)不胜荣幸,登报宣布他们的女儿艾拉与 R. 地区 J. 大庄园领主 A. 先生正式订婚。"这位为自己女儿刊登结婚广告的市民(新郎则是自己出面刊登广告),既没有在启事中提到自己是做生意的商人,也没有宣称自己是个"百万富豪"。反之,新

---

① 罗伯特·米歇尔斯(Robert Michels, 1876~1936),德国社会学家,马克斯·韦伯的学生,著有《政党政治》一书,对精英政治和精英理论研究有重要贡献。

郎同样也没有说明自己的职业，而只是觉得，公开一下他的身份及拥有的财产就已足矣。与韦伯一脉相承，米歇尔斯在这则广告中不仅看到了耻辱和缺乏荣誉感，而且还看到了"德国市民阶层政治上没有骨气"的明证。[16]

米歇尔斯本人过的是一种浪漫艺术家式的生活，"对不受约束的性爱情有独钟"（韦伯多次写信提醒他："你要去巴黎旅行？是去'放松'[！！]的吗？"）。他经常在妇女运动刊物上发表文章，内容涉及"比较爱情学"、阶级特有的性伦理和婚姻问题等。文章均是其性爱偏好的文字记录。1906年，他在《保护母亲》(*Mutterschutz*)杂志上发表一篇文章，题目是《情爱巡礼——德国和意大利的爱情方式——选自巴黎的爱情生活》。性行为——这是他文章的主题，均带有作者对自己丰富经验的自豪感——由生儿育女的手段变成了一种目的："某已婚女子对向其献媚的男人说：你来是为了与我一起造人，还是为了与我一起造孽？这样的已婚妇女的内心是不纯洁的——尽管也许合乎基督教教义——，因为，倘若她真心爱这个男人，那么她就不会认为与他'造孽'是一种不轨的行为；倘若她不爱这个男人，那么她就不会愿意与他一起'造人'。"所以，米歇尔斯不是奥托·格罗斯那样的人。格罗斯心里想做的事情，是铲除道德和攻击在他看来既建立在爱情之上，又是为了性欲目的的婚姻。"我当然与米歇尔斯就性爱问题长谈过"，马克斯·韦伯在给玛丽安妮的信中提到米歇尔斯来访时这样写道。[17]

然而，数年之后，米歇尔斯逐渐与社会民主党脱离了关系。他批评道，如同害怕总罢工的工会一样，社会民主党与其说是想要实现自己的行动纲领，不如说是对继承和维系自身的结构体系更感兴趣。在官僚主义和寡头政治的驱使下，他们所追求的目标是一种保险公司式的社会团体，其中，他们首先注重的是自己的干部能够爬到一个有权有势的位子上去。至于应当改造社会的目标，已经从他们的视野中消失。最后，米歇尔斯在分析中用一句讽刺性的话对德国社会民主党及其所代表的工人阶级文化进行了总结："纸牌俱乐部还是纸牌俱乐部，尽管它打着'自由的纸牌俱乐部'的幌子。"[18]

从这位反对市民阶层的浪漫艺术家和知识分子针对无产阶级适应"德国式的"舒适安逸生活以及德国的官僚体制的厌恶态度中，发展出了德国社会学历史上第一个组织社会学。其核心思想是：作为手段的政党组织演变成了作为目的的政党组织。该党最初的政治目的，是动员民众加入组织，因此，为党工作不计报酬。但是，一旦它赢得了会员、资源和权力，它就变成了行政机关。从这时起，这个组织将自己分成了形形色色的委员会，并把会员分成普通会员和职业会员。后者借此摇身一变，从普通工人变成了拥有自身利益和特殊干部阶级意识的党内官员。在大众民主中，选民最终成了政党真正的"当事人"，并且比会员更加有力地推动了政党的发展。在此，米歇尔斯引用了法国社会主义者让·饶勒斯（Jean Jaurès）曾经针对德国社会民主党说过的一句话：对德国的社会民主党来说，社会革命就是一个储蓄罐，在打开它之前，你必须用选票先把它装满。[19]

虽然在马克斯·韦伯看来，米歇尔斯从他的分析中得出的某些结论还不够成熟，但是，他把米歇尔斯关于政党机器将代议制民主制度官僚化的论点采纳到了自己的政治社会学中。该论点为他提供了将各种合法统治的类型与对当时的政治现状的诠释结合起来的可能性。倘若对权力的获得必须经过政治党派这条路的话，那么，这就迫使大地主不得不遵守他所反对的那些规范原则。于是，土地贵族被拖进了投票选举和官僚制度的程序之中，并且被迫对事物进行策略性的考虑以及追求获得多数的结果。对革命家来说，情况亦然。有鉴于此，米歇尔斯指出了一个重要的问题：民主的形式掩盖了一个假象，即它的核心是一种寡头政治——一种脱离了自己的等级身份和阶级基础而生活的少数人的统治。这种正当合法性的统治类型——以及韦伯将其等而视之的官僚统治——在现代的大型国家中是不可避免的。具有超凡魅力者、革命家或传统主义者可以被民众选举出来，但他们却不能领导一个国家和一个政党。

这并不排除人们可以在现代领导者身上为他们加上具有超凡魅力的本领：党的领袖也可以被看成一个政治上的狩猎英雄，他依靠无法明确定义的本领取得胜利，并把这些胜利成果也分给他的支持者。但是，这是一种其追随者用以激励自己的个人魅力，而不是某种政治统治在一个国家中自我合法化的个人魅力。归根结底，超凡魅力者的号令也必须被那些没有把选票投给他，并且否认他的魅力的人所接受。所以，在韦伯的结论——从大规模民主的"专制"成分来看，政治行为始终被起领导作用的小团体控制[20]——与这些小团体行为合法性的基础是什么的问题之间，我们必须做出区分。

但是，仅仅几年之后，韦伯自己的看法就发生了变化。倘若他在很长一段时间里批评德国的市民阶层，说他们由于畏惧民主而臣服于俾斯麦的专制统治，那么，他于1918年却这样宣称，"选择领导者时向专制型的转变"是不可避免的。他认为，政治领袖将不再通过在社会名流的圈子里的良好表现，而是通过面对大众时的自信表现而取得资格。但是，韦伯在对观察结果进行评价时依然摇摆不定。一方面，他发现对伟人的崇拜是一种危险，并希望政党组织和议会制度能够与这种把民主政治情感化的现象相抗衡。另一方面，他稍后又认为，英国的例子说明，政党变成选举机器的现象使得它们成了具有超凡魅力者和民选统治者手里唯命是从的工具。[21]

于是，韦伯和米歇尔斯一样，二人都成了他们的词汇用语的牺牲品，亦即，他们把目的理性的概念与一种只以命令的因果关系为目的的统治概念结合在了一起。根据这一概念，某组织的领导者选定了目标，并且，只要他手里拥有追随者服从其意志的资本，他就可以推行这一目标。当政治行动带来这样的结果，即目标经常改变，而且目标的改变在事先以及在无须经常讨论的情况下必须被接受时，统治的存在就是必要的。极端情况下，当被统治者可以被命令去赴汤蹈火，这时也存在统治。米歇尔斯把政党，尤其是把他那个时代的社会民主党明确地描述成与军队相似的军事组织。[22] 但是，即便我们把军队看成所有机构组织的原型，这样的观念也是容易引起误解的，即当最高指挥官的意志不折不扣地得到贯彻执行时，它们将无往而不胜：理性之所以有所不同，原因就在于它并不集中在组织的最高领导人那里。人们的务实理性是分散的，沟通交流不仅自上而下，从目的的代表者流向手段的代表者，而且，领导者自己也被他人所领导；对政府首脑来说，谁是服从于他的部长无关紧要；部门负责人也同样如此看待自己与政府首脑之间的关系。除此之外，有些有利于组织机构理性的要素是完全不能通过命令来实现的：比如，韦伯曾经谈到过，只有某些特定的等级荣誉感才能使官僚机构避免陷入"可怕的腐败和低级的庸俗"之中。[23] 荣誉感也是不能被命令而产生的。

缘此，韦伯不是从日常生活出发，而是从质疑的角度出发思考问题。当组织机构的日常手段失去作用时，命令只是一种危机时的手段罢了。因此，作为个人对忠诚度的测试，他对具有超凡魅力者的统治尤其敬而远之，与之保持距离。然而，由于这种统治把一切均指向个人，因而它不断发出命令，同时也不断告诉受命者，他们也可以与统治分道扬镳。正因为如此，它的影响力便受到了限制。倘若这种社会现象要保持稳定,那么,它们就必须消除人们可以轻易与其脱离关系的可能性(军队、邪教组织或专制政党即是如此),或者,如同格奥尔格先生的统治那样,其规模必须始终很小,关系必须非常亲密才行。

# 第二十二章
# 俄国、社会主义和有组织的社会

> 因为,如果听话服从是用面包换取的,
> 那你认为,自由在哪里呢?你回答说,
> 人不是单靠面包活着。但你知道吗,
> 地下的鬼神正是借面包的名义
> 起来反抗你,与你较量并打败你。
>
> 费奥多尔·M.陀思妥耶夫斯基

马克斯·韦伯对有超凡个人魅力的统治历史的浓厚兴趣,只有在他对未来的悲观预测的背景之下才好理解。他不仅担心人们有一天"会像古代埃及国家的费拉赫人一样"不得不束手无策地服从于一种"未来的奴性",而且担心现代社会由于其自身的特殊理性而完全僵化:在这样的社会中,有意识的决定战胜了传统,市民阶层的工作效益伦理取得了对封建统治的胜利。但是,现代社会最后都把这些胜利诠释为异化现象。新型的专门家具有解决非同寻常问题的能力,但同时他又被"盲目的操作"击败,而且政治上被动消极。于是,各种团体组织应运而生,它们上升为社会的真正活跃分子,可以被委以各种任务,甚至是对整个大陆进行开发的任务。但随之而来的,却是阻碍一切个人主动性的官僚主义。在韦伯看来,人们"像羊群一样"受人管理,因为他们把自己的牵挂维系在日子过得好坏之上。但是,他们没有看到,一种现代的奴隶制度由此而生。

在这种制度中，被统治者用他们的自由与技术优势和物质利益做了交换。于是就出现了"缺乏精神的专门家和不讲良心的享乐者"。[1]

韦伯认为，若要摆脱这种文明是不可能的。相反，他问道：什么样的"精神"将主导资本主义和官僚主义，倘若这种精神已经不再是近代早期的、反专制权威的和自愿有所放弃的宗教日常伦理观的话？从社会学的类型角度来看，位居政府官员和普通雇员之上的领导者最终不可能是政府官员本身。因此，1908年之后，韦伯门下最有才华的弟子——从罗伯特·米歇尔斯到格奥尔格·卢卡奇直至卡尔·施米特①——都参加了想把具有超凡个人魅力的统治与现代组织理性的优势相结合的极端政治势力：米歇尔斯追随意大利法西斯主义，卢卡奇热衷苏维埃政权，施米特紧跟民众票选的纳粹元首国家。

他们认为，资产阶级世界已经江河日下，并因其自身的矛盾和谎言正在自行消亡。米歇尔斯于1908年12月在大学任教的首次讲课中，明确宣布经济领域中的个人主义时代已经结束：被资本主义分裂为单独个体的工人虽然通过工会和合作社的形式被组织起来，但是，他们并没有成功地"从资本所有者的统治下解放出来"。随着形形色色的社会主义政党的建立，人们却发现，这些组织也同样未能避免脱离其成员成为独立的领导者集团（寡头政治）的规律。反之，资本主义本身却以企业家组织、卡特尔和康采恩（托拉斯）的方式组成了各种合作形式，并似乎借此"在排除自由竞争的情况下，为一种社会生产合作组织的可能性提供了活生生的证明"。[2]

关于这个历史的过渡时期，马克思主义者拥有最深刻

---

① 卡尔·施米特（Carl Schmitt, 1888~1985），德国著名法学家和政治思想家，提出了著名的决断论概念，在社会学研究方面深受韦伯思想和方法的影响。

的研究理论。虽然观点不尽相同，在韦伯看来，马克思主义理论是"一流的科学成就"。³针对差别巨大的社会结构，马克思和恩格斯在《共产党宣言》中就已经指出，①"我们的时代，资产阶级时代，却有一个特点：它使阶级对立简单化了。整个社会日益分裂为两大敌对的阵营，分裂为两大相互直接对立的阶级：资产阶级和无产阶级"。⁴在其他社会领域，资本主义没有留下很多差异：冷静观之，政治、艺术、宗教、法律、科学和家庭都是经济财产制度的复杂功能变体，它们皆服从于阶级的利益。格奥尔格·卢卡奇进一步往前发展了这一学说，并声称，所有这一切均不是彼此分离的领域，因而并不遵循其特有的规律。这只是资本主义造成的一种假象而已。摧毁资本主义就意味着认识到：社会完全可以作为一个统一体被理性重构。⁵用《共产党宣言》中经常被人们借以描述资本主义经济的社会作用力的名句来说就是："一切等级的和固定的东西都烟消云散了，一切神圣的东西都被亵渎了。人们终于不得不用冷静的眼光来看他们的生活地位、他们的相互关系。"⁶

就冷静清醒而言，恐怕没有人可与马克斯·韦伯相提并论。但是，在对现代社会的分析中，他却得出了一个完全不同的结论：等级的和停止的东西并没有瓦解，正如一个社会可以被纳入理性的组织形式中一样。对韦伯来说，前者在1905年的俄国革命中表现得尤为明显。在诸如资本主义这样的"现代化"力量影响下，这个国家将经历一种什么样的发展，长期以来一直是个没有答案的问题，而且，人们对民主和宪法国家的呼吁迄今为止均徒劳无益一无所得。在日俄战争中连吃败仗并

---

① 以下两段引言的中文译文引自《马克思恩格斯文集》第二卷，北京，人民出版社，2009年，第32页和第34页。

遭受了一场重大的经济和饥饿危机后，1905年初，在俄国的多座城市爆发了反政府的抗议行动，政府使用武力来对付游行示威。随后，罢工、哗变、起义、镇压、地方性的没收财产以及相关的大屠杀和军事行动接连发生，直到沙皇于1905年10月在一项声明中承认公民的自由权和同意成立议会。

一个帝国轰然倒塌，韦伯对此备感震惊。除了针对俄国的移民劳工问题曾经要求关闭德国边境外，韦伯迄今为止与俄国没有打过任何交道。如今，他立刻开始学习俄语，以便能够阅读俄文的报刊文献。如同玛丽安妮后来信中所写的那样，他"一头扎进了俄国人民的灵魂和文化之中"，7并计划去俄国旅行，但最终未能实现。一段时间以来，他与生活在海德堡三月街4号的俄国留学生多有接触。此地是1862年设立的俄文阅览室，留学生在这里经常上演家乡的革命党派之争和各种冲突。例如，时年21岁、当时还在威廉·温德尔班德门下学习的费多尔·斯特凡①于1905年在阅览室做过一次关于"思想贫乏的俄罗斯革命"的讲演。他指责彼得堡的革命者，说他们跟1789年的法国革命者相比，缺乏与他们时代的先进哲学思想的关系：他们打算"在物质主义世界观早已被克服的偏远外省的后院里建设一种新生活"。8韦伯通过格奥尔格·齐美尔的学生、法学家博格丹·基斯迪科夫斯基（Bogdan Kistiakowski）结识了费多尔·斯特凡，与之交流关于托尔斯泰的看法，读了他所推崇的宗教哲学家弗拉基米尔·索洛维约夫（Wladimir Solowjew）的著作。

这个时期，俄罗斯的人文智慧正享有关于文明社会不同见解的巨大声誉。1900年前后，托尔斯泰和陀思妥耶夫斯基

---

① 费多尔·斯特凡（Fedor Stepun，1884~1965），俄裔德国作家、历史学家和社会学家。

的作品被人们当作关于现代社会状况的形而上学预言来读。在他们的著作中，西方世界与俄罗斯的专制制度一样，均被从外部的视角予以观察并加以否定。格奥尔格·卢卡奇认为，如果说德国或法国作家的小说中对市民阶层生活的否定是市民阶层的个人行为的话，那么，陀思妥耶夫斯基的小说展现的是一个全新的世界。在这个世界中，没有任何罗曼蒂克，当中的人物既非社会动物，也非孤独的内心世界，而是人本身。[9]这即意味着：他们是自己的最终决定的承担者，并且不允许自己被生活的习俗剥夺这些决定的权力。例如，《卡拉马佐夫兄弟》中的宗教大法官：他让耶稣回家去，因为教会不希望他再回来；《罪与罚》中的拉斯柯尼科夫：他的故事从头到尾讲述的是什么是自由；《群魔》中的无政府主义者和反革命分子。所有这些角色都是不妥协的小说人物，也必定给韦伯留下了深刻印象。韦伯曾经设想写一本关于托尔斯泰的书，[10]并多次引述托尔斯泰的话用于一种终极的道德观。这种终极道德观完全按照自身的前提生活，丝毫不在乎世俗的功名利禄，而这些前提最终都建立在一种充满神秘主义观念的、没有任何对象属性为依据的兼爱基础之上。简言之：此时的俄罗斯还完全没有受到已经席卷整个西方的那种"死板僵化"、循规蹈矩、具有可预见性以及所有文化之间道德观的相互适应和社会的相互平衡的过程的影响。

政治分析家韦伯把一个尚未完全受到资本主义影响的国家的这种完全未被人们所认识的状况，看成历史学的一个尚未解答的问题：俄国今后的发展既不能从历史哲学的角度推演出来，而且它的进程也非必然。举例而言，在1905年的革命中，各种社会利益被归结为资本和劳动的冲突的情况并没有出现。农民占人口的大多数，他们所理解的农业共产主义，与其说是与无产阶级的自我授权，毋宁说是与"对土地的渴望"密切相关。另外,韦伯认为,正如小资产阶级与自由主义立场的关系一样,资本和自由主义思想的关系也是十分疏远的,这是因为,俄国的小资产阶级都是反犹太主义者。因此,正如自由经济的发展会给所有人都带来经济利益这个思想的明确性受到人们质疑一样,对民主制表示赞赏的文化条件似乎也同样值得怀疑。在马克斯·韦伯看来,1900年前后的俄国告诉人们,社会变革的历史顺序无法简单地在现有样板的基础上被再次重演,而且,民主和个人主义也同样无法简单地作为经济发展的伴随现象而出现。[11] 资本主义的繁荣与自由之间并没有一种选择性亲和力的关系,形成欧洲的自由概念的基础是海外扩张、资本主义早期的中产阶级和科学技术走进了人们的日常生活。

在俄罗斯,这些条件均不存在。沙皇帝国处在警察镇压和功利的官僚制度的统治之下,社会革命者用乌托邦的社会理想和各种暗杀对之做出回应。但是,正如韦伯指出的那样,国家官僚机构中务实的理性主义者有时轻易地就能投靠到社会革命者的阵营中来,就像激进的大学生摇身一变就成为专制体制的官员一样。时下,没有人能够预见,农民们有朝一日的选举对象是谁。军方的利益也是五花八门,军官们完全可能向他们的家庭成员开枪射击。工会、农民银行、无政府主义和温和的斯拉夫主义者、"士官生"、铁路职员和地方长官、内阁大臣候选人和实际的内阁大臣——他们统统都深陷于混乱不堪的局势之中,甚至连一个月内的形势都无法预测。

韦伯笔下所描述的是一个政治的魔鬼地狱。在这个魑魅魍魉的世界中,愤怒、精神麻木、"假扮的蒙古人伎俩"和"真正的蒙古人式的阴险"及"最为恶作剧的亚洲人伎俩"、"'神圣的'自我舍弃"、残忍、"狂热的嫉妒心"、所有参与者的财产和物质占有欲,以及沙皇极端的自以为是等,都成了这种状况的驱使力量的组成部分。"这是一场反复不停和胶着僵持的搏斗,伴随着大量的野蛮谋杀和冷酷的疯狂之举,以至于这种恐怖行为最后成了习以为常的惯例";没有一场为了自由的斗争在如此困难的情况下发生过,这里的一切都是对人的神经的考验。

对此,韦伯更加显示了自己高屋建瓴纵览全局的能力。他不仅觉得自己得心应手轻车熟路(比如对策略性的权力现象的分析),而且对人们试图借以遏制国家危机的俄国自由宪法草案饶有兴致地加以评论。他认为,这部宪法草案只是反映了一种徒有其表和欺世盗名的立宪主义。由此,我们可以看到韦伯的俄国问题研究的许多重要主题:关于市民阶层命运的问题(在一个市民阶层是少数阶层的社会中);农民在向资本主义过渡期间的关键地位;对革命成功的条件的认识:国际资本允许哪个政府推行债务政策("交易所用行情上涨来对莫斯科街头的第一滴血表示欢迎"[12]);社会分裂成敌对利益的团体,这些团体不仅组成了充满矛盾的联合体,而且对它们行动的后果毫无意识。[13]

然而,尤为重要的是:借助俄国的例子,韦伯检验了他稍后将要为德国做的工作以及他在青年时代给赫尔曼·鲍姆加滕的信中已经做过的试手练习——一种以"编年史"形式撰写的对政治的时代诊断。这个政治的时代诊断不仅包括所有相关的参与者,而且也包括这些参与者在其中活动的政治框架的结构条件,以及他们在各种观念指导下所形成的利益。韦伯这项工作最主要的动机是:面对一盘散沙的俄国以及死板僵化的德国(他看到了它们之间有许多明显的相似之处),他要"'趁着天还亮,抓紧去工作',因为时间不等人"。他发现,市民阶层的自由主义精神几乎只体现在对他们过去的伟大时光的回忆之中，所以，他对自己时代的政治危机和精神危机感到兴奋：因为，市民阶层的主体性和个人的自由"通过危机并且只有通过危机"才能掌握在自己手中。凡是在这些危机中没有争取到的东西，以后恐怕再也无法争取到了。[14]

当马克斯·韦伯于1918年6月在维也纳为奥地利军官做一场题为"社会主义"的报告时，世界时钟的指针已经又向前走过了一段时间：1917年初，俄国士兵拒绝向由于糟糕的粮食供应被迫走上圣彼得堡街头的游行群众开枪。2月，工人起义爆发，3月，沙皇退位。议会和工人委员会以一种双重代表的方式在国内实行统治，1917年10月，布尔什维克发动革命。在维也纳报告的几个月前，韦伯就已经简明扼要地针对"俄罗斯向假民主的过渡"进行过评论。他认为，沙皇不仅缺乏管控自己和保持沉默的能力，而且无知浅薄好高骛远（韦伯这样评论沙皇尼古拉二世也是影射德皇威廉二世），他的虚荣心导致了俄罗斯帝国的灭亡。然而，与俄罗斯资产阶级不同，俄罗斯的民众其时没有信用可言，因此，若是没有资产阶级的参与，革命将无法持续。除此之外，迄今为止，凡是信仰社会主义的工人阶级在他们上台执政的地方，都以"资本主义发展有意识的推动者"的面目出现，因为资本主义的发展给他们带来了工作和就业。把他们与人口的大多数——农民联系在一起的，除了感情上的支持外，几乎别无他物。兼之，农民在世界大战的前线作战，反革命派一定想把他们留在那里，目的是阻止关于国家未来的全民公决。与俄罗斯帝国的少数民族问题一道（少数民族在民主情况下会立刻走到台前提出他们的独立要求），所有这些现实情况限制了民主在俄罗斯的发展。[15]

尽管俄罗斯的工人阶级如今已经向世人宣告，他们没有资产阶级也同样能够夺取国家政权，但是，韦伯在维也纳的报告中所描绘的，是一幅并不富有戏剧性的社会主义图景。社会主义与民主制度一样（韦伯想让军官们对民主制度做好思想准备），都具有把所有政治和经济决策予以官僚主义化的倾向。社会主义者所抨击的工人与生产资料的分离，既非特殊的经济事实情况（大学和军队中的"办公资料"也属于公家而不属于个人），而且，恰恰是社会主义也不愿意放弃集中管理的生产力优势。

韦伯从事物的功能出发思考问题，虽然他自己并没有明确这样说：如果有人想消灭某种事物，那么他就必须说明，什么样的事物可以取而代之。举例而言，假如有人想取消资本家的利润，那么，他就必须号召国家公务员来替代资本家的工作。然而，出于什么原因人们要把这些公务员想象成比私有财产所有者对工人阶级更为友善呢？有人认为，为了一个共同的目标，经济竞争在战争期间被停止了，这是一件得到充分证明的好事，因此，大家应当在和平时期把这一原则发扬光大。韦伯认为，这种想法是不切实际的妄想。从某种程度上讲，这种妄想是对由德国的组织体系炮制出来的、与西方个人主义和"1789年思想"进行对抗的"1914年思想"的左派式的解读。[16] 韦伯提醒道，试图将国家和经济合二为一的做法导致的结果，不是国家对经济的统治，而是经济对国家的控制，因为工业出身的官员要比国家监督人员具有无可比拟的专业优势。另外，议会中的工人议员所代表的是工人阶级的利益，而这种利益在社会主义制度下也不等同财产所有者的利益：因为，国家作为财产所有者必然对低工资情有独钟，而议会则对高工资青睐有加。与私有经济的区别仅在于，人们无法对国家使用罢工手段。"若如此，国家本身就不得不承受工人阶级如今针对资本家的那种仇恨。"[17]

在韦伯看来，《共产党宣言》中对人民群众的普遍贫困化的预言并没有出现。企业界所形成的垄断——倘若的确出现过的话——没有产生更多的无产者,而是产生了更多的白领职员,这是因为,垄断组织乃是分支机构和子公司的庞大管理者。况且,白领雇员非但没有想在资本和劳动之间做出抉择,他们反而发展出了自己的等级意识。对人们造成威胁的不是无产阶级专政,而是行政机关的统治,至少在这样的情况下是如此,即如果人们对韦伯的追问不予理会的话——公务员究竟应当遵循哪些经过协调的"统治性的"目的?不唯如此,对于马克思主义的危机预测,韦伯也并不认同,因为在他看来,经济和政治都有自我修正的能力。面对破坏性的竞争所造成的阶段性危机,中央银行政策和经济政策以及企业界将通过形成卡特尔的方式来应对之。

尽管如此,资本主义的稳定性不是韦伯用以反驳那些认为资本主义的丧钟已经敲响的人的最重要的论据。相反,他提出的问题是,究竟什么将取代资本主义?谁将在工业领域取得统治地位?是工会还是社会主义政党?显而易见,如同社会主义不是由无产阶级设想出来的这一事实一样,[18]工会组织也并非必然都有社会主义思想。再者,职业政客同样不是工人的阶级同志。因此,倘若由于党派和工会都被把持在完全受自身利益观念驱使的干部手里,那么,工人就应当自己来担任领导吗?倘若企业的领导权交到了工人手中,那么,这是一种经过理性思考过的企业领导方式吗?"因此,不论他们是否愿意,他们本身也同样都将依赖于来自知识分子阶层的非工人代表和思想家。"[19]

于是,在韦伯眼里,这就形成了一个闭环,原因就在于,最早提出社会主义并为其注入末日论和民族主义色彩的都是知识分子。当韦伯论及"大罢工的浪漫主义"以及"革命希望的罗曼蒂克"时,他虽然没有指名道姓,但矛头直指的是他离经叛道的学生罗伯特·米歇尔斯和格奥尔格·卢卡奇——这两个在他看来在政治上偏离了日常生活的既睿智又典型的代表人物。尽管如此,他在阐述布尔什维克的知识分子政党问题时,说了一句有所保留的话:"俄罗斯现在是一场伟大的实验。"[20]

那么,按照韦伯的看法,共产主义和列宁是一种什么样的状况呢?对于韦伯来说,共产主义既非一种原始的集体财产制历史的开端(从中产生了私有制),也非历史的终结。

# 第二十三章

# 价值之神

## ——世界诸宗教的经济伦理

> 19世纪20年代,人们时常围坐在普鲁士文化大臣阿尔滕斯坦的桌旁,谈论基督教是否还会延续20年或是50年的问题。
>
> 海因里希·冯·特赖奇克

1909年,"德国社会学学会"成立。社会学应当是一门什么样的学科,人们当然并不清楚。学会创建时的成员来自各种不同的学科领域,尤其不乏法学家、经济学家、哲学家以及人口和医疗统计学家,并且还有我们此前已经熟知的种族卫生学家普罗茨医生。马克斯·韦伯是学会理事会成员,在那里充当"统计员"的角色。1910年10月,格奥尔格·齐美尔在学会成立周年庆祝会的欢迎晚会上做了一场题为"济济一堂社会学"的讲演。他开头的几句话就谈到了一个社会学的基本问题:"社会"仅仅是把无数个人的行为进行总结的抽象概念吗?就像一个观景者把各种树木、溪流、房屋和草地归纳成一道"风景",其中,观景者自己既不是这道风景的一个元素,而且这些元素也不知道自己共同构成了一道"风景"吗?抑或,毋宁说,社会难道不是由这些元素本身依靠它们之间的"相互关联、相互依存、相互缠绕、相互对立和相互渗透"所生成的一种事物吗?[1]

齐美尔的问题其实是设问。两年前,他在自己的《社会学》一书中论述"社会是怎样产生的"问题时,采用插入说明的方式并同样以风景为例,已经对这个问题做了回答。他在书中写道,为了成为一个整体,社会无须一个观察者。社会本身由无数可以看到的现象组成,因为其元素"是有意识的、综合的和活跃的"。[2]康德的观点——事物之间的相互关系乃是通过一个具有认知能力的主体所建立——并不适用于社会的情况。因此,对齐美尔来说,社会是怎样产生的问题必须以不同于自然或风景是怎样产生的方式予以回答。社会学家在社会中所遇到的,不是大量未经整理因而必须先经过梳理的数据材料。相反,社会的个人已经为社会学家免除了大部分的概念性工作,例如,有别于一场严肃认真的会议,他们把晚间的时光看作一种轻松的聚会,亦即一场游戏,并且使自己的行为相应地变得简单化——各人扮演其中的角色。

在齐美尔发表欢迎晚会致辞的第二天,韦伯做了学会的工作报告,并就学会提出的科学任务做了阐述,其中,"报纸行业社会学"占据了报告的大部分内容。而且,正如韦伯就这一研究项目所作报告一样,报纸行业社会学表明,他对社会学有着完全不同的理解。在大家尚未弄清这一概念所包含的内容之前,他告诉与会者,对具体问题的研究是一种比较好的方法。倘若齐美尔的着手点是理所当然的事物,那么韦伯的突破口就是意义重大的事物。出版业在现代生活中具有非常重要的意义,报纸的存在不仅对议会制度产生影响,而且它也会毁掉一部分人的前程,成全另一部分人的人生。报纸登载什么不登载什么,作为这些决定依据的"终极世界观"是什么,报纸的威力在哪里不在哪里,拥有两个客户对它意味着什么(买报者和登广告者),报纸行业有没有垄断的倾向,匿名文章有什么好处和坏处,报纸究竟给读者提供了什么(消息、陈词滥调还是发展趋势),为什么美国人喜欢前者,法国人更喜欢后者?韦伯的问题一个接着一个，涉及：记者的职业和新闻业的影响，民族的差异和文化的后果，"对现代人的塑造"等主题。倘若对齐美尔来说，社会学是一种尝试，它让人们能够重新了解认识社会，为大家解惑已知的事物的话，那么在韦伯眼里，社会学的任务首先是调查未知的事实，并回答这样的问题：谁在做什么，为什么这样做？什么事物对何人产生影响，原因何在？等等。3

除此之外，他再次鼓励社会学家，将他们的价值观置于科学研究之外。可是，他自己却并未遵守这一要求，并且用一种近乎巧妙的方式将他的评价糅合到调查分析之中。根据恩斯特·特勒尔奇的说法，韦伯的易北河东部农业工人的研究报告，就是借助对农村资本家的院外游说活动的批判，来为他所崇拜的"唯一的价值之神"——民族的力量和伟大服务的例子。在大学任教的首次讲课中，他将经济学引向经济民族主义。对此，我们只能婉转地将其解释为对经济学过度伦理化的反抗，亦即，学术研究如今正在被政治化，而不是被道德化。在《新教伦理》一书的结尾，他自己中断了论述，目的是避免陷入"价值和信仰评价的窠臼之中"（但他的论述从一开始就在此范畴中展开），并且，归根结底，他打算用此文给未受过禁欲主义教育的德国市民阶层上一堂课。就其激烈程度而言，他对官僚制度的分析完全无法与他对普鲁士官僚机器的政治批判割裂开来。而在社会学大会上，他给学会的第二项研究计划——"社团社会学"布置的任务，竟是考察歌唱社团："一个习惯每日用喉咙倾泻胸中澎湃激情，却不付诸实际行动——即这些被表达的强烈情感从未转化为相应有力行动——的人，是否可能极易成为消极意义上的'好公民'。"这听起来也不像是什么价值无涉的歌唱社团社会学研究。4

与那些迫不及待地将自己的世界观公之于众，并因此被他提醒警告的人相比，马克斯·韦伯在利用他的政治和文化偏好为自己的发现和论证服务方面无疑具有更加过人的才华：他把自己的偏好当作一种催化剂，使经验和概念能够以一种特定的方式共同做出反应。当韦伯于1913年论及社会学中的价值无涉的含义时，他认为，他只想提出一个"极其普通的要求"：经验性的陈述必须避免价值评判。[5]但是，"在德意志帝国的政治体系中，政府官员和院外集团说客拥有成为某种统治者的最佳机会"——这句话不仅不是对"X产生了Y"这种方式的一句证词，而且也并没有未触及价值的判断，即政府官员究竟是否应当也成为某种统治者。

归根结底，除了注重事实和价值无涉外，韦伯社会学的第三个明显标志就是理性概念。同样是在1913年，他发表了《关于理解型社会学的若干范畴》（Über einige Kategorien der verstehenden Soziologie）一文。文中，他虽然没有把对理性行为的诠释明确称作是社会学的目标（人们同样可以尝试去理解人的感情和情绪），然而，对韦伯来说，以寻求某个目标为目的并关联着其他目标的人的行为乃是一种典型案例。若要弄懂此案例，就需要运用社会学的解释。一旦行动者的目的和思想被人们所了解，这时，韦伯就进一步追问，在此案例中，理性的行为是什么。只有当人们知道，什么样的理性在股票市场的恐慌中停止了工作，恐慌才能得到理解。甚至，当人们对"目的非理性的意义关联性"进行分析时，作为监督权威的目的理性也能起到帮助作用，即某种信仰或许被迫假设，上帝的建议不仅无法得到诠释，并且同时是对我们理性的一次检验，那么，对这种信仰来说，"随着世界的不断祛魅化"，主观上更合乎目的理性的、魔法式的思维方式就不再具有说服力。[6]

从这时起，出现了一个对韦伯的宗教社会学研究将有决定意义的关键词——祛魅化。在1905年发表的《新教伦理》一书中，他还曾认为，在人的传统行为面前，检验人的行为是否合乎最终目标的理性生活方式已经力不从心，以至于无法将人从他们天生的安逸感中解脱出来：对于首先想变为意志的精神来说，肉体就是羸弱的代名词。然而，那种已经首先变成理性的精神又是怎样一种情形呢？自从韦伯于1911年起对其他的世界宗教展开研究以来，他在禁欲主义新教徒的行为中看到了新的动机在起作用。与其说禁欲主义新教徒要与安逸和传统做斗争，毋宁说他们要与魔法化的思维方式做斗争：真理性和假理性在这里针锋相对。但凡在人们能够提出问题，质问各种观点主张是否实事求是的地方，统治世界意义上的真正的理性在那里就能得到发展。不过，这里必须有一个前提条件，即这样的问题在宗教上是能够得到允许的，并且，闪电不是由上帝发出用来摧毁负罪者的家这样的说法也是完全能够成立的。所有革命之中最为深刻的，是有人在社会上成功地否定了一种救赎实践的效力。

韦伯是在一次针对所有世界宗教的大规模的研究尝试中产生了这样的想法。他研究世界宗教的要点，是看它们在传播地区为社会的发展做出了哪些贡献。如今，他收获了有宗教学家参与的海德堡学术圈子结出的果实。从1915年起，他陆续发表了关于儒教和道教、印度教和佛教以及古犹太教的研究成果。其他关于伊斯兰教、原始基督教和中世纪教会的研究计划，最后未能完成。

他的研究领域的扩展，旨在同时完成关于禁欲主义新教徒的"前期工作"以及对此论点的讨论之后落在他肩上的多项任务。一方面，韦伯想要打消给人们留下的一种印象，即他提出了一种"唯心主义的"历史解释观。倘若他现在不想被人们只用方法论的意向声明来衡量自己的话，那么，他就必须通过经验上扎实可靠的研究成果来证明,宗教的世界观是否以及如何对经济和社会结构产生了影响。究竟是新教徒变成了商人,还是商人成了新教徒——这个问题是有道理的,韦伯无法予以回避。因此,他现在借助对世界宗教的研究来证实,哪一种宗教在什么样的政治统治环境下对哪些社会群体发生了作用。他首先注意到的是有知识和文化的人,并问道,为什么他们在有些地方成了先知,而在其他地方却成了神秘主义者或是遁世的和尚。这样,韦伯就从一个经济文化史学家变成了社会学家。

《新教伦理》引发的第二个当务之急是进行一次反证。倘若此前已能够证明,在其他世界宗教中没有发展出一种特殊形式的反魔法的宗教观,而且在那里也没有产生一种现代经济活动,或者是在欧洲的影响下才出现这种现代经济活动,那么,这就是对1905年提出的论断正确性的一个有力证明。

缘此,韦伯现在采用宗教史研究的大量材料,试图为世界的主要宗教找到它们各自典型的代表群体。在韦伯眼中,每个宗教中起决定性作用的是牧师与普通人之间的关系,因为,二者通常身处截然不同的生活环境之中,但宗教不仅对他们来说必定是同样行之有效的,同时,它还起着对不平等的社会结构进行辩护或至少是对之进行解释的作用。缘此,从这种对立关系中产生了各种复杂的神学和道德伦理观。虽然农民和城市居民的生活节奏和交际方式迥然不同,但是,想要让他们同样都能理解的那种信仰是一种什么样的信仰呢?武士们懂得谦卑吗?士兵们知道怎样面对"罪孽"吗?贵族们会去弄清邪恶的起源吗?

按照韦伯的观点,在一个没地方自治权的中央集权帝国,读过书的政府官员,即"朝廷命官",都是有儒家思想的人。作为不信宗教的普通人,他们对于一种顺应某种神秘宇宙的伦理道德情有独钟,因为这样可以避免触怒神灵和妖魔。天下太平是为政的首要职责。儒教信仰被韦伯诠释为一种亲近自然的、使人心平气和的伦理道德。这种宗教不仅几乎完全没有灵魂救赎的思想，而且也没有人必须与之较量的关于"撒旦式的邪恶"的想象。对这个人来说，在一个魑魅魍魉充斥的世界里，最重要的是保持内心的平衡，而不是要有可供选择的事物。除了公平和不公平之外，儒家不愿意做更多的区分；同样，除了纯粹和不纯粹之外，道家也不愿意做更多的区分。苦难不是源于恶行，而是源于缺乏修养，或者在道教中是因为运用占卜、风水和草药时的错误。由于中国的为官者追求通过其能力的提高来达到自我完善，所以，他缺少职业上走向专业化的意愿。然而，这种专业化的意愿对于生机勃勃的经济发展却有着重要的意义。与此同时，不仅社会缺乏竞争，而且也没有自治的城市，没有教会和国家的竞争，以及没有民族的或是贵族和皇室之间的政治竞争。即便是儒教、道教和佛教之间的宗教差异，也没有导致尖锐的矛盾冲突。"实用理性主义"无处不在，它对现有事物皆一视同仁，目的是保持现状。凡此种种，与新教主义的差别可谓巨大。[7]

代表印度教的是另一种"统治阶层"——无公职且受过教育的人。他们变成了种姓制度本身的仪式专家，并由此形成了一个特殊的种姓。由于种姓的身份世代相传，所以，人们的社会地位是固定不变的。又因为种姓之间的"神秘距离"被演变成了一种文化，所以，宗教徒之间无法形成崇高的兄弟情谊。在韦伯看来，与西方文化发展的关键差别就在这里。他认为，市民阶层的"出现时间点"乃是得到保罗积极认可的犹太基督徒和非犹太基督徒之间的用餐共同体。共同体中，出身首次不再是教派的准入标准，并且出现了一种摒弃了社会阶层和种族群体观念的基督徒的"自由"。韦伯认为，这些基督徒放弃了古代犹太人居住的"自愿聚居区"。只有当不同于亲属、职业、文化或是种族差别的融合成为可能,并且,只有当有了一种将外来者"去陌生化"以及将这样的融合不再先入为主地视为不纯洁、有悖传统和不合道德的宗教词语时,生活方式中的客观性才有可能。韦伯在美国南部各州看到了这种活生生的种族主义现象:把与社会地位低下人群的密切交往特别是婚姻关系排除在外的等级障碍。如今在种姓制度中,他又见到这些现象被神圣化,以及被当作不可触及的禁区界限建立起来。从韦伯社会学的角度出发,非洲裔美国人强烈的基督教信仰似乎并不是降低其身份和"麻痹人民的鸦片",而是一种自信的坚持,即坚持一种不合宗教规范的、作为种族意义上的种姓生活。[8]

韦伯分析问题的内容和结果的博大精深,从这些简短事例中可见一斑。值得一提的是,在他对各种宗教体系的描述中,皆渗透着他的社会学范畴,此处即是作为群体的社会阶层。这个群体的主导思想是一种社会荣誉的概念,它可以与共同的经济利益同时发生,但不是必然。对于某个较低社会阶层的成员来说,财富的增加往往并不能给他带来什么帮助,出身于更高社会阶层的千金小姐仍然不会与他携手共舞。可是,在社会阶层平等的情况下,当一名员工在桌边落座,企业领导起身离席时,这便是领导者的失误。[9]在韦伯看来,印度教就是已经完成了的对一个有出身等级制度社会的仪式上的改良。灵魂解脱的需求被改变成了遁世的和神秘的禁欲主义;然而,对于一个与宗教问题打交道的人数极少的社会阶层来说,尘世的万事万物如何对灵魂救赎发生影响,这个问题无关紧要。只有在宗教不是由上层阶级所代表的地方,救赎问题才显得非常重要。信奉新教的市民即是这样一种情况,而且,原始基督教的工匠——中间阶层的成员也是如此。他们明白作为上帝的工具的道理,因为对他们来说,"纯洁"无论如何是无法维持下去的。反之,对市民阶层来说,上层阶级和下层阶级是由那些只为自己考虑的人群所组成。从宗教的角度来看，这种指责也同样针对依靠施舍生活的神秘主义者以及周一不来上班的纵情狂欢者。[10]

在为数众多的关于马克斯·韦伯著作最简单易懂的入门书籍中，莱茵哈德·本迪克斯①在他撰写的论著中指出了一种非同寻常的中间阶层和英雄主义相结合的现象，这种现象以禁欲主义新教徒的形式出现在韦伯面前。一般而言，中间阶层既非敌视感官，也非特别好战。尽管如此，工匠阶层不仅创造了责任概念，而且对纵情享乐保持距离，注重地位的提高及持续稳定的生活，能够接受有公平正义内容的虔敬思想。韦伯被这种以日常生活为导向和积极进取的道德习惯的集合体所吸引。但是，对他来说，这一切并没有把宗教变成一种针对其信徒社会状况的简单"反映"：宗教观念通常不是起源于信徒大众，而是从时常混杂着各色人等的知识分子圈子里的辩论中发展而来。如同他们与政治权力的关系近远一样，这些知识分子的出身也同样产生了效用。韦伯写道，耶和华是"知识分子的上帝"，依靠这个上帝，犹太先知们希望能够"培养出"虔诚的平民百姓阶层。此观点的提出别具一格，足以强调出道德一神教的宗教特例。[11]

但凡对韦伯从社会学角度来讲述世界宗教感兴趣的人，皆无可避免地要问，这些世界宗教与自己的生活有什么明确的关系。原因在于，韦伯一方面讲述的是遥远国度的故事，另一方面，借助他从几个前提出发阐明不同生活方式的理性的方法，同样问题的相同意义的答案就被展现在了人们面前。在一篇题为《不成熟的见解》（Zwischenbetrachtung）的文章中（他于

---

① 莱茵哈德·本迪克斯（Reinhard Bendix，1916~1991），德裔美国社会学家、芝加哥大学教授。

1915年将此文收入关于宗教史的系列论文），他用非常清晰的文字说明了他指的是哪一个问题。若是有人只想阅读韦伯的一篇文章，那么他就应当选择此文——《关于宗教尘世否定的阶段和方向的理论研究》(Theorien der Stufen und Richtungen religiöser Weltablehnung)。因为在这里，韦伯最终提取出了他的分析成果，并将其归纳为一种类型学，似乎他要向同时代的读者阐明，哪些针对世界是个苦海这一事实的基本观念是可能存在的。他认为，世界是个苦海，这一点是普遍无可争议的（只有在中国，以及在欧洲古代"未破碎的人性"和"非天主教"中，人们才质疑这一点）。但是，世界在何种程度上是一片苦海，这个问题对于城市工匠的意义则不同于对于一个被压迫民族的代言人或是对于一个僧人的意义。但是，韦伯认为，随后出现了对人间的苦难进行系统化解释的一个过程，这个过程最后以一神教的形式而得到发展。这是因为，人们如今必须对唯一的上帝的道德要求做出回应，并且，苦难本身也是上帝的意志和他所创造的世界的组成部分。历史是前后不一的矛盾领域，但对韦伯来说，在贯穿着宗教思想的西方世界观的压力下，它采取了一种形态，在这种形态中，不同类型的结果陷入了越来越强烈的对立之中。在《不成熟的见解》一文中，韦伯借助在无条件的宗教要求与亲属间的忠诚、经济成就的逻辑、政治服从、科学认知以及依靠艺术和性爱的"现世救赎"的要求之间所产生的各种对立关系，对这一思想做了通篇阐述。[12]

在《不成熟的见解》中，韦伯用了最详尽的篇幅来讨论关于性爱——"生活中最大的非理性力量"的问题。在这个力量发展成日常生活领域之外事物的过程中，爱情的含义起初仅仅是脱离了与纯洁无瑕的生殖繁衍的关系而已。之后，在父权主义的环境中，女人成了战利品、礼仪附庸关系的求爱对象或是风流暧昧文学的题材。反之，在现代社会祛魅化的职业领域，尤其是发生在婚姻之外的性爱关系才成了非日常生活的代表。激情"不仅从理性秩序冰冷的骷髅手中"，而且也从"日常生活的死气沉沉"中解脱出来——通过一个人对另一个人的一往情深、无需理由和无怨无悔。对于救赎的宗教来说，这是一种反社会的现象。它将一个缺乏自制力的人置于偶然和无言冲动的摆布之下，从而成了对礼拜仪式的一种滑稽模仿。从这里，我们可以非常明确地看到，韦伯的"价值领域多神论"是何种含义。在文明发展过程中，这些价值领域向那个深入思考其含义的人提出了越来越特殊的要求，并迫使他做出各种决定，如果他必须以合乎逻辑的方式生活的话。然而，是谁产生了这样的想法，认为人们可以用合乎逻辑和合乎道德的方式生活呢？这不是一个用生平传记可以解释的问题，倘若我们指出，当韦伯谈到各种无条件的期待之间的那种对立关系时，他本人也完全清楚自己在谈论什么。[13]

缘此，韦伯不仅扩展了他的《新教伦理》的论证范围——时间的、空间的以及在社会结构的因果作用对思想的影响方面等，而且，在他生命最后一年撰写的《宗教社会学文集》（*Gesammelte Aufsätze zur Religionssoziologie*）的序言中，他还勾勒了扩展该论点的事实框架。[14]从现在开始，资本主义仅仅是作为一个实例，借助这个实例，韦伯阐述了他的社会学方法的主导概念——理性。这个概念早已超出了经济的范畴。除此之外，其他类型的理性也对现代社会起到了决定性的影响，而不仅仅是成本计算、专业化的职业工作、工厂企业以及包括有价证券交易在内的市场经济等因素。韦伯自己编制的现代欧洲文明世界其他特征的列表还很长：数学证明手段、自然科学实验、化学而不是炼金术、系统的法律、结构严谨的和声学、充满几何和光学知识的绘画、依靠职业公务员的全面管理、以宪法为立法基础的国家等，不一而足。

韦伯在引用具有欧洲独特性的事例时所表现出的自豪感，有时带有典型的时代局限。对于西方国家才有钢琴的说法，一个印度人可能会举出这件或那件印度特有的乐器来予以回应。尽管如此，即便是从展示人类的历史贡献的角度来看，他的概述的要点也是显而易见的，即"西方市民阶层的出现"。[15] 这个阶级不仅代表着一种经济形态，而且还学到了完全不是源自市民阶层的理性成就，诸如，罗马法、数学证明、哥特式的拱形结构或和声学等。在古希腊人、古罗马人那里以及在中世纪，从已有的理性资源中均没有产生一种完整的理性主义文化，这种文化涵盖了所有的社会领域，并且以通过技术提高生产率、竞争和学习能力为着眼点，将其交由人们来打磨雕琢。

与此相关联，"祛魅化"的含义在于，宗教不仅没有反对，而且还亲身参与到了这一过程中。在1920年补充进《新教伦理》的观点中，韦伯已经不再把禁欲的新教主义称作现代市民阶层生活方式的开端，而是它的终结："伴随着古犹太人的预言开始，并且与希腊的科学思想相结合、将所有寻求救赎的魔法手段当作迷信和罪恶加以摒弃的那场为世界祛魅化的伟大宗教史过程，在这里画上了句号。"韦伯并没有因此停止对最后的救赎宗教的论述，虽然这个宗教已经完全不再为人们提供什么救赎的希望。但是，他没有注意到，自19世纪开始以来，在"第二次大觉醒"（Second Awakening）①中，从新教主义的边缘以及在由他定义的美洲大陆的中心也出现了许多反其道而行之的新宗教（从摩门教直至五旬节运动）。相反，在犹太先知和清教徒摒弃了所有的迷信之后，他低估了魔法的思想在这些地

---

① "第二次大觉醒"指的是18世纪末和19世纪初在美洲大陆兴起的与第一次大觉醒（1730~1740）类似的宗教复兴，人们都忏悔认罪，基督教生活盛行。

方保留下来的程度：1692 年，在新英格兰的所谓祛魅化的世界里，发生了塞勒姆①的审判女巫事件。[16]

缘此，正如我们在清教徒的亲密爱情问题上已经看到的那样，理想类型的形成是要付出自己的代价的。为了体现对于理性发展史的贡献，各种禁欲主义的教派——犹太先知们也同样[17]——在理想类型中必须要比在历史现实中更加理性。韦伯的简短评论——世界的祛魅化是依靠科学思想完成的——证明了他的一种预感，即当他把宗教描述为世界历史上抵制魔法的主要功臣时，他可能对它的作用做了过高的评价。但是在这里，他不仅没有对笛卡尔②的重要性予以突出强调——信奉加尔文教的笛卡尔推广者巴尔塔扎·贝克③以《迷惑的世界》(*Betoverde Wereld*)为标题撰写了反对迷信的最有影响力的檄文之一——，而且也没有对从天主教立场反对审判女巫现象的弗里德里希·冯·施佩④的重要性予以突出强调。[18]与其说对宗教救赎手段的不信任可能动摇了魔法式的世界观，毋宁说，世界上只有思想和物质而没有中间形态的事物这样的论点，以及观察自然的实验方法——诸如本杰明·富兰克林发明避雷针时所使用的方法等——动摇了魔幻世界观。

然而，上述观点既不是我们的首创，而且，韦伯显然也没有意图对诸如笛卡尔这样的耶稣会门徒为祛魅进程所做的贡献予以强调。文化斗士们也要付出他们的代价，因为，实际的宗

---

① 塞勒姆（Salem）是美国马萨诸塞州的一座小城市，也是新英格兰最古老的海港之一。

② 勒内·笛卡尔（Renè Descartes, 1596~1650），法国哲学家、数学家和物理学家，西方理性主义哲学思想的奠基人之一。

③ 巴尔塔扎·贝克（Balthasar Bekker, 1634~1698），荷兰新教神学家，早期启蒙运动家，主张反对迫害女巫。

④ 弗里德里希·冯·施佩（Friedrich von Spee, 1591~1635），德国耶稣会士，著名的审判女巫的反对者。

教历史很少决定采取韦伯这样的知识分子在教派之争中过度苛求自己采取的那种同样的明确性，之所以说其过度苛求，是因为他们自己已经不受任何教派问题的牵连。尽管如此，我们指出的这一点并没有丝毫降低马克斯·韦伯研究工作的重要性；百密一疏在所难免。比之其他任何一部论著，《世界宗教的经济伦理》(*Wirtschaftsethik der Weltreligion*)或许是一份更加令人惊叹的文献，它证明了，对事实依据的求索和理性的假设在历史研究中能取得什么样的成果。

# 第二十四章
# 因为什么而死与为了什么而死
—— 马克斯·韦伯评论第一次世界大战

> 引起情绪激动的原因越多,
> 激动的程度就越大。
>
> 巴鲁赫·德·斯宾诺莎 *

"我在部队医院的上班时间是 13 小时,也许我还有机会被派到一座要塞或是类似的地方去。可惜我不能长途行军,因此上不了前线,这真让人无奈。因为,不论取得什么样的战果,这场战争都是伟大的和轰轰烈烈的。"这场随后不久被称为第一次世界大战的战争是伟大的和轰轰烈烈的这句话,韦伯在 1914 年 8 月的同一天内向他的出版商保罗·西贝克(Paul Siebeck)又重复说了一遍。十天后,因西贝克的公子罗伯特"英勇就义",韦伯不得不向他表示哀悼。他在信中写道,罗伯特"为了我们国家和文化的存亡奔赴战场"。10 月,战争"尽管残酷无情,但还是伟大和轰轰烈烈的";它是一场"神圣的卫国战争",军人的精神"闪耀着光芒";为国捐躯"乃是命运赋予我们这些凡夫俗子最光荣的死亡方式"。只有这样去死,"我们每个人才知道自己为了什么而死"。"每个人才知道"——这句话虽然说得非常婉转,但它所要表达的,却是韦伯自从读

---

\* 巴鲁赫·德·斯宾诺莎(Baruch de Spinoza,1632~1677),荷兰哲学家和伦理学家,西方近代哲学史上重要的理性主义者,与笛卡尔和莱布尼茨齐名。

了托尔斯泰的作品之后经常重复的感想：死亡对于现代人来说只是不可避免，但绝不是生命的一种有意义的终结。与之相反，"置身于战场的部队将士"感到自己是"视死如归的一个群体，因此他们是最伟大的一群人"。一年后，韦伯时年44岁、患有心脏病的弟弟卡尔在前线阵亡。卡尔生前是布伦瑞克大学的建筑学教授，不顾医生的劝阻多次报名要求上前线。韦伯安慰母亲道："他在目前唯一有尊严地死去的地方威武不屈，死得其所。"海德堡大学哲学教授中出类拔萃的人才埃米尔·拉斯克在加利西亚牺牲。对拉斯克的死，韦伯用这样一句话表达他的哀思：如果一个人用死亡的方式把他传授给学生的东西保留下来（亦即义无反顾乃是一种真正的价值体现的标志），这并不是件毫无（！）意义之事。[1]

然而，这种毫无意义的死亡是否反过来向它所证明的论点提出了质疑？这个问题肯定不是慰问者写给死者家属的书信中所应当涉及的内容。尽管如此，人们不得不认为，是韦伯自己主动绕开了这个话题。他没有自觉认识到，人的尊严在前线离人并不遥远，堑壕中的"伟大"并不是真伟大，而且，祖国离这里遥不可及。他的社会学在很大程度上缺少互动性：相对于事后可以讲述的故事，发生在当事人身上的故事的分量几乎没有给他的类型学带来什么重要意义。韦伯本人从未亲眼见过人的死亡，而且，整个战争期间也将不会见到。与之相关的一切，他均是从书信、报纸报道和书本上了解到的。因此，他针对第一次世界大战爆发初期所讲的话，都是停留在纸上的文学。但是，若是有人把他说成是文学家，他或许会火冒三丈。民族主义是韦伯终其一生都没有放弃的一种文人气质。每当有人对此提出异议，他就以咄咄逼人的方式质询那些不唱民族主义高调的人，他们究竟是否准备接受一种脱离现实的博爱伦理和纯粹的和平主义。对他来说，要么是按照托尔斯泰要求的那样生活，要么是无条件的爱国主义，非此即彼。"若是有人哪怕只是领取别人必须——直接或间接——缴纳的一分钱退休金，或者，若是有人拥有任何一件日用品，或是消费一款不是带着自己而是带着别人的劳动汗水的食品，那么，他就是依靠那种为了生活而进行的、没有爱和怜悯的经济斗争的动力来维持自己的生存。"不仅如此，这个人过的还是这样一种生活，即与参加战争相比，"对这种生活来说，任何一种能够被人们所认识的'意义'都不折不扣地是更为陌生的事情"。难道这句话的意思是说：谁若是利用了社会分工，那么他就失去了批判强权国家的可能性吗？或者，谁若是一个国家的公民，那么他就有义务为整个国家承担义务吗？我们看到，在为战争承担"历史义务"的概念下，不仅社会学的光芒暗淡失色，而且，他也不允许别人对自己的价值观加以探讨议论，可他自己却可以随意指责别人的生活是一种虚情假意的生活。[2]

现实生活中，战争对于立即报名充当志愿者的韦伯最初意味着：他被任命为一所部队医院的预备役中尉和"纪律督察官"。作为服役之后的总结，他用组织社会学的术语，针对"一种纯粹业余和自由的管理朝着有序的和官僚主义化的管理"的过渡写了一份报告。他记述道，那时，一切事情都必须临时想办法解决。由于战争开始正值暑假，所以，传达命令的任务最初是由学校的孩子们用脚踏车或是乘坐有轨电车来完成。部队医院本身不仅依靠当护理人员的志愿者，而且也需要海德堡市居民的捐助，以保证医院病房最初设备的就位。韦伯自己开设了培训课，这是他1898年以来首次开课。他紧急建议，在挑选护士时不要选用典型的德国"年轻姑娘"。她们出于热情、多情和无意出风头的需要想要尽自己的一份力量，但她们迷住了病人，并"面临严重出轨行为的危险"。康复中的伤员也同样如此，他们被邀请到海德堡的居民家里做客，经不住人劝，喝了很多酒,还"在别人的挑唆下闲聊八卦吹牛说大话",以及受人怂恿对医院表示抱怨。只要遇见这种情况,韦伯就予以处罚。他甚至还给总指挥部提交了一份呈文:要求上级从法律上禁止养伤的军人进餐馆酒肆,并随文附了一份他起草的相关规定。[3] 喝酒和与年轻姑娘混在一起的士兵究竟想要忘掉的是什么呢?应当不是前线的人的尊严吧。

韦伯虽然谈论捍卫文化的问题,但他并不认为欧洲的这场争端是一场信仰战争以及理想和社会模式的冲突或是"精神之战"。[4] 维尔纳·桑巴特则不同,他认为,欧洲存在两种类型的"民族灵魂",一种是英国人的小商业者意识,另一种是用尼采的精神进行战争的德国人的英雄主义思想。"英国人懂得什么叫自由吗?"针对桑巴特的这个问题,韦伯或许可以把《新教伦理》这本书再次塞到他的手里。但是,由于桑巴特发现,宗教改革是"德国制造"的产物,英国人的贡献只是在于他们适应了商业利益而已,所以,韦伯的做法不会起到什么作用。[5] 格奥尔格·齐美尔又是另外一种观点,他认为,人们现在终于发现,战争爆发之前他们生活在"非历史之中",亦即一种永恒的、变化缓慢的生活常态中。[6] 恩斯特·特勒尔奇在战争动员之后立刻跑到海德堡市中心,在那里发表了一通爱国主义讲演。随后不久,他又大肆宣扬建立了一个统一国家的"1914年思想"。在这个国家中,所有的阶级斗争和利益分歧都抛到了九霄云外。"强军的含义归根结底是,我们不仅出于理性的原因珍视和维护我们的军队,而且,我们热爱它也是发自我们内心不由自主的强烈要求。"[7] 这时的特勒尔奇与1915年时的特勒尔奇判若两人。他撰文写道,伟大的文化民族——问题始终不离伟大二字——都"经过理性的个人化,它们之间必须容忍共存"。但是,此时的特勒尔奇又非完全判若两人,因为他们始终是马克斯·韦伯所认为的那种德国人。在他们眼里,外国的势力威胁到了他们的生存权。当玛丽安妮·韦伯后来回忆战争开始的情形时,她的笔调也变得充满了诗情画意:"这是摒弃自我、共同走向万众一心的时刻",心中装满了消灭自我和为国服务的激情。同时,她还对当时民众的捐助热情这样评论道:"这是生活的最高境界。"然而,这却是"人类的末日"(卡尔·克劳斯语)的最初时刻,并且是有教养的市民阶层自欺欺人倾向的深渊。在战争爆发的第一个圣诞夜,玛丽安妮在信中提到韦伯用教堂神父般的语调做的一场演说:留在外面的人,都是未来的种子。[8] 他指的究竟是一种什么样的未来,未有下文。战争期间,韦伯也同样说过一些不着边际的言论(诸如:问题的关键"不是塞内加尔人和廓尔喀人、俄罗斯人和西伯利亚人踏上了我们的国土,由他们决定我们的命运")。而通常情况下,他在学术研究或政治评论中对这样的言论均予以痛斥挞伐。

尽管如此,韦伯关于战争的闲聊之谈并没有给他的学术研究带来任何改变,他也没有将这些话结集成书予以公开发表。用保罗·瓦雷里[①]的话来说就是,愚蠢并非他所擅长。在战争的头一年,他没有对战局公开发表过任何只言片语,相反,他继续埋头于《世界宗教的经济伦理》的写作,关于儒教的第一部分文字现在即将脱稿。当意大利政府宣布退出与德国和奥地利的联盟并向同盟国宣战时,他在信中写道,冲突可能会永远持续下去。还在医院管理工作于 1915 年 10 月结束之前,他就着手努力谋取德国在布鲁塞尔军事管理部门顾问的职位,并且以东欧专家的身份向柏林方面毛遂自荐:"一年前有谁会想到,如今整个波兰和立陶宛的一半都在我们手里呢?这实在是太了

---

[①] 保罗·瓦雷里(Paul Valéry, 1871~1945),法国诗人、作家,法国象征主义文学后期的代表人物。

不起了——可惜，我'未能参与其中'。"他建言，赋予波兰和波罗的海国家以独立地位，以便利用它们作为对付俄罗斯的缓冲国。韦伯的求职努力无果而终，他的心情糟糕到了极点。在意大利当教授的罗伯特·米歇尔斯因为战局的原因辞去了《文库》联合出版人的职务，因而遭到韦伯的严厉斥责，指责他没有对和平条件发表意见。当米歇尔斯在一家瑞士报纸上以"一个德国人的见解"为标题发表了一篇批评德国的文章时，韦伯认为，此举让人大倒胃口，并对"一个外国人对我国的侮辱"嗤之以鼻。稍后，二人分道扬镳似乎只是形式而已。与此同时，韦伯告诉维尔纳·桑巴特（他抱怨《文库》中现在只剩下"国际社会民主派的犹太人的声音"），他的民族主义怒气不仅让自己大吃一惊，而且内容上也难以站得住脚。不过，在这里并没有出现措辞严厉的指责，反犹太主义显然不如针对爱国者激情的批评那么不堪。[9]

然则，在韦伯眼里，进行这场战争的目的究竟是什么呢？对此，他最初的评论与他私下表达的看法截然不同：这些评论见于一篇从未发表的关于缔结和平问题的短文和一篇关于俾斯麦外交政策的文章。早在1915年冬，韦伯就认为，和平的时机已经到来。但是，由于禁止就战争的目的进行讨论，所以，他只能迂回地就时代历史事件发表意见。出于经济原因的考虑，韦伯反对继续进行战争：国家的消耗超过了它的投入，人民渐渐脱离了生产工作，经济优势转到了美国。[10]现在，他开始着手分析可以结束战争的地缘政治条件。他的想法是：只有在某个大国消除了对德国的厌恶的情况下，和平才有可能。由于俄罗斯绝不会停止构成危险，那就需要西方的缓和政策。为达此目的，应当建议放弃吞并比利时，因为比利时拥有通往英国的海岸，南部边界与法国接壤。德国在这一地区的扩张只会使英国和法国走向结盟。在韦伯看来，占领比利时虽然是件好事，因为这个表面上中立的国家已经单方面倒向了西欧的大国，但是，占领比利时只能有一个目的，就是把它作为筹码留在手中。

同样的推论还见诸关于阿尔萨斯、波兰、土耳其、海外殖民地以及"潜艇战策略"问题。人们好像真切地看到，韦伯正在俯身盯着地图，桌上放着报道前线战况、谈判进展和协议公告的报纸。如同沙盘旁的将军（也好似酒桌旁的业余军事家）模拟部队的调动部署，以掌控战局的力量变化一般，韦伯正在描画着一张各方利益的局势图，并试图利用这张图对政策建议的效果进行评估。其时，战争宣传"毫无章法的煽情政策"使他越来越反感愤怒。[11] 对他来说，战争不仅是一种军事力量的博弈，在这场较量中，资源储备、财政实力和地缘政治地位起着决定性的作用。同时，战争也是一场肉搏，各种期望、失望、宣告、恐惧和丢面子等，同样起着关键作用。在他看来，吞并比利时的呼声恰好说明，赢得了这场战争，却输掉了和平。或者更糟糕的是：二者皆输。潜艇战将美国拖入了冲突之中，人们对这个问题的盲目自信和夸夸其谈，使眼见其发生的韦伯怒不可遏。战争持续的时间越长，韦伯对德国的政治越发感到如鲠在喉，并很快将它称作愚蠢的政治。自1915年圣诞节起，他发表了一系列关于战争问题的文章，主要刊登在《法兰克福日报》上。三年后，文章的数量最后达到了20多篇，300页左右。

在这些文章中，韦伯不断变换方式和角度（直至措辞和提法），来探讨他最后几乎可以倒背如流的同样的论题。[12] 例如，如同当地一家报纸报道的那样，他应"德国国家争取尊严和平委员会"的邀请，于1916年夏末在纽伦堡给"高级阶层人士"做了一次演讲。他的论证顺序是：在家，人们是因为某种疾病而死，在外，人们是为了某种事业而死。但是，这种事业并不是 1914 年时的观念，而是 1917 年时的观念，亦即他认为和平将要回归的这一年。难道他真的是想说，进行战争是为了随着和平一同到来的那些事物吗？这里，韦伯的评论包含着他本人的一个愿望，即战争最终可能会推动德国的民主化进程，诸如通过赋予从战场归来的士兵（不论他们属于哪一个阶层）所有的选举权等。但是，没有人为了选举权而奔赴战场。

那么，在韦伯看来，究竟是什么使 1914 年 8 月的战争动员有冠冕堂皇的理由呢？他认为，其他国家的人打仗是由于恐惧或是为了生意，德国人则是出于简单地履行职责和为了荣誉。作为一个大国，德国是被迫为生存而战，它无法避免被其他列强——俄国、法国、英国（从北海）包围的事实。德国这样的国家——对韦伯来说更为重要的是德国这样的文化——不能坐视俄国的官僚、英国的商人和法国的富豪瓜分世界。对他来说，所有这一切归根结底都是必然的结果。既然有 1848 年的革命，就会有 1866 年普奥战争，既然有 1866 年的普奥战争，就会有 1870/71 年的普法战争，既然有 1871 年的德国统一，就会有 1914 年的一次世界大战：既然是德国，那就应该是普鲁士领导下的统一的德国，既然是普鲁士领导，那德国就应该是一个强国，并且在欧洲中部通过战争来证明自己的大国地位。

缘此，进行战争的目的从根本而言不是为了国家，而是为了"民族的文化共同体"，而且，如今这个共同体甚至应当为子孙后代承担责任："一个国家的体制结构必须完全以民族所面临的、实实在在的全球及文化策略为依据。"然而，这个文化如今究竟受到了什么样的威胁，韦伯对此没有在任何地方做过阐述。再者，他指出，不是丹麦人、挪威人或是瑞士人会被问及，对于俄国人、英国人和美国人瓜分世界应当采取什么样的对策。在这种情况下，他给作为一个民族的德国规定的究竟是什么样的文化任务呢？他还是那个不断地给德国老百姓讲解其他民族的意识形态，以及向市民阶层推荐英国的伦理道德的同一位作者吗？我们在韦伯的著作中未能找到说明德国人如此之优秀，以至于他们被迫参加了一场世界大战的任何线索。[13]

然而，在报道韦伯演讲的纽伦堡的报纸上，却出现了他的著作中绝无仅有的一句话：德国的对手谴责德国不再是康德的国家，而成了克虏伯①的国家，并且，敌对国家之间常常以只顾自己经济利益的罪名相互指责对方。法国作家、法西斯主义和反德国的"法兰西行动"组织创建者之一莱昂·都德②于1915年写了一本名为《对抗德国精神——从康德到克虏伯》（*Contre l'esprit allemand. De Kant à Krupp*）的书。该书甚至找到了一种非拉丁民族重要人物的连贯特点，[14]其中包括：梅菲斯特③、叔本华、毛奇④和俾斯麦等。相反，马克斯·韦伯认为，德国人对于外界的指责——崇拜克虏伯而不是崇拜康德——采取的是一种欣然笑纳的态度。他希望，德意志帝国不要简单成为一个光做道德、历史或美学理想之梦的国家："我们的市民阶层和国民教育让我们具备了视死如归的能力。这场战争的根本教训之一在于，在同样情况下，文明之师的实力要高于野蛮军队的实力。"所谓野蛮军队，韦伯在这里指的是俄国的军队。"这是兴登堡⑤送给我们的宝贵经验，

---

① 阿尔弗雷德·克虏伯（Alfred Krupp, 1812~1887），德国埃森市克虏伯家族元老，著名的钢铁大王，兵工厂老板。
② 莱昂·都德（Leon Daudet, 1867~1942），法国新闻记者和作家。
③ 梅菲斯特是歌德著名诗剧《浮士德》中的魔鬼角色。
④ 赫尔穆特·约翰内斯·路德维希·冯·毛奇（Helmuth Johannes Ludwig von Moltke, 1848~1916），又称小毛奇（因与其叔父老毛奇同名），德意志帝国陆军大将，德军总参谋长。
⑤ 保罗·冯·兴登堡（Paul von Hindenburg, 1847~1934），德国陆军元帅、政治家和军事家，魏玛共和国第二任总统。

因此，他是德国人民——地球上第一个有教养的民族的伟大英雄。"¹⁵ 这里，他所说的"第一个有教养的民族"究竟指的是第一名，还是历史上的第一个呢？这句话是只针对在场听讲演的受过学校教育的男人和社会名流说的吗？抑或，我们在这里得到了韦伯的著作没有给出的答案了吗？他洞见了强大的德国与它有教养的精英阶层的特殊存在形式之间存在的关系了吗？在韦伯社会学的教科书《经济与社会》的社会学词汇中，我们却找不到"有教养的民族"这个词。

但是，有教养的民族与世界大战时的德国政治之间却相距甚远。韦伯提出的这个战争理由也许是非常孤立的一种观点。他给周围人留下的是一个难打交道、极少隐瞒自己的学问优势的同时代人的印象。那个年代，韦伯与活跃政客的接触并不多。弗里德里希·瑙曼撰写的《中欧论》(*Mitteleuropa*)一书提出了非常具体、借助德国与奥地利和匈牙利之间的经济和关税同盟形式重新振兴大德意志方案设想的建议。¹⁶ 韦伯公开对这本书表示赞扬，并应瑙曼的邀请，一起参加"中欧工作委员会"的工作。不过，他之所以答应瑙曼的延请，是他对有人企图把波兰纳入哈布斯堡帝国的做法感到大为不解。然而，倘若韦伯以及他的参与制定帝国战争政策的所有建议始终只是处于一种不受重视状态的话，其原因也在于他不愿意懂得，"学者政治"不仅早已过时，而且也不可能简单地通过自以为是的专家意见再度强求之。对此，沃尔夫冈·蒙森曾以韦伯想要介入波兰问题的企图作为例子明确说明了这一点。官方政治人物对他的提议几乎毫无兴趣，甚至都懒得去反驳他的意见。当韦伯了解到他们的各种考虑时，已经是几经辗转后的第三手情况，并且始终是在他的谏言变得一无所用之后，所以到后来，他除了骂柏林的那帮人无能之外，别无他法。此外，他的不满还带着知识分子惯常的一种解释——有人对他的学识心存妒忌。¹⁷

因此，韦伯的努力逐渐转到了"1917年的思想"上来，即对战后德国会出现什么样的情况的思考。首先是选举权的问题。他认为，倘若国家要求参战者平等面对死亡，就必须在他们从前线归来时，马上得到与所有人完全一样的选举权。因为，国家不仅不可能要求他们以斗争的方式为自己争得这一权利，而且，参与政治也没有任何理由按照收入、社会地位或受教育程度把人分成三六九等。如同企业家一样，工人也同样关心通过经济的合理化来"维护国家在世界上的地位"，而且，为此目的，他们至少要比那些把国家只当作福利和银行看待的人付出得更多。韦伯在某种程度上想促使在战争期间摒弃党派之见、对德国同胞一视同仁的威廉二世皇帝在和平时期也摒弃等级之见。战争结束后，为国家统一的斗争必须继续进行下去，否则，德国就会因为官僚主义、懒惰、偏袒有钱有闲阶级而"被奥地利化"。战争催生了一种游说集团式的经济。因此，在韦伯看来，对有机的等级制国家的议论掩盖了一个事实，即为了财产分配的斗争仍在继续。除此之外，历史上的等级制国家根本不是国家，而只是一种特权体系罢了。[18]

他认为，当今之时，最早脱离自己的职业、受过正规教育并由于能言善辩而特别适合当议会议员的人不是贵族，而是律师。在这个公众和宣传的时代，韦伯批评德国的官员制政府"缺乏对律师的培养"。德国没有一个可以树立为榜样的人群，不仅军官们如此，有政治倾向的大学生也如此。韦伯指责他们"精神上近亲繁殖"和制造了"有色彩的平民"，这些平民只会胡思乱想，幻想自己靠酗酒即可具备领导政治的资格："没有人愿意接受教养很差的暴发户的领导。"简言之：马克斯·韦伯在被他称为一场为了德国民族的文化战争的战争期间，明确宣布国家的社会分层基础已经过时，它的精英阶层是无法让人忍受的、没有受过良好的礼仪教育而成长起来的骗子。[19]

## 第二十四章 因为什么而死与为了什么而死 / 363

没有文人雅士、没有传统贵族、没有城市贵族、没有普鲁士道德神殿的居士:"德国人是平庸的民族,或者用大家更想听的话来说,他们是市民阶层的民族。只有在此基础上,一种特殊的'德国式的'民族才会生长出来。"[20] 难道第一个有教养的民族变成了平庸的民族了吗?显而易见,要解决这对矛盾只有一个条件,即我们假设,韦伯眼里有两个德国:一个是他与之共患难的德国,另一个是他觉得有责任恨其不争的德国。那么,对韦伯来说,有没有一种完全不受谁正在相关国家进行统治问题的左右而存在并建立起责任义务的"民族的独特魅力"[21] 呢?

根据他的观点,政治的关键归根结底既不在于朋友和敌人,也不在于集体的决定,而是在于荣誉:失败的政治家并不是他办事效率低下或昏聩无能,而是没有荣誉感。进行战争的意义在于,"为了荣誉,简言之就是:为了捍卫命运赋予本国人民的历史责任"。韦伯认为,命运赋予德国人的"民族荣誉"是:争当一个强大的国家,并通过这场战争来决定之。战后选举法的修改是"政治诚信的责任",军队捍卫了皇室的"权力和荣誉"。他进一步认为,希望通过议会化来削弱帝国的人忽略了这样一个事实,即没有一个政党——也就是说:社会民主党也不例外——可以在没有立刻失去权力的情况下放弃"德国的利益和荣誉"。不久之前,同样问题的另一种说法是,"战争持续的时间将不会比确保德国的民族生存和经济的自由发展绝对必要的时间多出一天"。[22] 因此,从政治角度观之并将上述两句话结合起来看,经济发展本身是荣誉的问题,而不是消费或供应的问题。况且,荣誉(即鲍姆加滕所说的"男人气概")由于落后于人们合情合理的期望而常常面临危险。韦伯把德国人称作"绅士民族",[23] 但他并不确定,他们是否能达到这一要求。

然而，必须指出的是，那个典型的、并不惧怕道德出轨问题、在韦伯眼里不是理想类型的年轻德国姑娘在人们记忆中所占的地位，要比通过在枪林弹雨中出生入死为地球上第一个有教养民族的荣誉服务的主观臆测更加牢固。倘若某个知识分子行为举止中的有趣敏感点是他情绪容易激动的地方，那么我们发现，当马克斯·韦伯受到触及时，他的敏感点在于：人的尊严似乎成了纯粹的非分之想，而且，有人提出反问，若是荣誉感的缺失被看得比为国捐躯更为重要，那么，人的尊严究竟出了什么问题呢？

# 第二十五章
# 世界观的大卖场
## ——《以学术为业》

> 特别是这点：你要忠诚于自己，
> 结果就是，正如夜晚之于白昼，
> 你不会错对任何人。
>
> 波洛涅斯*

第一次世界大战结束之前，马克斯·韦伯撰写时事述评的效率达到了巅峰状态。他对政治时局的评论几乎每周都登在《法兰克福日报》上。1917年6月某日，报纸遭到强行没收并接受"保护性书报检查"，原因是，韦伯此前揭露了国内政局危机的一个原因，即"某些低级朝臣未经许可，把内部高层的讨论内容透露给了报界，因为他们不仅觉得这样有帮助，而且认为这与所谓的'君主制'政府并不矛盾"。换句话说：韦伯认为，把威廉二世说的话公之于众在政治上令人无法忍受，更何况，他觉得这些话本身更是愚蠢至极。于是，他在一个君主制国家就成了妇孺皆知的名人（倘若此前他还一名不闻的话）。1

韦伯经常出门旅行。曾经害怕面对众人说话的他，如今经常做公开的演讲。他在公众场合更加从容自信，演讲通常

---

\* 波洛涅斯（Polonius）是威廉·莎士比亚名剧《哈姆雷特》中的一个人物，国王克劳狄斯的御前大臣，雷欧提斯的父亲，被哈姆雷特误杀。

不是为了挣钱，而是为了路费，诸如：《德国的世界政治局势》（*Deutschlands weltpolitische Lage*）（1916年10月27日），《犹太教发展的社会学基础》（*Die soziologischen Grundlagen der Entwicklung des Judentums*）（1917年1月24日），《德国人民对帝国议会宪法委员会的期待是什么？》（*Was erwartet das deutsche Volk vom Verfassungs-Ausschuß des deutschen Reichstags*）（1917年6月8日），《人格与生活秩序》（*Die Persönlichkeit und die Lebensordnungen*）（1917年9月29日），《国家社会学问题》（*Probleme der Staatssoziologie*）（1917年10月25日），《以学术为业》（*Wissenschaft als Beruf*）（1917年11月7日），《美国的民主与贵族》（*Demokratie und Aristokratie in Amerika*）（1918年3月23日）等。有些场次的报告（比如关于美国的民主与贵族），既是过去20年学术研究的"最佳成果"，又是一种从演讲中得到的享受。此外，这不仅是一种从经常给听众留下深刻印象的过程中得到的享受，而且还是一种从自己呕心沥血的研究工作回报中得到的享受。

其间，德国大学也没有忘记他。1917年夏，慕尼黑大学国民经济学系提议，聘请韦伯作为卢约·布伦塔诺的继任者前来任教。布伦塔诺在推荐书中，把韦伯称作根据他同事压倒多数的看法，"可以算作目前德国所有经济学家中最杰出的一位"候选人。正如他告诉米娜·托布勒的那样，鉴于妻子的"强烈愿望"（他应当重新出山担任教授职位），韦伯认为自己"正处于最困难的无奈处境之一"中——搬到巴伐利亚的首府之后，他就失去了每周六看望情人的可能性。另外，好事多磨。韦伯不仅在慕尼黑的文化部门，而且在巴伐利亚的许多报纸眼里，都被看成一个思想太左、性格乖张和太喜欢吵架的人。于是，这份职位被提供给了在布雷斯劳大学任教的阿道夫·韦伯①。阿道夫·韦伯是艾伯哈德·戈特海因的弟子，曾经针对第一次世界大战中愈发严重的技术官僚主义为人类创造了一个漂亮的新词——"整体机器化"。然而，他回绝了慕尼黑的邀请。

除了争取对战争局势的解释权外，韦伯当时还积极投身于另一个冲突领域。战争使科学界和新闻界的知识分子感到惶惶不安，心神不宁。人们可以看到，一个自认为制度上是等级制的、文化上是基督教的、政治上是君主制的社会正在发出最后的颤抖。长期以来，人们在用什么制度来取代这个社会的问题上一直争论不休。一部分人认为，民族国家——具体来说就是：与其他民族国家明确划定界限——将取代作为社会秩序因素的等级分层。韦伯本人时常倾向于这样的观点，即一个社会事实构成的关键答案，归根结底要看这个社会事实构成出现在哪个民族国家中。不过，宗教、科学以及经济早已无法被完全纳入民族国家的前提之下。德国关于工业化的争论已经证明，人们不是生活在民族经济之中，而是生活在世界经济之中。虽然在所谓的"为了生存的斗争"中高举本民族大旗依然还有可能，但是，这充其量只是一种产生更多的豪迈激情而非客观认识的观点罢了。

在另一部分人眼里，取而代之者是社会主义。社会主义将要消除等级秩序及其由贵族和附属的市民精英组成的"上流社会"占统治地位的现象。这个过程基于一个预言，即资产阶级和无产阶级两个阵营不可避免的阶级冲突，冲突的结果将导致一场革命。但是，直到现在，这场革命始终尚未出现。从将要降临欧洲的"共产主义幽灵"的首次出现，直到十月革命，时

---

① 阿道夫·韦伯（Adolf Weber, 1876~1963），德国经济学家，与马克斯·韦伯同姓，但没有任何亲属关系。

间已经过去了70年。其间，人们并没有看到"商品世界的无政府状态"或贫困化在不断增加，从中也没有酝酿出一场政治暴动，即便是十月革命最初也仅仅是发生在一个国家。相反，之前完全没有预见到的中产阶级在这场历史的最终冲突中逐渐成长壮大起来：他们是职员、公务员、没有市民阶层背景的公民，以及"普通人"（或许如同阿尔弗雷德·韦伯所说的那样）。

最后，我们不妨从战前的许多各执一词的解释尝试中再举一个例子：各种宗教信仰以及一种咄咄逼人的、其本身也是一种信仰的无神论你来我往各不相让，原因是，它们都想把社会想象成要么只是基督教的、要么只是非基督教的社会。虽然在越来越多的社会领域什么人信仰什么宗教已变得无关紧要，但是，在世界观的争议中，这种迄今为止对各种冲突的漠不关心和兴趣索然的态度，却完全不是事先规定好的。因而，弗里茨·毛特纳的话——"可悲的是有人没有自己的世界观"——至少对知识分子依然有效，而且的确符合他们的现状。人们在究竟应该推崇古罗马，还是应当崇尚古雅典，或是耶稣是否能与达尔文和查拉图斯特拉① 相融合的问题上讨论得热火朝天，而且，答案愈不重要，他们的论争就愈发充满热情。

世纪之交以来，知识界的情况逐渐发生了变化。随着战争的进程，特别是战争结束之后，知识分子变得越来越极端化。一方面，知识界的时代诊断渐渐脱离了现代社会的实际问题，转向了文化问题以及对问题的自我阐释。只要与未来搭上关系，似乎任何一种对当前的解释皆有可能，尤其是针对当前

---

① 查拉图斯特拉 [Zarathustra，又名索罗亚斯德（Zoroaster，意为"拥有骆驼者"）]，伊朗古代传教士和哲学家，索罗亚斯德教的创始人。德国哲学家尼采的著作《查拉图斯特拉如是说》即取其名，颇有深意。

提出的任何要求皆能成立。人们不仅要求复归中世纪和神秘主义、神话和异教徒生活，回到古犹太教、诺斯替教派和正统信仰，而且，不是在印度的瑜伽体操中，就是在青年团体的社区体验中去寻找救赎。借用"表现式舞蹈"的概念，我们似乎可以将这些现象称作一种愈演愈烈的"表现式的知识分子气"，他们加工处理的不是社会现实，而是怪诞不经的词汇用语。没有一个时期不把自己奉若对当前社会起决定作用的时期，这就是不断出现各种新主义和新思潮的原因：新浪漫主义、新哥特风格、新异教思想等，不一而足。陈腐的故纸堆思想的专制统治广为盛行。除此之外，所有的改革观念越来越多地泥沙俱下鱼龙混杂：有民族主义或没有民族主义的社会主义，有阶级意识或没有阶级意识的马克思主义，"当领袖的公务员"受到狂热追捧，以东方智慧理论为基础的自然状态的人纷纷粉墨登场，一元论的查拉图斯特拉学说充斥论坛和道场。与此同时，每个社会领域都提出了领导一切的要求："信仰艺术吧！"一些人呼吁道；另一些人则要求对上帝的无限奉献，直至彻底否定宗教概念。有人宣称，国家是一切的关键，而另一些人则认为经济是命脉；儿童的世纪，即教育的世纪已经到来，抑或，科学家是人类的领导干部等[2]，不一而足。

马克斯·韦伯怀着十分复杂的心情生活在这个世界。一方面，他出身的社会阶层和知识传统将"现实主义"奉为科学、艺术和政治立场的准则。虽然什么是现实主义的问题在这里无疑也存在争议，但是，这个概念本身既不能被认为可有可无，更不能加以蔑视。对政治、经济和科学状况的了解认识乃是时代诊断工作的前提条件。早先，历史学家是一言九鼎的领导者。1870年之后，他们逐渐被经济学家和政治学家所取代。人们从事"学者政治"，乃是要为社会尽一份力量，科学本身即被看作这样一种对诸如解决"社会问题"所做的贡献。[3]

另一方面，科学与政治、科学与宗教、科学与艺术之间早已脱离关系，独立发展。国家很少借重教授们的襄助，况且，他们所生产的见解最后也不再以实用的建议为目标。宗教史和宗教社会学的观点和认识不再被纳入人们的信仰，美学的前卫主义不把自己看作对文化的贡献，而是对文化的否定。韦伯意气风发地参与到这个过程中。他思考的问题是，在这样的情况下，参与政治、学术探讨和时代诊断如何还能够为人们提供信息和约束人们的行为，倘若这些活动无法从科学中自然而然产生的话。

这个问题的提出尤其见诸围绕1900年前后有文化有教养的市民群体的、明显"没有行为约束的"、意识形态的和"愿景式的"文论著作所进行的争论中。1917年5月底，韦伯来到位于图林根的劳恩斯坦古堡参加一次文化会议。应来自耶拿的出版商欧根·迪德里希斯（Eugen Diederichs）以及两家民间教育协会和"1914年图林根爱国协会"的邀请，大约70位对时代诊断和新开端主题感兴趣的人士在这里聚集。当时也参加会议的恩斯特·托勒尔①在他的回忆录中不仅提到了作家理查德·德默尔（Richard Dehmel）和瓦尔特·冯·莫洛（Walter von Molo），而且还提到了韦伯的同事维尔纳·桑巴特、费迪南·滕尼斯和弗里德里希·迈内克："他们统统都被从书斋中赶了出来，大家都对昨天和今天的价值观表示怀疑。"迪德里希斯1896年在佛罗伦萨创立出版社时，将其定位为"现代精神"与书籍艺术的"集结地"，但凡带点生活改革气息的出版物，他均予以出版。青春风格的美学观点，尼采、罗斯金和托尔斯泰，亚洲的智慧，诺斯替教派的《高尚文化世界

---

① 恩斯特·托勒尔（Ernst Toller, 1893~1939），德国作家，20世纪20年代德国表现主义戏剧的重要代表。

观的基础》(*Grundlagen der Weltanschauung einer edleren Kultur*)和基督教的通神论,同时还有工人文学等,让人目不暇接。1912年,阿尔弗雷德·韦伯在布拉格的演讲、兄弟二人的观点分歧在其中表现得最明显的《宗教与文化》出版。简言之:欧根·迪德里希斯成了所有主张从"钢铁般坚固的外壳"中脱离出来的人士的出版商。"这不是书:这与书根本不沾边!"某次,迪德里希斯以弗里德里希·尼采的这句话为标题为一本新书做广告。此书不仅宣传"贵族式的基督教",而且要把托尔斯泰引向个人主义,同时要证明基督是个诺斯替教徒。各种思想的结合,或者说,那些年各种思潮的大杂烩由此可见一斑。市面上出版了各种不应被称为书的图书。而且,由于人们皆十分清楚,各种各样的标题口号抵消了相互间的作用,所以,标题的色彩越加越浓。[4]

据称,韦伯把劳恩斯坦会议的日程安排称作"世界观的大卖场"。他全天都在那里参与讨论,回答各种刨根问底的问题,直到筋疲力尽:"没有一个晚上不吃很多安眠药,没有一个晚上的睡眠超过4~5个小时。"[5]尽管如此,他认为参加会议是值得的。在会上,他反驳了新教神学家马克斯·毛伦布雷歇尔(Max Maurenbrecher)的观点,此人主张德意志民族依靠旧普鲁士的精神重新强大起来,以抵御西方的个人主义。毛伦布雷歇尔是个机会主义式的人物。身为宗教教师,他于1906年退出了福音教会,1917年又重新入了教。在与民族社会党人弗里德里希·瑙曼再度分道扬镳后,他跟从保罗·格尔于1903年加入了德国社会民主党,1916年又退出了该党,并于1917年加入了德意志祖国党和韦伯早年曾经是其成员的全德联盟。在劳恩斯坦会议开幕式上,他第一个上台做了"论德国的国家观念"的发言。他试图借助19世纪的文学作家来建立一种民族意识,并以反对资本主义的机器化、将某种国家资本主义视为己任的"知识分子政党"作为支持这种民族意识的基础。他认为，德国的任务是建立一个"形象体现绝对的上帝尘世面目"的国家。他的发言足足持续了4个小时，韦伯心里或许已经极不耐烦，但是，第二天他才做出回应。至此，大会记录显示，双方友好地交换了看法。直到韦伯登台发言，会议才出现了一道"深深的裂痕"。

韦伯把这一切称作编造出来的浪漫故事。德意志帝国是一个权威国家，人民对国家意志的形成没有任何影响，普鲁士的等级选举权必须废除，官僚统治必须结束，政府必须议会化，国家机构必须民主化。当年激情满怀的民族主义者韦伯如今对那些认为德国与"西方的"个人主义有本质区别的言论不屑一顾。在他眼里，世界大战不是一场世界观的博弈，而是错误外交政策的后果。面对官僚主义和疯狂蔓延的资本主义机械主义化，阅读经典著作没有任何帮助。若想有效地对抗物质主义，那么就需要一个运转良好和有影响力的议会。各种不同的利益集团在议会中能够"相互攻击"，这样，能者就不会转而从商。知识分子转行从事非政治的行业，不论是经济也好，文化批评的幻想世界也罢，让他心急如焚："不是政治毁掉了人才，而是某些人才毁掉了政治。"[6] 与其在伟大的思想里自我陶醉，不如在政坛有一个新的开始。

这些年中，韦伯频繁地与年轻的大学生和青年学者交往接触，不单是因为他想要淡化他们的政治幻想。在战后动荡的时局中，他还试图用自己的方式给同辈人传达一种现实感，目的是不使这种感觉从一开始就陷入与韦伯作为摆脱小市民意识的驱动力而享受的那种政治热情的矛盾冲突中。他本人也一直以享受的态度对待这种政治热情：在他书信的自述中，很多地方都能见到这种重新迸发出来的年轻人所特有的动机。缘此，面对他的听众，他不想简单地只代表一种成年人的、老气横秋的和一本正经的严肃态度。

在参加了在劳恩斯坦古堡举行的时代诊断大会之后不久，马克斯·韦伯于1917年11月在慕尼黑做了他最著名的演讲报告之一：《以学术为业》。他是应"自由的"大学生组织（即非社团性的大学生组织）的邀请做的这场演讲。该学生组织的演讲计划——"以脑力劳动为业"是对学生中有人提出的一个意见的回应：到目前为止，还没有一个青年运动团体——从格奥尔格的追随者到墙头草式的人物直至教育改革人士——探讨过作为目的本身的劳动就业问题。这个问题就像一个"摩洛神"，或是一个毁坏一切事物的、"隐藏在我们的世界中并把它吸盘式的触角伸向所有年轻人的怪物"。这个怪物的外形正是阿尔弗雷德·韦伯于1910年关于官僚制度以及于1912年关于资本主义的职业劳动所描写的那种模样，即"一种巨大的吞噬人的机器"，特别是——这是关键所在——吞噬精英人士的机器。这些精英人士不像工人那样在业余时间里获得身心的休息平衡，而是有着对于职业生活过分认同的倾向。有鉴于此，表现主义杂志《白树叶》（*Weiße Blätter*）中《职业与青年》一文的作者亚历山大·施瓦布①也把阿尔弗雷德和马克斯·韦伯称作"我们时代唯一明确针对职业问题阐述过重要思想的人"。[7]

然而，二者并非同一事物。因为，毫无疑问，韦伯丝毫没有假借生活和年轻人的名义要与职业工作相对抗的意图。相反，他首先非常冷静地描述了1917年人们将要面临的体制方面的情况，以及是谁立志要去做一名科学工作者：入行的资格、职业工作的结构体系和各种职业生涯。其中，韦伯把大学的结构体系描述成了一种众多社会影响相互叠加的奇特状况。如果说德国的一位学者作为自由职业讲师直至拿到教授职位之前必须

---

① 亚历山大·施瓦布（Alexander Schwab, 1887~1943），德国共产党人和政论家。

自己挣钱糊口的话，那么在美国的体系中，助教虽然收入不高，却由大学支付薪水，其待遇相当于一名企业职员。韦伯认为，学术研究的未来就在这种"官僚主义的体系之中"。同时，他还把这种有国家资本主义特点的大学形容为一种"精神贵族的事务"，亦即学校在培养科学的后备人才的同时，并不考虑他们在用人单位那里受欢迎与否的问题。但是，至少在社会科学和精神科学领域，研究者还形成了一种拥有自己的劳动资料——书房的手工业者协会。在韦伯看来，学生用来支付某些特定课程以及补充教授们薪水收入的听课费乃是一种民主的因素。总而言之，大学给人的感觉就是一种贵族 - 民主 - 官僚 - 富豪（Aristodemobüroplutokratie）①四位一体的结合物。8

韦伯把学术生涯称作一种"危险"，亦即一种赌博游戏，这并不使人感到惊讶。若某位候选人因精神贵族立场、官僚主义和民主程序方面的阻力，以及缺乏金钱支持而落选，那么这种失败简直不足为奇，尤其当合格者数量的增长速度远超职位数量时。根据1908年的一份统计，德国和奥地利的大学共有1437个编制内的正式教职和1324个编制外的自由职业讲师，同时，排队等候编制内教职的人数大幅增加。特别是在柏林和维也纳这样的大城市中，自由职业讲师的数量几乎多出教授职位的三倍。9 但是，必须补充说明的是，若是韦伯把他自己担任教授的经历作为例子，那就夸大了事情的程度。他自己很年轻的时候就当了教授，这肯定"不是由于绝对的偶然性的原因"。10 除此之外，当他本人成为教授的那段时间，学校里教授的数量要比自由职业讲师的数量几乎多出两倍。因此，当韦伯于1917年发表演讲的时候，正好也是大学数量的增加开始

---

① 这是韦伯自创的一个词，由 Aristokratie（贵族阶级）、Demokratie（民主制度）、Bürokratie（官僚主义）和 Plutokratie（富豪统治）四个词组合而成。

改变学术界状况的时候。

在韦伯看来,学者生涯的偶然性因为对他们提出的两个相互关联的要求还将进一步增加:知识产品的生产和新生力量的培养。韦伯登台演讲的时候,那个用"科研和教学一体化"的理想主义公式来理解大学的时代已经一去不复返了。在整个19世纪,这个公式不仅一直被用来划分大学的课堂教育和尚未经过深思熟虑的知识传递,而且也一直被用来区分积极主动的研究者本人与单纯的读者、资料搜集者和整理者。学校的教师不仅传授知识,而且也传授如何产生这些知识的方法。然而,韦伯认为,的确有课上得不好但非常优秀的研究家——韦伯这里举出物理学家赫尔曼·冯·赫尔姆霍兹和历史学家利奥波德·冯·兰克(Leopold von Ranke)作为例子——也有水平中等、课上得很好的研究家,还有既不会教课又不做研究的教授,当然最后还有科研和教学二者皆得心应手并相得益彰的模范学者。然而,由于两个视角——大学为争夺学生的"频繁竞争"和精神贵族们的科研成果的评估——影响到教学人员的录用,所以,学术生涯又多了一个不确定的因素。[11]

于是,当他把想在学术界有所建树的困难都罗列出来之后,韦伯就给这位决定知难而上的学者(当时无疑都是男人充当学者)戴上了英雄的光环。为了有所成就,他必须在自己内心感觉到一种"内在的职业",即一种内心的召唤。韦伯没有把可能进图书馆和实验室(如同其他人进办公室一样)纳入考虑的范围。原因是,如果办公室的生活更安全,公司工作的收入更可观,以及两种情况下的职业生涯更具有可预见性,那么,人们为什么还要去当学者呢?然而,从另一方面来说,如果从事学术工作不可避免地意味着大企业、专业化、对自身工作的不断超越等,那么,一个学者为何要看到自己内心的召唤呢?对于这个问题,韦伯给出的答案是:正是在这一点上,他必须找到自己的激情：在对文本或数字材料进行艰苦、往往是机械性的工作的基础上，逐步逼近细小的洞见。

因为，在科学对当代社会的意义的问题上，韦伯否定了所有历史上对这个问题的回答。对他来说，科学已经不再是研究上帝创世计划的一种尝试，它没有将个人引向真正的存在，它没有给人类和研究者带来更多的幸福。这里，我们还可以补充哲学家汉斯·布鲁门贝格的一个观点：现代科学从其发展的某个特定时间点开始，就不能再被理解为针对有害的关于世界的种种偏见的启蒙运动了。因为，对于它所研究的绝大多数问题来说，在科学之外根本不存在任何先验的认识，也不存在必须消除的异端邪说。因而，科学也无须再与宗教的或其他"非科学的"学说体系势不两立。这就意味着："我们受到《圣经》影响的、传统的核心思想——真理和自由的关系"，以及韦伯担任第一个教授职位的弗赖堡大学的校训——"真理将使你们自由"（《约翰福音》第八章第三十二节），均已经化作烟云。[12] 由此，韦伯认为，科学的认知意图远远超出了所有可以用上帝、幸福、有利于社会或是一个人的艺术成就等来总结的事物的范畴。

正当韦伯宣扬他对于学术工作英雄般的激情（学术工作必须成为目的本身）的同时，维也纳的年轻哲学家路德维希·维特根斯坦（Ludwig Wittgenstein）写道："我们感到，即便所有可能的科学问题都已经得到回答，我们的生活问题还是没有完全得到解决。"韦伯援引作家列夫·托尔斯泰的话，也提出了同样看法。他说，托尔斯泰认为，科学"毫无意义，因为它对那些只对我们来说有重要意义的问题——'我们应当做什么？我们应当怎样生活？'没有给出答案。它没有给出答案是完全无须争辩的事实。"[13] 这里，两位彼此没有任何关联的作者的文字表述几乎不谋而合：一位是对逻辑和语言分析感兴趣的奥地利工程师，他始终想要最大限度地做一个局外之人；另一位是作为德国有教养市民阶层的局内人的普鲁士学者，作为具有民族主义思想的、怀有参与政治抱负的饱学之士，他正努力开创一门特殊类型的社会学。

但是，维特根斯坦的这句话不仅表明，对科学的信仰在当时已经荡然无存，同时，它也是哲学趾高气扬目空一切的一个明证。尽管如此，由于人们在科学上实现了诸如氯仿、伦琴射线或电动机等的发明创造，许多生活问题依然得到了解决。只有哲学的根本问题，或者反过来说，只有比"我们的生活问题"更为重要的、最终有关存在的意义的问题未能得到知识的进步的解答。

于是，哲学就成了专业化的牺牲品：一百年来，尤其是在德国，哲学为大学存在的意义以及为在大学进行的科研工作提供了最后的保证。作为科学的最高学科，它是整体的代表，其他学科只是其中的部分。社会学家路易·杜蒙（Louis Dumont）指出了前现代思想的这一特殊性，即我们始终要把整体的一个部分同时当作其较高的代表来看待。他为这种特殊性起名叫"等级对立"[14]：人类包括男人和女人，但是，男人（亚当）代表着"整个"人类。社会由政治、经济、科学、宗教等组成，但是，从亚里士多德到黑格尔直至特赖奇克都认为，政治代表了所有这些领域的统一。科学由各种学科组成，但是，哲学代表了真理的概念，因而也代表了科学的统一。在此前提下，每个专家和每个科学学科只有通过哲学才能找到通向整体的大门。

以此为前提，马克斯·韦伯认为，19世纪所形成的这种科学学科体系已经不复存在，学科专业脱离了哲学的基本概念和方法的控制。若是有人想从事科学研究，他就不再需要以最终的问题为目标。对科学的"信仰"已经变得没有必要。充其量在面对外界时,科学家才用普遍可以理解的热情来为他们的工作正名,因为,他们的研究对象对周围的人来说自然越来越难以理解。反之,人们在内部可以完全不用这样做。[15] 理论上的好奇心——韦伯在演讲中称之为动机——就已足够。对此,韦伯自己作答时加重了语气:科学把它与对象之间的关系知识化,从事科学的动机就在对世界"去神秘化"的贡献之中。然而,去神秘化在这里并不仅仅意味着可控制性和可预测性(对韦伯来说,它们的特征是具有无意义的嫌疑),除此之外,此二者恰恰不适用于韦伯本人的历史学和社会学研究:按照他的观点,已经成为历史的事物不能被掌控,而且,社会也没有因为韦伯的研究结论而变得更具有可预测性。可是,在他演讲的结束语中加进了一个"去神秘化"的层面,而且,这个层面可以通过"解释澄清"和"丢掉幻想"来加以诠释。韦伯把科学的去麻痹作用向学生们做了推荐:即使是那些委身于某种世界观、某种宗教或某种意识形态的人,也能够从对实际问题的解释和论证结论中有所获益。"我们可以而且也应当对他们说:[……] 如果你们决定采取这样的态度,那么打个比方来说就是,你们侍奉了这个上帝,那就得罪了另一个上帝。因为,如果你们始终忠于自己的话,那么,你们必然会得到这样的以及这些最终的、内在的、有意义的结论。"

这就是韦伯最后向那些立志于对世界采取无法更进一步说明态度的人所提出的追求合乎逻辑行为的要求。如果人们敬奉的是这个或那个上帝,抑或敬奉的是这个或那个权威,那么,这种志向的结果是什么,并且,这种敬奉的态度与事实是怎样的一种关系——韦伯认为,在这个问题中就已经包含了作为科学媒介的理性。理性的对立面不是宗教或党派立场,而是韦伯在他所处时代不折不扣所遇到的欺骗和自我欺骗行为。回忆起在劳恩斯坦古堡会议上的争论,他说道,知识分子显然有种需求，即"他们想用绝对真实的、古老的事物来装饰自己的心灵，与此同时，他们也没有忘记，宗教也是其中的一部分。如今，这种宗教已经不复存在，但是，作为它的替代物，他们把一种游戏般地挂着各种来自全世界的圣像的家庭小教堂打扮得绚丽多彩。或者换言之，他们为自己创造出一种体现着各种经历的替代品，不仅赋予它以神秘的神圣性的尊贵地位，而且还把它带在身边到书市上沿街叫卖。"[16] 缘此，对马克斯·韦伯来说，自然科学在许多领域早就无须再与科学之外的欺骗行为做斗争，而是研究它们自己所提出的各种问题。反之，社会科学的情况则有所不同。它们固然无须解决生活的问题，但是，在韦伯看来，与生活的谎言做斗争似乎是其对文化做出的最重要的贡献。

# 第二十六章
# 思想意识的大剧场
## ——《以政治为业》

> 世界命运的奇特现象：第一个真正的世界统治者是一名教授。他是何种程度上的一个教授，可以从他干的那件大蠢事中一目了然。
>
> 马克斯·韦伯评论伍德罗·威尔逊[*]

1918年初春，维也纳大学对面的兰德曼咖啡馆里突然传出一阵喧哗声。不过，这完全是一个人大声说话的声音。这个人就是马克斯·韦伯。韦伯此时正在奥地利的首都任教，尚未正式确定去留问题。校方想把他长期留在那里，可他事实上已经踏上了返回德国的路程，因为他觉得，他的位置应该是在德国。但他目前还留在维也纳，并且在即将出任奥地利共和国首任驻德国大使的古代史学家卢多·莫里茨·哈特曼（Ludo Moritz Hartmann）的陪同下，在环城大道的咖啡馆同约瑟夫·熊彼特[①]见面。见面据说是与教授职位的接任者有关。熊彼特当时虽然年仅35岁，但已经是一个阅历丰富、见多识广的人。他曾经在维也纳、柏林、伦敦、剑桥和牛津读大学，并

---

[*] 伍德罗·威尔逊（Woodrow Wilson，1856~1924），美国第二十八任总统，哲学和法学博士，曾任普林斯顿大学校长和新泽西州州长。

[①] 约瑟夫·熊彼特（Joseph Schumpeter，1883~1950），奥地利政治经济学家，1932年移居美国，在哈佛大学任教，其学说对经济学有重要影响。

且在开罗、维也纳、切尔诺夫策①和纽约从事过研究和教学工作。作为奥地利学派的分析性市场经济模型理论造就的一名学者，他不仅很快透彻研究了所有问题，而且还用通俗易懂和结合实际的方式进行思考。比如，针对抽象理论和历史学派之间的争论（韦伯为此花费了数百页之多的笔墨），熊彼特简明扼要地指出，两个流派感兴趣的事物截然不同，正如不存在某种历史价格理论一样，边际效用学派也无法在经济组织结构方面派上大用场。自1911年起，熊彼特在格拉茨大学教授国民经济学。韦伯认为，他非常适合接替自己的职位，而且，这位候选人最多只会在通俗的演讲报告中有自相矛盾的倾向，亦即一种变异的桑巴特式的毛病。这次会面是应韦伯的请求，由奥地利银行家菲利克斯·索马里（Felix Somary）安排。索马里还为我们留下了一段简短珍贵的文字记录。[1]

落座后，双方的交谈很快转到了俄国革命的话题上。熊彼特认为，社会主义现在不再停留在讨论阶段，而是必须证明它的可行性，这是一件令人欣慰之事。韦伯对这样的说法很不以为然。

索马里对二人的争执并不感到惊讶。他非常了解韦伯的为人，并形容他是一个"神经质的闯将"，只知道一股脑儿地冲锋陷阵，"哪怕是为了当地非常小的一点事情"。相反，熊彼特的母校是有未来外交家摇篮之称的维也纳特蕾莎高级中学，他所受的教育是：遇事要纵览全局，心胸开阔，永远不要计较个人恩怨，通晓"所有游戏规则和理论思想"，但不要与任何主义同流合污。因此，索马里想转移话题，把谈话引到战争带来的社会发展变化上来。这时，韦伯又开始批评英国背弃了自

---

① 切尔诺夫策（Czernowitz）是乌克兰西南部的一座中等城市，人口24万，重要的教育和文化中心，历史上曾经是乌克兰犹太人的聚居地，有"小维也纳"之称。

由主义。熊彼特表示反对。韦伯"变得越来越激动和大声，熊彼特越来越冷言冷语，小声应付"。咖啡馆的客人都停下手中的棋局来听他们的对话，直到韦伯猛然站起身来，嘴里一边说着"这简直叫人受不了！"，一边冲到环城大道上。哈特曼拿起韦伯的帽子追上去，徒劳地试图使他平静下来。熊彼特不解地摇了摇头说："怎么可以在咖啡馆里这样大声咆哮呢？"

我们究竟应该如何来解释这个场面？难道韦伯在这里遇到了一位选择了自己的"魔鬼"——学术工作的人，此人正从学术的视角观望其他正在实现自己政治价值观的人如何取得成就吗？关于道德问题，韦伯思索了足有20年时间，并就什么是出于责任感而不是出于小算盘、小聪明或追求幸福的动机去为人处世的问题撰写过论文。尤其是通过宗教社会学的探索，他得出结论，世界上有着许多诸如此类相互矛盾的责任感。简言之：若非如此，世界上也不会有多种宗教和神圣的戒律体系，而是只有一个宗教和一个戒律体系。

毋庸置疑，如同1900年前后韦伯眼前所呈现的世界一样，大部分宗教都分布在不同的文化范围中，因此，韦伯没有把宗教的冲突问题作为自己的研究对象。然而，在社会的"价值范畴"中，他不仅发现了许多严格的规范要求，并且以明显夸张的说法言称，这些范畴正是将这些严格的行为要求——如同宗教那样——用在了那些通过他们的职业劳动来为之服务的人群身上。在这种情况下，人们不可能做到，用同样的深刻程度同时为科学、基督教、经济、家庭、艺术、政治和道德服务。目标的设定和价值观的确立乃是针对人们愿意做出牺牲的态度所做的规定。那么，约瑟夫·熊彼特在兰德曼咖啡馆有没有直接向他的谈话对象指出，韦伯其实一直在回避关于自身价值排序的终极问题：现在他究竟是以学术为业还是以政治为业？因为，只有韦伯身上带有的政客气质才会使他因为熊彼特的不动声色而情绪激动，而他身上的学者精神则必然会对此表示理解。再者，社会学不进行任何实验工作，而且，倘若眼下历史正以一场革命的形式将这种实验摆到了社会学面前，那么，它正好可以让人保持冷静，从而能够利用这样的机会以获得新的认识。

但是，韦伯当然没有保持冷静。原因是多方面的，而且也不仅是因为他的性格。首先，与韦伯1905年撰写俄国问题的文章的时代不同，俄国革命不仅已经完成，而且这时正慢慢向中欧地区不断推进。无论如何，这场革命已经不再是人们可以气定神闲对其进行远距离观察的一种"实验"。很长一段时间里，韦伯能够想象德国取得了战争的胜利，但从1918年春季开始已经不再可能：首先是德国用疯狂升级的潜艇战把美国拖入了战争，然后又与当时实行共产主义的俄国缔结了一项和平协议。韦伯认为，和平协议的条件向其他所有敌对国家表明，与这样的德国人无法达成任何理智可行的和平条约。

与菲利克斯·索马里一道，韦伯于1916年3月给外交部和帝国议会的党团领袖寄送了一份反对扩大潜艇战的备忘录。短时间内，这份备忘录似乎产生了效用。自1905年起，索马里就与韦伯结下了友谊。那年，他们在"社会政治学会"的会议上就工会中普遍存在的强行入会问题有过一次彻夜长谈。索马里还是韦伯于1909年在维也纳社会学大会上就价值判断问题展开辩论的见证人。之后，二人在弗里德里希·瑙曼的"中欧工作委员会"中再度聚首，而且，这位奥地利人满怀热忱地参与了委员会的工作，并慷慨解囊予以资金上的支持。通过反对甚至连中立国船只也不放过的"全面"潜艇战的备忘录，他们对海军统帅部的强势鼓噪做出了反应。1915年以来，海军统帅部联合军工企业，共同要求进行一场更加肆无忌惮的战争。韦伯认为，这场更加肆无忌惮的战争表明，海军统帅部在德国陷入军事困局的情况下,不仅没有保持头脑冷静的能力,而且还误导前线的将士,幻想用这样的方式更快地结束战争。然而事实上,由于美国的参战不可逆转,不仅战争的时间将更加旷日持久,德国的经济也将无法承受。如果说德意志帝国不单单与伦敦金融城,而且与纽约证交所切断了关系,那么它就不得不开动印钞机来为政府提供财力,从而将断送德国世界政治的未来。

货币在膨胀,感情也在膨胀——我们再次看到韦伯在地图上把各种数字搬来弄去,推演时局。他给那些热衷于潜艇战的人士详细演算,他们必须挡住多少数量的谷物、冷冻肉、罐头食品运往英国,才能迫使英国投降。英吉利海峡真的能够封锁得住吗?为此所需的潜艇多快才能建造出来?[2] 韦伯不但没有在人们的争论中见到这种技术及经济上的理性思维,而且,那些吵吵嚷嚷热衷于快速解决问题的追随者必定给敌人留下的印象也使他感到愤懑不已:显而易见,同盟国不得不孤注一掷尽快一决胜负,因为它们已经山穷水尽精疲力竭。

备忘录被寄出。索马里甚至还记得,汉堡船东、哈帕格船运公司总经理阿尔伯特·巴林(Albert Ballin)——作为犹太裔爱国者出于对君主制寿终正寝的绝望于1918年11月9日自杀——于1916年3月初将备忘录亲手转呈德皇。德皇被信中暗示的战争前景所震惊:倘若战败,错误的决策将不可饶恕地算在皇室头上。然而,在无限制潜艇战的狂飙突进中,短暂的间隙稍纵即逝。[3]

有鉴于此,自1918年春天起,韦伯眼见一场深刻的转变即将到来,并且,这将会是一场革命性的转变。在1905年弗赖堡大学的首场就职讲座上,韦伯曾经指出,如同理论家的价值尺度一样,德国国家体系的经济政策只能是德国式的政策。1913年,他又宣布,"任何一个'社会秩序'最终无一例外地"都要以如下标准接受检验，即看它通过对某些特定意图给予优惠的方式，为哪类人成为具有统治地位的人群提供了最佳的发展机会。否则，社会学的调查就是肤浅的。韦伯一如既往地认为，如果说一个社会学的理论没有为价值评估提供基础，那么它就不是完善的理论。而且，如同在维也纳与熊彼特发生争执的那幕场景告诉我们的那样，他在1918年时还把那些仅限于彷徨观望以及将当代历史看作一种实验的社会学家称作不负责任的人，言外之意，他们是临阵脱逃的逃兵。

1910年之后，韦伯一直在使用一组与此相关且在今天还时常被引用的概念：主观意图伦理和责任伦理。作为"泛道德主义"，前者不仅完全受其价值原则的制约，而且拒绝各种妥协，并为此不惜以任何从相关行为中产生的后果作为代价；但是，从根本上说，人们不认为在行为和后果之间有任何理性的关联。主观意图就是目的，它将所有达到（理想的）目的或未达到目的的手段均予以神圣化。除了原始基督徒以外，无政府主义革命者也是这种伦理观最好的实例，尽管二者的不同之处在于，前者希望万事万物不久行将终结，而后者宣称，他们想要建立一个崭新的社会。与之相对，韦伯提出了一个以"文化"为标准的伦理观，这种伦理观要求人们去适应政治、经济和其他的各种条件。文化是伦理和务实要求的折中体。如果前者（出于价值观考虑的一种极端不愿意适应环境的态度）是主观意图伦理，而后者（出于价值观的考虑愿意妥协折中的态度）被称为责任伦理的话，那么责任就意味着，行为者愿意为他的决定承担后果，并酌情将他的行为看成是失败的行为。归根结底，就行为的结果而言，主观意图伦理信奉者的行为是符合仪式规范的行为，就主观意图而言，责任伦理信奉者的行为是技术手段式的行为。[4]

韦伯的观点是非此即彼。[5]在他看来，熊彼特是一个既不愿意做这样的区分,又拒绝决定采取其中某个立场的人。这位同事是道德问题上采取漠不关心态度的一个极端案例,因为他反正没有亲自参加俄国革命,所以也无须弄清楚这场革命是否可行。当然,我们也可以把这种漠不关心的态度本身看作一种立场,亦即把它解释为主动放弃对事物的评论:关于政治,塔列朗①说的一句话始终未失其效用:不干预即是一种有利于强者的干预。但是,如果一个没有表明立场态度的人被指责为从学术上偏袒强者,那么,这不会带来"泛政治化"的后果吗?如果一切事物最终都应归结为权力问题,那么,法官面对他判决结果纯属正常的中立态度,或是科学家面对他的新发现纯属正常的不偏不倚态度,不就成了一种不负责任的态度了吗?韦伯号召大家做出最后决定的关于"价值多神论"的演讲就存在这种倾向。虽然他承认,在各路天神的较量中有人做出了不是赞同政治而是赞同诸如宗教、科学或是艺术的决定,但对他来说,较量本身的自然属性是政治的,因为他认为,政治最终决定了,哪一种"文化",亦即哪些价值观在某个特定地域中的实现是可能的,以及这种实现在什么情况下能够发生。

尽管如此,让我们再重新回到现实中来。韦伯曾经深信,德国享有世界大国地位的要求是名正言顺的,而且,这个大国地位也是众人所希望的:由此可能实现的经济增长将给人民带来好处,并最终促进国家的自由化进程。然而,眼下他所面临的是一场灾难,他把这场灾难称作帝国遭受的一场"耻辱",没有一个国家人民的脸面曾经像德国人一样遭到了如此这般的毁灭。他担心发生内战和外国入侵,看到"古老的德国痛苦地

---

① 夏尔·莫里斯·德·塔列朗-佩里戈尔(Charles Maurice de Talleyrand-Périgord,1754~1838),法国主教、政治家和外交家,其政治生涯跨越路易十六、法国大革命、拿破仑帝国、波旁复辟和奥尔良王朝数个时代,以老奸巨猾著称。

惨死"。但是，他仍然坚信德国"坚不可摧"，呼唤1807年败于拿破仑之后的岁月重新再现："我们会重新东山再起。"对于1918年由基尔水兵暴动引发的反对德国军事统帅部的十一月革命，韦伯将之称为一场"疯狂的假面舞会"、"令人作呕的猥琐狂欢"和针对荣誉丧失的"一种麻醉剂"。⁶

这种荣誉的丧失和耻辱是否存在于失败之中，抑或是存在于失败的过程与持续四年之久的、由无能之人操纵的铺天盖地宣传的巨大落差之中，对此，韦伯未予表述。但是，我们可以认为他会有这样的看法。"这种愚弄整个世界的做法令人无法忍受，而且也是对'民主制度'的嘲弄"——他意识到，战争不仅释放了人们的高尚态度，而且，他也为自己明确找到了迄今为止作为他的学术生涯连续性的转折点。当他看到一个师的士兵从西部前线回到法兰克福时，他把当时的情形描述成如同詹姆斯·恩索尔①或是奥托·迪克斯②的画作一般。他写道："部队进城的样子太可怕了，山呼海啸般的欢呼声数小时不绝于耳，还有头戴钢盔灰头土脸的士兵——简直就像一群幽灵的游行队伍和狂欢节同时出现：让人毛骨悚然。"的确，韦伯在短暂的一生中扮演过许多角色，也经历过许多危机和方向的转变。他先是把资本主义作为自己学术研究的核心问题，然后是社会学概念的形成和世界宗教的历史，最后是在统治社会学、国家社会学和法律社会学框架下针对官僚体制和理性化的分析。但是，他的根本关联点始终是德国具有责任意识的市民阶层精英人群的理想形象，并以这个理想形象为标准来衡量自身社会阶层及帝国的实际状况。如今，他发现，谎言和欺骗要大

---

① 詹姆斯·恩索尔（James Ensor，1860~1949），比利时表现主义和象征主义画家。
② 奥托·迪克斯（Otto Dix，1891~1969），德国画家，参加过一战，战后出版了"战争"组画。

于他始终抱怨的适应环境的态度,仇恨要大于被他视为眼中钉的夸夸其谈。虽然他把战败投降的责任算在革命者的头上,但他知道,左派既不为失败本身也不为国家的精神状态负责。战争中,德国的死亡人数是300万,其中大约100万人是平民,400多万人受伤,将近300万人身心受到摧残。战争夺去了总共1700万人的生命,其中将近800万人是黎民百姓,2100万人受伤。在韦伯眼里,政治上的门外汉威廉二世及其一群俯首帖耳的执行者把德国人民变成了"地球上的低贱民族"。[7]

事实上,德意志帝国这个局外者的角色才是没有最终达成所希望的和平谅解条约的根本原因。正因为如此,慕尼黑的苏维埃共和国总理库尔特·艾斯纳①想促使协约国采取温和态度,并公开发表了巴伐利亚驻柏林特使于1914年夏天的报告。从报告中可以看出,德国承认对发动战争负有责任。韦伯怒不可遏。他认为这是一种错误的做法,将和平谈判道德化是愚蠢的,并且只会伤害德国的利益。他警告协约国,不要把"萨尔布吕肯、博尔扎诺、利贝雷茨、格但斯克以及其他地方"②交到外族手中,因为这将使最激进的工人也变成沙文主义者。此外,在他看来,赴凡尔赛的谈判代表团也缺少尊严。1918年11月底,他就对爆发内战表示担心——抑或他希望爆发内战,因为若如此,协约国就成了占领者,这就有可能意味着一场民族起义并因此导致民族的统一。韦伯的议论陷入了游击战的幻想之中,

---

① 库尔特·艾斯纳(Kurt Eisner,1867~1919),德国政治人物、新闻记者和作家,参加过德国十一月革命,后成为巴伐利亚苏维埃委员会领导人,1919年2月21日遇刺身亡。

② 萨尔布吕肯(Saarbrücken)是德国西部与法国接壤的一个州;博尔扎诺(意大利文:Bolzano,德文:Bozen)是奥匈帝国与意大利接壤的一个地区,一战后割让给意大利;利贝雷茨(捷克文:Liberec,德文:Reichenberg)是捷克波西米亚地区北部的一座城市,一战时德意志居民占大多数;格但斯克(波兰文:Gdansk,德文:Danzig)是波兰北部的重要港口城市,一战时属于东普鲁士地区。

他把绞刑架和监狱看成反抗占领所能够承受得起的代价。他自我想象,并为他的听众描绘了一幅图景:第一个有胆量进入格但斯克的波兰官员将被一粒子弹击中。关于后果,他并没有认真去想。此时,人们只需将他放在舞台上,并让他就"民族"的主题发表演说,那么,他的所有保险装置都会瞬间熔断。

之后,激情慢慢冷却下来。从现在开始,韦伯为了国家形态的问题奋笔疾书。在革命的形势下,德国的统一尚未得到澄清便是论题之一:迄今为止,各个邦的贵族政府在联邦参议院中均派有自己的代表,参议院与帝国议会权重相当。如果说这个国家的一部分是苏维埃共和国,另一部分是大公国,那么,人们应当如何来设想这样一个既受柏林领导又受各自的邦国管理的国家呢?得益于在战争期间始终着眼于战后未来问题的著述,韦伯现在对这样的问题已经胸有成竹。1918 年 11 月和 12 月的系列文章使他在这个领域成了首屈一指的咨询顾问。他参加了所谓的"普鲁士宪法委员会",该委员会的成员通常只由内阁的高级顾问和政治家组成,诸如:身为内务部次长的国家法学家雨果·普罗伊斯(Hugo Preuss)、外交部的库尔特·里茨勒(Kurt Riezler)、汉堡的参议员卡尔·彼得森(Carl Petersen)以及来自奥地利的卢多·莫里茨·哈特曼等。当韦伯在公开场合对哈特曼以"大使阁下"相称时,他用手轻轻捅了一下韦伯。[8] 韦伯建议,在不肢解普鲁士的情况下采用联邦制政体,建立享有调查权的议会(这点对他来说非常重要,因为他希望提高议会的地位以制衡行政部门),以及设立由人民选举的帝国总统。他把后者看成由人民"遴选领导人"的一种手段,并把总统职位设想成建立在党派组织和行政管理基础之上、民主统治制度的一种体现在有超凡魅力人物身上的矫正措施。

从这时起,一个政治演讲的时期拉开了大幕。通过这些演讲，韦伯要为凝聚市民阶层的各种力量做出一份贡献。以下摘录的是他三个月中的日程安排及演讲主题：1918年11月4日，慕尼黑：《德国政治新秩序》(Deutschlands politische Neuordnung)；12月1日，法兰克福：《新德国》(Das neue Deutschland)；12月6日，威斯巴登：《新德国》；12月9日，哈瑙（因韦伯要去柏林参加宪法讨论会议而被迫取消）；12月16日，柏林：《德国经济的重建》(Der Wiederaufbau der deutschen Wirtschaft)；12月20日，柏林：《德国的时局》(Deutschlands Lage)；1919年1月2日，海德堡：《德国的重建》(Deutschlands Wiederaufrichtung)；1月4日，卡尔斯鲁厄：《德国的过去及未来》(Deutschlands Vergangenheit und Zukunft)；1月11日，海德堡：《即将出台的国家宪法》(Die kommende Reichsverfassung)；1月14日，菲尔特：《新秩序的问题》(Probleme der Neuordnung)（台下听众发生了肢体冲突）；1月17日，海德堡：《自由的人民国家》(Der freie Volksstaat)。

应某个自由主义协会的邀请，韦伯在法兰克福为7000名听众做了他12月1日的那场演讲。演讲中，他不仅谴责革命者破坏旧制度的行动没有以和平的方式进行，而且把他们形容为对这个世界一无所知的人，说他们缺少务实的理性思维，因而，其领导层就像鸽子棚里的鸽子一样：幻想家变成了"只对争抢食盆里的食物感兴趣的物质主义者"，生产因为所谓的工人运动而瘫痪，一种针对企业家的毫无意义的仇恨被煽动起来。韦伯要告诉人们，不能对机关枪寄予希望，正如乌托邦思想不能当饭吃，在群众集会中找不到工作一样。既非库尔特·艾斯纳的慕尼黑苏维埃政府中的"文学家"，也非柏林无产阶级的发言人，而是只有市民阶层才能得到德国目前迫切需要的国外贷款（因为"敌对国家政府成员都清一色出自市民

阶层")。⁹

这场演讲过后，有人建议韦伯竞选国会议员。经过一番犹豫（因为他很长时间一直反对共和制的国家政体，赞同君主立宪的国家政体），韦伯于 1918 年 12 月加入了由《柏林日报》(*Berliner Tageblatt*) 主编特奥多尔·沃尔夫（Theodor Wolff）发起成立的德国民主党。该党不仅汇集了民族自由党内寻求共和制的"左翼"阵营人士［赞同继续实行君主立宪制的人都到了古斯塔夫·施特雷泽曼①的"德国人民党"门下］，而且还吸引了进步人民党的追随者。除了韦伯多年的政治同路人弗里德里希·瑙曼之外，雨果·普罗伊斯也是该党成员。韦伯试图争取巴登亲王马克斯②加盟该党未果，原因是，亲王觉得自己与议会格格不入。他回话说，"我本能地讨厌一群人在一起斗嘴皮子"。这句话充分证明，时代正朝着统治阶级无法再继续对之不以为然的议会制度转变。¹⁰

韦伯本人本应成为黑森－拿骚（Hessen-Nassau）选区的头号候选人。在只有两票反对的情况下（共有数百名党员参加投票），他的名字高居候选名单的榜首（对他来说就像是一场"自发的领导人选举"）。但是，提名投票时，德国民主党的基层组织被人为忽略了。对此，认为自己已经十拿九稳当选的韦伯麻痹大意，没有再去走访自己的选区和为自己拉票。于是，当这位来自海德堡的教授最后被放在了候选名单的一个完全没有希望的位置上时，他感觉从天上一下跌回了现实之中。因此，我们能够理解沃尔夫冈·J. 蒙森对韦伯的不解和震惊，他

---

① 古斯塔夫·施特雷泽曼（Gustav Stresemann，1878~1929），德国魏玛共和国总理和外交部部长，第一次世界大战后使德国恢复国际地位的重要人物，主张德法和解，与法国外长白里安同获 1926 年诺贝尔和平奖。

② 巴登亲王马克斯（Prinz Max von Baden，1867~1929），德国巴登大公国弗里德里希二世的堂弟和继承人，1918 年 10 月 3 日至 11 月 9 日任德意志帝国第八任宰相。

说：这位政党官僚主义的分析家和把政治视为一场斗争的鼓吹者只是一味地等待，并真诚地相信，他会受到大家的召唤，自己除了发表激动人心的演讲外，无须再做其他事情。但是，态度和身份并不能胜过专业精神。[11]

由此，韦伯的政治生涯也宣告结束。1920年4月中旬，他退出了德国民主党。关于退党的理由，他写道："政治家应当而且必须做出妥协，但是，我的职业是：一名学者。"学者不允许妥协让步。[12] 但是，韦伯是否有过真正的政治生涯呢？如同韦伯以《政治论文》（*Politische Schriften*）为标题编撰成集的关于政治的评论文章一样，弗里德里希·迈内克在韦伯去世后用在他身上的"学者政治"（Gelehrtenpolitik）的概念在某种程度上也有误导的倾向。甚至于，在韦伯曾经在其中活动的政治领域，诸如制定证券交易法、凡尔赛和平谈判以及魏玛共和国宪法制定的前期准备等，他都是仅限于顾问咨询的工作。严格意义上的政治，韦伯从未从事过。或者，从严格意义上讲就是：他自己从未争取过多数人的支持。

相反，从年轻时起，韦伯在对政治发表看法时就习惯使用一种特殊的示威方式。关于1890年第一次参加投票选举之事，他事后曾经多次将其宣布为是他个人的一个感叹号，因为，他虽然出身于自由主义家庭，却给保守派投了票。可是，他不久即发现，自由保守派所代表的是大地主的利益。于是，一年之后他就与之分道扬镳。由于他想把民族的大国政治、国家工业化和社会问题的处理三者结合在一起，兼之，他母亲也有相同的立场，所以，他积极投身于因抵制社会民主党在社会政治上提出的单独代表产业工人群体的要求而建立的新教-社会大会的工作。但是，对于这个争议社团的核心思想——把新教的博爱精神变成宗法制福利事业的基础，韦伯出于对宗教的抵触态度对其敬而远之。

在那里，韦伯开始了与弗里德里希·瑙曼的终生友谊，但并没有因此而真正成为这个新的民族自由派政党的坚定成员。相反，1896年底，在埃尔福特举行的由瑙曼领导的民族社会协会成立大会上，他提醒与会者注意，倘若他们想成立一个劳苦大众的政党的话，那么，他们就把自己变成了"政治的驯服工具"：只有为了争取权力和阶级的统治地位的斗争才是通向政治之道，而不是对弱势群体的同情。韦伯在不赞同其纲领的情况下，再次加入了一个政党。那么，一个政党的纲领究竟应该是什么样的呢？韦伯反对容克地主的影响，反对宫廷政治，反对将马克思"作为教条来给群众的头脑打上印记"的社会民主党。他想为一个有权力意识的市民阶层说话，但又不相信这个阶级的实际存在。1893年，韦伯加入了全德联盟——又一个被用作传声筒的、鼓吹殖民主义的世界大国纲领和爱国意识的有影响力的组织。在那里，他觉得自己在波兰问题和德国的帝国使命问题上的想法得到了理解。这一次，韦伯在该组织中待了六年，直到他出于对过于偏重农业立场的抗议再次退党为止。此外，什么才是符合民族利益的东西，他心里知道得最为清楚，并且，除了由他自己下定义之外，他不愿意为其他任何政治利益服务。从1915年起，韦伯成了全德联盟不共戴天的反对者。世纪之交以后，全德联盟越来越走向极端化。以社会达尔文主义和种族主义思想为基础，并作为德国"生存空间"的代表，他们在一战中实际代表了所有民族"情感政治"的立场。韦伯认为它是一场灾难。[13]

会议、协会、联盟——韦伯一刻不停地被纠缠在主旨演讲、纲领草案和鼓动宣传的事务当中。其中，他的演示对象和面对的群众首先是那些辩论的精英。在自己不认可的文件上签字，或是不分青红皂白地随意跟从——这不是他的行事风格。所以，他的"学者政治"一方面是以专家意见和呈文为形式的非常具体的建议（诸如早年的易北河东部地区的移民政策，直到后来的潜艇战评论等），另一方面是时代诊断的分析研究和激动人心的演讲。至于相关的角色并不总是互相契合，以及更不足以构成政治生涯条件的问题，他总是在接触了实际的政治体系，以及在被要求具备诸如外交、策略和妥协能力之后才对此有切身感受。这与他性格中的执拗背道而驰，尽管他对政治充满热情，却本能地排斥政治所需的圆滑与退让。这里，我们不禁又想起了赫尔曼·鲍姆加滕曾经提出的一个观点。他说，市民阶层的过人之处，是他们能够心无旁骛地干一番事业，但这对政治来说并不合适，因为在政治上需要的不仅是面对社会问题时的拐弯抹角，而且还需要遇事时能够妥协退让的能力。我们不妨再补充一点，即从政也同样需要有减少自身自豪感的能力。倘若这句话的含义是，市民阶层没有从事职业政治的可能性，那么这并不正确，但如果用在韦伯身上，倒是一语中的。

当谋求国会议员席位的所有希望破灭之后，韦伯郑重宣布，不愿意向党派大佬们做任何让步。从这时起，他发表激动人心演讲的次数慢慢减少了下来。尽管如此，他于1919年1月28日在慕尼黑做了一次题为《以政治为业》（*Politik als Beruf*）的演讲。这是一场专为大学生所做的演讲。学生们以邀请库尔特·艾斯纳来学校做报告相威胁，才说动了韦伯。这场报告不仅与"以学术为业"相反，而且是韦伯被引用最多的文献之一。不过，他本人觉得这个报告并不很成功。此外，有听众在与"以学术为业"比较了之后，也感到有些失望。

事实上，《以政治为业》首先是从后来题为《经济与社会》的手稿中节选出来的一段内容。韦伯把他关于合法统治论题的三个理想类型简要地重复了一下，然后提出论点认为，政治职业的理念植根于一个恰恰是为了其追随者而以政治为业的领导者的个人魅力中。然而，为了留在权力中，还需要领取薪水和被赋予社会荣誉的行政机构人员及行政手段。通过许多事例，韦伯对"为政治而生活"与"靠政治而生活"的区别做了生动形象的说明。针对权力究竟在何处的问题（在上面的部长手里，还是在下面经过专业培训的官员手里），韦伯简明扼要地进行了阐述。然而，虽然权力位于高层，因为威胁只能从上峰发出，但是，威胁并不能起到所有的作用，而且权力依赖信息的传递。从这个解答中，韦伯没有得出任何结论。他详细列举了能够扮演政治角色的社会阶层和职业群体——牧师、人文主义作家、宫廷贵族、英国乡村的小贵族、律师等，并结合这些例子，对政党的历史做了一番回顾。

至多是到演讲的三分之二部分时，每个听众当时可能都想知道韦伯最终想达到的目的是什么。他的目的就是演讲开始的立论，即把"工作"或"事务"意义上的职业与责任感意义上的职业区别开来。对韦伯来说，历史案例不过是论证材料罢了，其作用是对"选择领袖"的机制进行定义。在他看来，这个机制是围绕职业政治问题的核心。他认为，许多人都具有领袖才能、权力本能和个人魅力。那么，这些禀赋资质被政治运作发现了吗？它们是怎么被发现的？具有这些才能的人在什么样的情况下才会去从事政治？韦伯担心，未来将会受到纯粹的庸碌、争权夺位和依附党派势力倾向的影响。手中无权的议会对有政治才华的人来说缺乏吸引力。在他看来，这就是德意志帝国的致命弱点。有鉴于此，他描绘了一幅人们必然要做出选择的图景：拥有执行机器的领袖民主制和没有责任感的职业政治家的统治。

然而，他的评论始终是抽象的，原因在于他不得不脱离相关政治组织的情况来对从政的"才华"下定义。随后，韦伯解释道，世界上有能够"影响历史进程"的人。他认为，问题仅在于，政治机器是否让这些人有机会参与进来施展才华。韦伯在这里谈到了他自己的情况，并勾勒了理想政治人物的性格

图：热情满怀、严谨务实和谦虚谨慎。其中，严谨务实在这里的含义是：有始有终地对待一件事务而非追逐权力本身，亦即"不论哪种信念总是必须要有的"。韦伯反对的，是政治上的"非骑士精神"、永远有理和马后炮。政治是一个荣誉问题，因此，有失尊严的是，战争结束后有人提出了谁是始作俑者的问题，"而当时却是社会的结构造成了战争"。根据韦伯的学说，一切社会行为都有可以归结为个人因素的原因。而现在，这位作为战败国大众一分子的社会学家把整个社会都看成了原因！那么，政客们有没有对历史的进程造成影响呢？难道说功劳可以算在他们个人账上，而对他们的责任可以用神秘力量的作用来开脱吗？

针对1918年的革命尝试，韦伯对之加以总结的目的是对某些政治人物予以谴责，即倘若他们提出罪责问题，并天真地认为，人们可以在政治中把真相作为衡量事物的标准以及放弃使用暴力，这是一种非政治的做法。可是，从理性的角度来看，这却是一种正确的做法，尽管韦伯在这里观察到的是来自左派的、用罪责范畴来进行思考的"道德伦理学家"。不久，一场寻找替罪羊的风暴即将开始。然而，他提出的用以与之针锋相对的骑士精神伦理也是十分幼稚的。面对数百万战争冤魂，韦伯怎么可以建议，在德国的军事独裁者、总参谋部次长埃里希·鲁登道夫①被清算之后，争议的党派应捐弃前嫌，回到未来的日常事务上来，因为不仅相互指控有失君子风度，而且在政治中原本就有魔鬼的力量起作用呢？这种可能性到底有多大呢？最后，韦伯用这样一句话结束了他的演讲：政治家必须是一位英雄人物。回看20世纪的历史，不禁使人对此表示质疑。

---

① 埃里希·鲁登道夫（Erich Ludendorff，1865~1937），德国陆军将领，第一次世界大战期间德国军队的主要指挥官。

# 第二十七章

# 迟到的青年时代和血腥的假面舞会
——马克斯·韦伯与苏维埃共和国

> 火总是渴望,
> 就像它那样,将一切变成火,
> 但最终都成灰烬;凡是不能变为火者,
> 皆因它们不是燃料,但同样可以燃烧。
>
> 约翰·多恩[*]

在传记文学中,将被记述者的生平划分为不同的阶段并不困难。当然,出现问题和难点也在所难免。比如在马克斯·韦伯的生平中,问题即在于,他的青年时代究竟止于什么时间点。是在大学时代的开始?还是大学时代结束?是他结婚成家之日?还是从父母家搬出之时?或者是与父亲第一次和最后一次的重大冲突?不论我们在此如何选择,除了取决于青年时代这个概念之外,答案也同样取决于被记述人物的生平中是否透露出文字的信息,即他完全不曾有过自己真正的青年时代。"只不过,'第二个'青年时代——我有过'第一个'青年时代吗?——好像非常特别。"韦伯在给情人的信中曾经这样说过。并且,有别于他在学术理论中公开阐述的主张和观点,这是一个时间系数。在这一刻,现实情况本身告诉我们,它有一种并

---

[*] 约翰·多恩(John Donne,1572~1631),17世纪英国教士、玄学派诗人,代表作是《歌与十四行诗》。

非必须由传记作者"主观"添加的情节结构。[1]

但是,并非所有的生活阶段都是如此。迁居、恋爱和战争代表着一个转折点或未必代表一个转折点,必须视具体情况而定。马克斯·韦伯著书立说的阶段划分也不例外,对此,有一系列的文献论著探讨过这个问题。尽管如此,人们难免还会有这样的印象,即马克斯·韦伯的生平和著述并没有在同一个地方停留下来并转道变向。例如,比之他的学术观点,他的政治立场的变换要明显快得多和频繁得多。但是,这对同时代人来说并不能同样明显地察觉出来:退出一个政党或团体(比如全德联盟)与改变一种学术理论(比如国民经济学的历史学派)截然不同。因为,前者作为一种决定一目了然,后者则很难弄清来龙去脉。原因就在于,这里不存在可以被取消的成员资格关系。对于通过新认识的获得而产生的与旧观点的距离,我们往往只能把它想象为一种渐变的过程(至少在马克斯·韦伯身上是如此)。因此,这里对包括"生平及著述"在内的篇章的划分,也有一定的自由度。

但是,只有一个篇章的情况有所不同,也就是人生终结的篇章。它并不是最后的篇章,因为马克斯·韦伯的著作在他身后依然有着巨大的影响,任何私人图书馆都不足以承载这样的影响。当然,这个人生的最后篇章,即真正的、肉体的终结也不是问题。

缘此,真正的难点在于,这究竟是否可能是最后的篇章,抑或,我们是否更应该将它一分为二?因为,马克斯·韦伯去世时正值他的一个新的生活阶段的开始。此外,难点还在于,我们用什么来当作他人生的这两个最后篇章的起始,或曰新起点及其戛然而止的开端的标志?这位既没有预见到他的人生即将结束,又没有参加过战争(战争至少有可能让他付出生命)的人的生平的最后阶段究竟从哪里开始呢?正如他自己把死亡形容为所有现代社会人的命运一样,他的去世并不是因为"活够了",而是因为来得太突然。14天前,他还在讲授"普通国家理论与政治(国家社会学)"课,讲到政治党派的定义时停了下来,并把课程推迟到了基督教圣体节之后的某个时间。

因此,他的人生的最后阶段不是在某个非常确定的时间点开始的。但是无论如何,它始于一个具体的地点:韦伯最后一次重大的空间移动是把家搬到了慕尼黑,他于1919年夏季学期以社会学、经济史和国民经济学教授的身份在慕尼黑大学走马上任。此前,他在海德堡住了将近四分之一世纪,最后一次从1897年算起。这是一座他母亲在那里长大的城市,他的亲戚在那里有一栋别墅,他后来也搬进了这栋别墅。他的人生所有的重要事件都发生在这座城市里:成名、神经崩溃、康复、冲突、恋爱、著书立说、社交中心等。甚至,韦伯是一个特别经常出门旅行的人这个事实也没有削弱而是增加了这座城市对他生活的意义:他总是重新回到海德堡来,这不是什么寓意深刻的解释,而是符合历史当事者都有的一种感觉,即海德堡在德国大学城的模式中拥有完全适合韦伯的一种地位:远离柏林和它的种种诱惑,相信知识学问对宫廷政治的影响,但也同样远离当时施瓦宾①的种种诱惑——以一种反抗市民阶层的和至少是反普鲁士的放浪艺术家的方式,别具一格地退出了精英人群。

值得注意的是,韦伯下决心要离开所有这一切。或许,这是向大学发出的一种呼唤。当然,他从海德堡大学那里未能得到这种召唤。他离开了适合自己的环境,原因是他感觉无法胜任在那里给自己提出的要求:存在于韦伯身上的那个"天马

---

① 施瓦宾(Schwabing)是德国慕尼黑市中心的一个大学、文化、中产阶级人群集中的城区。

行空独来独往的知识分子"起来反抗学者型的政治家（虽然性欲的折磨和身体的力不从心也同样出来捣乱）。从 1903 年起直到第一次世界大战爆发，他过的是一种衣食无忧的悠闲者生活，日常开销主要靠吃银行的利息，而且被免除了所有上课的任务。按照他自己的理念，这就是贵族阶层的一个实例：有人支付报酬，使其为整个上流社会服务。他的著作就是这样产生的。

但是无论怎样，海德堡与从 1900 年至 1914 年给它打上深刻烙印的事物渐行渐远。政治驱散了一切。与韦伯过从甚密的学生罗伯特·米歇尔斯和格奥尔格·卢卡奇不仅在世界大战问题上与他产生分歧：他们以自己的方式利用了他对知识分子精英的要求（对自己最后积极投身的社会活动，即对自己愿意为之服务的"魔鬼"要有清醒的认识），一人成了法西斯主义分子，另一人成了共产党员。战争改变了刚刚开始适应新自由的社会。从 1900 年至 1914 年在人们脑子里设想出来的以及某种程度上在私人范围内进行尝试的事物，如今有了政治意义。此前是先锋派和反传统派的东西，现在成了革命和反动、积极推行的破旧立新运动和暴力行动。人们已经无法从施瓦宾的角度来理解韦伯此时来到的慕尼黑。而且，韦伯本人也同样经历了这些变化。从 1919 年初开始，他就不再仅仅是摆脱了 19 世纪的思想并通过世界史的画卷（这些画卷主要叙述已经消亡的世界的故事）来构建当前时代理论的那个杰出的学者。韦伯早就被当作一个性格古怪的权威，一个非正式的同时也是正式的名人，他树敌很多，但无疑是一个"了不起的大家"。他不仅评论了整个世界大战，而且揭露了千疮百孔的君主制（却没有革命的雄心壮志）。特别是，他有过无数次登台演讲的经历。如果他在这个时刻来到一座大城市，说明他想有一番作为，并且不惧怕充满火药味的各种交锋。他发现自己身上有控制不住情绪和善于表演的特点："我成了一个煽动家。"² 当他于 1919 年 3 月答应慕尼黑的聘请时，一个苏维埃共和国正在那里出现。

不过，首先吸引他来到巴伐利亚首都的是另一种革命。马克斯·韦伯有一个"女主人"——艾尔泽·雅菲。1918 年底，他首次对她使用这个称呼。"你是我将侍奉的人，"他承诺道，"哪怕走向可怕的深渊。"在前往维也纳和到慕尼黑做《德国政治新秩序》的演讲时，他于 1918 年春、夏和秋季顺道看望了此前中断联系的女朋友。艾尔泽·雅菲（她丈夫现在是库尔特·艾斯纳手下的巴伐利亚财政部部长）后来写下过这样一句话："那是 1918 年 11 月初有决定意义的几天。"³ 尽管如此，这时她还被韦伯用您相称，而第一次用"亲爱的艾尔泽"则是在 1918 年 12 月 20 日前后。从 1919 年 1 月底开始，韦伯激情洋溢的称呼用词花样翻新层出不穷。他想起了自己少年时读过的小说《艾凡赫》(*Ivanhoe*) 和书中的牧羊人：如同牧羊人佩戴的一个镌刻着撒克逊侯爵的名字 Credics 的铁制项圈一样，他现在脖子上也戴着一个刻有"艾尔泽·冯·里希特霍芬之物"的隐形项圈。⁴ 米娜·托布勒也同样收到过韦伯的情书，韦伯把自己称作她的"附庸"。但是，韦伯向艾尔泽保证，他是否还能给予米娜什么，完全取决于艾尔泽宽宏大量的程度。亚麻织布工（Leineweber）① 属于里希特霍芬男爵夫人——韦伯在这里用中世纪唯命是从的臣服姿态和用语这样说道。对他来说，这就是"绝对的服从"、个人的"奴隶制"等。信尾落款处，他两次使用了两个西班牙语问候的组合"S.S.S.q.b.S.p."，意思是，你的忠实仆人不是吻你的手，而是吻你的脚。⁵ 针对艾尔泽·雅菲，韦伯使用了一系列相关词

---

① 韦伯的名字"Weber"在德文中是织布工之意，故此，他在这里玩弄了一下文字游戏。艾尔泽·雅菲是家道中落的男爵贵族家庭出身。

语来表达统治、服从和女性自信的地位。他说，女学生成了老师的师傅、他的主人，她降服了他，等等。曾经把心甘情愿的服从作为他的统治社会学核心内容的韦伯，如今在情书中大量使用这类词语。他与她一同校读自己关于宗教社会学系列文章的《不成熟的见解》一文，并以玩笑的口吻建议，在有关爱情的地方加一个"经过对实际情况更成熟的研究后做了修改"的脚注。[6]

若是有人从这些词语中，以及从"你的牙印在我右臂上还能看见"这样的话中得出结论，认为韦伯有受虐狂式的服从要求，那么，他不仅要补上欧洲的情书文学这一课，而且还忽略了伴随这些表忠心词语的所有关于美和幸福的表述。韦伯在艾尔泽·雅菲面前把自己形容为一个"在很多情况下不得不戴上假面具的人"，这个戴面具的人无法告诉自己，他始终担心自己失去面子。而在她面前，他甩掉了这个面具，因为，即便是"在你面前感到害羞（我很容易这样），我也可以对你讲出来，然后一切都过去了并得到原谅。这只有在你面前才能做得到"。[7] 这些情书的关键之处，不是从里面的情节中能够见出深明大义，而是马克斯·韦伯在55岁时写了他第一批激情四射的情书，而且有时是每天一封。

前不久，韦伯全集的出版商们准备编辑出版这批书信，并加上编者按，即这些内容私密的情书非供给第三方使用。"但由于它们已经被保存下来"，所以，一部全集不应当将它们排除在外。况且，"它们已经被经常详细引用"。[8] 当然，两种情况都不能证明编辑出版的合理性，正如它们也不能为人们提供继续引用的合理性一样。从另一方面来讲，这些私密的情书不是提供给第三方使用这件事，并不能使它们与许多非私密的书信有所区别。在现代信息条件下，书信很少供第三方使用，并且根本不提供给非特定的第三方所用。所以，更应该问的问题是，后世的研究者究竟如何使用保存下来的书信，而不是对韦伯情书的私密性感兴趣的研究者究竟能否使用这些书信。何况，韦伯自己在1918年向艾尔泽坦承，十年前他曾经偷看过她写给玛丽安妮的信，想了解里面写的是什么。[9]

诚然，韦伯现在把艾尔泽称为一只"野猫"，并对"它漂亮四肢的倔强和灵活"以及它的灵魂、心灵的仁慈和责任感表示称赞，这些话也许会使某些人尤为感到惊诧不已，因为他们数十年前就把这位书信作者当成了他的一些固定术语的化身，担心眼下在给这位道德上并非无懈可击且信奉禁欲主义的名人评定最佳成绩时会被扣掉分数。常言道，仆人眼中无英雄。对此，哲学家补充道，问题不在英雄，而在仆人。反之，以传记的视角观之，问题更多是在于把某些事实排除在外的英雄概念。不过，事情并非一定如此：为什么一个对清教徒的禁欲主义表示敬佩的学术英雄就不能是一个对有着倔强性格的野猫的崇拜者呢？比之装作清嗓子或是通过钥匙孔偷窥（只因为钥匙孔把英雄变得太小了）来说，对生活方式理论的补充岂不是更有意义吗？有一类名人，他们生前没有私生活，去世后便无人对其再感兴趣。另一类名人则不同，他们去世后才没有私生活，因为他们先是被人们抬到了经典人物的高度，为的是今后从文献材料中用更贴近事实的方式对其进行描述。[10]

但是，这样做的目的何在？什么是这位学者的生平真相呢（对他的著作的评价必须不依赖于其生平真相）？我们不妨以如下情况作为实例，即韦伯的人生经历典型地说明了，在一个期待荡气回肠的爱情以及同时使这一愿望完全无法实现的时代，学习这种充满激情的爱情是何其困难，并且有时是何其痛苦的一件事情。这种爱情被作为自然现象为人们所期待，但是，如果它没有发生，又将是一种什么样的情形呢？男女性事也许可以在妓院里学到，但激情却无法学到；韦伯生活的时代，是人们要求一夫一妻制婚姻的年代；而且，知识分子——至少是他这个知识分子——一方面通过阅读和欣赏艺术（比如歌德、瓦格纳、格奥尔格等），另一方面通过伦理道德的严格要求来克服所有这些愿望。更何况，韦伯还有身体的障碍，母亲和妻子的监视，以及病情的限制。在这种情况下，怎样才能学会这种超越平淡无奇的伴侣式婚姻意义上的爱情呢？对此，艾尔泽·雅菲毫无保留、直截了当和自信的性格显然做了回答。因此，这些情书表明，在"各种面具"和韦伯如今在天边看到的另一种生活方式的一丝希望之间，二者的距离是何其遥远。由于他属于她，所以他与她一起"走向任何罪孽和罪行的深渊"，[11] 那么，从价值理论的角度来说，这个表白的含义是什么呢？对此，我们可以把它作为如下一个问题交由韦伯研究的专家学者做进一步探究，即：以一举多得和角色分离（学者、政治人物、被激情冲昏头脑者）的方式来生活，并同时服务于多个提供不同角色的男神女神：自由和骄傲的孩子、年轻和少女般的母亲、成熟和美丽的妹妹、好战友、知心的同志、情人、顶礼膜拜的天神之女。[12] 显而易见，对于第一次所遇到的情感，韦伯总能找到各种新颖的表达用语，并且，他有一种享受在其中的感觉。

因此，他向自己又向她问道："'道德'教授是否变成了'美学'教授"了呢？管它对与错，我的艾尔泽（如他此前曾说管它对与错，我的祖国一样）。倘若是在情书之外，这句话读起来好似某种客体道德伦理学一般。或者说，它是一种以非正式的腐败方式超越了陈旧的、涉及最终价值的客体道德伦理学：他建议把纽伦堡或慕尼黑作为德国国民议会的所在地，并告诉艾尔泽，因为这样他可以离她更近些。我们几乎不得不对此事最终未能实现，而且因为马克斯·韦伯的情人住在慕尼黑，所以我们也无法把德国叫作"慕尼黑共和国"表示惋惜。[13] 无论如何：不是有情人之间暧昧关系的细节——或者更糟糕的是：

无所顾忌地从二人的关系中得出结论的可能性——给了人们对韦伯情书产生兴趣的理由,而是对以他的自我形象为基础的韦伯形象的修正,才应当是人们对他的情书发生兴趣的理由。

1919年春,他给米娜·托布勒写信说:"现在事情定下来了,我接受了校方的聘请;如果这还不是最后的决定的话,那么,事情一定是出在纯粹的巧合或是一次新的搅局行动上了。"同时,他明确地告诉她,海德堡俾斯麦大街那间阁楼的"金色天空"从此让他可望而不可即,而且,他不得不把以往的时光看作共同的"美好年华":"现在不会再像这样了。"[14] 这几年正好是因为与奥托·格罗斯的绯闻以及因为与阿尔弗雷德·韦伯的爱情关系发生不快之后,韦伯与艾尔泽·雅菲中断联系的时间。在随后的告别信中,他向他的"朱迪特"说明〔他用戈特弗里德·凯勒①小说《绿衣亨利》中人物的名字这样称呼她,主人翁绿衣亨利把朱迪特描述为他无法做出选择的两个女人中的一个。关于这个女人,小说第三十章中有韦伯肯定不止一次回想起的段落〕:"由于这种交往,我在她那里熟得就像在家里一样,并且,在我脑子里时刻想着安娜的同时,我非常愿意在美丽的朱迪特那里待着,因为无意中我就把一个女孩当成了另一个女孩,而且,当我看到一个完整的女孩形象在面前的时候,我就会比在其他时候更愿意想到那朵没在眼前的娇嫩花蕾,是的,要比她本人在眼前时更愿意想念她。这时,我丝毫也没有觉得这是不忠诚的行为。"[15] 接着,他又写道,他别无他物,唯有"感谢因为你的财富的付出才得到如此多的幸福和美好"。此外,他还谈到了自己"桀骜不驯和丧失勇气的心",这颗心从青少年开始就使他没有能力告诉别人,每当美好的事物从他身边被夺走的时候,他是怎样的一种心情:"这时,我

---

① 戈特弗里德·凯勒(Gottfried Keller,1819~1890),瑞士作家。

整个人像是被冻僵了一般。"几乎终其一生,他都未能做到使另一个人感到快乐,而且,两年半之前,这种两相分离的预感就已经压在他的心头。

两年半之前,即1916年的秋天。那时,韦伯又见到了来慕尼黑听他的《德国的世界政治局势》演讲的艾尔泽·雅菲。"他像是被冻僵了一样,世界上所有的痛苦都写在了他脸上。"艾尔泽·雅菲在给阿尔弗雷德·韦伯的信中写道。两人捐弃前嫌重修旧好,在一起聊了很长时间。心里藏不住秘密的艾尔泽也把这件事情写信告诉了玛丽安妮·韦伯。从那时起,他每隔一段时间就去看望自己依然深爱的这个女人。但是,与米娜·托布勒的告别却是一种掺杂了各种感情的告别。1919年,在他从凡尔赛返回德国的路上他还写信告诉"最亲爱的朱迪特",他来到她那里,回到她的怀抱里。信中还顺带提到,"一生中最后一次看到了"香榭丽舍大街、玛德莲教堂、巴黎歌剧院。韦伯感觉自己现在因为诸事缠身"提前"变老了,同时又觉得自己第一次变得年轻——年轻与否的关键,要看他给什么人写信。[16]

因此,韦伯是为了艾尔泽·雅菲而选择了慕尼黑,尽管波恩方面开出了令人难以置信的丰厚条件:每周只上两小时课,年薪大约是10万欧元(如果换算成今天的购买力的话)。此外,他还回绝了柏林商学院的高薪聘请,虽然他重返大学是出于经济上的考虑:战争使财产价值蒙受损失,韦伯估计通货膨胀会进一步加剧。妻子也鼓励他选择慕尼黑。大半年之后,他们在那里又重新办起了家庭"招待日"。但是,从第一份客人名单就可以看出,地方的变动何其之大。来访的客人有:学校同事、一位骨科医生和一位自由主义政治家、一位林业科学家和一位刑法辩护律师,此外还有充满活力和思想、"可惜据说吗啡成瘾的"阿尔德海德·富尔特文格勒①（指挥家的母亲）。虽然都是上流社会人士，但都不是想听韦伯要说什么的人。有一次，他把聚会称作"青年人的舞会"。托马斯·曼也在聚会上见到了"久闻大名的马克斯·韦伯教授"，他在日记中这样记述道。除了托马斯·曼以外，奥斯瓦尔德·斯宾格勒②也来拜访过。韦伯在信中写道，"一个大城市来的人，谈起艺术非常有头脑，比他写的书感觉舒服多了"。他这里说的是1918年出版的《西方的没落》，这本书使它的作者一举成名。但是，按照韦伯的看法，这本书"毁掉了人们对劳动的乐趣和对事实的敬畏"。韦伯发现自己周围都是些文人墨客和对自己不是很感兴趣的专家学者。慕尼黑不再是华灯闪耀，而是如同德国一样光线昏暗——不只是出于节电原因被关掉的街道和商店照明。想象力驱使人们纷纷扑向权力。但是，德国的"革命"起初到处都是非暴力的行动；具有典型意味的是，作为预备役军官的韦伯在海德堡也是一个工人和士兵委员会的成员。尽管如此，他对思想观念甚至学术研究如今是否还被人们所需要表示怀疑："我们这类人真的成了一种极其多余的奢侈的存在，对此，人们不应该自己找什么借口，而且也用不着请别人找借口敷衍搪塞。"因此，韦伯也使用诸如假面舞会和化装舞会这样的词语形容革命，因为所有角色都陷入一片混乱之中。诸如上流社会贵族精英们眼中的"小犹太人"埃德加·雅菲，人们眼见他正让这些巴伐利亚贵族和官员向新成立的共和国宣誓效忠。虽然他们心里愤恨不平，却只能咬牙切齿忍气吞声。参与政治最终不是为了权力，而是为了借助权力以获得社会的承认——韦伯的见解在这里找到了充分的佐证

---

① 阿德尔海德·富尔特文格勒（Adelheid Furtwängler，1862~1944），著名指挥家威廉·富尔特文格勒（Wilhelm Furtwängler，1886~1954）的母亲。

② 奥斯瓦尔德·斯宾格勒（Oswald Spengler，1880~1936），德国历史哲学家、文化史学家。

材料。[17]

韦伯近日与之打交道的内阁人物在血腥的严峻现实下并没有给人们的观剧愿望留下很多遗憾。5月中旬,在启程前往凡尔赛参加和平谈判之前,他从柏林写信给前任总参谋部次长埃里希·鲁登道夫,想敦促他第一个、并作为总参谋部人员的榜样按照盟军的要求自动去美国战俘营自首。韦伯希望能够借此激发鲁登道夫的荣誉观:不能给对手留下把柄,说战争的责任者如今让人民来为他们的行为承担责任。[18] 但是,鲁登道夫做梦也不可能这样做。韦伯等了两个星期始终未见回复,于是,他于5月30日在柏林亲自登门拜访了鲁登道夫。"韦伯教授的样子仿佛还在我眼前,"鲁登道夫在1941年出版的回忆录中写道,"他极尽恭维和溢美之词,试图说动我:'阁下,请为您对人民做出的伟大贡献再锦上添花吧,请您再做出比英雄般地为国捐躯更伟大的义举吧。[……] 您做出的牺牲将缓和敌人的态度,您的死将拯救人民于水火。'很少听到这样的言辞,我觉得太不可思议,所以还一直记着这些话。"鲁登道夫认为他在韦伯的眼中看到的是仇恨。但是,也许他分不清仇恨和鄙视。

关于此次登门拜访的经过,年轻的法学家理查德·托马(Richard Thoma)和经济学家埃米尔·莱德雷尔(Emil Lederer)将他们与韦伯的谈话做了记录,这些谈话记录能让人们对事情的经过了解得更清楚。鲁登道夫拒绝为国家承担责任,他认为人民就是一群乌合之众和不知感恩的暴民,让他感觉背上发凉。韦伯:他必须为国家尽最后的责任。鲁登道夫:这还不是最后的责任。韦伯:"那么,之前把国家挂在嘴上就不是真心话。""鲁登道夫:如今国家有了您称颂的民主制了!情况现在变好了吗?韦伯:将军先生,您真以为,我把我们现在这些乱七八糟的东西认为是民主制吗?鲁登道夫:教授先生,如果您这么说的话,那我们倒是能够彼此理解了。韦伯:且慢!

第二十七章　迟到的青年时代和血腥的假面舞会 / *409*

您是不是觉得，我已经把我们之前经历的那些乱七八糟的东西看成君主制了呢？"[19]——问得好！

随后不久，韦伯的生活中又出现了另一个极端类型的人物。1919年7月，作家恩斯特·托勒尔因卖国罪在慕尼黑开庭受审。[20] 在十一月革命期间，他追随库尔特·艾斯纳，并作为德国独立社会民主党人（USPD）竞选巴伐利亚州议会议员。库尔特·艾斯纳于1919年2月被暗杀之后，他进入了同样不稳定和昙花一现的苏维埃共和国［为了反对由州议会选出的社会民主党出身的州长约翰内斯·霍夫曼①和他的政府于4月成立］的领导班子。当苏维埃共和国的追随者和自由军团的成员之间爆发流血斗争时，和平主义者托勒尔是慕尼黑"红军"武装的总指挥。就形式而言，这位26岁的指挥官在此期间成了这个共和国实际的最高领导人。并且，有别于共产党，他愿意与逃往班贝格市的霍夫曼政府进行谈判。谈判失败后，右翼分子施行大屠杀，左翼分子枪决了人质。由此，右翼政党找到了采取进一步暴力行动的借口。由于社会民主党和自由军团暗中勾结，苏维埃共和国风雨飘摇，并在腥风血雨中走向灭亡。

托勒尔于5月初被捕，最后交由临时法庭审判。不久前，1905年参加过俄国革命、有俄罗斯血统的共产党人尤金·莱文（Eugen Leviné）因卖国罪被该法庭判处死刑，因为法官不仅认定他有令人不寒而栗的疯狂信仰（"我们共产党人都是出来休假的死人"），而且，还鉴于他同意枪杀人质以及他是德国共产党员这一简单的事实，认定他具有"不光彩的思想"。托勒尔在海德堡上大学时，曾是韦伯家里每周日"讨论会"的常客。现在，韦伯作为他的证人出庭作

---

① 约翰内斯·霍夫曼（Johannes Hoffmann，1867~1930），德国政治人物、社会民主党人，1919年3月至1920年3月任巴伐利亚州长。

证（法庭以调侃的口吻把韦伯当作"文学家"），并把托勒尔宣布为道德伦理学者，认为他纯粹出于道德的动机想改良世界——满怀"绝对的真诚"，但是没有考虑到后果。[21] 在诸如托马斯·曼、卡尔·豪普特曼（Carl Hauptmann）、罗曼·罗兰（Romain Rolland）和马克斯·哈尔贝（Max Halbe）等其他文学家的证词中，托勒尔也被说成是一个心地善良、不小心误入政界的知识分子，但心里未必怀有对市民阶层的仇恨。甚至于不是真正社会民主党人的普鲁士内务大臣沃尔夫冈·海涅（Wolfgang Heine）也出来为托勒尔说话：托勒尔当时所处的政治局势，正值新政权的合法性与对旧政权的暴力颠覆之间的界线尚不明确之时，因此，这不是托勒尔的过错。[22]

公诉人按照韦伯把托勒尔说成道德伦理学者的逻辑推论，把从中产生的政治行动诠释为一种法律上的可诉行为：假如托勒尔对政治一无所知，却仍然担任了一个领导者的角色，那么，这正是一种不负责任的行为。所以，这个主观意图伦理观的信奉者的行为与一个无证驾驶车辆的人没有什么区别。他的行为不是"不谙世事"和没有顾及后果，相反，这个行为本身在他眼里就是成功。道德观念或许是一种从轻量刑的因素，但它必须在对行为后果的顾及中反映出来。从社会学角度来看，目的也不过是一种手段而已，亦即，它是肯定行为的手段。倘若道德观念本身成了手段，那么，一种把不顾及后果的行为与顾及后果的行为区别对待的理论就陷入了困境。因为这样的话，手段和目的都成了行为的后果。

辩护律师也注意到了公诉人从韦伯出于开脱目的做的解释中得出这个结论的可能性，于是，他避实就虚地指出，韦伯对被告的了解是基于被告上大学前的那段时间。[23] 检察官和辩护律师在这里都触及了韦伯的一个未弄清的问题：某人的行为若是不考虑后果，那么，他就是对行为的后果感到问心无愧。所以，韦伯最终能够尊重的与其说是托勒尔的道德观念，不如说是这个立志改变世界的英雄。比之鲁登道夫之流（心术绝对不正，自诩为英雄，拒绝一切有碍仕途的风险），这位英雄更值得他引为样板。由于没有找到"不光彩思想"的证据，法院宣判托勒尔五年徒刑（一个对政治犯来说量刑相对较轻的剥夺自由的判决结果）。相反，"不光彩的"莱文在宣判当天即被执行死刑。

最后，即韦伯生命的最后一年，将他与血腥的狂欢场面联系在一起的第三幕场景开启。谋杀巴伐利亚总理库尔特·艾斯纳的凶手是安东·冯·阿尔科·瓦利伯爵（Anton Graf von Arco auf Valley），一个22岁的右翼极端主义愣头青。此前，他对自己被开除出1918年8月在慕尼黑成立的民间组织图乐会（Thule-Gesellschaft）怀恨在心。图乐二字（Thule），是古希腊人用以称呼他们想象中处于世界最北方边陲的一个岛屿。自封为"德国式教团"的图乐会起源于一群咄咄逼人且疯狂热衷于日耳曼文化的文人墨客，他们有着非常复杂且反犹倾向十分明确的幻想，并试图进行最疯狂的神话组合：共济会加神学动物学、泛神论神秘主义加轮回转世理论。图乐会的自办刊物《慕尼黑观察家》（*Münchner Beobachter*）于1920年改称《人民观察家》（*Völkischer Beobachter*）后，被国家社会主义德国工人党接手。数月前，该党刚刚从1919年1月成立的德国工人党脱胎而来，而其建党人中就有若干个图乐会的成员。当阿道夫·希特勒于1919年9月12日第一次参加该党的某次小型集会时，土木工程师出身的戈特弗里德·费德尔（Gottfried Feder）在会上的演讲题目是《如何以及用何种手段战胜资本主义？》。[24] 故事极具讽刺意味的是，阿尔科被开除的原因是他母亲艾米·冯·奥本海姆（Emmy von Oppenheim）出身于犹太家庭。年轻气盛的伯爵想通过刺杀艾斯纳的行动，来证明自己特别具有北方日耳曼人的血性。

当杀人犯于 1920 年 1 月被宣判死刑时，慕尼黑大学的学生群情激奋。抗议集会上，多数人要求赦免他们的同学；许多人认为阿尔科是一个有道德伦理的人，他的行为不是出于卑鄙可耻的动机。当判决在宣判次日被改为多年徒刑后，韦伯参加了第二场讨论这一改判决定的学生集会。面对集会人群，大学校长、医学家弗里德里希·冯·穆勒（Friedrich von Müller）针对阿尔科的减刑说道，"我们和你们一样为此感到高兴"，并把这个法学系的学生比作威廉·退尔①。韦伯并不愿意被包括在这个"我们"之中，他把对行刺凶手的减刑视为如何对待荣誉观的问题，并在第二天的课堂上就此发表了一些自己的看法。他赞同阿尔科的观点，认为"艾斯纳给德国带来了一个又一个耻辱"，但是，巴伐利亚政府部长委员会不应在学生的示威面前畏惧退缩：阿尔科伯爵现在身败名裂，成了"咖啡馆的谈资"，而不是像他之前准备好的那样，用死来为他的行为承担责任。"由此，那场被冠以革命的骄傲名字的狂欢就被竖起了一块墓碑。这样，艾斯纳就活在了人民心中，因为阿尔科永垂不朽了！"针对右翼学生引以为傲的"国防军与他们站在一起"的说法（即军队赞成谋杀艾斯纳），韦伯稍后评论道，说这些话的人都是相当出色的"阴谋论者"，"但是，为了博取人们的喝彩，他们也不得不在公开场合装作不小心说出了这些事情的样子！"他说，为了重建德国，他将"与世界上任何力量结盟，甚至是与十足的魔鬼联手"，唯独"不与愚蠢行为的力量"同流合污。[25] 韦伯再次使用了反唇相讥的技巧，并把一个将社会主义阵营的同学称为"帮派"的学生叫作"无赖"。两天后，这个学生收

---

① 威廉·退尔（Wilhelm Tell）是瑞士传说中 14 世纪反抗奥地利哈布斯堡皇朝统治和争取民族自由的英雄。

回了他的辱骂，韦伯也随之收回了自己的反击言词。

但是，韦伯的讲课受到了有民族主义思想的学生的干扰（他们中的一些人认为他是犹太人），他们在韦伯的课堂上怪叫和吹口哨。他在信中提到，学术界的气氛已经变得极端反动和反犹太化。[26] 在卡尔斯鲁厄大学，学生委员会于1919年底因为化学家马克斯·迈尔（Max Mayer）的犹太出身，阻挠了校方对他的聘用，最后还发出威胁，若是他接受学校的任命，他们就采取行动。[27] 世界大战、政治暴乱以及针对暴乱的准军事斗争也完全改变了学生的心态。如今，哪里有暴力，哪里就有权威。韦伯在劳恩斯坦古堡会议上以及在《以学术为业》的演讲中还认为，人们应该抵制那些躲进小楼成一统的浪漫主义者，可是，逃避现实主义早已成了毒素和狂怒，并且已经开始自我组织化。在韦伯救赎计划的类型分析学中，不仅没有这种破坏狂，而且也没有这样的思想，即救赎要依靠消灭某些敌人来实现。今天，这种破坏狂和救赎思想的宗教特征已经露出端倪。

缘此，韦伯眼下所遇到的这类人，其中不乏因为他们的罪恶将给德国带来"奇耻大辱"的人物。其程度之严重，是韦伯以及其他德国人当时无法想象的：在曾经是自由军团成员、参与镇压苏维埃共和国或曾经是德国国民保卫和防御同盟成员的慕尼黑大学学生中，有后来纳粹党的头面人物，诸如鲁道夫·赫斯（Rudolf Hess）（经济、历史和法律专业学生）、汉斯·弗兰克（Hans Frank）（法律专业学生）和菲利普·鲍赫勒（Philipp Bouhler）（哲学和日耳曼学专业学生）；海因里希·希姆莱（Heinrich Himmler）1919年就读于慕尼黑工业大学。他们都是20岁左右的学生。我们完全可以想象，当韦伯说愚蠢要比不爱国行为更为糟糕的时候，他们朝他吹口哨，狂呼乱叫。

"我现在离政治比以往任何时候都远，只要我活一天，就不会改变，'到此为止了'。"28——这段时间里，韦伯再次将更多的精力投入到研究工作中。他的《社会经济学大纲》手稿（他逝世后以《经济与社会》为题发表）越来越厚。1918年在维也纳大学讲课时，他就已经用过手稿中的内容，在慕尼黑大学上课时也同样如此，比如第一门关于"社会学普通范畴"的课程等。29 他把手稿当成了教材，可是，对教材来说，它的内容又包罗万象。手稿最后几乎厚达900页，排版印刷非常紧凑，如果把它扩展到1500页也完全不成问题。若是有人把它当作社会学的入门读物的话，那么他或许不会再有余力去研究更多的材料了。学校的各种课程对韦伯来说是一种负担：他觉得，这些课程既不能用写书的方式，也不能用演讲的方式，而只能用"既讲又写的方式"来讲授。30 总之，学生应当做课堂笔记。韦伯一再告诫，政治不要进入课堂——这个警告也是在这种交流方式下产生的结果。讲课是上面讲，下面记，并没有规定学生可以提问或提出异议。但是，韦伯的社会学教材并不是首先为具体的学生考虑的。他准备用自己的这本书为其他专业讲授社会学的意义。他最后开设的讲座课的奇怪名称就说明了这点：迄今为止一直叫"国家学"的学科，现在应当从社会学角度重新设置。同理，他也完全可以从他的手稿取材，来开设"宗教史"（"宗教社会学"）或"法学导论"（"法律社会学"）的课程。

1919/20年的冬季学期，韦伯为500名来听课的学生开设了他最后一门大课"普通社会和经济史纲要"（他自认为"极度不满意"31 和不胜其烦），他的讲课笔记和学生的课堂记录最后被结集成书。虽然他的自我评价不高，但此书表明，除了政治、宗教和法律之外，韦伯还从社会学角度对经济进行了重新论述。在他看来，这可能只是重复了他几十年来的研究内容，但事实上，他的观点在这段时间里发生了很大变化。他著书立说第一阶段的重大主题——资本主义在这里被再次加以重点论述，其原因尤其在于，马克思主义及其经济理论正在发生新的实际作用。韦伯如今已不满足于像他在《新教伦理》和《世界宗教的经济伦理》中所做的那样，想要证明精神、文化、动机等因素对形成现代经济的重要性。[32]

韦伯以原始农业经济状况是不是共产主义的早期形态的问题作为切入点。为了回答这个问题，他为学生们阐述了传统日耳曼式的田地划分：中间是农舍，以农舍为中心，周围是花园地、农田、牧场（"公有地"）和森林，并将其与其他历史上的农业早期形态进行了比较。他在页边注中写道，"历史上的田地划分并不十分明确，因为犁（拨土板在右侧！）在前进时有向左偏的倾向"，于是就出现了不规则的垄沟，由此，他明确向学生阐述道，平等不是古已有之的东西，而是在艰难的过程中慢慢形成的事物。土地不相等，子女人数不相等（导致土地继承权不相等），子女待遇不相等，年纪小的儿子没有田地，手工业的分工和不平等的流动性等，这些只是造成不平等情况不断增加的、可以用社会概念进行概括的部分原因。韦伯的结论是：经济没有统一的原始形态；人们发现"到处都是巨大的差异"。

韦伯在讲课过程中，始终保持这种不把经济史归结为某一种形态，而是作为不同的社会力量共同作用的结果来理解的思考方式。这点尤其体现在探讨现代资本主义产生的最后一学期的大课上。他把资本主义定义为：通过各种组织方式使日常需求得到满足的手段，并且，为了调查盈利能力，这些组织要进行成本核算（韦伯称之为合理的成本核算）和编制资产负债表。然而，值得注意的是，韦伯不仅认为这是西方国家所特有的，而且，"这也是19世纪下半叶才出现的事物"。[33] 这就使我们可以得出如下结论：对韦伯来说，也许如同任何相关行为的精神一样，资本主义的"精神"是某种事物，这种事物只有在相应的社会结构还没有完全普遍建立的情况下才可能存在。一切可期待的和正常的事物皆不需要"精神"。

在韦伯看来，资本主义的这种普遍存在只有在多种不同的条件下才能产生：生产资料的私有制，商品的流动既不受垄断（贸易禁令）也不受消费规定（购买禁令）的限制，有可计算的权利，自由的工资劳动，最后是购买股票和政府债券、购买货币和评估资产的可能性。虽然韦伯坚持他的理论，认为只有在某一类愿意过上理性生活的人群存在的情况下，资本主义才有可能出现。但是，他所提到的其他条件现在已经非常之多。针对每一个这样的单独条件，他指出，这个单独条件并不足以构成"唯一的条件"：例如在欧洲的城市中，艺术、科学、神学和高度发展的宗教，特别是重商主义的市民阶层虽然得以发展起来，但是，当城市精神使资本主义从中受益时，城市本身作为一种权力结构已经再度黯然失色。罗马法虽然以其独特的方式培训了大量被"理性国家"所使用的欧洲律师，但是，就其本身而言，恰恰是在经济发展势头强劲的英国，它却没有起到什么作用。除此之外，当出现"奢侈生活民主化"的时候，宫廷的奢侈生活需求才产生影响。在韦伯看来，这便是"向资本主义的决定性转折"。可是，他并没有对从禁欲主义向大众消费的相应心态过渡做进一步的揭示，而且也没有在他关于资本主义思想发展的最后一章中回过头来再对这个问题进行讨论。[34] 在对资本主义的发展起到推动作用的因素中，没有一个作为"唯一的因素"起到了这样的作用。换言之，只有这些因素的整体才形成了一种既成功又令人难以置信的组合。因此，自由主义式的简单历史哲学的谬误，不仅在于错误地强调了某些因素的重要性，还在于所考虑的作用因素数量过少。[35]

就资本主义观念而言,他在关于这个问题的最后一句话中,特别强调了内部经济道德和外部经济道德之间差异的消失是欧洲发展的决定性成就。也就是说,如果在以缴税义务和交换仪式为特征的共同体内部,成本计算经济意义上的资本主义被认为是不道德的,并且,如果没有针对外部陌生人的任何约束(反对高利贷、欺诈),那么它就不能得到发展。更准确地说,韦伯的前提是,人们把赚取利益的行为也扩展到了关系密切的人那里(比如在相同地方居住的人),并且,也像对待关系不密切的人那样,该怎么样就怎么样地对待他们。[36] 只有在面对非个人关系时没有了原则上的、受宗教因素影响的不信任的情况下,"商业化"的现代经济才能得到发展。新教通过对魔法式的救赎手段和有特权的救赎领域的反抗,消除了修道院团体和教士经济的特殊地位。这即意味着,经济得以继承了这样一份遗产:"修士是那个时代第一个理性生活的人,他有条不紊地以及用理性的手段来追求一个目标——来世。"[37] 韦伯认为,那些要求其成员像世俗的僧侣一样处世待人的禁欲主义教派,通过这种方式将道德要求的最高标准带到了日常生活之中。借此,现代企业家就能够以最好的心态从事他们的行业,自由的工资劳动者就可以将他们在工厂中的劳动诠释为道德义务。在大学讲堂之外,当慕尼黑社会主义革命的狂欢活动刚结束,俄国的苏维埃统治正在为生存而战之时,韦伯在他讲座的最后几句话中指出了这两个政权的前期历史:当给予工人阶级永久幸福的安慰不复存在,资本主义认为它有施惠于所有人的理由的时候,社会内部才出现了紧张关系,"从那时起,这种紧张关系一直在不断增加"。[38] 针对上述给予工人阶级的这种安慰,韦伯未做评价。但是,从他的表述中我们能够听得出来,他可以赞同一个生活在幻想中的世界,如果这些幻想是英雄式的幻想的话。

# 第二十八章
# 终结

> 所以，越是有个性的人，就"越是凡人"，
> 因为，独一无二的事物是无法替代的，并且，
> 越是独一无二的事物，它的消逝就越为确定。
>
> 格奥尔格·齐美尔

韦伯打算于1919年10月15日开始的经济史讲座，比预计的时间推迟了。10月14日，他母亲在柏林去世。他青少年时代的最后一缕关系就此中断。他在信中再次写道，"德国灵魂的这代人——因为他们是它的代表——就此结束了"。随后，他又补充道："至少对我们来说是这样。"[1] 在信中，他没有从观念上进一步详述，但是，这恰好表明，这期间他的思想发生了多么大的变化。1884年的世界——他返回柏林在父母家居住的那几年——已经烟消云散，而且，当年引起他思考的那些问题如今也同样不复存在了。唯一以你相称的老朋友保罗·格尔现在官居普鲁士国务秘书。韦伯最后一次见到他是1916年，并在随后的信中写道："是啊，那时的一切对我来说也是充满活力的！"[2] 可是，在1918年至1920年的书信中，格尔的名字再未出现。

1919年8月底，弗里德里希·瑙曼去世。通过民族自由主义政治这根纽带，他从19世纪80年代起直到最后始终与韦伯保持密切的关系。韦伯从报纸上得知了这一消息，他写信

向瑙曼的遗孀表示哀悼,并用慨叹的语气说道:"一个人从内心上在一个不属于他的时代坚定地走着自己的路,不是他来得太早,就是他到得太迟。"³对韦伯来说,这两句话都适合作为对他自己的评价:市民阶层——他把自己看成它精神上的先锋——来得太晚,因为它错过了获取理性的国家权力和文化上占主导地位的时机;它来得又过早,因为它所追随的理想与残酷的现实格格不入,因为理想必须在现实中得到验证。

第三个应当提到的人是恩斯特·特勒尔奇,这位学术造诣同样很高的友人走的完全是自己的路。韦伯于1914年底与他分道扬镳。当时,他临时出面顶替罗曼语学教授爱德华·施内甘斯(Eduard Schneegans)的工作。施氏是阿尔萨斯地区人,一战期间打算把家搬到法国去,因为他的子女成了狂热的德国民族主义分子,而且不再与他有任何来往。但是,特勒尔奇不想让施内甘斯在没有士兵陪同的情况下在海德堡的部队医院看望法国伤员。韦伯觉得这是沙文主义和不真诚的表现,于是就在争吵中把特勒尔奇从他家中赶了出去。从此以后,二人见面便形同路人。⁴

在知识界,韦伯成了形单影只的人。罗伯特·米歇尔斯和格奥尔格·卢卡奇选择了其他的政治道路。桑巴特不再是一个严肃认真的谈话伙伴(如果他以前是的话),因为在战争期间他喜欢摆弄短语警句的倾向愈发严重。齐美尔已经过世。海德堡时代有联络的人中,除了米娜·托布勒之外,几乎都失去了联系。他自己的生活与他的道德主张背道而驰。围绕德国新秩序的动荡时局淹没了对西方理性历史的所有阐释,尤其是,学问被降格成了一种职业立场。格奥尔格·卢卡奇在匈牙利苏维埃共和国期间担任了一段时间的国民教育委员,苏维埃共和国失败后,他流亡到了维也纳。韦伯在给他的信中苦闷地指出,他本人、卢卡奇、熊彼特——熊氏曾经当过三个月奥地利的财政国务秘书,因而毁掉了自己的名声——都积极投身政治,但为此付出的代价却是:失去了科学无可置疑的共同价值。并且,投身政治也同样未能得到一星半点的结果,或者,"在眼前一切都变得反动的时代",[5]已经没有了出现任何结果的希望。学术上,韦伯也同样处于单枪匹马的状态。社会学领域,他是一人孤军奋战。他在其中成长的那个精神世界,以及他若干年处于其中心地位的那个精神世界,如今都已不复存在。

1920年耶稣受难日,时年40、年纪比韦伯小16岁的妹妹丽莉·舍费尔(Lili Schäfer)自杀身亡。由于战争丧夫守寡,她住在贝格施特拉瑟县(Bergstraße)的奥登瓦尔德学校(Odenwaldschule),一人拉扯四个孩子艰难度日。她与校长保罗·格希布(Paul Geheeb)有几个月的私情。阿尔弗雷德·韦伯最后去她住的地方看望过她。在与格希布本人和丽莉·舍费尔的一个要好的女友面谈之后,他觉得,妹妹成了唐璜(Don Juan)①的牺牲品。这个唐璜以爱情教育和生活改革为名,专干勾引已婚妇女和青春少女上床的勾当,玩弄之后便丢弃一旁。五年之后,曾经也是奥登瓦尔德学校学生的克劳斯·曼②在他的短篇小说《老人》(Der Alte)里讲述了一个校长对学校女生的不轨行为。格希布想必会对号入座,认为这个人物就是他自己。阿尔弗雷德·韦伯在医生那里坚持要求把死亡原因写成一次煤气中毒的"不幸事故",马克斯·韦伯也试图告诫亲友莫要对事故的原因刨根问底。玛丽安妮·韦伯成了四个孤儿的监护人,因此,韦伯在写信时说,"这样我就当上了'父亲'"。[6]

---

① 唐璜是西班牙民间家喻户晓的传说人物,以英俊潇洒和风流倜傥出名,一生中勾引了无数贵族妇女,文学作品中是风流汉的代名词。

② 克劳斯·曼(Klaus Mann, 1906~1949),德国作家,大文豪托马斯·曼之子。

1920年夏季学期,马克斯·韦伯为500多名学生讲授"普通国家理论与政治(国家社会学)"大课,每周四次,每次一小时。此外,他还开设了一门两小时的"社会主义"以及一门为挑选出来的学生开设的"社会学科学论文"课。不久前,他给海因里希·里克特写信说,就国家社会学的基本概念而言,只有几种类型的社会行为是必要的:第一种是以现行道德规范为标准的类型;第二种是以情绪或习惯为主的类型;最后第三种是以目的为主导的类型。韦伯认为,第一种行为类型——"'秩序'有效性的观念"[7]——加之依靠领导人物和管理方式试图全面推行这一观念的人群,构成了国家的主体。韦伯将其称作严格遵守个人主义的方法。"在社会学意义上,国家不外乎一种可能性,也就是发生特定类型的特殊行为,即特定的个人行为的可能性,除此之外,其他什么都不是。我多年来所教和所写就是这个东西。"[8]这就引出了一个有待回答的问题,即如果这种行为被称作典型的且被认为是官方的行为,那么,它在多大程度上的确是个人的行为呢?这里,不是人在行动,充其量是联邦总理在行动。而且,人们是否将某种动作看作这位总理的行为,这点并不仅仅取决于他的行为本身,还取决于在国家或政治的背景下对其行为的各种解释。甚至,政治行动者连行动目的都无法自主设定,为此,他必须依赖价值模式、决策制度和各种资源的存在。此外,一个行为者在广泛的领域内完全像另一个行为者一样行动,因此,这个行为也可以由另一个人完成。所以,社会学家塔尔科特·帕森斯(Talcott Parsons)后来指出,"行为即是系统",在这些系统中,行动者只是一个瞬间罢了。因为帕森斯的缘故,韦伯获得了世界性的声誉,因为他首次被帕森斯当成了社会学的经典人物。

然而,为了理解韦伯的"个人主义",我们必须看到他针对的是什么:不是针对他那个时候还根本不存在的社会学,而是针对诸如国家是一个有机体的思想。特别是法律史学家奥托·冯·吉尔克认为，一个国家组织"像一个人那样是一个身体－精神的生命单位，它可以把意愿和想要得到的东西转化为行动"。由此，这就为各种对于国家的"意志"究竟由什么组成的问题的解释留下了很大的空间；人们至少不必为此指名道姓地说出谁是感兴趣者，而且也无须为此对决策过程进行分析。韦伯所做的另一个区分是内容上的区分：他的国家社会学很大程度上撇开了国家法的问题，目的是把注意力转到今天被人们称为政治组织的问题上来。如果他强调，只想对"纯粹经验的和典型的人的行为"进行探讨，那么，他首先要借此与这样一种国家学摆脱关系，即当它解释了国家的目的和法律规范之后，认为已经澄清了这门学科的所有问题。⁹

正是在他对第一次世界大战和德国的议会制度的评论中，他以一种日常社会学的方式，把国家作为决策结构和利益集团在权力博弈中的角斗场来进行分析：君主制、官僚制、政党、议会、军队等。与此同时，他越来越关心的问题是，民主制是一种什么样的统治形式，因为在他的观念中，建立在被统治者承认统治者的统治基础上的权力行使属于个人魅力的范畴。然而，具有超凡魅力者并没有被选举出来作为统治者。而且，倘若将当时的德国总理赫尔曼·穆勒（Hermann Müller）称作一个具有超凡魅力的统治者，乃是颇为奇怪之事。假如政治人物也按照受欢迎的程度评比排名的话，那么我们真的要把这种做法说成"个人魅力的普遍化"吗？归根结底，这样做只涉及他们的参选，并不涉及他们当选之后也能得到机会被民众服从的问题。何况，如果不存在强制性的，即内容上有限制的授权，抑或，假如政治体系过于庞大，以至于民众的命令请求无法上达，那么，民主选出的政治家还会真的成为被统治者的仆人吗？

讲课过程中，韦伯除了按照《经济与社会》一书中统治社会学的脉络进行之外，还用当前的实例来说明他的思想。比如，他把1918年的革命向学生诠释为所有三种合法秩序的崩溃。他说，对合法性的信仰因为"兴登堡计划"（Hindenburg-Programm）①而遭到了破坏。该计划的内容是全面动员一切经济力量进行战争生产，包括关停"与战争无关的企业"，以及要求所有人员参加到生产劳动中去。"相信法律者是傻瓜"成了人们的普遍反应。在战争结束时的水兵起义中，作为合法性来源的传统被军方拒绝服从命令所破坏。最高领导层有个人魅力的威信在战败中荡然无存。由此可见，国家秩序的存在依赖于各种不同的合法化的动机。现代统治建立在对固定规则的信任之上，这些规则由政府部门予以执行并通过各种行政机构而变得非个人化。与此同时，作为正式的统治形式，它是"恣意妄为的敌人"，并且以实用原则为导向。该原则的对立面，一方面是企业家，另一方面是现代的政党领导人，他们如今在某种意义上也变成了企业家。他们被作为个人而得到其他人的服从，并借助所取得的胜利和追随者的支持来证明他们自己。我们看到，韦伯在这里所关注的是党员的服从，而不是选民的服从。对韦伯来说，最后一位靠个人魅力当选的政治人物是威廉·格莱斯顿。他在1864年至1894年期间数度当选英国首相，而且是在一种虽然是民主制度，却没有人民群众参与的情况下的当选。"格莱斯顿根本没把议会放在眼里，他依靠的是党的组织的支持。"[10] 在代议制民主中，臣民选举的不是代表他的"仆人"，而是"主人"。于是，公民——韦伯有意舍弃了这个完全不合适的概念——就被迫进入了被统治者的角色。

---

① "兴登堡计划"是德国在一战期间由陆军统帅部于1916年制定的军备生产和经济计划。

他想让政党民主、政府、行政、立法与统治社会学的概念保持一致，然而此时此刻，人们在他的分类学机器中可以清楚地听到不和谐的嘎吱声。

可是，就在他讲到向政党问题过渡的地方，课程中断了，1920年6月4日，韦伯因病缺席了国民经济系的会议。圣体节这天，即星期四晚上，他浑身发冷打寒战，体温上升。但到了周末烧又退了，诊断结果是支气管炎。星期一，他与艾尔泽·雅菲讨论了《经济与社会》以及他的宗教社会学文章第一卷的献词事宜：题献给他的母亲和妻子。

6月9日，他的状况似乎稍稍好转了一些。玛丽安妮·韦伯写了一封信给艾尔泽·雅菲，这封信本来是写给自己的丈夫，甚至不啻是写给他们两个人的情书。若是把这封信称作用德文写的最高尚的情书之一，也并不为过。信中写道，马克斯当初让她在慕尼黑和波恩之间进行选择，她选择了前者，但心里完全清楚这意味着什么。不然，她将无法原谅自己，"假使我浪费了任何一个真正属于你们的快乐的话。我自豪地看到，到现在为止这样的事情并未发生。因为马克斯的原因，命运已经非常眷顾我了。他用他丰富的学识和力量给了我想得到的每一个快乐"。玛丽安妮·韦伯把他们的关系几乎形容为一种充满个人魅力的关系。

事实上，她一生当中与其他围绕马克斯·韦伯的女人——他的母亲、米娜·托布勒、艾尔泽·雅菲（她们以不同的方式都可以称为他的共同情人）——所寻求的这种团结，不仅是一种特殊魅力类型的生活圈子，而且，她还始终致力于把这个崇拜共同体的成员都融合在一起。对于这个建立在个人魅力之上的共同体来说，最终关键的一个要点是，崇拜者们要紧密团结，抑制自己的竞争欲望。有鉴于这样一个情爱的性别共同体，一切谈何容易！因此，玛丽安妮·韦伯唯一拜托艾尔泽·

雅菲（在她眼中艾尔泽是世界上除了韦伯之外最可爱的人）的一件事是：不要让他知道，他的妻子时常怀疑自己不是他最适合的女人。而且，玛丽安妮不是因为她丈夫或许对她自己的怀疑一无所知而请求艾尔泽要对此保持沉默，而是因为他不应当知道，把这件事告诉他的情人是她的一种需求（"这是我怎样的一个弱点啊"）。读到这段文字，人们无法不对这个女人肃然起敬：直到最后，她始终没有完全摆脱对可能失去这个男人的担忧。尽管如此，她却认为，对于自己的爱情以及对于包含在其中的让他人获得幸福的意愿来说，应该表明一种人们所能想象的最高尚心灵的态度："永远不要忘记，我从内心深处支持你们的关系，并且，我内心一切善良的情感能够为此事感到高兴。"[11]

至此，一切形成了一个闭环。仔细观之，这个闭环实际上是个螺旋，因为一个人生的瞬间直接连在了前一个瞬间之上。在1893年的求婚信中，马克斯·韦伯用过于郑重其事的文辞把自己的冷静态度——这种态度可能适合于所有事物，唯独不适合于订婚——表述成了对婚姻的一种期待：冷静的态度应当用来控制感情和作为应对危机的堡垒。蒂尔曼·阿勒特[①]在他对伴侣式婚姻的精彩分析中，将这封信要表达的信息非常准确地浓缩在了一句话中："你要做好思想准备。"[12] 韦伯把夫妻双方通常相互吸引的东西——无法预见的欲望以及由欲望引发的无法预见的自我发现——重新诠释成了一种始终应当予以抵制的过分要求。

这与他通过自己的著述所描画的以及得到各种文献资料证实的自我形象正相吻合：一个对理性、冷静、价值评判控制以及日常实践高度重视，同时也写过"欲望是我生活的基本音符"

---

[①] 蒂尔曼·阿勒特（Tilman Allert，1947年生于德国），法兰克福大学社会学教授。

的人，一个把音乐说成是内心世界的救赎可能性并把"最大的非理性生命力量——性爱"推崇为可以摆脱理性世界日常生活冷漠沉闷的少数几个领域之一的人。在1914年撰写的《不成熟的见解》中，针对各种救赎宗教与性行为之间的矛盾关系，他补充了一段文字。根据这段文字，宗教在伦理化过程中，脱离了放荡、舞蹈、圣洁卖淫等魔法式的极度兴奋和各种形式的精神恍惚。在宫廷文化和封建荣誉观的保护伞下，性行为升华为"（理论上！）"有节制和骑士风度的女性服务。在这种服务中，男人第一次以某个特定女性的仆人的身份出现。在各种救赎宗教看来，"你，只有你"这个至高无上的特殊神宠论似乎是上帝创造之物所具有的神秘主义，因而号称具有救赎宗教无法给予的某种神性。如同韦伯所描述的那样，这种情爱关系具有超凡脱俗的特点，它与那种夫妻双方的责任取代了性爱的、受到伦理和理性控制的婚姻形成了鲜明的对照。[13]

玛丽安妮·韦伯写给艾尔泽·雅菲的这封信将这些矛盾对立统统抛在了一边。爱情与理性，或是激情与责任并不处于矛盾之中。玛丽安妮·韦伯无须承担任何责任，而且也没有借助这样的语言，或是借助韦伯《不成熟的见解》一文中在此处所用的语言来解释自己。韦伯在文中写道，婚姻把爱的感情与责任绑在了一起，而且，随着年龄的增加，"在双方的互相给予和相互亏欠中（按照歌德的说法），可能存在着一些奇特而又高尚的东西"。[14]但是，韦伯误会了，这句话并非歌德所说。虽然歌德在韦伯引述的小说《亲和力》中说："人类的境遇在苦难和欢乐中被设定得如此之高，以至于无法计算出一对夫妻之间的亏欠。这是一种无限的亏欠，只有通过永恒才能加以消除。我想，这件事虽然有时让人心里觉得不舒服，但事情就是如此。我们不是也和那个我们经常想摆脱的良心结为夫妻了吗？我们之所以想摆脱它，是因为它比一个男人或女人更加让人觉得心里不舒服。"¹⁵ 但是，小说中议论夫妻亏欠之事的不是歌德本人，而是他把自己的观点交给了一个讲故事的声音。这个声音继续说道："他说得很生动活泼，而且可能滔滔不绝地继续讲下去。"——因为在歌德那里，讲道者是小说中最健谈并被作者把所有市民阶层的道德说辞和至理名言都交由他一个人来说的人物：单身汉米特勒牧师。¹⁶

缘此，玛丽安妮·韦伯亏欠丈夫的，绝不是她没有同意他与另外一个女人在爱情上的满足。因为，尽管她强调说，与韦伯在一起的生活使她获益良多，但是，即便按照所有婚姻和夫妻的理想，也不能要求她这样做。她赖以为自己和赖以做出决定的基础，不是法律和亏欠的概念。她应当感激韦伯的自我发现是爱情，这个爱情并未先于婚姻而存在，而是在婚姻之中所产生。倘若她现在不想阻止他也知道这个自我发现，她只是觉得这段爱情已经走到尽头。在这种情况下，比之韦伯所构建的清教徒的伦理道德，她更接近于真正的清教徒。女人是男人的慰藉，反之亦然。这一事实使她在唯一的问题上越出了这个范畴，亦即若是没有与艾尔泽·雅菲的关系，他必然"感到缺憾之苦"。最为悲哀的是，当她把这个想法表达出来的时候，她所爱的这两个人已经无法再利用自己的豁达大度了。

因为两天后，韦伯的肺炎导致神志不清，发高烧说胡话，恍惚中好像给学生做了一场考试，用多种语言与自己自言自语，用完整的句子说的是："我们会看到后面要发生的事情"，以及"加图①：真实的就是真理"。弥留之际，他勉强与情人和妻子告了别，虽然他想跟玛丽安妮说的"几句诗"是意大利语，她未能听懂。6月14日星期一傍晚，慕尼黑的天空电闪雷

---

① 马尔库斯·波尔基乌斯·加图（Marcus Porciu Cato，前234~前149），通常称老加图，罗马共和国时期政治家、演说家。

鸣，大雨倾盆，韦伯的心脏停止了跳动，终年56岁。一个辛劳奋进、病魔缠身、不知疲倦、著述等身、严肃认真和充满冲突的人生结束了。其中的五年，即1909年至1914年，韦伯或许可以将其称为令他满意的五年。在最后的一年半时间里，出现在韦伯信中的"幸福"和"美好"的字眼越来越多了起来。

在韦伯神志模糊时说的话中，有一句古罗马的法律格言："Ultra posse nemo obligatur。"① 这句格言的意思是，要求不可能做到的事情的合约是无效的合约。通常人们用德文把它翻译成：没有人有超出他能力所及范围的义务。《民法典》第275条这样写道："如果一项福利对债务人或对其他任何人来说是不可能的，那么，对此项福利的要求就不成立。"我们必须把上述法律的译文放在眼前，以衡量韦伯在何处与这条格言有所不同。因为，在青年时代的一封信中，他曾经为母亲引述过这句后来成为他临终遗言的法律用语，并完全用他自己的方式翻译道："当一个人力不从心之时，他才可以停止工作。"[17]

---

① 此话的含义见随后的文字。

# 经典人物是如何产生的？
## 高尚的虚无主义者、他的影响和问题

他留下了什么遗产？每当一位科学家的人生走到尽头，人们都不禁会提出这样的问题，对马克斯·韦伯这样的学者来说尤为如此。因为，问题首先关及的并不是他的理论和认识：在他学术生涯开始之初，他就提出了一系列问题，并以之作为学术工作的基础。直到他人生结束之时，他所生活的社会是否能够找到这些问题的答案，尚未可知。韦伯心系市民阶层，关心他们是否能够取得政治上的统治地位，以及在文化上能否起主导作用。他当时不是社会学家，只是从职业兴趣的角度提出了这个问题。因此，更确切地说，他是通过这个问题走进了后来所形成的社会学之中。我们不妨说：他留下的遗产，是他回答这个问题的主观意图的附带结果，以及他为此所创造的各种方法。然而，他的研究对象如今已经不复存在。因为，在他的人生以及第一次世界大战结束之时，将这场战争作为民族的责任来热烈庆祝的德国市民阶层不仅经济上元气大伤，而且这场战争使市民阶层政治力量的一部分人失去了人生的方向，另一部分人走向了极端主义。因此，如同韦伯在直接对峙中所接触的激进的大学生一样，市民阶层政治力量的许多代表人物向民族主义思想以及某些人物向苏维埃共产主义的转变，同样成了具有典型意义的现象。

与此同时，想要在民族中找到社会学主导"价值观"的想法比之开始时变得更加缺乏根据。马克斯·韦伯毕生事业的政治对象现在已经消失得无影无踪。韦伯不仅从未以斯特凡·格奥尔格的方式呼唤一个"秘密的德国"的横空出世,而且也没有声称过这个"秘密的德国"的实际存在。但是,就他的主导理想的逐渐消失而言,他们二人并无差别。如同格奥尔格一样,韦伯也想象过一个现实中并不存在的民族。但在生命的最后,他终于明白,这个民族也永远不会出现。

在大学的最后一堂讲座课中,韦伯在结束时总结指出,随着工业化的"钢铁"时代的到来,一个新的时代开始了。在这个时代中,工人们不再相信,他们虔诚的、守纪律的和无欲无求的生活的回报是永恒的极乐世界。但是,倘若市民阶层也同样不再相信构成市民阶层群体概念的世俗理想,那么,一个什么样的时代又将开始呢?面对二元论和各种极端的矛盾冲突,他们相信的是"中庸的"和温和的立场吗?或者,相信追求遥远目标的意义,而不是迷失在当下和只沉溺于物质的消费之中?抑或,与铤而走险的信念相反,去相信一种理性的历史发展?最后,他们是相信劳动,而不是相信掠夺和其他形式不劳而获的所得吗?1918年之后,旧时代意义上的市民阶层并非已经退出了历史舞台,而是人们普遍怀疑,这个阶级的思想和生活方式对于触手可及的未来是否还具有代表性的意义。曾经于1895年用知识分子式的一次攻势行动登上市民阶层自我认识舞台的韦伯,25年后已经被逼到了无路可退的境地。他在自己一系列宗教社会学和政治文论中,倾向于把英雄主义的人生态度赋予(或推荐给)市民阶层和理性的生活方式,说明他可能已经预感到,他们需要这样一种人生态度。

尽管如此,对于韦伯留下了什么遗产这个问题的回答,并没有在人们指出他的政治斗争徒劳无功以及"市民阶层思想和生活方式的衰落"之后便告结束。[1]因为我们也完全可以认为,这个问题本身就有问题。"他留下了什么遗产?"这个问题容易引起误会，让人觉得，某人留下的遗产不及他生前所创造的财富。马克斯·韦伯就是这样一个实例，作为学者，他留下的遗产要比他生前的著述更为丰富。从某种意义上说，1920年时他出版面世的著作数量上还非常有限，但随着时间的推移，他的著作变得越来越伟大，论点越来越广泛，洞见越来越丰富。

尼克拉斯·卢曼曾经有一句尖刻的评语，他说，经典人物都是油腻和黑色的人物：所谓油腻，是因为他们被无数人摸来摸去；所谓黑色，是因为朝奉的蜡烛的烟熏所致。韦伯必定也是卢曼所指的人物。因为，就触摸而言，没有第二个社会学家触发人们写过如此之多的文章和论著。他的著作的每一寸地方都被人们翻了又翻，他的每一个观点都被人们考察了再考察。讨论他对贵格会信徒看法的有之，论证谁是他的曾伯父的有之，探讨为什么荷兰在《新教伦理》中未起作用的有之，议论他是如何引述莎士比亚的有之，阐述他对伯里克利、莱纳·玛丽亚·里尔克和犹太复国主义观点的有之，以及论述他如何使用"饱和"一词（至少用了18次）的学术论文等，可谓汗牛充栋不胜枚举。为了弄清他所处的生活环境，甚至有文章在研究，究竟是艾尔泽·雅菲先与奥托·格罗斯有染，然后再与弗里德里希·弗尔克相好，或是反之。这些被人们倾情关注的细节，归根到底只是细节而已。不唯如此，马克斯·韦伯还是一位可以被人们不断深入发掘下去的经典人物：马克斯·韦伯与体育，马克斯·韦伯与星相学，马克斯·韦伯与埃米尔·拉斯克，马克斯·韦伯著作中"没有灵魂的专门家"概念的起源，等等。总之，尚未得到论证、引述和重新评价的领域比比皆是，应有尽有。

但是，谁会对此感到惊讶不解呢？所有这一切都是从人文科学角度对韦伯表示关注的一种记录，这种学术角度的关注不想轻易放过人们从著名的文章、著名人物的言论以及著名人物本身那里所发现的任何细小事物。因此,一方面我们可以从这些记录中了解到,在1900年前后成为一名学问家可能意味着什么,以及作为这样的学问家意味着什么。另一方面,也正因为如此,我们无法认识一个真正的马克斯·韦伯,因为,总有某位专家对他的著作、生平和生活环境的某个方面了解得更加透彻深入,并且知道,他1913年时说过的话与1918年时说的有哪些不同。或者,总有一位研究者从人们所阅读过的,包括韦伯本人也阅读过的书目中读出了更多的深意。与此同时,人们总是要在一些重要的或至少是有趣的材料之间做出取舍,一则是为了使韦伯研究的课题不超出课题本身的范畴,二来更是为了这项研究工作能够取得成果。对韦伯的著作及其写作过程最为熟悉的研究者,诸如汉堡大学的斯特凡·布罗伊尔①、牛津大学的彼得·戈什②、慕尼黑大学的弗里德里希·威廉·格拉夫③、底特律大学的劳伦斯·斯卡夫或比勒菲尔德大学的哈特曼·泰瑞尔④等,均出于这样那样的原因没有对韦伯进行总体和全面的评述。学术界有一句流传甚广的话:"千万不要写维多利亚时代的历史,因为对这段历史,大家知道的实在太多。"这句话也同样适用于马克斯·韦伯。[2]

那么,韦伯的知名度又从何而来,为什么研究他的人趋之若鹜呢?对这个问题的回答本身就是一段思想史和一门社会学。因为,马克斯·韦伯著作的意义并没有对此提供全部的答案。我们不能简单地认为,他之所以成名,是因为他笔下的锦

---

① 斯特凡·布罗伊尔(Stefan Breuer, 1948年出生于德国),德国社会学家。
② 彼得·戈什(Peter Ghosh, 1954年出生于英国),英国历史学家。
③ 弗里德里希·威廉·格拉夫(Friedrich Wilhelm Graf, 1948年出生于德国),德国新教神学家。
④ 哈特曼·泰瑞尔(Hartmann Tyrell, 1943年出生于德国),德国社会学家。

绣文章里讲的话都对。与他同时代的法国人埃米尔·涂尔干①和格奥尔格·齐美尔都发表过他们的社会学著作,这些著作在创造性、思想深度和论题的多样性方面与韦伯的著作相比毫不逊色,在知名度上却居于下风。因此,若要说韦伯的著作比他同时代人的著作更为令人印象深刻甚至更为"正确",事实并非如此。

尽管如此,韦伯的著作为什么会有如此无可比拟的影响力呢?对此,一个非常客观的解释是,马克斯·韦伯的妻子是玛丽安妮·韦伯。³ 为了丈夫著作的出版、整理和编纂,她倾注了巨大的心血。早在1922年,《经济与社会》第一版就已经面世,1926年,她撰写的《韦伯传》随之发表。这部传记在将近80年的时间里成了一本权威传记。1937年,她整理出版了韦伯青年时代的书信集,1948年,她的《回忆录》问世。玛丽安妮·韦伯非常清楚,她在谁的身边度过了自己的一生,因此,体现在她身上的、借助为他的著述服务的方式将她的这一认识公之于众的力量是无比巨大的。无论她在处理丈夫的著作和书信中被证明有多少人为的遗漏和美化,但毋庸置疑,她是一位非常重要的遗产管理者。

1921年,玛丽安妮·韦伯又重新搬回到了法伦斯坦别墅。这一年,艾尔泽·雅菲的丈夫去世,她于1925年也同样回到了她自己人生旅途开始的地方。与此同时,两人与米娜·托布勒一起组成了一个保持终生的追忆往事的共同体,从而使"海德堡神话"依然留在人们的记忆中。不过,当哲学家赫尔曼·格洛克纳(Hermann Glockner)于1919年来到海德堡的时候,从人们的交谈中,他感觉到,这座城市已经不

---

① 埃米尔·涂尔干(Émile Durkheim, 1858~1917),犹太裔法国社会学家、人类学家,有观点认为他应与卡尔·马克思和马克斯·韦伯并称为现代社会学的三大奠基人,主要著作有《社会分工论》《社会学方法规则》《宗教生活的基本形式》等。

是马克斯·韦伯生活的地方了。这种感觉尤其来自与精神病学家、哲学家和被他称为韦伯弟子的卡尔·雅斯贝尔斯的谈话。雅斯贝尔斯对社会学并不十分感兴趣,但却在他的《世界观心理学》(*Psychologie der Weltanschauungen*)中将韦伯关于理想类型的学说与《精神科学理论》(*Theorien in den Geisteswissenschaften*)相提并论。在他眼里,马克斯·韦伯是一位哲学家和知识分子生活的典范,一部"活生生的法律",一位权威性的人物,"在理性的讨论中,绝对可靠、无法直接言传的领袖气质就在这位权威人物的身上,从他那里自然而然地就产生了对当前时局的看法以及对各种事件和见解的评价"。于是,第一批表达崇敬的蜡烛由此点燃,一个具有超凡魅力的人开始被人们怀念和追忆。[4]

然而,倘若仅就此而言,我们也许把韦伯的影响局限在了一个很小的范围之中。与之相反,超出这一范围的一个事实是,没有人能够准确地说出,韦伯著作的意义究竟在哪里。他卷帙浩繁的著述为多种多样的诠释提供了各种可能性。雅斯贝尔斯意欲把韦伯定义为一个哲学家,这不过是开了先河而已。数年后,移民美国的政治哲学家列奥·施特劳斯(Leo Strauss)的看法恰好相反:在他看来,马克斯·韦伯是相对主义思想最伟大的代表,这个思想恰恰否定了哲学理性的可能性。因为,如果有人认为,所有价值观念都是平等的(亦即它们之间的冲突不能由认知而是由社会斗争来决定),那么,这就不可避免地导致"这样一种观点,即理性无法在邪恶、卑鄙和荒谬的事物与它们的对立面之间做出抉择"。韦伯所反对的,实际上只是一种没有理想的生活,而这种道德观归根到底是一条命令,即"你应当优先选择某事物"。对于这条命令,施特劳斯以嘲讽的口吻写道,"现实存在已经完全保证了它的实现",因为,生活即意味着优先选择某事物。韦伯本人舍弃了惬意的自欺欺人和舒适的胆小懦弱，选择的是学者的正直诚信和政治的荣誉观念，这一事实使他成了一个高尚的虚无主义者。但是，这个高尚的虚无主义者拒绝回答：到底是什么给了他对道德的深刻认识。[5]

这类相互矛盾的解释尝试在韦伯对后世的影响历史中非常典型。如今，许多学者都把他看作社会学中"个人主义"方法的鼻祖和反对集体概念的斗士。他始终以利益和世界观为研究的重点，亦即重视单个行为者的动机问题，并且不受所谓存在"社会"这类事物的观点的左右。就他的方法而言，起决定性作用的是他对社会学所下的定义：社会学应当是"一门既要阐释又要理解社会行为，并借此从根源上对它的过程和影响进行解释的科学"。倘若我们仔细思考这句话和其中的"借此"一词，我们马上就会惊讶地发现，韦伯写下这句话的时候，他这辈人中的一位名气更大的世界级人物西格蒙德·弗洛伊德几乎同时宣称，行为者的动机——人们从他们的行为中可以理解和"可以重新体验的"事物——其实根本不是他们行为的原因。但是，韦伯认为，这只是"意义阐释的一个极限案例"而已。

那么，社会学是否几乎总是与行为者本人的意识明确知道的那些显性的社会行为原因打交道呢？无意识的因果关系是特殊现象吗？关于这个问题，韦伯留下了一封值得关注的书信。1913年，韦伯在给他的朋友、精神病学家汉斯·格鲁勒的信中写道，精神病患者的症状也有某种"意义"：有别于"无意义的联想"，症状是心理事件"有意义的关联关系"的一种记录。格鲁勒不同意这样的看法，认为症状不可能是心理和某个经验之间有意义的关联关系的显现，"倘若病人自述他从未有过这种感觉的话"。事实上，根据弗洛伊德的学说，梦者并不懂得他们自己做的梦是什么意思。完全依照韦伯的一种严格的范畴学思路，格鲁勒认为，人们只有在病人自己懂得自己的地方才能懂得他，否则的话，面对毫无动机的行为，只能对其从因果关系的角度进行解释，或者对其束手无策。于是，人们在何种程度上能够对作为梦者的梦境的社会行为做出解释——这个争论将成为20世纪社会科学和精神科学的一个无法回避的课题。[6]

韦伯认为，就社会行为而言，行为者自身乃是决定性的因素。对韦伯这种个人主义式的解读方式持相反意见的，是一位美国人。此人于1925年来到海德堡，读的是国民经济学专业：他就是塔尔科特·帕森斯。学习期间，他接触到了韦伯的著作。如同他后来记述的那样，他通读了《新教伦理》，此书不仅使他兴奋不已，而且像一部侦探小说一样，感觉他自己和他的家人都出现在了书中：[7] 帕森斯的父亲年长韦伯一岁，是持有宗教异见的新教神职人员和英语教授，年龄相同的母亲是一位女权运动人士。回到美国后，帕森斯于1927年以一篇关于桑巴特和韦伯的资本主义概念的论文获得了海德堡大学的博士学位。十年后，马克斯·韦伯出版了一本书——《社会行为的结构》（*The Structure of Social Action*）——这本书首先在美国，随后在全世界成为所有大学社会学入门课程的必读教材。

在这本书中，帕森斯用200多页的篇幅讲述了韦伯的主要著作和最重要的概念，并把他和其他欧洲学者一道看作如下学说的主要代表，即功利观念并不是分析社会行为充分的思想基础。韦伯告诉他，理性是有先决条件的，这些先决条件本身不是用理性的方式决定的。帕森斯认为，之所以如此，不仅是因为功利主义者也无法说清，为什么他在某种特定情况下将某件事物看作对自己有益的事物，而且，他甚至对目的和手段也无法明确加以区分。因此，行为除了以行为者及其享乐主义为前提之外，还要以文化规范、一个从社会角度定义的行为环境以及行为目标为条件。而且，行为目标是由社会期望决定的，即使在它们偏离了社会期望的情况下也是如此：诸如通过犯罪、创新、抗议，或是通过从事资本主义职业工作的决定等。具有行为冲动的行为者，比如有获取利益欲望的人比比皆是。但是，当需求得到满足之后，他们是否愿意继续工作，这不仅取决于他们本人的决定。相反，集体的行为意义规范在这里也同样在起作用，比如，充分利用现有手段（劳动力等）乃是一种诚实本分观念的印证，等等。帕森斯认为，在每一个这样的行为中都汇集了这些前提条件。因此，某个单一条件不能被认为是这个行为的原因，行为者自己也不例外。他的结论是，人的行为是复杂的结构和系统。[8]

20世纪30年代，当欧洲大陆的政治和学术思想一片沉寂之时，帕森斯在这个具有世界历史意义的时刻于1937年做出了一个引人注目的尝试，即完全以欧洲学者的著述为例，向他的美国同胞阐述作为欧洲思想的社会学。如今，他们的思想已经成了人类的共同遗产。早在1927年，经济学家弗兰克·奈特（Frank Knight）就把韦伯最后的大学讲座翻译成了英文，随后，《新教伦理》于1930年、《学术理论论文集》于1934/35年、《经济与社会》的前四章于1937/39年间相继出版。除此之外，许多移民学者都将韦伯放在精神的行囊里带到了美国。随后的30年是美国社会学史上最富成果的时期。在社会科学领域，社会学专业一直发挥着领头羊作用，并且，作为该学科最重要的基础著作家，马克斯·韦伯牢不可破的地位从此确立。

早在1937年，帕森斯就指出了韦伯对后世产生影响的第二个原因，即他的著作所包含的材料之丰富，需要各种不同领域高度技术性的专门知识方能理解，例如，古罗马的土地丈量学、印度的种姓制度或是音乐史上的毕达哥拉斯音差等。有鉴于此，帕森斯认为，一位凡夫俗子若想对这些文章著述进行整体的批判分析，这无异于班门弄斧，不自量力。于是，韦伯研究就出现了理论家和学者的分工，他们浩如烟海的关于"韦伯问题"的个人研究结果相继出版问世。韦伯是个一流的论题供应商：有别于在一个狭窄的事实领域内从少数几个概念中得出尽可能多的结果的埃米尔·涂尔干，他基本上对所有事物均充满兴趣。并且，与格奥尔格·齐美尔不同，他喜欢到处与现行的研究工作联系起来，并为下一步的研究课题做好准备。因此，尽管其他学者对他的《新教伦理》的批评使他火冒三丈，但是，这些批评本身就已经说明，具有完全不同气质和认知兴趣的研究者从他的学说观点中得到的启发何其之多。

1945年后，韦伯学说从海外重归故里。当几乎德国的所有知识传统都因为纳粹主义的变体而不得不受到质疑之时，美国的社会学以及随之而来的马克斯·韦伯起到了一种特殊的作用。帕森斯本人即是撰写关于德国灾难原因分析文章和为美国的占领政策献计献策的研究学者之一。在知识脱离现实12年之后，人们普遍认为，社会学作为讲求事实的科学起到了直接澄清真相的作用。兼之，韦伯似乎是一个未被战前时期所牵连的人物，他的学说传统可以被人们继续发扬光大。但是，当历史学家沃尔夫冈·J.蒙森于1959年在他的博士论文中指出，韦伯在他生命的最后时刻，从一种有个人魅力的领袖人物参与的全民投票民主制中得出过某种结论，以及当有人议论，在慕尼黑大学听过韦伯最后开设的讲座课、在其纪念韦伯的文章中发表了他的《政治神学》部分内容的专制主义理论家卡尔·施米特或许是韦伯的嫡传弟子时，韦伯的声誉和学说被掺进了一些不和谐的杂音。

韦伯著作中的这些矛盾因素还将像游戏一样常常被人们拿来摆弄。他针对西方文明所起的特殊作用的、包罗万象的历史分析，在20世纪50和60年代被纳入所谓的现代化理论之中：

这种社会变革学说描述了从"传统的"向"现代的"社会的转变,并将其看作迈向"西方的"成就的发展历程。不少学者强烈反对这种将韦伯纳入其他理论之中的做法,他们非常熟悉韦伯对"发展阶段"思想的批判,并沿袭了他的历史悲观论。就道德规范而言,韦伯不是一个面向未来,而是一个面向过去的人;他注重的不是现代社会获得自由而是失去自由的问题。而且,社会历史学发现,他的阶级和阶层社会学不仅是马克思主义理论的一种替代学说,而且他还是抨击作为民主制度晚来者的德国的批判者。面对民主制度姗姗来迟的德国,韦伯咄咄逼人的民族主义与之针锋相对。如同对官僚制度的批判以及对社会民主党的评论一样,他的民族主义并不十分适合为人们依靠联邦共和国的福利社会模式和对莱茵河畔的资本主义的抑制所得到的快乐提供论证依据。

凡此种种:韦伯既是一个统一体,又是他自己的对立面。这注定要使他成为经典式的人物,因为经典人物的生活为人们提供了进一步让人赞叹不已的动机。如果说他在自己的著作中曾经为英雄主题留下某些空白的话,那么,他如今也同样被描述成了一位英雄。人们不说他言行不一自相矛盾,而是说他心绪如麻纠缠不清。人们不说他常常言过其实过分夸张(他自称"煽动者"可以为证),而是把号召人们做最终决定和过一种有意识的生活算作他的功劳。人们同样不说,他本人的生活几乎不能作为最终决定、命运选择或禁欲主义的市民特性的佐证。只要可能,人们宁可将角色分离(韦伯就是这样一个人)的证据掩盖起来,并且把他的情人叫作"女友",他的性行为叫作"关系",他的"愤怒"叫作"荣誉感",以及他对道德责任的偏离——如果这是英雄本人所为的话——叫作"完整的人性"。偶像崇拜,由此可见一斑。

于是,一位经典人物由此诞生——通过不断对生活的渲染而使其成了典范：一位科学精神的典范，一位同时也投身于政治活动的学者生活的典范，一位"有激情和有节制"的典范，一位为生活方式的统一以及诸如此类事物而奋斗的典范。但是，一种榜样式的生活并不存在，有的只是榜样式的事迹。正因为如此，世间也不存在出于某一个原则或是作为与某个单一的问题打交道的人生旅程。缘此，一部完整的传记并不是真相的证据。讲述这些真相的意义，在于打破人们的一种观念，即认为一个人的伟大之处在于他的道德自信，或是在于他确实能够驾驭自己的人生轨迹。可以肯定的是，马克斯·韦伯的伟大之处（在其学术能力和成就的范围内），与其说是坚持了一项既定的计划，不如说是改变了他的人生方向，虽然这对他来说如此艰难。在重大的演讲报告之外以及在平凡的日子当中，经典的生活是不存在的。

但是，经典的著作却是存在的。这些著作成功地指出了一系列的问题，这些问题将超越它们的解决方法继续存在下去。韦伯以不同于他人的方式提出了关于市民阶层的问题，此时他所处的社会，是一个无法主要依靠对其社会阶层关系的分析而能够完全加以认识的社会。如今，这种由几代同堂的大家庭、财产和教育组合在一起的，包括这个阶层能够被理解的政治取向和某种"文化"在内的社会，已经变成了一个偶然遇到的问题。许多人认为我们受到其控制的"网络"是一张由职能部门、雇员、说客、企业家和政客组成的网络，而不是一张阶层或阶级的网络。这些人通过他们所在的组织得到了有权有势的地位，但是，这些组织并没有掌握在他们手里。我们想象中的企业董事局的主席，并不是一部为他服务的机器的主宰者，联邦政府总理或政党领导人亦是如此。韦伯曾经设想，现代社会将受到各种组织可以预见的左右和影响。这个设想在我们看来已经变得非常陌生，其原因在于，他不仅正确诊断了专业化的发展趋势不可阻挡,而且,官僚主义制度——在地球上的某些区域——以牺牲立法机构为代价,的确成了一种非常普遍的现象。唯有"服从命令的基本结构"所具有的形式与其说是一部统治的机器,不如说是一种以平等、安全和改革承诺为内容的、如同尼克拉斯·卢曼所说的"民主官僚主义"。

把人类社会生动地形容为一种可控的齿轮装置,这种想象我们充其量在互联网行业中可以遇见。虽然互联网行业用数字算法代替了机械系统,但它并没有因此失去暗指和隐喻的作用。相同的情况也同样适用于理性的资本主义、理性的国家、理性的法制、理性化的艺术和理性的经济等:在所有这些领域中,"理性"不仅不是同一件事物,而且,从许许多多单独的理性中也没有产生一种作为整体的理性。何以见得?就生产企业而言,它的理性在于:用尽可能低的成本生产出顾客所认可的产品,尽管这些顾客同时也是生产企业的雇员,这些雇员因工作而生病,因为生病,他们就给卫生系统——卫生系统如今以理性的方式发现和开发了越来越多的疾病和药品——和国家造成了医疗费用,而医疗系统和国家则将这些费用一部分算在经济部门、一部分算在老百姓的账上,与此同时,它们又向老百姓借钱,为的是进一步扩大这种政治理性的、有利于再度当选的循环过程。无论何地,莫不如此。一个领域的理性,就是另一个领域的窘境。因此,就"西方理性主义"的功劳或失败意义上的对世界的主宰而言,所有这一切看来均还与之相去甚远。

尽管如此,采用分析的方法,并采用适用于所有领域的基本概念把现代社会作为一个整体进行描述——韦伯的这一尝试还将是一项长期的任务。无论他的学说观点依然有效或是已经失效——这里,他的巨大努力一如既往地令人敬佩之处在于:在善与恶、可预见性与不可预见性、祛魅化与迷信、理性与荒谬的幻想同时增加的社会面前,他始终试图保持头脑的清醒理智,并且不逃避到一种安全的特殊知识和有限的影响范围中去。通过韦伯的著作和韦伯的努力,我们不仅能够清楚地意识到这项任务的规模,与此同时,马克斯·韦伯还示范性地告诉我们,在完成这项任务时我们必须对哪些具体困难做好思想准备。"已经过世的作家离我们如此遥远,因为我们知道的事情比他们知道的事情多得多。"对于这句话,T.S.艾略特①曾经简明扼要地回答道:"说得对,因为他们是我们知道的那些人和事。"9

---

① 托马斯·斯特恩斯·艾略特(Thomas Stearns Eliot, 1888~1965),出生于美国,后加入英国籍,英国诗人、剧作家和评论家,1948年获诺贝尔文学奖,对20世纪英美文学影响巨大。

# 注 释

## 导　言　马克斯·韦伯为何值得我们关注？

1 Simmel: Philosophie des Geldes, S. 669.
2 LB, S. 130. (Häufig zitierte Werke werden in den Anmerkungen mit Kürzeln wiedergegeben; diese werden im Literaturverzeichnis aufgeschlüsselt.)

## 第一章　广大市民阶层的一员

1 «Der Nationalstaat und die Volkswirtschaftspolitik», in GPS, S. 20.
2 MWG II/6, S. 763; Guenther Roth kann aus dem Berliner Stadtarchiv ein Gehalt des Vaters von Max Weber in Höhe von zehntausendfünfhundert Mark belegen; FG, S. 515.
3 FG, S. 25 ff. und 57 ff.
4 LB, S. 27.
5 Schumacher: Auslandsreisen deutscher Unternehmer, S. 218, Anm. 1150.
6 FG, S. 252.
7 Vgl. Bosse: Bildungsrevolution, S. 47–160 und Stichweh: Zur Entstehung des modernen Systems wissenschaftlicher Disziplinen.
8 Vgl. Moretti: The Way of the World.
9 Vgl. hierzu und im Folgenden Fahrmeir: «Das Bürgertum des ‹bürgerlichen Jahrhunderts›. Fakt oder Fiktion?», S. 26 f.
10 Green: Else und Frieda, S. 225.

## 第二章　童年和少年

1 JB, S. 17.
2 Ebd., S. 15.
3 Ebd., S. 4.
4 Ebd., S. 21.
5 Ebd., S. 9.
6 LB, S. 69.
7 Hierfür und für das Folgende: Gröschel/Wrede: Ernst Curtius' «Griechische Kunstgeschichte», S. 68 ff.
8 Zit. nach ebd., S. 75.
9 Verhandlungen über Fragen des höheren Unterrichts, S. 71 f.
10 Scaff: Max Weber in America, S. 5.
11 JB, S. 22.
12 Boissier: Cicero und seine Freunde, S. 2.
13 Ebd., S. 6 f.

14 JB, S. 12 f., 26.
15 Hehn: Kulturpflanzen und Hausthiere, S. 2, 5, 8 f.
16 Ebd., S. 394, 398.
17 11. 10. 1879, JB, S. 29.
18 19. 1. 1879, ebd., S. 21.
19 LB, S. 38.
20 JB, S. 23.
21 10. 8. 1879, ebd., S. 27.
22 Zit. nach FG, S. 388.
23 Zit. nach ebd., S. 374, 381.
24 Baumgarten: «Der deutsche Liberalismus, S. 98.
25 10. 8. 1879, JB, S. 27.
26 LB, S. 35.
27 9. 6. 1877, zit. nach FG, S. 505.
28 Zum Folgenden FG, S. 233 ff. und Boehlich: Der Hochverratsprozeß gegen Gervinus.
29 Zit. nach FG, S. 677 f.
30 MWG II/6, S. 763.
31 Helene Weber an Marianne Weber, Frühjahr 1910, zit. nach Meurer: Marianne Weber, S. 45.
32 FG, S. 265.
33 Zit. nach LB, S. 34.
34 Channing: «Likeness to God» (1828).
35 Vgl. Gehrmann: «Säuglingssterblichkeit in Deutschland im 19. Jahrhundert»; Gladstone, zit. nach Keynes: Annies Schatulle, S. 221; «bei Dingen», Zitat in Jalland: Death in the Victorian Family, S. 120.
36 17. 1. 1877, zit. nach FG, 273 f.
37 Meurer: Marianne Weber, S. 43.
38 An Marianne Schnitger, 2. 6. 1893, zit. nach ebd., S. 44.
39 An Marianne Schnitger, 28. 3. 1916, MWG II/9, S. 316.

## 第三章　柏林、自由主义和学术文化

1 Grimmige historische Ironie: Sein Sohn, Wolfgang Kapp, wurde zum Namensgeber des Putschversuchs gegen die Weimarer Republik vom März 1920.
2 LB, S. 521.
3 Kerr: Wo liegt Berlin?, S. 5.
4 Hegemann: Städtebau, S. 8, 16, 19.
5 Theodor Fontane an Georg Friedlaender, 21. Dezember 1884, in Fontane: Briefe an Georg Friedlaender, S. 12 f.
6 Lepsius: «Bürgertum als Gegenstand der Sozialgeschichte».

7 Treitschke: Die Gesellschaftswissenschaft, S. 26f.
8 Koselleck: «Zur anthropologischen und semantischen Struktur der Bildung».
9 Burckhardt: Werke, S. 164f.
10 Nipperdey: Deutsche Geschichte 1866–1918. Bd. I, S. 383f.
11 Lepsius: «Das Bildungsbürgertum als ständische Vergesellschaftung», S. 305.
12 Treitschke: Die Zukunft des deutschen Gymnasiums, S. 3.
13 Wilamowitz-Moellendorff: Erinnerungen, S. 293.
14 MWG I/2, S. 2f.
15 JB, S. 31.
16 Treitschke: Die Zukunft des deutschen Gymnasiums, S. 10.
17 An Hermann Baumgarten, 8.11.1884, JB, S. 141.
18 Baumgarten: «Der deutsche Liberalismus».
19 Ebd., S. 175.
20 MWG I/4-2, S. 731.
21 Vgl. Wagner: «Über deutsche und englische Nationalökonomie».
22 Baumgarten: «Der deutsche Liberalismus», S. 177.
23 «durchaus», ebd., S. 93 f.; «eingetreten», ebd., S. 211.
24 Ebd., S. 96.
25 «Der Bürger», ebd., S. 95 f.; «dem Wahlbezirk», ebd., S. 97; «dem Buchstaben», ebd., S. 142.
26 Friedrich Engels an Karl Marx, 13.4.1866, MEW 31, S. 208; zu Cavour vgl. Baumgarten: «Der deutsche Liberalismus», S. 182.
27 «Diese adelige Scheinsouveränität», ebd., S. 100; «Rivalisieren», ebd., S. 112.
28 Schiera, Laboratorium der modernen Welt, S. 70 ff.
29 «Unsere Sache», zit. nach Meinecke: Drei Generationen deutscher Gelehrtenpolitik, S. 149; «Wissenschaftliche», Baumgarten: «Der deutsche Liberalismus», S. 153; «in der Theorie», ebd., S. 182.
30 Baumgarten: «Der deutsche Liberalismus», S. 214.
31 Baumgarten: «Der deutsche Liberalismus»; «jene erbärmliche», ebd. S. 77 f.; «Damit ein Mann», ebd. S. 92; «Wir krochen», ebd. S. 109; «Der Himmel», ebd. S. 191.

## 第四章　在印第安人、极端基督徒和大兵中间

1 An Helene Weber, 4.11.1882, JB, S. 59 f.
2 «etwas äußerlich», an Helene Weber, 2.5.1882, JB, S. 58; «ein gemütlicher», an dies., 4.7.1882, JB, S. 41; zu «R. M.» vgl. Adressbuch der Ruprecht-Karls-Universität in Heidelberg. Sommer-Halbjahr 1882, Heidelberg 1882, S. 5 und von Reichlin-Meldegg: Familie Reichlin von Meldegg, S. 133 f.
3 Wegscheider: Erinnerungen, S. 31; «infolge», an Max Weber sen., 24.4.1882, JB, S. 37; «männliche Erziehung», LB, S. 72.

4　JB, S. 163.
5　Zit. nach Kirchhoff: Die Akademische Frau, S. 23 f.
6　http://digi.ub.uni-heidelberg.de/matrikel1872 [18. 9. 2013].
7　Vgl. das Adressbuch der Ruprecht-Karls-Universität.
8　MWG I/4, S. 731.
9　Twain: Bummel durch Europa, S. 33–38.
10　Dies alles bei Beck: «W. E. B. Du Bois in Germany».
11　Levsen, «Charakter statt Bildung?», S. 98 ff.
12　An Helene Weber, 17. 6. 1882, JB, S. 52.
13　An Ferdinand Toennies, 19. 2. 1909, MWG II/6, S. 65.
14　«aber die ersten», an Alfred Weber, 7. 3. 1886, JB, S. 206 ff.; dazu Hennis: Max Webers Wissenschaft vom Menschen, S. 190 f.; «Es ist», JB, S. 207; «von unten», Auerbach: Mimesis, S. 13 ff.; «ebenso», JB, S. 208.
15　Schweitzer: Leben-Jesu-Forschung, S. 620.
16　An Helene Weber, 15. 12. 1882, JB, S. 64 und an Max Weber sen., 12. 2. 1883, ebd., S. 68.
17　Über Kuno Fischer an Helene Weber, 17. 6. 1882, JB, S. 53; «das Bewusstsein», JB, S. 57.
18　«Stall- und Reitbahnexistenz», an Helene Weber, 22. 10. 1883, JB, S. 79; «millionenmalige», an dies., 19. 1. 1884, ebd., S. 90; «und was schließlich», WL, S. 589; «Heiliges», an dies., 6. 2. 1884, ebd., S. 95; «als wenn», an Helene Weber, 22. 10. 1883, ebd., S. 78.
19　«extremen» und «Unklarheit», an Helene Weber, 3. 5. 1884, JB, S. 111.
20　Vasili: La Société de Berlin; das Werk erlebte binnen eines Jahres zwölf Auflagen. Die deutsche Ausgabe ist vor wenigen Jahren neu aufgelegt worden: Kott, Hof und Gesellschaft in Berlin; vgl. die Briefe an Helene Weber, 19. 1. 1884, JB, S. 93 und an Max Weber sen., 23. 2. 1884, JB, S. 102; «Sie ist hübsch», Vasili: La Société de Berlin, S. 148; zum Pseudonym Hagemeister: «<Alles nur Betrug und Lüge?>».
21　Vasili: La Société de Berlin, S. 49, 55 f.; «eine Fülle», 19. 1. 1884, JB, S. 93 f.: «in vieler Beziehung» und «man bei uns», 23. 2. 1884, ebd., S. 102 f.
22　Zum Parlament, Vasili: La Société de Berlin, S. 18 ff.; «unglücklicherweise», ebd., S. 24; «Der Deutsche», ebd., S. 83.
23　«Im ganzen», WL, S. 513 (1913); «jene fanatische», an Hermann Baumgarten, 3. 11. 1891, JB, S. 328; «in Interessentengruppen», ebd., S. 329.

## 第五章　无限贸易公司和罗马地产交易市场

1　Max Weber an seinen Vater, 2. 11. 1885, JB, S. 183 f.
2　Wilamowitz-Moellendorff: Erinnerungen, S. 207.
3　LB, S. 121.

4 Gierke: Das Wesen der menschlichen Verbände, S. 4. Vgl. die Einleitung zu Webers Dissertation im Rahmen der Gesamtausgabe, MWG I/1, S. 19 ff.
5 An Emmy Baumgarten, 18. 2. 1892, S. 339.
6 Goldschmidt: Handbuch des Handelsrechts, S. 11.
7 Ebd., S. 71 f.
8 MWG I/1, S. 51–53 und S. 332. Vgl. dazu Webers nachgelassene Vorlesung von 1919/20: Wirtschaftsgeschichte. Abriß der universalen Sozial- und Wirtschaftsgeschichte, zum Partizipationsverhältnis S. 196–198 und zur Solidarhaftung S. 214–216.
9 An Hermann Baumgarten, 30. 7. 1889, JB, S. 312.
10 Wirtschaftsgeschichte, S. 215 f. Vgl. die entsprechenden Passagen in WuG, S. 228–230.
11 An Hermann Baumgarten, 30. 9. 1887, JB, S. 272 f.
12 MWG I/2, S. 187.
13 «nun endlich», an Emmy Baumgarten, 18. 2. 1892, JB, S. 338; zu den zeitgenössischen Rezension siehe MWG I/2, S. 44.
14 «Verbrechergegend», an Emmy Baumgarten, 17. 2. 1888, JB, S. 284; «wissenschaftliche Tätigkeit», an dies., 18. 2. 1892, JB, S. 339; «In den Übungen», an Hermann Baumgarten, 18. 4. 1892, JB, S. 343; «die Empfindung», an dens., 3. 1. 1891, JB, S. 330.

## 第六章　失意的港湾和激情的浪潮

1 Simmel: «Die Verwandtenehe».
2 So Krüger: Max und Marianne Weber, S. 17.
3 Hierfür und für das Folgende Luhmann: Liebe als Passion, S. 163 ff.
4 Fichte: Grundlage des Naturrechts, Band 2, S. 174.
5 Ebd., S. 168 f.
6 Finck: Romantic Love and Personal Beauty, S. 188.
7 LE, S. 28.
8 Ebd., S. 43.
9 Krüger: Max und Marianne Weber, S. 24.
10 LE, S. 42.
11 LB, S. 184.
12 Ebd., S. 185.
13 Ebd., S. 186.
14 An Emmy Baumgarten, Ostersonntag 1887, JB, S. 227.
15 LB, S. 185.
16 Ebd., S. 179.
17 Ebd., S. 185.
18 R, S. 87.

19 Göhre: Drei Monate Fabrikarbeiter und Handwerksbursche, S. 157, 212, 216.
20 Helene Weber an Nix, 22. 2. 1893, zit. nach FG, S. 543.
21 Meurer: Marianne Weber, S. 57 ff.
22 Marianne Weber: Tagebücher IV, S. 49, zit. nach Meurer: Marianne Weber; vgl. R, S. 78.
23 Ebd., S. 50 f.
24 Fichte: Grundlage des Naturrechts, S. 165.
25 Meurer: Marianne Weber, S. 60 ff. und LB, S. 187 ff.
26 22. 4. 1893, JB, S. 367.
27 Marianne Weber an Helene Weber, 9. 7. 1893, zit. nach Meurer: Marianne Weber, S. 68.
28 An Marianne Weber, 12. 5. 1893, zit. nach FG, S. 542.
29 Ebd., S. 543.
30 Ebd. und LB, S. 201.
31 Luhmann: Liebe als Passion, S. 172.
32 Krüger: Max und Marianne Weber, S. 44.

## 第七章　农业工人、股票投机商和"缺乏政治意识的小市民"

1 JB, S. 326.
2 Ebd.
3 GARS, S. 4.
4 Marx/Engels: Manifest der Kommunistischen Partei, S. 6.
5 Wehler: Die Neue Umverteilung, S. 13.
6 MWG I/4, Einleitung, S. 9.
7 Ebd.
8 So Wagner: Grundlegung der allgemeinen und theoretischen Volkswirtschaftslehre; ders. Agrar- und Industriestaat.
9 Tennstedt: «Junker, Bürger, Soziologen», S. 11.
10 23. 8. 1888, JB, S. 308.
11 GASWG, S. 445 ff.
12 Weber: Die Verhältnisse der Landarbeiter, in MWG I/3.2, S. 34.
13 MWG I/3.2, S. 914.
14 GASWG, S. 450.
15 Vgl. Bendix: Max Weber, S. 24.
16 Kommunistisches Manifest, S. 5.
17 GASS, S. 256–322.
18 MWG I/5, S. 91 f.
19 Borchardt: «Max Weber's Writings on the Bourse», S. 139–162.
20 Wagner: «Allgemeine und theoretische Volkswirtschaftslehre oder Sozialökonomie», S. 50.

21 Goldschmidt: Der Lucca-Pistoja-Actien-Streit, S. 105 ff.
22 GASS, S. 284.
23 MWG I/5, S. 8 f.
24 Vgl. Carlton: Future Markets, S. 245 und Lambert: The futures, S. 5 ff.
25 Mann: Buddenbrooks, S. 458 ff.
26 MWG I/5, S. 30.
27 GASS, S. 272.
28 Ebd., S. 279.
29 Ebd., S. 285.
30 JB, S. 326 f.
31 Borchardt: «Max Weber's Writings», S. 148.
32 Wagner: Grundlegung der politischen Ökonomie.
33 Roscher: «Zur Lehre vom Zusammenhange zwischen Nationalökonomie und Rechtswissenschaft», S. 90.
34 Ebd., S. 94.
35 Roscher: Ansichten der Volkswirtschaft, S. 35.
36 Gossen: Entwicklung der Gesetze des menschlichen Verkehrs, S. V.
37 Edgeworth: Mathematical Psychics, S. 9.
38 Hier und im Folgenden Goldschmidt: Universalgeschichte des Handelsrechts, S. 4 ff.
39 GASS, S. 321; vgl. MWG I/5, S. 612.

## 第八章 "世界上神经最紧张的人"

1 GPS, S. 12 (1894).
2 GARS, S. 517.
3 MWG I/8, S. 252 f.
4 GARS, S. 15 (Vorbemerkung).
5 «Die ‹Objektivität› sozialwissenschaftlicher und sozialpolitischer Erkenntnis», in WL, S. 167 f.
6 GASS, S. 395 (1905).
7 Vgl. GARS, S. 512 ff.
8 LB, S.112.
9 Brief an Marianne, zit. nach R, S. 206.
10 R, S. 213 f.
11 Marianne an Helene, zit. nach R, S. 207.
12 Hier und im Folgenden: LB, S. 217.
13 R, S. 209.
14 Marianne an Helene, zit. nach R, S. 209.
15 R, S. 211.
16 LB, S. 218.

17 An Helene Weber, 22.1.1894, zit. nach FG, S. 548.
18 LB, S. 208.
19 Ebd., S. 208 f.
20 Zit. nach Lindenlaub: Richtungskämpfe im Verein für Socialpolitik, S. 305.
21 An Helene Weber, 14.4.1898, zit. nach R, S. 254.
22 An Emmy Baumgarten, 20.6.1899, zit. nach ebd., S. 296.
23 LB, S. 197.
24 Otto Baumgarten an Emmy Baumgarten, 3.10.1887, zit. nach FG, S. 512 ff.
25 Zitat Weber sen. nach FG, S. 530; «Gerichtstag», LB, S. 243.
26 Green: Else und Frieda, S. 150.
27 FG, S. 527.
28 Siehe dazu ebd., Anm. 22.
29 R, S. 113.
30 Green, Else und Frieda, S. 165.
31 Ebd.
32 Vgl. Mitchell: Wear and Tear; Beard: American Nervousness; Mantegazza: Das nervöse Jahrhundert; Erb: Über die wachsende Nervosität unserer Zeit, Heidelberg 1893; Eulenburg: Nervosität unserer Zeit; Edwin Lancelot Ash: «Nervous Breakdown».
33 Beard: American Nervousness, S. VI und VIII.
34 Whytt: Observations, S. 1 ff.
35 LB, S. 252.
36 MWG II/5, S. 484.
37 Marianne Weber an Helene Weber, 28.1.1900, zit. nach R, S. 258.
38 An Willy Hellpach, 11.8.1908, zit. nach ebd., S. 443.
39 MWG, II/5, S. 511.
40 Beard: A Practical Treatise on Nervous Exhaustion, S. 177.
41 Ebd., S. 181.
42 Zur Gegensätzlichkeit im Nervenkonzept vgl. Radkau: Das Zeitalter der Nervosität, S. 27 ff.
43 MWG I/5, S. 408.
44 Marianne Weber an Helene Weber, 24.3.1903, R, S. 264.
45 Marianne Weber an Helene Weber, 18.9.1898, ebd., S. 274.
46 MWG: I/5, S. 42.
47 LB, S. 263.
48 Ebd., S. 250.
49 Jentsch: Die Laune, S. 14.
50 Marianne Weber an Max Weber, 19.8.1898 und an Helene Weber, 4.9.1898, zit. nach R, S. 273.
51 Marianne Weber an Helene Weber, 16.1.1903, zit. nach ebd., S. 276.

52 Marianne Weber an Helene Weber, 4. 9. 1898, zit. nach ebd., S. 280.
53 Karl Jaspers, Deutsches Literaturarchiv Marbach, Nr. 113, zit. nach ebd., S. 299.
54 Marianne Weber an Helene Weber, 29. 6. 1909, zit. nach ebd., S. 290.
55 Allbutt: «Neurasthenia».
56 Sehr instruktiv zur Geschichte des Neurasthenie-Konzepts Wessely: «History of postviral fatigue syndrome».
57 Menninger: «The abuse of rest in psychiatry».
58 Marianne Weber an Helene Weber, 11. 4. 1903, zit. nach R, S. 286.

## 第九章　由禁欲主义走向世界主宰

1 Marianne Weber an Helene Weber, 28. 1. 1900, zit. nach R, S. 258.
2 R, S. 254.
3 Marianne Weber an Helene Weber, 25. 5. 1900, zit. nach ebd., S. 357.
4 MWG, II/5, S. 238.
5 Marianne Weber an Helene Weber, 21. 4. 1903, zit. nach R, S. 355.
6 Zu Webers Zeit in Rom vgl. Schmitt: Max Webers Verständnis des Katholizismus, S. 92–134.
7 Barth: Roma Aeterna.
8 Heute ist dort das Hotel «Isa» untergebracht.
9 LB, S. 263.
10 An Hermann Baumgarten, 25. April 1887, JB, S. 234.
11 GARS I, S. 44 f.
12 PE-K, S. 155.
13 WuG, S. 340.
14 Ebd., S. 697.
15 PE-K, S. 156.
16 R, S. 318.
17 PE II, Kritiken und Antikritiken, München 1968, S. 314.
18 PE-L/W, S. 80.
19 Schell: Der Katholicismus als Princip des Fortschritts, S. 9., zit. nach Schmitt: Max Webers Verständnis des Katholizismus, S. 120.
20 LB, S. 260.

## 第十章　易洛魁人的国家、腓特烈·威廉四世的裁缝和歌德情书的客观性

1 MWG II/5, S. 69.
2 WL, S. 226.
3 Ebd., S. 219–220.
4 «verfl... Arbeit», Max Weber an Marianne Weber, 3. 1. 1903, LB, S. 274; «die Methodologie», WL, S. 217.

5 «Krankheitsbericht», WL, S. 216; der Hinweis auf die Metapher bei Tenbruck: «Methodologie Max Webers», S. 10 f. (dort «Krankenbericht»).
6 Schmoller: Volkswirtschaftslehre, S. 21.
7 Menger: Die Irrthümer des Historismus, «Die Fleischpreise», S. 38; «Typen», S. 17 f.; vgl. auch ders.: Methode der Socialwissenschaften, S. 41–65 und S. 73–81.
8 WL, S. 166.
9 Siehe hierzu und im Folgenden die Darstellung bei Tenbruck: «Methodologie Max Webers», S. 13–31.
10 WL, S. 177.
11 Ebd., S. 176.
12 Ebd., S. 180.
13 Meyer: «Theorie und Methodik der Geschichte», hier S. 44.
14 WL, S. 241–243.

# 第十一章  既心灵相通又观点不同的人

1 Vgl. zum Folgenden stets die Darstellung in Friedrich Lengers fabelhafter Biographie: Werner Sombart, hier S. 116.
2 Sombart: Campagna, S. 7, 81, 117.
3 Sombart: «Friedrich Engels und die soziale Bewegung», S. 128.
4 MWG II/5, S. 173.
5 Sombart: Der moderne Kapitalismus, S. 92.
6 Ebd., S. 51.
7 Ebd., S. 196 f.
8 Simmel: Philosophie des Geldes, S. 13; die Parallele ist dem Sozialphilosophen Alfred Vierkandt in seiner Rezension von Sombarts Buch im «Archiv für die gesamte Psychologie» IV (1905) aufgefallen, vgl. Lenger: Werner Sombart, S. 128 f.; das zweite Zitat aus Simmel: Geschichtsphilosophie, S. 11 f.
9 Sombart: Der moderne Kapitalismus, S. 378 ff.
10 Ebd., S. 389.
11 Sombart: Händler und Helden.
12 Sombart: Der moderne Kapitalismus, S. 389.
13 Vgl. ebd., S. 394.
14 Ebd., S. 396.
15 R, S. 321.
16 Veblen, Rezension von: «Der moderne Kapitalismus», S. 304.
17 Simmel: Briefe, 1888–1911, S. 168 f., 237.
18 Ebd., S. 421 f., 623 f. sowie 658 f. für «zersetzend»; für die «Russen» S. 638 und Simmel: Briefe, 1912–1918, S. 247.
19 Dazu sehr klar Kieserling: «Simmels Sozialformenlehre».
20 Simmel: Philosophie des Geldes, S. 189.

21 Sombart: Der moderne Kapitalismus, S. 196; Simmel: Philosophie des Geldes, S. 409 ff., 431.
22 Für «kapitalistische Differenzierung» Simmel: Philosophie des Geldes, S. 631 f.; der Begriff «Kapitalismus» fällt ganz am Ende des Buches einmal, S. 685; über Geldlöhne S. 456 f.
23 GARS I, S. 4 f.
24 Simmel: Philosophie des Geldes, S. 612, 594 f., 605, 601, 613 (Simmel spricht von «berechneten» Menschen und setzt diesem Geistestypus Goethe, Carlyle und Nietzsche entgegen).
25 Ruskin: Unto this Last, S. 94. Vgl. Simmel: «Der Begriff und die Tragödie der Kultur» unter Hinweis auf Ruskin (S. 414). Zum Kunstwerk als Beispiel nichtspezialisierter Produktion, die den ganzen Menschen erfordere, ebd. und Simmel: Philosophie des Geldes, S. 630.
26 GARS I, S. 203.
27 Ebd., S. 651.

## 第十二章　有志者，成英雄

1 PE-L/W, S. 1.
2 «What else», Carlyle: On Heroes, Hero-Worship, and the Heroic in History, S. 157; «Was sich» und «der bürgerliche», Harnack: «Martin Luther», S. 157, 162; «Vertrauen» und «nicht als weltflüchtig», Ritschl: Geschichte des Pietismus, S. 39. Vgl. die Hinweise auf die zeitgenössische Deutung der Reformation bei Breuer: «Die Geburt der Moderne», besonders S. 33, 46 ff.
3 Treitschke: «Luther und die deutsche Nation», S. 141 f., 147 ff.
4 PE-L/W, S. 3.
5 Franklin: The Autobiography, S. 236-239; «Erwerb», PE-L/W, S. 15; Steinert: Max Webers unwiderlegliche Fehlkonstruktionen, S. 55-74, hier: S. 66.
6 Steinert: Max Webers unwiderlegliche Fehlkonstruktionen, S. 108-113.
7 «Erscheinungen», PE-L/W, S. 162 (Zusatz von 1920); «in streng», ebd., S. 25.
8 «Konfuzianismus», GARS I, S. 512-535. Auf die Beförderung des Idealtyps zur Weltreligion weisen die unübertroffenen Analysen und Quellenstudien zu Webers komplizierter Argumentation hin, die wir Ghosh: A Historian Reads Max Weber, hier vor allem S. 5-50, verdanken.
9 «Die tiefste Gemeinschaft», Dowden: Puritan and Anglican, S. 234. «Yet through what is most personal in each of us we come upon the common soul», ebd.; «any sanctity», Lankton Sanford: Studies and Illustrations of the Great Rebellion, S. 65; zur Gefahr der Unterordnung von Moral unter den Gnadenstand «Gefäß» und «Werkzeug», PE-L/W, S. 183, ein Zusatz von 1920.
10 «Präventiv», PE-L/W, S. 127 und GARS I, S. 169; «Der Zweck», Ritschl: Ge-

schichte des Pietismus, S. 15, dort S. 23 auch ein Vergleich der Lebensführungsideale von Luther und den Wiedertäufern; «schlug», PE-L/W, S. 120 f.
11  Vgl. Steinert: Max Webers unwiderlegliche Fehlkonstruktionen; Lehmann/Roth: Weber's Protestant Ethic, S. 211–294; Lehmann: «Die Weber-These im 20. Jahrhundert».
12  «aus patriarchalischen», PE-L/W, S. 9, Anm. 7.
13  Vgl. Schluchter: Religion und Lebensführung.
14  «Wunder-Kausalität», Troeltsch: Die Absolutheit des Christentums, S. 21; «eine religiöse Grundstimmung» und «die Leidsamkeit», Troeltsch: Gesammelte Schriften, Bd. 1, S. 601. Zum Verhältnis zwischen Troeltsch und Weber vgl. die Arbeiten von Friedrich Wilhelm Graf, etwa «Wertkonflikt oder Kultursynthese?», dort auch S. 273 das «Heidelberger Welterklärungslabor».
15  «privaten», Troeltsch: «Die englischen Moralisten», S. 391; «die harte», GPS, S. 25; «nüchtern», PE-L/W, S. 167 f. (Zusatz von 1920) und GARS I, S. 53 f.; an Adolf von Harnack, 5. 2. 1906, MWG II/5, S. 32 f.
16  «Für Bismarck», Overbeck: Werke und Nachlaß, Bd. 4, S. 77; «Sie sagen», Fontane: Der Stechlin, S. 292. Vgl. die Hinweise bei Breuer: «Die Geburt der Moderne».
17  «believing nation», Carlyle: On Heroes, S. 167; «We come now to the last form of Heroism; that which we call Kingship», ebd., S. 225; «we are all», ebd., S. 234.

## 第十三章　越过大西洋的社会旅行家

1  Die ganze Szene in dem, was die historischen Tatsachen und Einordnungen angeht, definitiven Buch über Webers Amerikareise, Scaff: Weber in America, S. 77 ff.
2  Münsterberg: Die Amerikaner, S. 1, 5.
3  Burckhardt: Weltgeschichtliche Betrachtungen, S. 68.
4  Stead: Americanization, S. 13, 65 ff.
5  Langbehn: Rembrandt als Erzieher, S. 112 f., 114.
6  Sombart: Warum gibt es, S. 17–24.
7  Lamprecht: Americana, S. 32 f.
8  LB, S. 295.
9  Lamprecht: Americana, S. 13.
10  LB, S. 305.
11  Scaff: Weber in America, S. 161.
12  Bericht vom 8. 9. 1904, zit. nach Scaff: Weber in America, S. 32.
13  GARS I, S. 185.
14  Turner: «Frontier in American History», S. 1–38.
15  Ebd., S. 4.
16  Turner: «The West and American Ideals», S. 293.

17　GARS I, S. 162 und PE-L/W, S. 119 f.
18　GARS I, S. 208.
19　Weber: «‹Kirchen› und ‹Sekten›»; vgl. PE-K, S. 319.
20　Scaff: Weber in America, S. 85.
21　Ebd., S. 90.
22　LB, S. 306.
23　Ebd., S. 574, vollständig bei Scaff: Weber in America, S. 41 f.
24　20. 9. 1904, zit. nach Scaff: Weber in America, S. 45.
25　Sinclair: The Jungle, S. 116.
26　Ghosh: A Historian Reads Max Weber, S. 103.
27　Das Manuskript, das unter dem wenig plakativen Titel «Deutsche Agrarprobleme in Vergangenheit und Gegenwart» auf Deutsch und vor sehr überschaubarem Publikum vorgetragen wurde, ist verloren gegangen. Lange existierte nur eine unbeholfene Übersetzung, bis der Oxforder Ideengeschichtler Peter Ghosh sie so minutiös durchgegangen ist, dass sich das Original nun deutlicher abzeichnet: Ghosh: «Max Weber on ‹The Rural Community›», S. 327–366 und ders.: «Capitalism and *Herrschaft*: Max Weber at St. Louis».
28　Ghosh: «Max Weber on ‹The Rural Community›», S. 344.
29　«Wahlrecht und Demokratie in Deutschland» (1917), in GPS, S. 284.
30　Siehe dazu Peter Ghosh: A Historian Reads Max Weber, S. 110–114.

# 第十四章　绅士、罗特医生和种族问题

1　Du Bois: Darkwater, Kap. 1.
2　Beck: «W. E. B. Du Bois as a Study Abroad Student».
3　«Gutachten zum Werturteilsstreit», in Baumgarten: Max Weber, S. 127.
4　Ebd.
5　GPS, S. 2 ff.
6　Z. B. Haeckel: Welträtsel, S. 34; ders.: Lebenswunder. Gemeinverständliche Studien über biologische Philosophie, Leipzig 1904, S. 480, 483 f.; Eimer: Entstehung der Arten, S. 84 ff.; und mit einer «Application to the Human Race» Ward: «Neo-Darwinism and Neo-Lamarckism», S. 64 ff.; vgl. für einen Überblick Geulen: Wahlverwandte, S. 42 ff., 154 ff.
7　Hennis: Max Weber und Thukydides, S. 62 f.; Mommsen: Max Weber und die deutsche Politik, S. 45; Kaesler: Max Weber, S. 22; Schluchter: Religion und Lebensführung, Bd. 1, S. 31–34, 173–182.
8　Ploetz: Tüchtigkeit unserer Rasse, S. 61 f., 78 f., 130 f.
9　Voßler: Sprache als Schöpfung und Entwicklung, S. 94.
10　LB, S. 267.
11　«Taines Rasse ist nichts anderes als der alte ‹Volksgeist›», meint Wellek: Geschichte der Literaturkritik, S. 28.

12 Ward: «Neo-Darwinism and Neo-Lamarckism», S. 66.
13 Nietzsche: Anti-Darwin, S. 303 f.; der Hinweis auf diese Stelle bei Geulen: Wahlverwandte, S. 87 f.
14 MWG III/1, S. 352.
15 Ebd., S. 358.
16 Weismann: Über die Vererbung; ders.: Vererbungsfrage, S. 5, 51.
17 GARS I, S. 81.
18 WL, S. 167.
19 Hertz: Moderne Rassetheorien, S. 1.
20 WL, S. 167.
21 GARS I, S. 15 f.
22 GPS, S. 282 f.
23 Münsterberg: Die Amerikaner, S. 2, 52 ff.
24 Scaff: Weber in America, S. 109 f.
25 Du Bois: Souls of Black Folk, S. 50 f. («a people who voluntarily surrender such respect [...] are not worth civilizing»).
26 Ploetz: «Rasse und Gesellschaft», S. 10.
27 Hauptmann: Vor Sonnenaufgang, S. 103.
28 Chesterton: Heretics, Kap. X.
29 Lenger: Werner Sombart, S. 202 f.
30 GASS, S. 457.
31 Ebd., S. 458.
32 Ebd., S. 487.
33 Verhandlungen des Ersten Deutschen Soziologentages, Tübingen 1911, S. 164.
34 Hierzu Lenger: Werner Sombart, S. 203 f.
35 Sombart: Die Juden und das Wirtschaftsleben, S. 29; hierzu Lenger: Werner Sombart, S. 203 f. 6 f.: Werner Sombart, S. 203 f.
36 GASS, S. 490.

## 第十五章　世界级村庄和它的社交精神生活

1 Fischer: Entstehung und Entwicklungsformen des Witzes, S. 91–97.
2 Wünsch: «Albrecht Dieterich», S. XXXIV.
3 Zur Zurverweildauer Jansen: «Liberalität der Universität Heidelberg», S. 517; zur Beruf- und Gewerbestruktur vgl. beispielsweise die Heidelberger Adressbücher von 1906 und 1907; zur Internationalität Sauerland: «Heidelberg als intellektuelles Zentrum», S. 12.
4 Max Weber: «Typologie der Städte», in WG, S. 727.
5 Der Begriff stammt von Camilla Jellinek, zit. nach von Essen: «Max Weber und die Kunst der Geselligkeit», S. 472.
6 Hettling: «Die Kleinstadt und das Geistesleben».

7　In der Heidelberger Zeitung vom 21.1.1905, zit. nach Hubert Treiber: «Der <Eranos>», S. 126, Anm. 213.
8　Simmel: «Die Großstädte und das Geistesleben».
9　Vgl. Jansen: «Liberalität der Universität Heidelberg», S. 523.
10　Park: «The City as a Social Laboratory», S. 18; ausgearbeitet ist diese stadtsoziologische These glänzend bei Fisher: To Dwell Among Friends.
11　Hierzu Treiber: «Der <Eranos>», sowie von Essen: «Max Weber und die Kunst der Geselligkeit», und Lepsius: «Der Eranos-Kreis».
12　LB, S. 240.
13　Eine bündige Fassung der Erträge von Deissmanns Studien findet sich in Deissmann: Urgeschichte des Christentums; Albrecht Dieterichs Aufsätze sind nach seinem frühen Tod im Jahr 1908 in ders.: Kleine Schriften versammelt worden, darin auch S. 288-311 der Vortrag «Über Wesen und Ziele der Volkskunde» (1902), der seine Forschungsmotive gut umreißt.
14　Gustav Radbruch verglich das damalige Heidelberg selbst mit einer Arche Noah, in der «von jeder Spielform geistiger Menschen ein Exemplar vertreten» gewesen sei, in ders.: Der innere Weg, S. 88.
15　Treiber: «Der <Eranos>», S. 82 f. und Adolf Deissmann: «Selbstdarstellung».
16　Gothein: Eberhard Gothein, S. 151.
17　LB, S. 358.
18　Weber habe «die damit», also mit der gesundheitlich bedingten Arbeitsunfähigkeit, «verbundene Entsagung in Tat und erzwungener Untätigkeit an sich selbst erfahren», meint Schluchter: Religion und Lebensmittel, S. 66.
19　Domaszewski: «Die Triumphstraße»; Dieterich: Mutter Erde, S. 94 f.
20　«Buch der Völker», Deissmann: Licht vom Osten, S. 96; «Weltgriechisch» und «Gymnasiumsgrieche», ebd., S. 38 f.; zur «unliterarischen» Form, ebd., S. 158 ff.; «Diese ganze literarische», ebd., S. 176.
21　Hierzu Küenzlen: «Unbekannte Quellen der Religionssoziologie Max Webers».
22　MWG II/6, S. 70. Weber mag das an Befunden wie «Die Kerze ist [...] der Phallus des heiligen Geistes» (Dieterich: Mutter Erde, S. 114) nicht nur erkannt, sondern auch erfreulich gefunden haben.
23　WuG, S. 245-259.
24　Dieterich: Mutter Erde, S. 32.
25　PE-L/W, S. 178, 185, 192 und zum Weihnachtsfest S. 196.
26　Bücher: Arbeit und Rhythmus, S. 6.
27　PE-L/W, S. 79.
28　GARS I, S. 527.
29　«Im Gottesdienste», Deissmann: Licht vom Osten, S. 1; «daß es in einem einsamen», ebd., S. 301.
30　Marianne Weber an Helene Weber, 26.6.1908, zit. nach R, S. 464.

31 Zit. nach von Essen: «Max Weber und die Kunst der Geselligkeit», S. 473.
32 WuG, S. 742.
33 Treitschke: Politik. Zweiter Band, S. 188–194.
34 Bücher: Entstehung der Volkswirtschaft, S. 118 ff.
35 Den besten Überblick über eine von Weber aus gesehene Geschichte städtischer Herrschaft gibt derzeit Breuer: Max Webers tragische Soziologie, S. 149–266.
36 WuG, S. 156.

# 第十六章　阿尔弗雷德、卡夫卡与国家机器

1 Weber: «Der Beamte», hier S. 98 f. Weber war allerdings nur zeremoniell im Prüfungsverfahren Kafkas Doktorvater, eine Dissertation hat Kafka nicht verfasst. Zu seiner Vertrautheit mit Webers Aufsatz sowie zur Wahrscheinlichkeit, dass Kafka auch Gedanken Max Webers bekannt waren, vgl. Lange-Kirchheim: «Alfred Weber und Franz Kafka» und dies.: «Franz Kafka: ‹In der Strafkolonie› und Alfred Weber: ‹Der Beamte›».
2 GASS, S. 413.
3 An Helene Weber, 3. 5. 1884, JB, S. 113.
4 Alfred Weber an Max Weber, 2. 8. 1887; Max Weber an Alfred Weber, 5. 8. 1887, beide zit. nach Weber: Ausgewählter Briefwechsel, S. 45–49; «Predigten», an Emmy Baumgarten, 10. 4. 1887, JB, S. 227; «Beruf» und «Universität», an Alfred Weber, 2. 8. 1888, ebd., S. 304.
5 (1910) MWG II/6, S. 677.
6 Alfred Weber an Max Weber sen., 16. 2. 1889, Alfred Weber: Gesamtausgabe, Bd. 9, S. 81.
7 «evolutionistischer Soziolog» im Brief an Hans Delbrück, 13. 1. 1907, ebd., S. 557; zum Zivilisations- und Kulturbegriff Weber: «Der soziologische Kulturbegriff», S. 73.
8 An Emmy Baumgarten, 8. 5. 1887, JB, S. 238.
9 Mauthner: Wörterbuch der Philosophie, S. 579; «Umstülpung», in Max Weber: «‹Energetische› Kulturtheorien» (1909), in WL, S. 401; «Panzerschiffe», ebd., S. 416.
10 «Apostel», WL, S. 423; «Laus», ebd.
11 Alfred Weber: «Der Beamte», S. 99, 101.
12 «Methodologische Einleitung für die Erhebungen des Vereins für Sozialpolitik über Auslese und Anpassung (Berufswahlen und Berufsschicksal) der Arbeiterschaft der geschlossenen Großindustrie», GASS, S. 1–60, hier: S. 7 f., 14 f.
13 Taylor: Shop Management, S. 22.
14 Vgl. hierzu und im Folgenden Rabinbach: The Human Motor, S. 189–205 und Felsch: Laborlandschaften.
15 Mosso: Die Ermüdung, S. 321 f.

16 Kraepelin: Beinflussung, S. 233-258; ders.: Über geistige Arbeit; zum «Schlussantrieb» vgl. Rivers und Kraepelin: «Ermuedung und Erholung», S. 639 ff.
17 «Zur Psychophysik der industriellen Arbeit» (1909), in GASS, S. 112-119.
18 MWG II/6, S. 347; «Schwierigkeiten», MWG II/5, S. 675; Weber: «Das Berufsschicksal der Industriearbeiter», S. 346, 349, 361 und ders.: «Probleme der Arbeiterpsychologie», S. 452, 454.
19 «Bremsen», GASS, S. 126. Zur «modernen Werkstatt» siehe «Methodologische Einleitung für die Erhebungen des Vereins für Sozialpolitik über Auslese und Anpassung (Berufswahlen und Berufsschicksal) der Arbeiterschaft der geschlossenen Großindustrie», in GASS, S. 59 f.
20 LB, S. 420.
21 Weber: «Der Beamte», S. 99.
22 «bürokratische System», «Wissenschaft als Beruf» (1919), in WL, S. 583.
23 Wehler: Das deutsche Kaiserreich, S. 74; vgl. dazu auch Demm: Ein Liberaler, S. 113.
24 Zu «Apparat des heutigen Lebens», Weber: «Der Beamte», S. 109; «Titel», ebd., S. 110.
25 Gustav Schmoller an Arthur Spiethoff, 15. 10. 1909, zit. nach Nutzinger: «Nationalökonomie und Universalgeschichte», S. 69. Zu Webers Vortrag und den Repliken siehe Demm: Ein Liberaler, S. 113 f.
26 GASS, S. 414.
27 «zum Verzweifeln», zit. nach ebd.; «Parlament und Regierung im neugeordneten Deutschland. Zur politischen Kritik des Beamtentums und Parteiwesens» (1917), in GPS, S. 306-444. Vgl. dazu die Analysen von Mommsen: Max Weber und die deutsche Politik, S. 178-188.
28 «Wechsel der Hofmoden» (1905) in GASS, S. 400; «institutionelle Mächte» (1910) in Max Weber: Geschäftsbericht und Diskussionsreden auf dem ersten Deutschen Soziologentage in Frankfurt 1910, in GASS, S. 438; Zum Luthertum Brief an Adolf von Harnack, 5. 2. 1906, MWG II/5, S. 32 f.
29 Alfred Weber: «Religion und Kultur», S. 315-338 («Moloch» S. 333, die drei Apparate S. 334-336, «Durchschnittsmenschentum», S. 329).
30 Kafka: Das Schloß, fünftes Kapitel.

## 第十七章　满世界都在谈论性爱问题

1 GARS, S. 169-170.
2 Siehe hierzu und im Folgenden Leites: Puritanisches Gewissen und moderne Sexualität, S. 98-127, sowie Frye: «The Teachings of Classical Puritanism on Conjugal Love» mit dem Befund, für die Puritaner sei die Sexualität in der Ehe «die Krönung unserer Seligkeit» (S. 149).
3 Rogers: Matrimonial Honor, S. 156. Das Buch lag bereits 1634 vor, der Autor

galt seiner lebhaften Predigten wegen als «roaring boy» der Puritaner; «Vernichtung», GARS, S. 117.
4 Leites: Puritanisches Gewissen und moderne Sexualität, S. 11-35.
5 So Allert in seiner instruktiven familiensoziologischen Studie: «Max und Marianne Weber. Die Gefährtenehe», S. 224.
6 Marianne Weber an Helene Weber, Ende Juni 1907, zit. nach Meurer: Marianne Weber, S. 207; Jaspers bei R, S. 299 f.
7 Marianne Weber: «Sexual-ethische Prinzipienfragen», S. 41.
8 GARS, S. 169, Anm. 301.
9 «Zusammenstellung soziologischer Probleme», abgedruckt in Simmel: Briefe 1880-1911, S. 675 ff.; Bloch: Das Sexualleben unserer Zeit, 5. Kapitel «Die psychischen Sexualdifferenzen und die Frauenfrage (mit einem Anhange über die geschlechtliche Sensibilität des Weibes)», S. 71-93 («gebildeter Frauen» S. 90). «Wahrlich» zuerst ohne Titel erschienen in Die Fackel, Heft 227-228, 10. 6. 1907, S. 9 f.
10 LE, S. 376.
11 Bäumer: Die Frau in den Kulturbewegungen der Gegenwart, S. 5 f.
12 Simmel: «Philosophie der Geschlechter (Fragmente)», S. 79.

## 第十八章　艾尔泽与生活乱七八糟的人

1 Zur Vorlesung vgl. ihre Nachschrift in MWG III/5, S. 333-410; Max Weber an Gustav Schmoller, 12. 7. 1898, zit. nach Guenther Roths für das Folgende maßgeblicher Darstellung: Edgar Jaffé, Else von Richthofen and Their Children, S. 18; «Was ich hörte», in Jaffé: «Biographische Daten Alfred Webers», S. 186 f.
2 Jaffé: «Biographische Daten Alfred Webers», S. 187.
3 Roth: Edgar Jaffé, Else von Richthofen and Their Children, S. 27. Dass Else von Richthofen die jüdische Herkunft ihres Gatten etwas ausgemacht haben soll, wie Radkau in R, S. 489 vermutet, leuchtet angesichts ihres ersten Verlobten nicht ein. «In Wirklichkeit», Green: Else und Frieda, S. 45.
4 21. 12. 1904, zit. nach Roth: Edgar Jaffé, Else von Richthofen and Their Children.
5 «Die Psychologie des Unbewussten», in Otto Gross: «Zur Ueberwindung der kulturellen Krise», in Die Aktion, Nr. 14 (1913), S. 384-387 (384); «Zertrümmerung», in Otto Gross: «Anmerkungen zu einer neuen Ethik», in Die Aktion, Nr. 49 (1913), S. 1141-1143 (1142); «Dorf» bei dem ungarischen Kunstkritiker Szittya: Das Kuriositäten-Kabinet, S. 89; «Hauptstadt» bei dem Schweizer Arzt und Anarchisten Brupbacher: 60 Jahre Ketzer, S. 141. Die Hinweise darauf bei Dudek: Ein Leben im Schatten, S. 35.
6 «das demokratische Prinzip», zit. nach Green: Else und Frieda, S. 78; «Jetzt hat der Prophet», ebd., S. 86.

7 Edgar Salin, zit. nach Green: Else und Frieda, S. 193; «Niemand», zit. nach R, S. 491; «die Unbefangenheit», ebd., S. 547.
8 «Abstecher ins Alogische», vgl. Max Weber an Marianne Weber, 9.3.1908, MWG II/5, S. 446; Adreßbuch der Stadt Heidelberg für das Jahr 1912, S. XXXV.
9 «wohl schwerlich», MWG II/6, S. 482.
10 «Ich habe eigens», LB, S. 384.
11 «Gnade u. Ungnade der Dienstboten», MWG II/5, S. 443; «eine Hingabe», ebd., S. 464; «er ist ja», ebd., S. 537; «Wir kamen überein», zit. nach R, S. 546.
12 LB, S. 419; R, S. 549.
13 «Er sieht mein Leben», Roth: Edgar Jaffé, Else von Richthofen and Their Children, S. 60; Else Jaffé an Frieda Gross, 28.11.1909, zit. nach ebd., S. 65 f.; «in jeder Hinsicht», MWG II/6, 7.9.1919.

## 第十九章  音乐女神社会学、米娜和音高的差别

1 «Du liebst», Else Jaffé an Alfred Weber, 7.1.1910, zit. nach MWG II/6, S. 367; «beinah einerlei», Max Weber an Marianne Weber, 20.1.1910, MWG II/6, S. 373.
2 Marianne Weber an Helene Weber, 22.12.1909, zit. nach R, S. 553.
3 LB, S. 457 f.
4 Ebd., S. 462.
5 Green: Else und Frieda, S. 234.
6 Zum Ausweichen Webers vor Else Jaffé siehe MWG II/8, S. 186, 594, 597, 608; «Die ethischen Werte», LB, S. 391.
7 Vgl. dazu Lepsius: «Mina Tobler, die Freundin Max Webers»; R, S. 564–572.
8 «Auch physisch», MWG II/7, S. 130; «Ich hab's», zit. nach R, S. 568; «Verehrungsgemeinschaft», Lepisus: «Mina Tobler, die Freundin Max Webers», S. 77.
9 Zitiert bei Baumgarten: Max Weber, S. 483.
10 Max Weber an Helene Weber, 14.8.1912, MWG II/7, S. 643.
11 «körperlose Musik», mündliche Aussage Webers, festgehalten von Honigsheim: «Erinnerungen an Max Weber in Heidelberg, S. 248; GARS, S. 555 f.; «religiös absolut ‹unmusikalisch›», Brief an Ferdinand Toennies, 19.2.1909, MWG II/6, S. 63–66, hier S. 65.
12 Hornbostel: «Die Probleme der vergleichenden Musikwissenschaft», in Zeitschrift der Internationalen Musikgesellschaft 7 (1905/6), S. 85–97, hier S. 97, zit. nach Weber: «Die rationalen und soziologischen Grundlagen der Musik», in MWG I/14, S. 145–280, hier S. 150.
13 MWG I/14, S. 188.
14 Verhandlungen des Ersten Deutschen Soziologentages, Sombart: S. 73, und Weber: S. 98 f.

## 第二十章 一个情绪容易激动的人？

1 Barth: «Die Nationalität in ihrer soziologischen Bedeutung», S. 47 f.
2 MWG II /7-2, S. 709.
3 MWG II/6, S. 715. Ruge würde es noch weit bringen: Entzug der Lehrbefugnis wegen antisemitischer Verbalangriffe auf Universitätslehrer im Juli 1920, kurz danach Freikorpsmitglied, Bekanntschaft und gemeinsame Verlagsgründung mit Heinrich Himmler, 1933 im zweiten Versuch Aufnahme in die NSDAP, Archivrat in Karlsruhe, Abfassung einer Schrift über mittelalterliche Hexenprozesse als gemeinsame Verschwörung von katholischer Kirche und Judentum.
4 Braun: Frauenarbeit und Hauswirtschaft, Berlin 1901, S. 21. Vgl. Meurer: Marinne Weber, S. 282 f. Zum Ablauf Obst: Ein Heidelberger Professorenstreit; von Olenhusen: «Ehre, Ansehen, Frauenrechte»; und Weischenberg: Max Weber und die Entzauberung der Medien.
5 So fasst ihn Weber später zusammen, Max Weber an Friedrich Blanck, 13.12.1910, MWG II/6: S. 721 ff.; «sofern Sie», am selben Tag Max Weber an Arnold Ruge, ebd., S. 715 ff. (716).
6 An Friedrich Blanck, ebd., S. 746; «Ohrfeigen», MWG II/7-1, S. 48.
7 MWG II/6, S. 722.
8 Jaspers: Max Weber, S. 78.
9 «Volkstribun», zit. nach R, S. 639; «Die Gefährten», LB, S. 445.
10 PE-K, S. 81.
11 GARS I, S. 191; PE-K, S. 101.
12 PE-K, S. 107 f.
13 Und nicht etwa, weil Weber das Referat seiner Thesen beim Historikertag 1906 an Troeltsch abgetreten hatte, weil dieser die maßgebende Idee als theologischer Fachmann beherrsche, worauf Troeltsch sein Referat mit der Bemerkung einsetzte, Weber sei in jeder Hinsicht berufen gewesen, es zu halten.
14 PE-K, S. 149–187.
15 Ebd., S. 241.
16 Ebd., S. 324, 326.
17 MWG II/8, S. 126 ff.
18 MWG II/6, S. 721.
19 MWG II/8, S. 401.
20 Philippovich: «Über das Wesen der volkswirtschaftlichen Produktivität», S. 353; «offensichtlich», S. 416; «materialen», WG, S. 45.
21 Elias: Studien über die Deutschen, S. 71; vgl. WG, S. 186: «die Tatsache bleibt bestehen, daß die Zweikampfbereitschaft, trotz des Strafgesetzes, in Deutschland für den Offizier noch heute staatliche Rechtspflicht ist, weil staatliche Rechtsfolgen an ihr Fehlen geknüpft sind.»
22 MWG II/7-1, S. 349–351.

# 第二十一章 统治的时代、维恩－斯特凡修道院和作为军队组织的社会民主党

1 «Minimum», WG, S. 122.
2 «ökonomisch sturmfreie Existenz», Max Weber: «Wahlrecht und Demokratie in Deutschland» (1917), in GPS, S. 272; «daß wer», ders.: Die Lage der Landarbeiter im ostelbischen Deutschland (1892), in MWG I/3, S. 918; «halb ‹cäsaristisch›», ders.: «Stellungnahme zur Flottenumfrage der Allgemeinen Zeitung» (1898), in GPS, S. 31. Vgl. Torp: Max Weber und die preußischen Junker, S. 38–61.
3 Alles, was man derzeit über George und seinen Kreis als soziale Phänomene wissen muss, steht bei Breuer: Ästhetischer Fundamentalismus, Karlauf: Stefan George und Raulff: Kreis ohne Meister.
4 Simmel: «Stefan George», S. 26, 31. Vgl. für eine zeitgenössische Theorie der Gefühlsbestimmung durch ästhetische Werke Baensch: «Kunst und Gefühl», S. 1–28.
5 Zum Propheten als Inhalt der Religion vgl. Breuer: «Das Syndikat der Seelen», S. 338; «Der Alltag», Gertrud Simmel an Sophie Rickert, 28.12.1908, zit. nach Boehringer: Mein Bild von Stefan George, S. 86.
6 «Groteske», Max Weber an Dora Jellinek, 9.6.1910, MWG II/6, S. 559–563; «Schlichtheit», Max Weber an Marie Baum, 11.11.1910, ebd., S. 689.
7 Zur Debatte vgl. Sohm: «Wesen und Ursprung des Katholizismus»; von Harnack: Entstehung und Entwickelung der Kirchenverfassung und des Kirchenrechts. Einen guten Überblick gibt Kroll: «Max Webers Idealtypus der charismatischen Herrschaft».
8 Harnack: Dogmengeschichte, S. 85–95; Sohm: Kirchenrecht, S. 26 f., 209, 100; außerdem ders.: Kirchengeschichte im Grundriß, S. 26–34, eine besonders populär geschriebene Darstellung der reinen lutherischen Lehre.
9 Vgl. zu diesem «spiritualistischen bias» Breuer: Max Webers Herrschaftssoziologie, S. 20 f. sowie zur charismatischen Herrschaft S. 33–67.
10 Marrett: The threshold of religion; Lévy-Bruhl: Les fonctions mentales dans les sociétes inferieures.
11 Vgl. die klare Darstellung dieser und weiterer Fragen, die Weber unbeantwortet ließ, bei Blau: Exchange and Power in Social Life, S. 200–223.
12 GARS III, S. 220.
13 WuG, S. 141.
14 Ebd., S. 129.
15 Zur intellektuellen Entwicklung vgl. das Standardwerk Genett: Der Fremde im Kriege.
16 Michels: Die Grenzen der Geschlechtsmoral, S. 133–145 («Rückgratlosigkeit», ebd., S. 138).
17 «Sie reisen», an Robert Michels, 12. Mai 1909, MWG II/6, S. 124; «Hang»,

Michels: «Zur Soziologie der Bohème», S. 804; «vergleichende», ders.: Die Grenzen der Geschlechtsmoral. Prolegomena, Gedanken und Untersuchungen, München 1911, S. 33-54; «Das Eheweib», ebd., S. 177; «Natürlich», an Marianne Weber, 22. April 1911, MWG II/7-2, S. 200.
18 Hierzu ebd., S. 323-330; Michels: «Die deutsche Sozialdemokratie», S. 539.
19 Berufsmitglieder, ebd., S. 543; Jean Jaurès, in Robert Michels: «Die deutsche Sozialdemokratie im internationalen Verbande. Eine kritische Untersuchung», zit. nach ders.: Soziale Bewegungen zwischen Dynamik und Erstarrung, S. 152 f.
20 «Kontinuierlichkeit», WG, S. 669; «cäsaristischen», GPS, S. 348.
21 «puritanisch», GARS I, S. 99; «cäsaristische», GPS, S. 393; «Emotionalisierung» vgl. GPS, S. 404. Zu Webers veränderter Einschätzung vgl. Breuer: «Das Charisma des Führers», S. 144-175.
22 Für einen Katalog der Einwände gegen die Verklammerung von Zweckrationalität und Befehlsherrschaft vgl. Luhmann: «Zweck – Herrschaft – System», S. 91; Michels: Zur Soziologie des Parteiwesens in der modernen Demokratie.
23 GPS, S. 517.

# 第二十二章　俄国、社会主义和有组织的社会

1 «Gehäuse jener Hörigkeit der Zukunft», WuG, S. 835; «Verstaatlichung», GPS, S. 63; «wie eine Schafherde», ebd., S. 64; «Fachmenschen», GARS I, S. 204.
2 Michels: Probleme der Sozialphilosophie, S. 17-26, 38.
3 GASS, S. 504 f.
4 Marx/Engels: Kommunistisches Manifest (1848), S. 463.
5 Lukács: «Was ist orthodoxer Marxismus?», S. 39, 49-50.
6 Marx/Engels: Kommunistisches Manifest (1848), S. 465.
7 LB, S. 342.
8 Stepun: Vergangenes und Unvergängliches, S. 138.
9 Lukács: Theorie des Romans, S. 168 f.
10 LB, S. 474.
11 Max Weber: «Zur Lage der bürgerlichen Demokratie in Rußland», in GPS, S. 33-68, hier: S. 43, 63 f.
12 «Zur Lage», GPS, S. 56.
13 «verschmitzte», zit. nach Max Weber: «Russlands Übergang zum Scheinkonstitutionalismus», in GPS, S. 69-111, hier: S. 84; «wahrhaft», ebd., S. 107; «verschmitztester», ebd., S. 109; «heilige», GPS, S. 39; «leidenschaftliche», ebd., S. 98; «Es ist ein», ebd., S. 109.
14 «Chronik», GPS, S. 106; «drängt», ebd., S. 65; «durch sie», ebd.
15 «Russlands Übergang zur Scheindemokratie» (April 1917), in GPS, S. 197-215.

16 Repräsentativ dafür die Schriften des sozialdemokratischen Ökonomen Johann Plenge: Die Revolutionierung der Revolutionäre, Leipzig 1918, S. 33 ff., und Zur Vertiefung des Sozialismus, Leipzig 1919, vor allem S. 38–89.
17 «Der Sozialismus», GASS, S. 492–518; «Der Staat aber», ebd., S. 504.
18 Vgl. beispielsweise Kautsky: Die historische Leistung von Karl Marx, S. 27–30.
19 GASS, S. 513.
20 «Romantik» und «Das große Experiment», ebd., S. 514.

## 第二十三章　价值之神

1 Simmel: «Soziologie der Geselligkeit».
2 Simmel: Soziologie, S. 22.
3 Max Weber: «Geschäftsbericht», in Verhandlungen, S. 39–62.
4 «Wertgott», Troeltsch: Gesammelte Schriften, Bd. 3, S. 61; «auf das Gebiet», GARS I, S. 204; «Mensch», Verhandlungen, S. 57.
5 «Der Sinn der ‹Wertfreiheit› der soziologischen und ökonomischen Wissenschaften» (1918), WL, S. 489–540; «höchst triviale», ebd., S. 499.
6 WL, S. 433.
7 «von der satanischen», GARS I, S. 490; der «praktische Rationalismus», ebd., S. 440.
8 «Herrenschicht», GARS II, S. 16; «magische Distanz», ebd., S. 36; «Konzeptionsstunde», S. 40.
9 WG, S. 535.
10 GARS I, S. 539.
11 Bendix: Max Weber, S. 76; «züchten», GARS III, S. 238.
12 «Zwischenbetrachtung», GARS I, S. 536–573; «ungebrochenen Menschentums», ebd., S. 263.
13 «größten», GARS, S. 556; «den kalten», ebd., S. 561.
14 GARS I, S. 1–16.
15 «die Entstehung», ebd., S. 10.
16 «Jener große», ebd., S. 94 f.; «Second Awakening», vgl. Bloom: The American Religion; Butler: Awash in a Sea of Faith.
17 Vgl. die Hinweise auf Forschungen zur Magie im alten Israel bei Breuer: «Magie – Religion – Entzauberung», S. 29 ff.
18 Vgl. zur protestantischen Hexenlehre, Bekker und von Spee die Darstellung bei Kittsteiner: Die Stabilisierungsmoderne, S. 137–177.

## 第二十四章　因为什么而死与为了什么而死

1 «Ich habe», Max Weber an Karl Oldenberg, 28. 8. 1914, MWG II/8, S. 782. Die weiteren Zitate ebd., S. 787 (an Siebeck), 799 (an Toennies); «Die Gemeinschaft», GARS I, S. 548, und Max Weber an Helene Weber, 4. 9. 1915, MWG

II/9, S. 116. Zu Lask der Brief Webers vom 17. 6. 1915, ebd., S. 56 ff.
2 «Wer auch nur» und «historische Pflicht», in Weber: «Zwischen zwei Gesetzen», in GPS, S. 144
3 Alle Zitate aus Max Weber: «Abschließender Erfahrungsbericht über die Lazarettverwaltung», in MWG I/15, S. 32–48. Vgl. auch LB, S. 545–560.
4 Vgl. Kellermann (Hrsg.): Der Krieg der Geister.
5 Sombart: Händler und Helden, dort zum «Krieg Nietzsches» S. 53, zur englischen Freiheit S. 21 und zum Urheberrecht an der Reformation S. 49.
6 Simmel: «Deutschlands innere Wandlung», S. 13.
7 Troeltsch: Die Ideen von 1914, S. 48 f.; «Militarismus», ders.: Unser Volksheer, S. 16.
8 «die Stunde», LB, S. 526; «Es ist», ebd., S. 529; «Saatgut», ebd., S. 535 f.
9 «Senegalneger», an Robert Michels, 20. 6. 1915, MWG II/9, S. 66; vgl. GPS, S. 214. Ghurkas waren nepalesische Soldaten im Dienst Großbritanniens. «Wer hätte», an Mina Tobler, 30. 8. 1915, ebd., S. 113; «Beleidigung», an Michels, 9. 9. 1915, ebd., S. 135; an Sombart, 30. 7. 1915, ebd., S. 79–81.
10 An Friedrich Naumann, 2. 11. 1915, MWG II/9, S. 158.
11 GPS, S. 159.
12 MWG I/15, S. 648–689, hier 651.
13 «nationale», GPS, S. 174; «Die Struktur», ebd., S. 218; Aufteilung, ebd., S. 143.
14 Leon Daudet: Contre l'esprit allemand. De Kant à Krupp, Paris 1915, S. 39 ff.
15 MWG I/15, S. 667.
16 Naumann: Mitteleuropa.
17 Mommsen: Max Weber und die deutsche Politik 1890–1920, S. 222–241, vor allem S. 237, Anm. 2. Vgl. Webers Brief an Franz Eulenburg, 14. 3. 1916, MWG II/9, S. 340 f.
18 Wahlrecht und Demokratie in Deutschland (Dezember 1917), GPS, S. 246; «an der Erhaltung», ebd., S. 251; zum Ständestaat ebd., S. 263.
19 Alle Zitate ebd., S. 272–281.
20 Ebd., S. 284.
21 Breuer: «Das Charisma der Nation».
22 «für die Ehre», in «Zwischen zwei Gesetzen» (Februar 1916), in GPS, S. 144 f.; «Ehre des Volkstums», in «Deutschland unter den europäischen Weltmächten» (1916), in ebd., S. 176; «Pflicht», in «Ein Wahlrechtsnotgesetz des Reichs» (28. 3. 17), in ebd., S. 196; «Macht», ebd., S. 175; «Deutschlands», in «Die Lehren der deutschen Kanzlerkrisis» (7. 9. 1917), in ebd., S. 217; «daß der Krieg», in «Die siebente deutsche Kriegsanleihe» (18. 9. 1917), in ebd., S. 226.
23 «Wahlrecht und Demokratie in Deutschland», ebd., S. 291.

## 第二十五章 世界观的大卖场

1 GPS, S. 363.
2 Fast willkürlich aus einem einzigen Jahrgang zur Illustration des «aufgeladenen» Zeitgeistes herausgegriffen: Oswald Spengler: Preußentum und Sozialismus, München 1919; Johann Plenge: Zur Vertiefung des Sozialismus, Leipzig 1919; Heinrich von Gleichen: «Der Beamte als Führer», in Der Spiegel. Beiträge zur sittlichen und künstlerischen Kultur 1 (1919/1920), Heft 4, 19–26; Karl Barth: Der Römerbrief, München 1919; Gustav Wyneken: Der Kampf für die Jugend, Jena 1919; Karl Jaspers: Psychologie der Weltanschauungen, Berlin 1919; Walther Rathenau: Die neue Gesellschaft, Berlin 1919; ders.: Der neue Staat, Berlin 1919; Lukács: «Was ist Orthodoxer Marxismus?» (1919); Carl Schmitt: Politische Romantik, Berlin 1919.
3 Meinecke: «Drei Generationen deutscher Gelehrtenpolitik». Der Hinweis auf Meinecke ebenso wie das folgende Zitat ist dem Buch von Schiera: Laboratorium der bürgerlichen Welt, S. 97 f. entnommen.
4 Toller: Eine Jugend in Deutschland, S. 57; Heidler: Der Verleger Eugen Diederichs und seine Welt, S. 48.
5 An Mina Tobler, 2. 6. 1917, MWG II/9, S. 655.
6 Toller: Eine Jugend in Deutschland, S. 57; Tagungsprotokoll in MWG I/15, S. 701–707; «Nicht die Politik», ebd., S. 707.
7 Schwab: «Beruf und Jugend», S. 104 f.; Alfred Weber: Religion und Kultur, S. 333. Vgl. durchgehend MWG I/17, S. 54 und Schluchter: «Handeln und Entsagen, S. 284 f.
8 Max Weber: «Wissenschaft als Beruf», in WL, S. 582–613, hier: S. 582–588.
9 Eulenburg: Der «akademische Nachwuchs», S. 8–13.
10 WL, S. 585.
11 Vgl. für eine Entwicklung der Prämissen einer Einheit von Forschung und Lehre die kurz vor Webers Studienzeit, im Jahr 1879, gehaltene Berliner Universitätsrede des Theologen und Philosophen Eduard Zeller: «Über akademisches Lehren und Lernen», S. 90, und für weitere Belege Stichweh: «Die Einheit von Lehre und Forschung»; «Frequenzkonkurrenz», WL, S. 586.
12 Blumenberg: Die Sorge geht über den Fluß, S. 75.
13 Wittgenstein: Tractatus logico-philosophicus, S. 85, Satz 6.52; WL, S. 598. Wittgensteins Traktat erscheint erst 1921, das Manuskript aber entsteht während des Ersten Weltkriegs und ist 1918 abgeschlossen.
14 Dumont: Homo Hierarchicus, S. 239–245.
15 Vgl. Stichweh: «Bildung, Individualität und die kulturelle Legitimation von Spezialisierung», S. 223.

16 «Wir können», WL, S. 608; «sich in ihrer Seele», ebd., S. 611.

## 第二十六章 思想意识的大剧场

1 Schumpeter: Das Wesen und der Hauptinhalt der theoretischen Nationalökonomie, S. 7; «Paradoxien», an Carl Grünberg, Juni 1918, MWG II/10-1, S. 178; zum Folgenden vgl. Somary: Erinnerungen, S. 170–172. In den Briefen Webers findet sich kein Echo dieser Begegnung.
2 GPS, S. 563 f.; Somary: Erinnerungen, S. 148.
3 GPS, S. 152; zu 1896, ebd., S. 29; Somary: Erinnerungen, S. 150 f. Lesenswert auch das gespenstische Gespräch Somarys mit dem Ersten Generalquartiermeister und faktischen Militärdiktator Erich Ludendorff aus dem Frühsommer 1917, in dem dieser mitteilt, Amerika werde «erst in Jahren eine wirkliche Armee haben» (S. 159).
4 GARS I, S. 553; GARS II, S. 193; WL, S. 505; GPS, S. 539; an Robert Michels, 4. 8. 1908, MWG I/5, S. 615 f.
5 Weitere Differenzierungen beider Typen von Ethik bei Schluchter: Religion und Lebensführung, S. 165–332.
6 «Schande», an Otto Crusius, 26. 12. 1918, MWG II/10-1, S. 380; «qualvoll», an Else Jaffé, 12. 11. 1918, ebd. S. 296; «Unverwüstlichkeit», an Otto Crusius, 26. 12. 1918, zit. nach LB, S. 649; «Das machen wir», an Otto Crusius, 24. 11. 1918, MWG II/10-1, S. 321; «toller Mumenschanz», an Mina Tobler, 15. 11. 1918, ebd. S. 307; «ein ekelhafter», an Hans Gruhle, 13. 12. 1918, ebd., S. 355; «eine Art Narkotikum», an Helene Weber, 19. 11. 1918, ebd., S. 310.
7 «Diese Verpöbelung», an Mina Tobler, 4. 12. 1918, MWG II/10-1, S. 337 f.; «Pariavolk», MWG I/15, S. 419.
8 An Marianne Weber, 10. 12. 1918, ebd., S. 351.
9 «der Putsch», an Mina Tobler, 4. 12. 1918, MWG II/10-1, S. 336; «grob materiellen», GPS, S. 485; «Die feindlichen», ebd., S. 484.
10 MWG II/10-1, S. 381.
11 Mommsen: Max Weber und die deutsche Politik, S. 301 f.
12 An Carl Petersen, 14. 4. 1920, MWG II/10-2, S. 986.
13 «politische Hampelmänner» und «Dogma», GPS, S. 26 f.; «Gefühlspolitik», ebd., S. 159.

## 第二十七章 迟到的青年时代和血腥的假面舞会

1 Max Weber an Else Jaffé, 4. 3. 1919, MWG II/10-1, S. 500.
2 An Else Jaffé, 13. 2. 1919, ebd., S. 451.
3 Ebd., S. 26.

4 Das Bild des Halsrings erstmals am 14.1.1919, ebd., S. 391 f.; «Else v. Richth's», 26.2.1919, ebd., S. 484.
5 «Wasall», an Mina Tobler, 23.7.1917, MWG II/9, S. 720; «absolute Unterordnung», an Else Jaffé 18.6.1919, ebd., S. 649; «Leibeigenschaft» z. B. an Else Jaffé, 12.6.1919, MWG II/10-2, S. 640; «S.S.S.», ebd., 8.9.1919, S. 764 f., 9./10.9.1919, S. 765.
6 An Else Jaffé, 25.2.1919, ebd., S. 483.
7 «Deine Zähne», an Else Jaffé, September 1919, ebd., S. 765; «der in so vielen» und «wenn man sich vor Dir», 4.3.1919, ebd., S. 495.
8 Ebd., S. 21.
9 An Else Jaffé, 23.12.1919, ebd., S. 410.
10 «wilde Katze» etc., an Else Jaffé, 15.1.1919, MWG II/10-1, S. 398.
11 «in jeden Frevel», an Else Jaffé, 15.1.1919, ebd., S. 395.
12 An Else Jaffé, 8.9.1919, MWG II/10-2, S. 767.
13 «aus dem ‹ethischen›», an Mina Tobler, 7.3.1919, ebd., S. 512; zu München und Nürnberg, an Else Jaffé, 20.12.1918, ebd., S. 369.
14 An Mina Tobler, 15.3.1919, ebd., S. 520 ff.
15 Keller: Der grüne Heinrich (2. Fassung), in ders.: Gesammelte Werke, Bd. 1, S. 232 f.
16 «so viel», MWG II/10-1, S. 545; «Deutschlands Lage», GPS, S. 157–177; «Er war», MWG II/10-1, S. 24; «zum letzten Mal», an Mina Tobler, 1.6.1919, MWG II/10-2, S. 632; «vorzeitig», an Mina Tobler 10.6.1919, ebd., S. 638 und 15.7.1919, ebd., S. 687.
17 «leider soll sie ja», an Mina Tobler, 21.1.1920, ebd., S. 899; «Lämmerhüpfen», an Else Jaffé, 11.11.1919, ebd., S. 835 und Anm. 2; «Ein Großstadtmensch», an Mina Tobler, 3.3.1920, ebd., S. 943; «die Freude», an Mina Tobler, 3.1.1920, ebd., S. 877; «Unser Einer», an Else Jaffé, 12.11.1918, MWG II/10-1, S. 297; «kleinen Juden», an Mina Tobler, 15.11.1918, ebd., S. 307.
18 An Erich Ludendorff, 14.5.1919, ebd., S. 605–609.
19 Von «Ich sehe ihn noch vor mir» bis «daß dann wohl» alle Zitate aus «Eine Unterredung mit Erich Ludendorff», MWG I/16, S. 545–552.
20 Das Folgende nach Grossmann: Der Hochverräter Ernst Toller, und Frühwald/Spalek: Der Fall Toller.
21 «Zeugenaussage im Prozeß gegen Ernst Toller», MWG I/16, S. 489. Der «Literat» Weber dokumentiert in Frühwald/Spalek: Der Fall Toller, S. 80.
22 Wolfgang Heine an General Ernst von Oven, 7.6.1919, abgedruckt bei Grossmann: Der Hochverräter Ernst Toller, S. 19 f. Der General hatte die militärischen Aktionen geleitet, die zur Niederschlagung der Münchner Räterepublik führten.
23 ebd., S. 36.

24 Dazu Kershaw: Hitler, S. 181–184, und Tyrell: Vom «Trommler» zum «Führer», S. 22.
25 «Sachliche (angeblich: <politische>) Bemerkungen am 19.1.», MWG I/16, S. 273.
26 An József von Lukács, 9.1.1920, MWG II/10-2, S. 883.
27 MWG II/10-2, S. 920, Anm. 18.
28 An Mina Tobler, 3.1.1920, MWG II/10-2, S. 878.
29 Diesen Titel nur zum Nachdenken für all jene, die behaupten, Weber habe eine Soziologie ohne Gesellschaftsbegriff im Sinn gehabt. Wovon wäre dann diese Wissenschaft eine gewesen?
30 An Mina Tobler, MWG II/10-2, S. 879.
31 An Mina Tobler, 15.1.1920, ebd., S. 891 und an dies., 25.10.1919, ebd., S. 824 «Dinge, die mir nicht sehr liegen zur Zeit».
32 Darauf weist Collins: «Weber's Last Theory of Capitalism», S. 925–942, hin.
33 Ebd., S. 251.
34 Die Formel, etwas sei «nicht als solches» die treibende Entwicklungskraft des Kapitalismus gewesen, findet sich ebd., S. 252. Für die Bedeutung der Wissenschaft, S. 275; für das römische Recht, S. 302; für den Erwerbstrieb, S. 313; «Demokratisierung des Luxus» und «entscheidende Wendung», S. 278. Weber nennt noch eine ganze Reihe weiterer Bedingungen, die den Kapitalismus gefördert hätten: den Kriegsbedarf der europäischen Fürsten (S. 277 und 312), die Bevölkerungsvermehrung und den Zufluss an Edelmetall aus Amerika (S. 311), das moderate Klima und die günstigen geographischen Gegebenheiten Europas (S. 312).
35 «Abgeneigtheit», ebd., S. 312.
36 «From tribal brotherhood to universal otherhood» lautet die Formel, die Benjamin Nelson im Untertitel seines Buches «The Idea of Usury» ausdrücklich im Anschluss an Weber geprägt hat.
37 Weber: Wirtschaftsgeschichte, S. 320.
38 Ebd., S. 324.

## 第二十八章  终结

1 An Mina Tobler, 14.10.1919, MWG II/10-2, S. 817.
2 An Marianne Weber, 10.4.1916, MWG II/9, S. 382.
3 An Magdalena Naumann, 27.8.1919, MWG II/10-2, S. 742.
4 An Heinrich Rickert, 11.1.1916, MWG II/9, S. 253 f.
5 An Georg Lukács, Februar/März 1920, MWG II/10-2, S. 961 f.
6 An Alwine Müller, 14.4.1920, ebd., S. 981.
7 An Heinrich Rickert, 26.4.1920, ebd., S. 1040.
8 An Robert Liefmann, 9.3.1920, ebd., S. 947.

9 von Gierke: Das Wesen der menschlichen Verbände, S. 12; «rein empirischen», an Hermann Kantorowicz, 28. 12. 1913, MWG II/8, S. 443.
10 Max Weber: «Allgemeine Staatslehre und Politik (Staatssoziologie)», in MWG III/7; «wer an Recht», S. 98 f.; «Feindin der Willkür», S. 83; «Gladstone», S. 100; «keinen Diener», S. 116 f.
11 Marianne Weber an Else Jaffé, 9. 6. 1920, MWG II/10-1, S. 31.
12 Allert: «Max und Marianne Webers», S. 223.
13 «Sehnsucht», Max Weber an Mina Tobler, 15. 7. 1919, MWG II/10-2, S. 688; «größten irrationalen», ebd., S. 556; «einzigartigen Sinn», ebd., S. 560; «kalten», ebd. I, S. 561.
14 Ebd., S. 563.
15 Goethe: Werke, S. 307.
16 Vgl. hierzu Benjamin: «Goethes Wahlverwandtschaften».
17 «Wir werden» und alle weiteren Zitate nach MWG II/10-1, S. 38; «Ultra posse», ebd., und an Helene Weber, 24. 1. 1886, JB, S. 199.

## 经典人物是如何产生的？

1 Kondylis: Der Niedergang der bürgerlichen Denk- und Lebensform.
2 Strachey: Eminent Victorians.
3 R, S. 831.
4 «Dienst», Marianne Weber an Else Jaffé, 6. 5. 1921, zit. nach Roth: Edgar Jaffé, Else von Richthofen and Their Children, S. 99; «Mythos von Heidelberg», Glockner: Heidelberger Bilderbuch, S. 100–114; Jaspers: Max Weber. Eine Gedenkrede, S. 39; «lebendiges Gesetz», Glockner: Heidelberger Bilderbuch, S. 110; «Theorie», Jaspers: Psychologie der Weltanschauungen, S. 68; «bei der», Jaspers: Philosophische Autobiographie, S. 38.
5 «zu der Ansicht», «Du sollst» und edler Nihilismus bei Leo Strauss: Natural Right and History, zit. nach der deutschen Ausgabe: Naturrecht und Geschichte, S. 44, 47, 50.
6 «eine Wissenschaft», WG, S. 1; «ein Grenzfall», WG, S. 4; an Hans Gruhle, 8. 3. 1913, MWG II/5, S. 112 ff., dort auch der Hinweis auf Gruhles Habilitationsvortrag «Die Bedeutung des Symptoms in der Psychiatrie».
7 Scaff: Max Weber in America, S. 214; dort auch S. 211–252 ein Überblick der amerikanischen Wirkungsgeschichte Webers.
8 Parsons: The Structure of Social Action. Die zweibändige Ausgabe von 1968 unterstreicht Webers Bedeutung noch stärker: Band 1: Marshall, Pareto, Durkheim, Band 2: Weber.
9 Eliot: «Tradition and the Individual Talent», S. 46.

# 参考文献

**Häufig zitierte Literatur**

JB: Max Weber: Jugendbriefe, hrsg. von Marianne Weber, Tübingen o. J. [1937].

FG: Guenther Roth: Max Webers deutsch-englische Familiengeschichte 1850–1950, Tübingen 2001.

GARS: Gesammelte Aufsätze zur Religionssoziologie (überarbeitete Fassung der jeweils zu Lebzeiten erschienenen Werke).

Bd. 1: Konfuzianismus und Taoismus, Tübingen 1920 (Nachdruck 1988) GARS I.

Bd. 2: Hinduismus und Buddhismus, Tübingen 1921 (Nachdruck 1988) GARS II.

Bd. 3: Das antike Judentum, Tübingen 1921, (Nachdruck 1988) GARS III.

GASS: Max Weber: Gesammelte Aufsätze zur Soziologie und Sozialpolitik, Tübingen 1924 (ND 1988).

GASWG: Max Weber: Gesammelte Aufsätze zur Sozial- und Wirtschaftsgeschichte, Tübingen 1924 (ND 1988).

GPS: Max Weber: Gesammelte Politische Schriften, hrsg. von Johannes Winckelmann, Tübingen 1921 (ND 1988).

LB: Marianne Weber: Max Weber. Ein Lebensbild. Mit einer Einleitung von Guenther Roth, München 1989.

LE: Marianne Weber: Lebenserinnerungen, Bremen 1948.

MWG: Max-Weber-Gesamtausgabe, hrsg. von Horst Baier, M. Rainer Lepsius, Wolfgang J. Mommsen, 41 Bde., Tübingen 1984 ff.

PE-L/W: Max Weber: Die protestantische Ethik und der «Geist» des Kapitalismus. Textausgabe auf der Grundlage der ersten Fassung von 1904/05 mit einem Verzeichnis der wichtigsten Zusätze und Veränderungen aus der zweiten Fassung von 1920, hrsg. von Klaus Lichtblau und Johannes Weiss, Bodenheim 1993.

PE II: Max Weber: Die Protestantische Ethik II. Kritiken und Antikritiken, hrsg. von Johannes Winckelmann, Hamburg, Gütersloh 1968 ff.

PE-K: Max Weber: Die protestantische Ethik und der Geist des Kapitalismus. Vollständige Ausgabe, hrsg. und eingeleitet von Dirk Kaesler, München 2010.

R: Joachim Radkau: Max Weber. Die Leidenschaft des Denkens, München 2005.

WL: Max Weber: Gesammelte Aufsätze zur Wissenschaftslehre, Tübingen 1922 (ND 1988).

WuG: Max Weber: Wirtschaft und Gesellschaft, Tübingen 1921/22 (Studienausgabe 1980).

**Weitere zitierte Quellen und Literatur**
Adressbuch der Ruprecht-Karls-Universität in Heidelberg, Sommer-Halbjahr 1882, Heidelberg 1882.
Thomas C. Allbutt: «Neurasthenia», in ders. (Hrsg.): A System of Medicine, Bd. 8, London 1899, S. 134–164.
Tillmann Allert: «Max und Marianne Weber. Die Gefährtenehe», in Treiber/Sauerland: Heidelberg im Schnittpunkt intellektueller Kreise, S. 210–241.
Edwin Lancelot Ash: «Nervous Breakdown. The Disease of our Age», Medical Times 37 (1909).
Ders.: The Problem of Nervous Breakdowns, London 1919.
Erich Auerbach: Mimesis. Dargestellte Wirklichkeit in der abendländischen Literatur (1946), Basel 2001.

Otto Baensch: «Kunst und Gefühl», Logos 12 (1923/24), S. 1–28.
Hans Barth: Roma Aeterna. Eine Wanderung durch Rom, Berlin o.J. (vermutlich 1907/1908).
Paul Barth: «Die Nationalität in ihrer soziologischen Bedeutung», in Verhandlungen des Zweiten Deutschen Soziologentags. Reden und Vorträge, Tübingen 1913, S. 21–48.
Gertrud Bäumer: Die Frau in den Kulturbewegungen der Gegenwart, Wiesbaden 1904.
Eduard Baumgarten: Max Weber. Werk und Person, Tübingen 1964.
Hermann Baumgarten: «Der deutsche Liberalismus. Eine Selbstkritik» (1866), in ders.: Historische und politische Reden und Aufsätze, hrsg. von Erich Marcks, Straßburg 1894.
George M. Beard: American Nervousness. Its Causes and Consequences. A Supplement to Nervous Exhaustion (Neurasthenia), New York 1881.
Hamilton Beck: «W. E. B. Du Bois as a Study Abroad Student in Germany, 1892–1894», in Frontiers, Bd. 2. 1. (1996), S. 45–63.
Reinhard Bendix: Max Weber. Das Werk – Darstellung, Analyse, Ergebnisse, München 1964.
Walter Benjamin: «Goethes Wahlverwandtschaften», in ders.: Gesammelte Werke, hrsg. von Rolf Tiedemann und Hermann Schweppenhäuser, Bd. 1, Frankfurt am Main 1972, S. 123–202.
Peter M. Blau: Exchange and Power in Social Life (1964), New Brunswick 2008.
Iwan Bloch: Das Sexualleben unserer Zeit in seinen Beziehungen zur modernen Kultur, Berlin 1908.
Harold Bloom: The American Religion. The Emergence of the Post-Christian Nation, New York 1992.
Hans Blumenberg: Die Sorge geht über den Fluß, Frankfurt am Main 1988.

Walter Boehlich (Hrsg.): Der Hochverratsprozeß gegen Gervinus, Frankfurt am Main 1967.

Robert Boehringer: Mein Bild von Stefan George, Düsseldorf 1968.

Gaston Boissier: Cicero und seine Freunde. Eine Studie über die römische Gesellschaft zu Cäsar's Zeit. Deutsch bearbeitet von Dr. Eduard Döhler, Leipzig 1869.

Knut Borchardt: «Max Weber's Writings on the Bourse: Puzzling Out a Forgotten Corpus», Max Weber Studies 2.2 (2002), S. 139–162.

Heinrich Bosse: Bildungsrevolution 1770–1830, Heidelberg 2012.

Lily Braun: Frauenarbeit und Hauswirtschaft, Berlin 1901.

Stefan Breuer: Ästhetischer Fundamentalismus. Stefan George und der deutsche Antimodernismus, Darmstadt 1995.

Ders.: «Das Charisma der Nation», in ders.: Bürokratie und Charisma. Zur Politischen Soziologie Max Webers, Darmstadt 1994, S. 110–143.

Ders.: «Das Charisma des Führers», in ders.: Bürokratie und Charisma. Zur politischen Soziologie Max Webers, Darmstadt 1994, S. 144–175.

Ders.: «Das Syndikat der Seelen. Stefan George und sein Kreis», in Treiber/Sauerland: Heidelberg im Schnittpunkt intellektueller Kreise, S. 328–375.

Ders.: «Die Geburt der Moderne aus dem Geist der Weltablehnung», in ders.: Max Webers tragische Soziologie. Aspekte und Perspektiven, Tübingen 2006, S. 33–62.

Ders.: «Die Organisation als Held. Der sowjetische Kommunismus und das Charisma der Vernunft», in ders.: Bürokratie und Charisma. Zur Politischen Soziologie Max Webers, Darmstadt 1994, S. 84–109.

Ders.: «Magie – Religion – Entzauberung», in ders.: Max Webers tragische Soziologie. Aspekte und Perspektiven, Tübingen 2006, S. 13–32.

Ders.: Max Webers Herrschaftssoziologie, Frankfurt am Main 1991.

Fritz Brupbacher: 60 Jahre Ketzer, Zürich-Leimbach 1935.

Karl Bücher: Arbeit und Rhythmus, Leipzig 1899.

Ders.: Die Entstehung der Volkswirtschaft. Vorträge und Versuche (1893), Tübingen 1910.

Jacob Burckhardt: Werke. Kritische Gesamtausgabe, Bd. 9, München 2008.

Ders.: Weltgeschichtliche Betrachtungen (1868), Berlin 1910.

Jon Butler: Awash in a Sea of Faith. Christianizing the American People, Cambridge Mass. 1990.

Dennis W. Carlton: Future Markets: Their purpose, their history, their growth, their successes and failures, in The Journal of Future Markets 4 (1984), S. 237–271.

W. E. Channing: «Likeness to God» (1828), http://www.americanunitarian.org/likeness.htm [18.9.2013].

Gilbert K. Chesterton: Heretics, London 1905.

Randall Collins: «Weber's Last Theory of Capitalism», American Sociological Review 45 (1980), S. 925–942.

Adolf Deissmann: Die Urgeschichte des Christentums im Lichte der Sprachforschung, Tübingen 1910.
Ders.: Licht vom Osten. Das Neue Testament und die neuentdeckten Texte der hellenistisch-römischen Welt, Tübingen 1908.
Ders.: «Selbstdarstellung», in Erich Stange (Hrsg.): Die Religionswissenschaft in Selbstdarstellungen, Bd. 1, Leipzig 1925, S. 43–78.
Ders.: Urgeschichte des Christentums, Tübingen 1910.
Eberhard Demm: Ein Liberaler in Kaiserreich und Republik. Der politische Weg Alfred Webers bis 1920, Boppard 1990.
Albrecht Dieterich: Kleine Schriften, Leipzig 1911.
Ders.: Mutter Erde. Ein Versuch über Volksreligion, Leipzig 1905.
Alfred von Domaszewski: «Die Triumphstraße auf dem Marsfelde», Archiv für Religionswissenschaft 12 (1909), S. 67–82.
Edward Dowden: Puritan and Anglican. Studies in Literature, London 1901.
W. E. B. Du Bois: Darkwater. Voices from within the veil, New York 1920.
Ders.: The Souls of Black Folk. Essays and Sketches, Chicago 1903.
Peter Dudek: Ein Leben im Schatten. Johannes und Hermann Nohl – zwei deutsche Karrieren im Kontrast, Bad Heilbrunn 2004.
Louis Dumont: Homo Hierarchicus. The Caste System and its Implications, Chicago 1980.

Francis Ysidro Edgeworth: Mathematical Psychics, London 1881.
Theodor Eimer: Die Entstehung der Arten auf Grund von Vererbung erworbener Eigenschaften nach Gesetzen organischen Wachsens. Ein Beitrag zur einheitlichen Auffassung der Lebewelt, Jena 1888.
Norbert Elias: Studien über die Deutschen. Machtkämpfe und Habitusentwicklung im 19. und 20. Jahrhundert, Frankfurt am Main 1992.
T. S. Eliot: «Tradition and the Individual Talent», in ders.: The Sacred Wood, London 1920, S. 47–59.
Wilhelm Erb: Über die wachsende Nervosität unserer Zeit, Heidelberg 1893.
Gesa von Essen: «Max Weber und die Kunst der Geselligkeit», in Treiber/Sauerland: Heidelberg im Schnittpunkt intellektueller Kreise, S. 462–484.
Albert Eulenburg: Die Nervosität unserer Zeit, in Die Zukunft IV (1896), S. 302–318.
Franz Eulenburg: Der «akademische Nachwuchs». Eine Untersuchung über die Lage der Extraordinarien und Privatdozenten, Leipzig 1908.

Andreas Fahrmeir: «Das Bürgertum des ‹bürgerlichen Jahrhunderts›. Fakt oder Fiktion?», in Heinz Bude u. a. (Hrsg.): Bürgerlichkeit ohne Bürgertum. In welchem Land leben wir?, München 2010, S. 23–32.

Philip Felsch: Laborlandschaften. Physiologische Alpenreisen im 19. Jahrhundert, Göttingen 2007.

Henry Theophilus Finck: Romantic Love and Personal Beauty. Their Development, Causal Relations, Historic and National Peculiarities (1884), New York 1902.

Johann Gottlieb Fichte: Grundlage des Naturrechts nach den Prinzipien der Wissenschaftslehre (1796). Hrsg. mit Einleitung und mit Register von Manfred Zahn, Hamburg 1979.

Kuno Fischer: Über die Entstehung und Entwicklungsformen des Witzes. Zwei Vorträge in der Jenaer Rose, Heidelberg 1871.

Claude S. Fisher: To Dwell Among Friends. Personal Networks in Town and City, Chicago 1982.

Theodor Fontane: Briefe an Georg Friedlaender, hrsg. von Walter Hetteche, Frankfurt am Main 1994.

Ders.: Der Stechlin, Berlin 1899.

Benjamin Franklin: The Autobiography, Poor Richard's Almanac and Other Papers, New York 1902.

Wolfgang Frühwald/John M. Spalek (Hrsg.): Der Fall Toller. Kommentar und Materialien, München 1979.

Roland Mushat Frye: «The Teachings of Classical Puritanism on Conjugal Love», in Studies in the Renaissance II (1955), S. 148–159.

Uta Gerhardt: «Darwinismus und Soziologie – Zur Frühgeschichte eines langen Abschieds», in Michael Wink (Hrsg.): Vererbung und Milieu, Heidelberger Jahrbücher XLV (2001), S. 183–216.

Rolf Gehrmann: «Säuglingssterblichkeit in Deutschland im 19. Jahrhundert», in Comparative Population Studies 36 (2011), Heft 4, S. 807–838.

Timm Genett: Der Fremde im Kriege. Zur politischen Theorie und Biographie von Robert Michels 1876–1936, Berlin 2008.

Christian Geulen: Wahlverwandte. Rassendiskurs und Nationalismus im späten 19. Jahrhundert, Hamburg 2004.

Otto Gierke: Das Wesen der menschlichen Verbände, Berlin 1902.

Peter Ghosh: A Historian Reads Max Weber. Essays on the Protestant Ethic, Wiesbaden 2008.

Ders.: «Capitalism and *Herrschaft*: Max Weber at St. Louis», in ders.: A Historian Reads Max Weber. Essays on the Protestant Ethic, Wiesbaden 2008, S. 75–118.

Ders.: «Max Weber on ‹The Rural Community›», History of European Ideas 31 (2005), S. 327–366.

Paul Göhre: Drei Monate Fabrikarbeiter und Handwerksbursche. Eine praktische Studie, Leipzig 1891.
Hermann Glockner: Heidelberger Bilderbuch. Erinnerungen, Bonn 1969.
Johann Wolfgang von Goethe: Werke. Hamburger Ausgabe, Bd. 6, Romane und Novellen I: Die Wahlverwandtschaften, München 1990.
Levin Goldschmidt: Der Lucca-Pistoja-Actien-Streit. Handelsrechtliche Erörterungen, Frankfurt am Main 1859.
Ders.: Handbuch des Handelsrechts, Bd. 1/I/I: Universalgeschichte des Handelsrechts, Stuttgart 1891.
Hermann Heinrich Gossen: Entwicklung der Gesetze des menschlichen Verkehrs und der daraus fließenden Regeln für menschliches Handeln, Braunschweig 1854.
Marie Luise Gothein: Eberhard Gothein. Ein Lebensbild seinen Briefen nacherzählt, Stuttgart 1931.
Friedrich Wilhelm Graf: «Wertkonflikt oder Kultursynthese?», in ders. (Hrsg.): Asketischer Protestantismus und der ‹Geist› des modernen Kapitalismus. Max Weber und Ernst Troeltsch, Tübingen 2005, S. 257–279.
Martin Green: Else und Frieda. Die Richthofen-Schwestern, München 1996.
Sepp-Gustav Gröschel, Henning Wrede (Hrsg.): Ernst Curtius' «Griechische Kunstgeschichte» nach der Mitschrift Wilhelm Gurlitts im Winter 1864/65, Berlin 2010.
Stefan Grossmann: Der Hochverräter Ernst Toller. Die Geschichte eines Prozesses, Berlin 1919.
Hans Gruhle: «Die Bedeutung des Symptoms in der Psychiatrie», in Zeitschrift für die gesamte Neurologie und Psychiatrie 16 (1913), S. 465–486.

Ernst Haeckel: Die Welträtsel. Gemeinverständliche Studien über Monistische Philosophie, Bonn 1903.
Ders.: Lebenswunder. Gemeinverständliche Studien über biologische Philosophie, Leipzig 1904.
Michael Hagemeister: «‹Alles nur Betrug und Lüge?› Fakten und Fiktionen im Leben der Catherine Radziwill», in Kulturelle Grenzgänge. Festschrift für Christa Ebert zum 65. Geburtstag, hrsg. von Agnieszka Brockmann u. a., Berlin 2012, S. 289–300.
Adolf von Harnack: Dogmengeschichte, Freiburg 1893.
Ders.: Entstehung und Entwickelung der Kirchenverfassung und des Kirchenrechts in den ersten zwei Jahrhunderten nebst einer Kritik der Abhandlung R. Sohm's: «Wesen und Ursprung des Katholizismus» und Untersuchungen über «Evangelium», «Wort Gottes» und das Trinitarische Bekenntnis, Leipzig 1910.
Ders.: «Martin Luther in seiner Bedeutung für die Geschichte der Wissenschaft

und Bildung» (1888), in ders.: Reden und Aufsätze, Bd. 1, Gießen 1904, S. 141–169.

Gerhart Hauptmann: Vor Sonnenaufgang (1889/1892), Berlin 1902.

Werner Hegemann: Der Städtebau nach den Ergebnissen der allgemeinen Städtebauausstellung in Berlin, Berlin 1911.

Victor Hehn: Kulturpflanzen und Hausthiere in ihrem Übergang aus Asien nach Griechenland und Italien sowie in das übrige Europa. Historisch-linguistische Skizzen, Berlin 1883.

Irmgard Heidler: Der Verleger Eugen Diederichs und seine Welt. 1896–1930, Wiesbaden 1998.

Wilhelm Hennis: Max Webers Wissenschaft vom Menschen, Tübingen 1996.

Ders.: Max Weber und Thukydides. Nachträge zur Biographie des Werks, Tübingen 2003.

Friedrich Hertz: Moderne Rassetheorien, Leipzig 1904.

Manfred Hettling: «Die Kleinstadt und das Geistesleben. Individuum und Gesellschaft um 1800», in Hans-Werner Hahn/Dieter Hein (Hrsg.): Bürgerliche Werte um 1800. Entwurf, Vermittlung, Rezeption, Wien 2005, S. 273–290.

Paul Honigsheim: «Erinnerungen an Max Weber in Heidelberg», in René König/ Johannes Winckelmann (Hrsg.): Max Weber zum Gedächtnis, Köln 1985, S. 161–271.

Else Jaffé: «Biographische Daten Alfred Webers» (1919), in Eberhard Demm, (Hrsg.): Alfred Weber als Politiker und Gelehrter, Stuttgart 1986, S. 168–198.

Patricia Jalland: Death in the Victorian Family, Oxford 1996.

Christian Jansen: «Die Liberalität der Universität Heidelberg und ihre Grenzen», in Treiber/Sauerland: Heidelberg im Schnittpunkt intellektueller Kreise, S. 515–543.

Karl Jaspers: Max Weber. Eine Gedenkrede (1920), in ders.: Max Weber. Politiker, Forscher, Philosoph (1932), München 1988, S. 32–48.

Ders.: Philosophische Autobiographie, München 1978.

Ernst Jentsch: Die Laune. Eine ärztlich-psychologische Studie, Wiesbaden 1902.

Dirk Kaesler: Max Weber: Eine Einführung in Leben, Werk und Wirkung, Frankfurt am Main 2003.

Franz Kafka: Das Schloß, Frankfurt am Main 1982.

Thomas Karlauf: Stefan George. Die Entdeckung des Charisma, München 2007.

Karl Kautsky: Die historische Leistung von Karl Marx, Berlin 1908.

Gottfried Keller: Gesammelte Werke, Stuttgart 1903.

Hermann Kellermann (Hrsg.): Der Krieg der Geister. Eine Auslese deutscher und ausländischer Stimmen zum Weltkriege 1914, Dresden 1915.

Ian Kershaw: Hitler. 1889–1936, Stuttgart 1998.
John Maynard Keynes: The General Theory of Interest, Employment and Money, London 1936.
Randal Keynes: Annies Schatulle. Charles Darwin, seine Tochter und die natürliche Evolution, Berlin 2002.
Alfred Kerr: Wo liegt Berlin? Briefe aus der Reichshauptstadt, Berlin 1997.
Carl Peter Kheil: Benedetto Cotrugli Raugeo. Ein Beitrag zur Geschichte der Buchführung, Wien 1906.
Arthur Kirchhoff (Hrsg.): Die Akademische Frau. Gutachten hervorragender Universitätsprofessoren, Frauenlehrer und Schriftsteller über die Befähigung der Frau zum wissenschaftlichen Studium und Berufe, Berlin 1897.
André Kieserling: «Simmels Sozialformenlehre. Probleme eines Theorieprogramms», in Hartmann Tyrell u. a. (Hrsg.): Georg Simmels große «Soziologie». Eine kritische Sichtung nach hundert Jahren, Bielefeld 2011, S. 179–206.
Heinz Dieter Kittsteiner: Die Stabilisierungsmoderne. Deutschland und Europa 1618–1715, München 2010.
Panajotis Kondylis: Der Niedergang der bürgerlichen Denk- und Lebensform. Die liberale Moderne und die massendemokratische Postmoderne, Weinheim 1991.
Reinhart Koselleck: Zur anthropologischen und semantischen Struktur der Bildung», in ders.: Begriffsgeschichten. Studien zur Semantik und Pragmatik der politischen und sozialen Sprache, Frankfurt am Main 2006.
Anja Kott (Hrsg.): Hof und Gesellschaft in Berlin. Das Skandalbuch aus Frankreich von Graf Paul Vassili, Berlin 2006.
Emil Kraepelin: Über die Beinflussung einfacher psychischer Vorgänge durch einige Arzneimittel. Experimentelle Untersuchungen, Jena 1892.
Ders.: Über geistige Arbeit, Jena 1894.
Thomas Kroll: «Max Webers Idealtypus der charismatischen Herrschaft und die zeitgenössische Charisma-Debatte», in Edith Hanke/Wolfgang J. Mommsen (Hrsg.): Max Webers Herrschaftssoziologie. Studien zur Entstehung und Wirkung, Tübingen 2001, S. 47–72.
Christa Krüger: Max und Marianne Weber. Tag- und Nachtansichten einer Ehe, Zürich 2001.
Gottfried Küenzlen: «Unbekannte Quellen der Religionssoziologie Max Webers», Zeitschrift für Soziologie 7 (1978), Heft 3, S. 215–227.

Emily Lambert: The futures: The rise of the speculator and the world's biggest markets, New York 2011.
Karl Lamprecht: Americana. Reiseeindrücke, Betrachtungen, Geschichtliche Gesamtansicht, Freiburg 1906.

Julius Langbehn: Rembrandt als Erzieher (1890), Leipzig 1891.
Astrid Lange-Kirchheim: «Alfred Weber und Franz Kafka», in Eberhard Demm (Hrsg.): Alfred Weber als Politiker und Gelehrter, Stuttgart 1986, S. 113–149.
Dies.: «Franz Kafka: ‹In der Strafkolonie› und Alfred Weber: ‹Der Beamte›», in Germanisch-Romanische Monatsschrift. Neue Folge 27 (1977), S. 202–221.
John Lankton Sanford: Studies and Illustrations of the Great Rebellion, London 1858.
Hartmut Lehmann: «Die Weber-These im 20. Jahrhundert», in ders.: Die Entzauberung der Welt. Studien zu Themen von Max Weber, Göttingen 2009, S. 107–115.
Hartmut Lehmann/Guenther Roth (Hrsg.): Weber's Protestant Ethic. Origins, Evidence, Contexts, Cambridge 1993.
Edmund Leites: Puritanisches Gewissen und moderne Sexualität, Frankfurt am Main 1988, S. 98–127.
Friedrich Lenger: Werner Sombart. 1863–1941, München 1998.
M. Rainer Lepsius: «Bürgertum als Gegenstand der Sozialgeschichte», in ders.: Demokratie in Deutschland. Soziologisch-historische Konstellationsanalysen. Ausgewählte Aufsätze, Göttingen 1993, S. 289–302.
Ders.: «Das Bildungsbürgertum als ständische Vergesellschaftung», in ders.: Demokratie in Deutschland. Soziologisch-historische Konstellationsanalysen. Ausgewählte Aufsätze, Göttingen 1993, S. 303–314.
Ders.: «Der Eranos-Kreis Heidelberger Gelehrter 1904–1908», in Jahrbuch der Heidelberger Akademie der Wissenschaften für das Jahr 1983, Heidelberg 1984.
Ders.: «Mina Tobler, die Freundin Max Webers», in Bärbel Meurer (Hrsg.): Marianne Weber. Beiträge zu Werk und Person, Tübingen 2004, S. 77–89.
Sonja Levsen: «Charakter statt Bildung? Universitäten, Studenten und die Politik der Männlichkeit im späten 19. Jahrhundert», Jahrbuch für historische Bildungsforschung 13 (2007), S. 89–114.
Lucien Lévy-Bruhl: Les fonction mentales dans les sociétes inferieures, Paris 1910.
Dieter Lindenlaub: Richtungskämpfe im Verein für Socialpolitik, Wiesbaden 1967.
Niklas Luhmann: Liebe als Passion. Zur Codierung von Intimität, Frankfurt am Main 1994.
Ders.: «Zweck – Herrschaft – System. Grundbegriffe und Prämissen Max Webers», in ders.: Politische Planung. Aufsätze zur Soziologie von Politik und Verwaltung, Opladen 1971, S. 90–112.
Georg Lukács: Theorie des Romans, Berlin 1920.
Ders.: «Was ist orthodoxer Marxismus?» (1919), in ders.: Geschichte und Klassenbewußtsein. Studien über marxistische Dialektik, Berlin 1923, S. 35–54.

Thomas Mann: Buddenbrooks. Verfall einer Familie (1901), Frankfurt am Main 1981.

Karl Marx/Friedrich Engels: Manifest der Kommunistischen Partei, London 1848.

Paul (Paolo) Mantegazza: Das nervöse Jahrhundert, Leipzig 1888 (zuerst Florenz 1887).

Robert Ranulph Marett: The threshold of religion, London 1909.

Fritz Mauthner: Wörterbuch der Philosophie. Neue Beiträge zu einer Kritik der Sprache, Bd. 2, München 1910.

Friedrich Meinecke: Drei Generationen deutscher Gelehrtenpolitik: Friedrich Theodor Vischer – Gustav Schmoller – Max Weber» (1921), in ders.: Staat und Persönlichkeit, Berlin 1933.

Carl Menger: Die Irrthümer des Historismus in der deutschen Nationalökonomie, Wien 1884.

Ders.: Untersuchungen über die Methode der Socialwissenschaften und der Politischen Oekonomie insbesondere, Leipzig 1883.

Karl Menninger: «The abuse of rest in psychiatry». Journal of the American Medical Association 125 (1944), S. 1087–1092.

Bärbel Meurer: Marianne Weber. Leben und Werk, Tübingen 2010.

Eduard Meyer: «Zur Theorie und Methodik der Geschichte» (1902), in ders.: Kleine Schriften zur Geschichtstheorie und zur wirtschaftlichen und politischen Geschichte des Altertums, Halle 1910, S. 1–68.

Robert Michels: «Die deutsche Sozialdemokratie», Archiv für Sozialwissenschaft und Sozialpolitik XXIII, 2 (1906), S. 471–556.

Ders: Die Grenzen der Geschlechtsmoral. Prolegomena, Gedanken und Untersuchungen, München 1911.

Ders.: Probleme der Sozialphilosophie, Leipzig 1914.

Ders.: Soziale Bewegungen zwischen Dynamik und Erstarrung, hrsg. von Timm Genett, Berlin 2008.

Ders.: «Zur Soziologie der Bohème und ihrer Zusammenhänge mit dem geistigen Proletariat», Jahrbücher für Nationalökonomie und Geschichte 81 (1932), S. 801–816.

Ders.: Zur Soziologie des Parteiwesens in der modernen Demokratie. Untersuchungen über die oligarchischen Tendenzen des Gruppenlebens, Leipzig 1911, S. 40–44.

S. Weir Mitchell: Wear and Tear or Hints for the Overworked, Philadelphia 1871.

Robert von Mohl: «Ueber Buerokratie» (1846), in ders.: Staatsrecht, Völkerrecht und Politik. Monographien, Bd. 2, Tübingen 1862, S. 99–130.

Wolfgang J. Mommsen: Max Weber und die deutsche Politik 1890–1920, Tübingen 1959.

Franco Moretti: The Way of the World. The *Bildungsroman* in European Culture, London 2000.

Angelo Mosso: Die Ermüdung, Leipzig 1892.

Hugo Münsterberg: Die Amerikaner, Bd. 1: Das politische und wirtschaftliche Leben, Berlin 1904.

Friedrich Naumann: Mitteleuropa, Berlin 1915.

Benjamin Nelson: The Idea of Usury. From tribal brotherhood to universal otherhood, Princeton 1949.

Friedrich Nietzsche: Anti-Darwin, Kritische Studienausgabe, Bd. 13, München 1980.

Thomas Nipperdey: Deutsche Geschichte 1866–1918, Bd. I: Arbeitswelt und Bürgergeist, München 1998.

Hans Georg Nutzinger: «Zwischen Nationalökonomie und Universalgeschichte. Alfred Webers Versuch einer Integration der Sozialwissenschaften», in Heinz Rieter (Hrsg.): Studien zur Entwicklung der ökonomischen Theorie XV, Berlin 1996, S. 67–100.

Bernhard Obst: Ein Heidelberger Professorenstreit. Die Auseinandersetzung zwischen Adolf Koch und Max Weber 1910–1914, Köln 1987.

Albrecht Götz von Olenhusen: «Ehre, Ansehen, Frauenrechte – Max Weber als Prozessjurist», in Tiziana J. Chiusi u. a. (Hrsg.): Das Recht und seine historischen Grundlagen, Berlin 2008, S. 297–315.

Franz Overbeck: Werke und Nachlaß, Bd. 4: Kirchenlexicon, Stuttgart 1995.

Robert Ezra Park: «The City as a Social Laboratory» (1929), in Ralph H. Turner (Hrsg.): Robert Park on Social Control and Collective Behavior, Chicago 1971, S. 3–18.

Talcott Parsons: The Structure of Social Action. A Study in Social Theory with Special Reference to a Group of Recent European Writers, New York 1937.

Eugen von Philippovich: «Über das Wesen der volkswirtschaftlichen Produktivität und die Möglichkeit ihrer Messung», in Verhandlungen des Vereins für Socialpolitik in Wien, 1909, Leipzig 1910.

Ders.: Die Revolutionierung der Revolutionäre, Leipzig 1918.

Ders.: Zur Vertiefung des Sozialismus, Leipzig 1919.

Alfred Ploetz: «Die Begriffe Rasse und Gesellschaft und die davon abgeleiteten Disziplinen», in Archiv für Rassen- und Gesellschaftsbiologie 1 (1904), Heft 1.

Ders.: Die Tüchtigkeit unserer Rasse und der Schutz der Schwachen. Ein Versuch über Rassenhygiene und ihr Verhältnis zu den humanen Idealen, besonders zum Sozialismus, Berlin 1895.

Anson Rabinbach: The Human Motor. Energy, Fatigue, and the Origins of Modernity, Berkeley 1992.

Gustav Radbruch: Der innere Weg, Stuttgart 1951.

Joachim Radkau: Das Zeitalter der Nervosität. Deutschland zwischen Bismarck und Hitler, München 1998.

Ulrich Raulff: Kreis ohne Meister. Stefan Georges Nachleben, München 2009.

Hermann von Reichlin-Meldegg: Geschichte der Familie Reichlin von Meldegg, Regensburg 1881.

Albrecht Ritschl: Geschichte des Pietismus, Bd. 1: Der Pietismus in der reformierten Kirche, Bonn 1880.

W. H. R. Rivers/Emil Kraepelin: «Ueber Ermuedung und Erholung», in Emil Kraepelin (Hrsg.): Psychologische Arbeiten, Leipzig 1896, S. 627–678.

Daniel Rogers: Matrimonial Honor, or the mutuall crowne and comfort of godly, loyall, and chaste marriage, London 1642.

Wilhelm Roscher, Ansichten der Volkswirtschaft aus dem geschichtlichen Standpunkte, Bd. 1, Leipzig 1878.

Ders.: Grundriß zu Vorlesungen über die Staatswirthschaft. Nach geschichtlicher Methode, Göttingen 1843.

Guenther Roth: Edgar Jaffé, Else von Richthofen and Their Children. From German-Jewish assimilation through anti-Semitic persecution to American integration. A century of familiy correspondence 1880–1980, New York 2012.

John Ruskin: Unto this Last (1862), hrsg. von Susan Cunnington, New York 1920.

Karol Sauerland: «Heidelberg als intellektuelles Zentrum», in Treiber/ders.: Heidelberg im Schnittpunkt intellektueller Kreise, S. 12–30.

Lawrence Scaff: Max Weber in America, Chicago 2011.

Wolfgang Schluchter: «Handeln und Entsagen. Max Weber über Wissenschaft und Politik als Beruf», in Treiber/Sauerland: Heidelberg im Schnittpunkt intellektueller Kreise, S. 264–307.

Ders.: Religion und Lebensführung, Bd. 1: Studien zu Max Webers Kultur- und Werttheorie, Frankfurt am Main 1988.

Hermann Schell: Der Katholicismus Princip des Fortschritts, Würzburg 1897.

Pierangelo Schiera: Laboratorium der bürgerlichen Welt: Deutsche Wissenschaft im 19. Jahrhundert, Frankfurt am Main 1992.

Silke Schmitt: Max Webers Verständnis des Katholizismus. Eine werkbiographische Analyse nebst einem Exkurs zu Max Webers Romaufenthalt, Rom 2012.

Gustav Schmoller: Grundriß der Allgemeinen Volkswirtschaftslehre. Erster Teil, Leipzig 1908.

Theodor Schieder: Staatensystem als Vormacht der Welt. 1848–1918, Berlin 1977.

Martin Schumacher: Auslandsreisen deutscher Unternehmer 1750–1851, Köln 1968.

Joseph A. Schumpeter: Das Wesen und der Hauptinhalt der theoretischen Nationalökonomie, Leipzig 1908.

F. X. (Alexander) Schwab: «Beruf und Jugend», in Die Weißen Blätter. Eine Monatsschrift, 5 (1917), Heft 5, S. 97–113.
Albert Schweitzer: Geschichte der Leben-Jesu-Forschung (1906), Tübingen 1984.
Georg Simmel: «Der Begriff und die Tragödie der Kultur» (1918), Gesamtausgabe, Bd. 14, Frankfurt am Main 1996, S. 385–416.
Ders.: «Deutschlands innere Wandlung», in ders.: Der Krieg und die geistigen Entscheidungen, München 1917.
Ders.: «Die Großstädte und das Geistesleben» (1903), in ders.: Gesamtausgabe, Bd. 7/I, Frankfurt am Main 1995, S. 116–131.
Ders.: Probleme der Geschichtsphilosophie, Leipzig 1892.
Ders.: «Stefan George. Eine kunstphilosophische Studie» (1901), in ders.: Gesamtausgabe, Bd. 7/I, Frankfurt am Main 1995, S. 21–35.
Ders.: Soziologie. Untersuchungen über die Formen der Vergesellschaftung, Berlin 1908.
Ders.: «Soziologie der Geselligkeit», in Verhandlungen des Ersten Deutschen Soziologentages, Tübingen 1911, S. 1–16.
Ders.: Philosophie des Geldes, Frankfurt am Main 1989.
Ders.: «Philosophie der Geschlechter (Fragmente)», in ders.: Gesamtausgabe, Bd. 8/II, Frankfurt am Main 1993, S. 74–81.
Ders.: Gesamtausgabe, Bd. 22: Briefe 1880–1911, Bd. 23: Briefe 1912–1918, Frankfurt am Main 2005/2008
Upton Sinclair: The Jungle. The Uncensored Original Edition, Tucson 2003.
Rudolph Sohm: Kirchengeschichte im Grundriß (1887), Leipzig 1905.
Ders.: Kirchenrecht, Bd. 1, Leipzig 1892.
Ders.: «Wesen und Ursprung des Katholizismus», in Abhandlungen der philologisch-historischen Classe der Königlich-Sächsischen Akademie der Wissenschaften 27 (1909), S. 508–546.
Felix Somary: Erinnerungen aus meinem Leben, Zürich 1959.
Werner Sombart: Der moderne Kapitalismus, Bd. 1: Die Genesis des Kapitalismus, Leipzig 1902.
Ders.: Die römische Campagna: Eine sozialökonomische Studie, Leipzig 1888.
Ders.: Die Juden und das Wirtschaftsleben, Leipzig 1911.
Ders.: Händler und Helden. Patriotische Besinnungen, München/Leipzig 1915.
Ders.: Warum gibt es in den Vereinigten Staaten keinen Sozialismus, Tübingen 1906.
William Thomas Stead: The Americanization of the World. The Trend of the Twentieth Century, New York 1900.
Heinz Steinert: Max Webers unwiderlegliche Fehlkonstruktionen. Die protestantische Ethik und der Geist des Kapitalismus, Frankfurt am Main 2010.
Fedor Stepun: Vergangenes und Unvergängliches. Bd. 1, München 1946.
Rudolf Stichweh: «Bildung, Individualität und die kulturelle Legitimation von Spe-

zialisierung», in ders.: Wissenschaft, Universität, Professionen. Soziologische Analysen, Frankfurt am Main 1994, S. 207-222.

Ders.: «Die Einheit von Lehre und Forschung», in ders.: Wissenschaft, Universität, Professionen. Soziologische Analysen, Frankfurt am Main 1994, S. 228-245.

Ders.: Zur Entstehung des modernen Systems wissenschaftlicher Disziplinen. Physik in Deutschland 1740-1890, Frankfurt am Main 1984.

Lytton Strachey: Eminent Victorians. Cardinal Manning, Florence Nightingale, Dr. Arnold, General Gordon, New York 1918.

Leo Strauss: Naturrecht und Geschichte, Stuttgart 1956.

Emil Szittya: Das Kuriositäten-Kabinett, Konstanz 1923.

Frederick Winslow Taylor: Shop Management, New York 1912.

Friedrich Tenbruck: «Die Genesis der Methodologie Max Webers» (1959), in ders.: Das Werk Max Webers. Gesammelte Aufsätze zu Max Weber, Tübingen 1999, S. 1-58.

Florian Tennstedt. «Junker, Bürger, Soziologen. Kritisch-historische Anmerkungen zu einer historisch-kritischen Ausgabe der Werke Max Webers», in Soziologische Revue 9 (1986), S. 8-17.

Ernst Toller: Eine Jugend in Deutschland (1933), Reinbek 1963.

Cornelius Torp: Max Weber und die preußischen Junker, Tübingen 1998.

Hubert Treiber: «Der ‹Eranos› – Das Glanzstück im Heidelberger Mythenkranz», in Wolfgang Schluchter/Friedrich Wilhelm Graf (Hrsg.): Asketischer Protestantismus und der «Geist» des modernen Kapitalismus, Tübingen 2005, S. 75-154.

Ders./Karol Sauerland (Hrsg.): Heidelberg im Schnittpunkt intellektueller Kreise. Zur Topographie der «geistigen Geselligkeit» eines «Weltdorfes». 1850-1950, Opladen 1995.

Heinrich von Treitschke: Die Gesellschaftswissenschaft. Ein kritischer Versuch, Leipzig 1859.

Ders.: Die Zukunft des deutschen Gymnasiums, Leipzig 1890.

Ders.: «Luther und die deutsche Nation» (1883), in ders.: Ausgewählte Schriften, Bd. 1, Leipzig 1908, S. 136-158.

Ders.: Politik. Bd. 2, hrsg. von Max Cornicelius, Leipzig 1898.

Ernst Troeltsch: Die Absolutheit des Christentums und die Religionsgeschichte, Tübingen 1902.

Ders.: Die Bedeutung des Protestantismus für die Entstehung der modernen Welt, München 1911.

Ders.: Die Ideen von 1914, in ders.: Deutscher Geist und Westeuropa, Tübingen 1925, S. 31-58.

Ders.: Gesammelte Schriften. Bd. 3. Der Historismus und seine Probleme, Tübingen 1922.

Ders.: «Religionsphilosophie», in Wilhelm Windelband (Hrsg.), Die Philosophie im Beginn des zwanzigsten Jahrhunderts, Heidelberg 1904.
Ders.: Gesammelte Schriften. Erster Bd.: Die Soziallehren der christlichen Kirchen und Gruppen (1911), Tübingen 1923.
Ders.: Unser Volksheer. Rede, Heidelberg 1914.
Frederick Jackson Turner: «The Significance of the Frontier in American History» (1893), in ders.: The Frontier in American History, New York 1920, S. 1–38.
Ders.: «The West and American Ideals», in ders.: The Frontier in American History, New York 1920, S. 290–310.
Mark Twain: Bummel durch Europa (A Tramp Abroad, 1880), Köln 2009.
Albrecht Tyrell: Vom «Trommler» zum «Führer». Der Wandel von Hitlers Selbstverständnis zwischen 1919 und 1924 und die Entwicklung der NSDAP, München 1975.

Comte Paul Vasili: La Société de Berlin. Augmenté de lettres inédites, Paris 1884 (dt.: Hof und Gesellschaft in Berlin. Das Skandalbuch aus Frankreich von Graf Paul Vassili, hrsg. von Anja Knott, Berlin 2006).
Thorstein Veblen: Rezension von «Der moderne Kapitalismus», in Journal of Political Economy 11 (1903), S. 300–305.
Verhandlungen des Ersten Deutschen Soziologentags vom 19.–22. Oktober 1910. Reden und Vorträge, Tübingen 1911.
Verhandlungen über Fragen des höheren Unterrichts. Berlin 4.–17. Dezember 1890, Berlin 1891.
Karl Voßler: Sprache als Schöpfung und Entwicklung. Eine theoretische Untersuchung mit praktischen Beispielen, Heidelberg 1905.

Adolph Wagner: Agrar- und Industriestaat. Die Kehrseite des Industriestaats und die Rechtfertigung des agrarischen Zollschutzes mit besonderer Rücksicht auf die Bevölkerungsfrage, Jena 1902.
Ders.: Allgemeine und theoretische Volkswirtschaftslehre oder Sozialökonomie (Theoretische National-Ökonomie). Grundlegung und Ausführung in aphoristischer Form. Grundriss zu seiner diesbezüglichen Vorlesung, Berlin 1901.
Ders.: Grundlegung der allgemeinen und theoretischen Volkswirtschaftslehre, Leipzig 1892.
Ders.: Grundlegung der politischen Ökonomie, Zweiter Teil: Volkswirtschaft und Recht, besonders Vermögensrecht oder Freiheit und Eigentum in volkswirtschaftlicher Betrachtung, Buch 1–3, Leipzig 1894.
Ders.: «Industriestaat und Agrarstaat», in Die Zukunft 8 (1894), S. 437–451.
Ders.: «Über deutsche und englische Nationalökonomie», in Preußische Jahrbücher 73 (1893), S. 412–419.

Ders.: Vom Territorialstaat zur Weltmacht, Berlin 1900.

Lester Frank Ward: «Neo-Darwinism and Neo-Lamarckism», in Proceedings of the Biological Society 6 (1890/91), S. 11–71.

Alfred Weber: «Das Berufsschicksal der Industriearbeiter» (1912), in ders.: Gesamtausgabe, Bd. 8, Marburg 2000, S. 344–368.

Ders.: «Der Beamte» (1910), in ders.: Gesamtausgabe, Bd. 8, Marburg 2000, S. 98–117.

Ders.: «Der soziologische Kulturbegriff» (1912), in ders.: Gesamtausgabe, Bd. 8., Marburg 2000, S. 61–75.

Ders.: «Probleme der Arbeiterpsychologie» (1910), in Gesamtausgabe, Bd. 5, Marburg 2000, S. 448–457.

Ders.: «Religion und Kultur» (1912), in ders.: Gesamtausgabe, Bd. 8, Marburg 2000, S. 315–338.

Ders.: Gesamtausgabe, Bd. 9 und 10: Ausgewählter Briefwechsel, Marburg 2003.

Marianne Weber: «Sexual-ethische Prinzipienfragen», in dies.: Frauenfragen und Frauengedanken. Gesammelte Aufsätze, Tübingen 1919, S. 38–51.

Max Weber: «Geschäftsbericht», in Verhandlungen des Ersten Deutschen Soziologentags vom 19.–22. Oktober 1910. Reden und Vorträge, Tübingen 1911, S. 39–62.

Ders.: Wirtschaftsgeschichte. Abriß der universalen Sozial- und Wirtschaftsgeschichte (1923), Berlin 1991.

Ders.: «‹Kirchen› und ‹Sekten›», Frankfurter Zeitung, 50. Jg., Nr. 102, 15. 4. 1906.

Hans-Ulrich Wehler: Das deutsche Kaiserreich 1871–1918, Göttingen 1973.

Ders.: Die Neue Umverteilung. Soziale Ungleichheit in Deutschland, München 2013.

Siegfried Weischenberg: Max Weber und die Entzauberung der Medien. Theorie und Querelen – eine andere Fachgeschichte, Wiesbaden 2012, S. 134–148.

August Weismann: Neue Gedanken zur Vererbungsfrage. Eine Antwort auf Herbert Spencer, Jena 1895.

Ders.: Über die Vererbung, Jena 1883.

René Wellek: Geschichte der Literaturkritik 1750–1950, Bd. 3: Das späte neunzehnte Jahrhundert (1965), Berlin 1977.

Simon Wessely: «History of postviral fatigue syndrome», in British Medical Bulletin 47 (1991), S. 919–941.

Robert Whytt: Observations on the Nature, Causes, and Cure of those Disorders which have been commonly called Nervous Hypochondriac, or Hysteric, Edinburgh 1765.

Ulrich von Wilamowitz-Moellendorff: Erinnerungen. 1848–1914, Leipzig 1929.

Ludwig Wittgenstein: Tractatus logico-philosophicus, in ders.: Werkausgabe, Bd. 1, Frankfurt am Main 1995.

Richard Wünsch: «Albrecht Dieterich», Vorwort zu Albrecht Dieterich: Kleine Schriften, Leipzig 1911, S. VIII–XLII.

Eduard Zeller: «Über akademisches Lehren und Lernen», in ders.: Vorträge und Abhandlungen. Dritte Sammlung, Leipzig 1884, S. 84–107.

# 人名索引

（此部分页码为原书页码，即本书页边码）

Adam, Juliette 75
Alexis, Willibald 29
Allert, Tilman 424
Arco auf Valley, Anton Graf von 408–410
Ariost, Ludovico 214
Aristoteles 375
Augustin 263

Bäumer, Gertrud 269
Ballin, Albert 382
Barth, Paul 293 f., 302
Baum, Marie 284
Baumgarten, Emmy 91, 93–95, 122
Baumgarten, Fritz 27, 32
Baumgarten, Ida (geb. Fallenstein) 39, 40, 42–44, 74, 123
Baumgarten, Hermann 38, 40, 55–62, 72 f., 75, 208, 232, 328, 361, 391
Baumgarten, Otto 68, 74, 123, 301
Baxter, Richard 183
Beard, George M. 127, 129 f.
Bekker, Balthasar 348
Bekker, Ernst Immanuel 64, 68, 73, 226, 229
Bendix, Reinhard 344
Benso, Camillo Graf von Cavour 59
Bergman, Ingmar 92
Bernays, Marie 284
Bethmann Hollweg, Moritz von 37
Beuth, Christian Peter Wilhelm 20
Bick, Elizabeth 44
Biedermann, Aloys Emanuel 72
Bismarck, Otto von 15, 30, 37 f., 48, 55, 57, 59, 63, 75–77, 100, 115, 139, 142, 188, 207, 220, 259, 320, 355, 358

Blanck, Friedrich 302
Bloch, Ernst 240, 284
Bloch, Iwan 268
Blumenberg, Hans 168, 373
Boissier, Gaston 27, 31 f.
Bonaparte, Napoleon 20 f., 189, 384
Bouhler, Philipp 411
Braun, Lily 294
Brentano, Lujo 151, 166, 364
Breton, André 13
Breuer, Stefan 431
Brontë, Emily 88
Burckhardt, Jacob 50, 193
Bücher, Karl 236 f., 296
Büchner, Karl 90
Busch, Wilhelm 57, 76

Calvin, Johannes 299, 315
Caprivi, Leo von 100
Carlyle, Thomas 176, 178, 188 f.
Catilina, Lucius Sergius 32
Cato, Gaius Porcius 56, 426
Channing, William Ellery 43
Chesterton, Gilbert K. 221
Chopin, Frédéric 288
Cicero, Marcus Tullius 27, 29, 31 f., 36
Comte, Auguste 149
Conrad, Joseph 24
Cromwell, Oliver 189
Curtius, Ernst 27, 29 f.

Dahn, Felix 220
Darwin, Charles 69, 88, 222, 249, 366
Daudet, Leon 358
Dehmel, Richard 368
Deissmann, Adolf 232–234

Delbrück, Hans  60
Descartes, René  348f.
Dickens, Charles  181
Diederich, Eugen  367f.
Dieterich, Albrecht  226, 232, 235–237
Domitian, Titus Flavius  65
Donne, John  395
Dostojewski, Fjodor M.  322, 325f., 333
Drumann, Wilhelm  53f.
Du Bois, William E. B.  198, 210f., 219f., 223
Dumont, Louis  375
Durkheim, Emile  431, 436
Dyne, Fred van  190

Edgeworth, Francis Y.  112
Eggers, Friedrich  46
Eisner, Kurt  386, 388, 392, 399, 406, 408–410
Elias, Norbert  302, 304
Eliot, T. S.  440
Engels, Friedrich  59, 99, 104
Erdmannsdörffer, Bernhard  68, 73

Fallenstein, Emilie (geb. Souchay)  40, 43
Fallenstein, Emily  74
Fallenstein, Georg  21, 40
Fallenstein, Helene (siehe auch Weber, Helene)  37, 39, 42
Fallenstein, Henriette  40
Fallenstein, Ida (siehe Baumgarten, Ida)
Feder, Gottfried  409
Fibonacci, Leonardo  165
Fichte, Johann Gottlieb  88, 93
Fischer, Karl  297f.
Fischer, Kuno  64f., 68, 73, 225f., 229, 268

Fitzgerald, F. Scott  13
Fontane, Theodor,  29, 46, 49, 52, 88, 92, 188
Franck, Sebastian  182
Frank, Hans  411
Franklin, Benjamin  28, 178–180, 182, 185, 192, 348
Franziskus  183, 315
Frensdorff, Ferdinand  79f.
Freud, Sigmund  13, 268, 274, 279f., 433f.
Freytag, Gustav  29, 46
Friedrich II.  76
Friedrich Wilhelm I.  29
Friedrich Wilhelm IV.  155
Fugger, Jakob  166, 178–180, 185, 298f.
Furtwängler, Adelheid  404

Garbo, Greta  13
Geheeb, Paul  419
George, Stefan  142, 286, 291, 309–313, 315, 321, 370, 401, 429
Gervinus, Georg Gottfried  21, 40f., 55
Ghosh, Peter  431
Gierke, Otto von  65, 272, 420
Gladstone, William  43, 422
Glockner, Hermann  432
Göhre, Paul  92–96, 110, 191, 211, 252, 369, 417
Goethe, Johann Wolfgang von  26, 156f., 247, 249, 285, 401, 425
Goldschmidt, Levin  72, 81f., 105f., 113
Gossen, Hermann Heinrich  111f.
Gothein, Eberhard  232, 285, 364
Gothein, Marie Luise  232
Graf, Friedrich Wilhelm  431
Green, Martin  273
Gross, Frieda (geb. Schloffer)  275, 282

Gross, Otto 130, 274–276, 278–280, 283, 311, 318, 403, 430
Gruhle, Hans 285, 434
Gundolf, Friedrich 283, 285

Haeckel, Ernst 90
Halbe, Max 407
Haller, Johannes 138, 141
Harnack, Adolf von 177, 187, 191, 312 f.
Harms, Bernhard 301 f.
Hartmann, Ludo Moritz 378 f., 387
Haupt, Hans 201
Hauptmann, Carl 407
Hauptmann, Gerhart 160, 220 f.
Hausrath, Adolf 72
Hebbel, Friedrich 283
Hegel, Georg Wilhelm Friedrich 72, 110, 235, 375
Hegemann, Werner 47
Hehn, Victor 27, 33–35, 200
Heine, Wolfgang 407
Helmholtz, Hermann von 51, 372
Hensel, Paul 285
Herodot 29
Hertz, Friedrich 217
Heß, Rudolf 411
Heuss, Theodor 151
Himmler, Heinrich 411
Hindenburg, Paul von 358, 421
Hirschfeld, Magnus 268
Hitler, Adolf 315, 409
Hobrecht, Arthur 46
Hobrecht, James 46
Hofmann, Johannes 406 f.
Hofmannsthal, Hugo von 311
Homer 28
Hornbostel, Erich Moritz von 290
Honigsheim, Paul 285
Humboldt, Wilhelm von 58

Ibsen, Henrik 92, 267

Jaffé, Edgar 228, 272–275, 279, 282, 284, 286, 405, 423
Jaffé, Else (geb. von Richthofen) 26, 275–284, 286, 288, 398–404, 422 f., 425 f., 430, 432
Jahn, Friedrich Ludwig 21
James, Edmund 197
James, William 198
Jaspers, Karl 226, 228, 266, 297, 432
Jaurès, Jean 319
Jean Paul 27
Jefferson, Thomas 219
Jellinek, Camilla 240
Jellinek, Georg 191, 230, 232
Jesus Christus 71, 92, 315, 366
Jevons, William Stanley 112
Joyce, James 24
Justinian I. 80

Kafka, Franz 24, 245, 261 f.
Kahl, Wilhelm 272
Kant, Immanuel 11, 145, 235, 250, 337, 358
Kapp, Friedrich 46, 54 f., 192
Keller, Gottfried 403
Kerr, Alfred 47
Kistiakowski, Bogdan 325
Kittsteiner, Heinz Dieter 17
Klinger, Max 285
Knies, Karl 64, 68, 145, 147 f.
Knight, Frank 436
Knox, John 188
Koch, Adolf 296 f., 301, 304
Kopernikus, Nikolaus 111
Koselleck, Reinhart 51
Kraepelin, Emil 253–255, 274
Kraus, Karl 267 f., 271, 354

Krupp, Alfred 358
Kürnberger, Ferdinand 192

La Fontaine, Jean de 214
Lamprecht, Karl 191, 194 f.
Langbehn, Julius 90, 194
Lask, Berta 98
Lask, Emil 235, 285, 287, 351, 430
Lederer, Emil 406
Lenin 13, 332–334
Leo XIII. 138, 142
Leviné, Eugen 407 f.
Lévy-Bruhl, Lucien 313
Livius, Titus 27–29
Lotze, Hermann 68
Ludendorff, Erich 394, 405 f., 408
Ludwig II. 12
Luhmann, Niklas 96, 430, 439
Lukács, Georg 240 f., 285, 323 f., 326, 332, 398, 418
Luther, Martin 26, 28, 71, 177, 181, 187, 315

Machiavelli, Niccolò 28
Mallinckrodt, Hermann 140
Mann, Klaus 419
Mann, Thomas 107, 281, 404, 407
Marcks, Erich 232
Marcuse, Max 268
Marett, Robert Ranulph 313
Marshall, Alfred 112
Marx, Karl 12, 26, 50, 59, 99, 104, 160, 333, 390
Maurenbrecher, Max 368
Mauthner, Fritz 250, 365
Max von Baden 388
Mayer, Max 410
Meinecke, Friedrich 125, 293, 368, 389
Meitzen, August 83 f., 159

Menger, Carl 112, 150–152
Meyer, Eduard 148, 155
Michels, Robert 316–320, 323, 332, 354 f., 398, 418
Mitchell, Silas Weir 132
Mohammed 315
Mohl, Robert von 244
Molière 283
Molnár, Franz 116
Molo, Walter von 368
Moltke, Helmut Karl Bernhard von 358
Mommsen, Theodor 29, 57, 79, 81, 83
Mommsen, Wolfgang J. 228, 359, 389, 437
Mondrian, Piet 13
Morgan, John Pierpont 197
Morris, William 174
Mosso, Angelo 253 f.
Müller, Friedrich von 409
Müller, Hermann 421
Münsterberg, Hugo 168, 191 f., 218
Musil, Robert 24, 127

Naumann, Friedrich 21, 359, 369, 381, 388, 390, 417
Nero, Claudius Caesar Augustus 65
Nietzsche, Friedrich 31, 51, 69, 79, 168, 215, 222, 276, 353, 368
Nikolaus II. 329

Oldenberg, Karl 159
Offenbach, Jacques 12
Oppenheim, Emmy von 409
Overbeck, Franz 31, 188, 225
Ostwald, Wilhelm 249–251
Owen, Robert Latham 203 f.

Papa, Dario 306
Park, Robert Ezra 229

Parker, Theodore 43
Parsons, Talcott 420, 434–437
Paulus 72, 234, 343
Perikles 430
Petersen, Carl 387
Pfau, Ludwig 56
Pfleiderer, Otto 72
Philippovich, Eugen von 303
Pius IX. 12, 30, 138 f., 142
Ploetz, Alfred 214, 220–223, 336
Polonius 363
Preuß, Hugo 387 f.

Rachfahl, Felix 298–301, 304
Radbruch, Gustav 285
Radkau, Joachim 119, 125
Radziwill, Catherine 75–77
Radziwill, Wilhelm 75
Ranke, Leopold von 372
Rathgen, Karl 232, 273
Reichlin-Meldegg, Cuno Maria Alexander Freiherr von 63 f., 68
Richthofen, Else von (siehe auch Jaffé, Else) 248, 271–273, 399
Rickert, Heinrich 154, 168, 235, 285, 419
Riehl, Alois 271
Riezler, Kurt 387
Rilke, Rainer Maria 286, 430
Ritschl, Albrecht 177, 183
Rogers, Daniel 264
Rolland, Romain 407
Roth, Guenther 125
Roscher, Wilhelm 111, 145, 147 f.
Ruge, Arnold 294–297, 302, 304
Ruskin, John 174, 368

Salin, Edgar 277
Santayana, George 211
Salz, Arthur 283, 285

Scaff, Lawrence 31, 431
Schäfer, Lili 419
Scheffel, Victor von 29
Schell, Hermann 144
Schellhass, Karl 138, 141
Schleiermacher, Friedrich 68
Schloffer, Frieda (siehe auch Gross, Frieda) 271, 274
Schmidt, Julian 46
Schmitt, Carl 323, 437
Schmoller, Gustav 61, 67, 109, 150 f., 159, 211, 246, 258, 271 f.
Schneegans, Eduard 418
Schnitzler, Arthur 285
Schönberg, Arnold 134
Schopenhauer, Arthur 64, 73, 78, 358
Schubert, Hans von 288
Schulte, Aloys 141
Schumpeter, Joseph 378–380, 383, 418
Schwab, Alexander 371
Schweitzer, Albert 71
Scott, Walter 27–29, 278
Seneca 234
Sering, Max 272
Shakespeare, William 27 f., 285, 430
Siebeck, Paul 350
Simmel, Georg 17, 86 f., 162 f., 167–174, 206, 228 f., 233, 269, 272, 285, 310, 312, 325, 336–388, 353, 417 f., 431, 436
Seneca 234
Simmel, Gertrud 311
Sinclair, Upton 206
Smetana, Bedřich 44
Smith, Adam 185
Sohm, Rudolph 142, 312–314
Solowjew, Wladimir 325
Somary, Felix 379, 381 f.
Sombart, Werner 159–171, 178, 191,

194, 223, 228, 274, 291, 298, 303, 353, 355, 368, 415, 418, 434
Souchay, Cornelius Charles 20
Souchay, Eduard 42
Soupault, Philippe 13
Spee, Friedrich von 348
Spencer, Herbert 149, 215 f.
Spengler, Oswald 404
Spinoza, Baruch de 350
Stalin, Josef 315
Stammler, Richard 146
Stead, William Thomas 193
Stein, Charlotte von 156
Steinert, Heinz 179
Stepun, Fedor 325
Strauß, David Friedrich 69–71
Strauss, Leo 433
Strauss, Richard 286
Stresemann, Gustav 388
Strindberg, August 92
Sybel, Heinrich von 63

Taine, Hippolyte 214
Talleyrand, Charles-Maurice de 384
Taylor, George (siehe Hausrath, Adolf)
Taylor, Frederick Winslow 253
Thoma, Richard 406
Tobler, Mina 287–289, 292, 364, 399, 402 f., 418, 423, 432
Toller, Ernst 368, 406–408
Tolstoi, Lew 325 f., 350 f., 368, 374
Tönnies, Ferdinand 191, 294, 301, 368
Treitschke, Heinrich von 29, 36, 50 f., 54 f., 60 f., 64, 177, 222, 232, 241, 316, 336, 375
Troeltsch, Ernst 186, 191, 201 f., 230, 232, 284, 298 f., 338, 353, 418
Turner, Frederick Jackson 198–200
Twain, Mark 67 f.
Tyrell, Hartmann 431

Valéry, Paul 354
Varnbühler, Karl von 37
Vasili, Paul (siehe Radziwill, Catherine)
Veblen, Thorstein 167
Verne, Jules 12
Virchow, Rudolf 139
Voelcker, Friedrich 274, 430
Voßler, Karl 214

Wagner, Adolph 105, 111, 159
Wagner, Richard 286, 289, 401
Walras, Léon 112
Ward, Lester Frank 214 f.
Washington, Booker T. 218 f.
Washington, George 219
Weber, Adolf 364
Weber, Alfred 69 f., 91, 123, 245–249, 251 f., 256–258, 260 f., 272, 281, 283, 286, 364, 368, 370 f., 403, 419
Weber, Anna 42
Weber, Arthur 41
Weber, Carl David 21, 89
Weber, Helene (geb. Fallenstein) 39–46, 49, 74, 90, 92–96, 120, 123 f., 131 f., 246–248, 273, 284, 417
Weber, Helene (Tochter von Helene Weber, geb. Fallenstein) 42
Weber, Karl 351
Weber, Klara 91, 120
Weber, Marianne (geb. Schnitger) 21, 36, 39, 65, 87–97, 119–122, 124, 129–133, 135 f., 141, 144, 240, 266–269, 273 f., 277, 280, 282–284, 288, 294 f., 297, 325, 353, 364, 400, 403, 419, 423, 425 f., 431 f.
Weber, Max senior 19, 21, 31, 37 f., 40, 42, 76, 90, 96 f., 122–124, 248
Wedekind, Frank 267

Wegscheider, Hildegard 64
Weismann, August 210, 215 f.
Wiene, Robert 13
Wilamowitz-Moellendorff, Marie 78
Wilamowitz-Moellendorff, Ulrich von 51, 78 f.
Wilhelm I. 15
Wilhelm II. 17, 30, 75 f., 85, 250, 301, 329, 360, 363, 386

Wilson, Woodrow 378
Windelband, Wilhelm 294 f., 297, 325
Witkop, Philipp 287
Wittgenstein, Ludwig 374
Wolff, Theodor 388
Whytt, Robert 127

Zille, Heinrich 47

# 图片来源

bpk: 1, 2, 5, 8 (Kunstbibliothek, SMB, Photothek Willy Römer/Willy Römer), 17 (Hermann Rückwardt), 22, 25 (Heinrich Hoffmann), 27
ullstein bild: 3 (Süddeutsche Zeitung Photo/Scherl), 4, 9 (Süddeutsche Zeitung Photo/Scherl), 10 (The Granger Collection), 11, 12 (The Granger Collection), 14 (The Granger Collection), 18 (Süddeutsche Zeitung Photo/Scherl), 20 (Nowosti), 21, 26 (The Granger Collection)
Kurpfälzisches Museum der Stadt Heidelberg: 6
Picture-alliance/akg-images: 13, 16, 19
Universitätsarchiv Heidelberg: 15 (Ed. Schultze, Heidelberg), 23 (Alfred Bischoff, Jena)
Haus der Geschichte Baden-Württemberg, Sammlung Leif Geiges: 24

图书在版编目（CIP）数据

马克斯·韦伯：跨越时代的人生 /（德）于尔根·考伯著；吴宁译 .-- 北京：社会科学文献出版社，2025.9.--ISBN 978-7-5228-5641-4

Ⅰ .K835.165.1

中国国家版本馆 CIP 数据核字第 20253XB960 号

## 马克斯·韦伯：跨越时代的人生

著　　者 /〔德〕于尔根·考伯（Jürgen Kaube）
译　　者 / 吴　宁

出 版 人 / 冀祥德
责任编辑 / 段其刚　阿迪拉木·艾合麦提
责任印制 / 岳　阳

出　　版 / 社会科学文献出版社·大众学术出版中心（010）59367151
　　　　　 地址：北京市北三环中路甲29号院华龙大厦　邮编：100029
　　　　　 网址：www.ssap.com.cn
发　　行 / 社会科学文献出版社（010）59367028
印　　装 / 北京盛通印刷股份有限公司

规　　格 / 开　本：889mm×1194mm　1/32
　　　　　 印　张：16.375　插　页：0.5　字　数：400千字
版　　次 / 2025年9月第1版　2025年9月第1次印刷
书　　号 / ISBN 978-7-5228-5641-4
著作权合同
登 记 号 / 图字01-2025-2664号
定　　价 / 99.00元

读者服务电话：4008918866

▲ 版权所有 翻印必究